讲好中国故事 传播中国声音
育卓越旅游职业人
——旅游大类专业课程思政优秀教学案例汇编

主　　编　刘晓敏　康　年
常务副主编　徐继耀　卫茹静　卓德保

旅游教育出版社
·北京·

编委会

主　　　编： 刘晓敏　康　年

常务副主编： 徐继耀　卫茹静　卓德保

副　主　编： 王国栋　张欣建　王红梅　张　萍　施丽娜　王红国
　　　　　　　王淑琦　杨　芳　隆　玲　曹素璋　毛润泽　吴　云
　　　　　　　王承云　周利方　王波儿

编委会成员： 沈小毓　葛　燕　李　锋　刘　堂　刘文慧　孟晓龙
　　　　　　　邵志明　沈　莉　王桂霞　郑怡清　周高华　朱洁华
　　　　　　　张梦茜　周　佳　范　平　宋　立　王碧薇　周奕珺
　　　　　　　张慧娟　陈　萍　程　琪　李　淼　陆亚妮　马　丽
　　　　　　　秦　莉　盛　蔚　张　慧　胡蓉蓉

序

"课程思政"是高校以习近平新时代中国特色社会主义思想为指导,以习近平总书记关于教育工作的重要论述为根本遵循,落实立德树人根本任务的重要举措,是构建德智体美劳全面培养的教育体系和高水平人才培养体系的有效切入,也是完善全员全过程全方位"三全育人"的重要抓手。

为贯彻落实党和国家的教育方针,落实教育部相关文件精神,由长三角旅游职业教育联盟牵头,联合全国第一所旅游高等院校、全国唯一一所旅游类国家示范性高职院校—上海旅游高等专科学校、超星集团开展了课程思政优秀教学案例征集及评选活动。本次活动共征集旅游大类相关专业案例30个,评选出一等奖3个、二等奖5个、三等奖7个、优秀案例15个。经过多次的修改与完善,最终遴选出28个案例汇编成册。

本次所有入选案例皆来源于旅游大类相关专业课程实践,不仅涵盖了旅游行业的专业知识,更融入了社会主义核心价值观、爱国主义情怀、文化自信、生态文明意识等思想政治教育元素。通过案例教学,我们希望学生能够在专业学习的同时,深化对国家发展、社会进步和个人成长的认识,实现知识传授与价值引领的统一。

我们相信,通过本案例集的学习,可以为旅游大类相关专业教师开展课程思政教学提供参考和帮助,帮助教师在授课时不仅能够使学生的专业知识得到提升,更能使学生在思想政治素质上得到锻炼和提高。我们期望,每一位旅游相关专业的学生,都能成为讲好中国故事、传播中国声音、展示中国形象、促进文化交流的使者，为推动构建人类命运共同体贡献力量。

最后，感谢所有参与案例集编写的教师和专家，他们的智慧和努力，为本案例集的完成提供了坚实的基础。同时，我们也期待广大读者的宝贵意见和建议，以不断完善和丰富案例集的内容。

是为序。

本书主编

2024 年 6 月于上海

目 录
CONTENTS

为散客办理入住
《前厅服务》课程思政典型教学案例 ·· 1
《前厅服务》课程思政教学设计样例 ·· 16

文化遗产　守望历史——明孝陵之方城明楼·宝城宝顶
《导游日语》课程思政典型教学案例 ·· 25
《导游日语》课程思政教学设计样例 ·· 31

夯实素养和规范融合，铸造本土国际化人才
《西餐实训》课程思政典型教学案例 ·· 37
《西餐实训》课程思政教学设计样例 ·· 48

产教融合和课程思政深度融合
《旅游社交媒体营销》课程思政典型教学案例 ·································· 55
《旅游社交媒体营销》课程思政教学设计样例 ·································· 61

"爱心助残游"定制旅行产品设计

《定制旅行产品设计》课程思政典型教学案例 ………………… 66

《定制旅行产品设计》课程思政教学设计样例 ………………… 79

用户生成内容数据采集和分析

《旅游大数据分析与应用》课程思政典型教学案例 …………… 87

《旅游大数据分析与应用》课程思政教学设计样例 …………… 92

弘扬中华文化,传承地域特色美食

《烹饪工艺学》课程思政典型教学案例 ………………………… 96

《烹饪工艺学》课程思政教学设计样例 ………………………… 101

领队如何引导游客文明就餐

《出境领队业务》课程思政典型教学案例 ……………………… 104

《出境领队业务》课程思政教学设计样例 ……………………… 110

心如花木 向阳而生

《全国导游基础》课程思政典型教学案例 ……………………… 117

《花木营造》课程思政教学设计样例 …………………………… 136

精品酒店赏析

《精品酒店赏析》课程思政典型教学案例 ……………………… 141

《精品酒店赏析》课程思政教学设计样例 ……………………… 145

亚运会期间的旅游接待：以学生为中心，践行社会责任，体验跨文化交流的职业礼仪

《旅游职业礼仪》课程思政典型教学案例……………………… 150

《旅游职业礼仪》课程思政教学设计样例……………………… 156

比起风景和刺激，我们的生命更美

《旅游安全与危机管理》课程思政典型教学案例……………… 161

《旅游安全与危机管理》课程思政教学设计样例……………… 166

《旅游文化》课程架起"文化传承"的立交桥——以汉文化课程为例

《旅游文化》课程思政典型教学案例…………………………… 171

《旅游文化》课程思政教学设计样例…………………………… 178

故事的力量

《大数据时代社会主义经济学基础》课程思政典型教学案例… 184

《大数据时代社会主义经济学基础》课程思政教学设计样例… 190

猜园林源起，探最古园林

《中国古建筑与古典园林》课程思政典型教学案例…………… 197

《中国古建筑与古典园林》课程思政教学设计样例…………… 203

匠心传承：如何择取新媒体平台

《旅游电子商务》课程思政典型教学案例……………………… 210

《旅游电子商务》课程思政教学设计样例……………………… 220

与人工智能同行，不断向前——人工智能的发展与应用

《人工智能基础》课程思政典型教学案例············229

《人工智能基础》课程思政教学设计样例············236

中国结：传承与创新

《创意思维训练》课程思政典型教学案例············238

《创意思维训练》课程思政教学设计样例············244

诚信为本，操守为重

《财务会计》课程思政典型教学案例············247

《财务会计》课程思政教学设计样例············251

豆沙面包的制作

《西式面点制作》课程思政典型教学案例············255

《西式面点制作》课程思政教学设计样例············270

政务摄影中的技术与艺术

《摄影技术与艺术》课程思政典型教学案例············275

《摄影技术与艺术》课程思政教学设计样例············283

让生活更美好——旅游助力云南阿者科村脱贫致富

《旅游概论》课程思政典型教学案例············288

《旅游概论》课程思政教学设计样例············294

基于课程思政 BEACON 模式的《大学英语》教学改革实践——以"Unit 2 Food 美食有力量"为例

《大学英语》课程思政典型教学案例 …………………………………… 300

《大学英语》课程思政教学设计样例 …………………………………… 309

让我为您导航——客舱盲人旅客服务

《民航客舱服务与管理》课程思政典型教学案例 ……………………… 314

《民航客舱服务与管理》课程思政教学设计样例 ……………………… 319

以文润人 "点"精铸魂

《水调类面点制作》课程思政典型教学案例 …………………………… 326

《水调类面点制作》课程思政教学设计样例 …………………………… 337

博学慎思 明辨笃行

《会展营销实务》课程思政典型教学案例 ……………………………… 343

《会展营销实务》课程思政教学设计样例 ……………………………… 352

传承工匠精神·赓续百年征程——开国第一宴

《烹饪英语》课程思政典型教学案例 …………………………………… 360

《烹饪英语课程》思政教学设计样例 …………………………………… 366

感百年历史沧桑,叹时代革新巨变——上海都市红色旅游产品设计

《旅行社计调》课程思政典型教学案例 ………………………………… 374

《旅行社计调》课程思政教学设计样例 ………………………………… 379

为散客办理入住

《前厅服务》课程思政典型教学案例

课程负责人：沈小毓

一、课程基本情况

课程名称	《前厅服务》		
课程性质	□专业基础课程　☑专业核心课程 □专业拓展课程　□实践类课程		
学　时	36	学　分	2
授课对象	21酒店	授课专业	高星级饭店服务与运营
课程负责人	沈小毓	团队成员	陈艾娜、余斌、唐菊红

二、教学案例

（一）基本信息

1. 案例主题

为散客办理入住

2. 出自教学章节

课程项目四：总台服务；任务一：受理散客入住

（二）案例选择与育人内涵

1. 案例背景

习近平总书记在党的二十大报告中指出：办好人民满意的教育，办好职业教育，既要适应高质量、高技术的社会发展需要，也要适应学生个体成长需要。《关于加强新时代高技能人才队伍建设的意见》提出要打造一支爱国奉献、技艺精湛、素质优良的高技能人才队伍，强调人才链与产业链的有效衔接。

职业技能竞赛作为检验职业教育成果的主要途径之一，已经成为在校学生成就未来技能梦想的重要舞台。它不仅有利于提升学生的专业技能水平，更有利于促进专业教学改革。然而，职业技能竞赛亦存在一些弊端和不足。首先，在中职课堂中，往往存在着"赛"与"教"的割裂现象，评分细则与实施环境的整体布局还存在不足；其次，竞赛容易引发"精英教育"、资源过度倾斜、存在竞赛摘金功利之图弊端现象；最后，竞赛的工作场景在实际课堂中有缺位，使学生对前厅岗位代入感不强，不利于职业素养的养成，这些都不利于课程教学改革。

本案例设计对接国赛、星光竞赛的标准，为教学改革指明了新的方向。竞赛反哺教学，"逆向倒推"赋能高效课堂构建理念，给前厅服务竞赛项目转化课程教学内容的重构与设想以新的启发。

2. 案例教学理念

本课程采用竞赛反哺教学理念，以前厅服务竞赛项目为例，从竞赛项目任务、竞赛评分细则、竞赛技术环境、竞赛训练细节、竞赛主体要求五方面，合理运用信息化教学手段，"逆向倒推"赋能高效课堂构建。

与此同时，如今正处于数字化转型时代推动职业教育技术改革时代，也对学生提出尊重信息安全、合理运用信息化手段提升自身数智化素养的要求。本案例的设计育人内涵旨在体现学生能在对客服务过程中，做到"两个善于"：

第一，善于运用"技术"形成客史档案、保护信息安全；

第二，善于运用"慧眼"识别顾客信息，为顾客定制个性化的酒店服务产品。

通过"两个善于"，加深对酒店服务内涵的理解（规范、安全守法、个性化），增强对酒店前厅服务职业荣誉感。

（三）案例内容与设计

本教学案例依托学习通平台，将教学过程分为课前预习—课中实施—课后复习三个阶段，依据竞赛逆向倒推赋能高效课堂构建的创新理念，运用前厅竞赛关键技术，以验—靶—学—试—磨—评作为教学过程主线，充分结合信息化手段，通过智能游戏设计与智能评价系统达成高效课堂构建的目标。

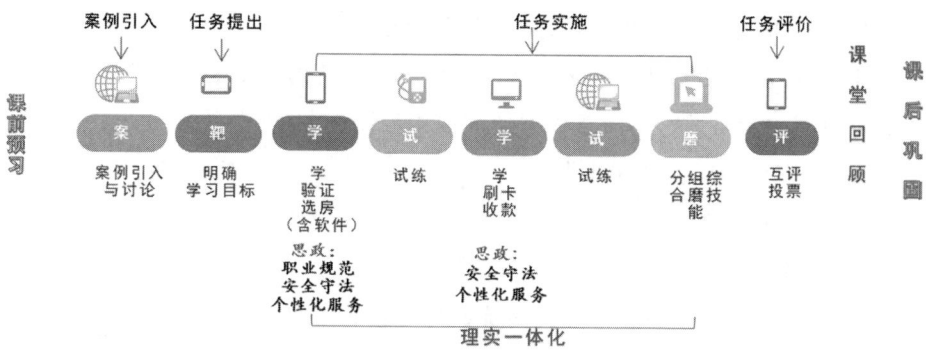

图 1 教学实施主线设计

本案例的内容设计主要包括：案例引入、案例详情、案例讨论、案例升华。

1. 案例引入

【案】——案例引入与讨论。文案如下：

老师："各位同学，上节课我们一起学习了为散客办理入住手续，了解了具体办理业务的流程，大家还记不记得基本的流程？（屏幕上六大口诀排序）我们来回顾一下，一起完成这个小游戏：①问候预订推房型；②报价折扣询礼遇；③验证选房把字签；④付费押金要说明；⑤双手递卡勿唱号；⑥信息实用表祝愿。"

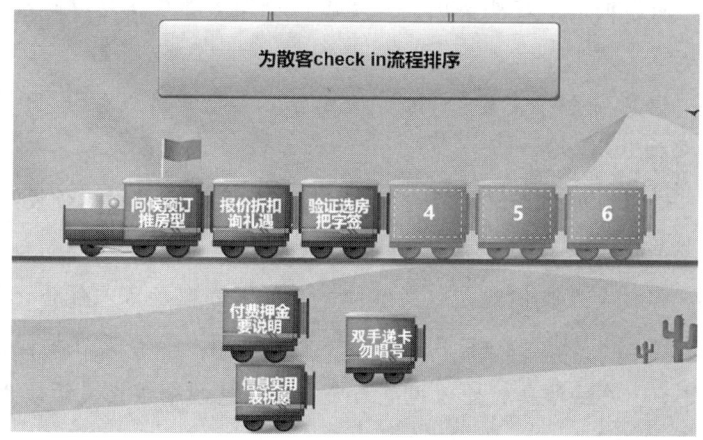

图 2 check in 流程排序

学生：（跟着老师一起边说边完成流程排序）。

老师："非常好！同学们掌握得很不错。那么请同学们思考一下，在办理入住的过程中，请客人向酒店提供什么信息是最重要的？"

学生："身份证""信用卡"。

老师："非常好！为什么呢？"

学生："信息泄露""刷卡刷不了""公安要求"。

老师："同学们答得都很好，的确身份信息和信用卡信息非常重要。我们先来看几个真实案例。"——【案例引入】

案例1：华云网2023年4月2日讯（元一综合）据外媒报道，全球最大的酒店集团万豪再次发生了信息泄露事件，大约520万名客人的姓名、通信地址、会员账号和其他个人信息遭遇泄露。

案例2：2018年11月，喜达屋旗下酒店的客房预订数据库被黑客入侵，有3.83亿客人的信息遭到了泄露。泄露信息还包括支付卡号和支付卡有效期，虽然信息已经加密，但无法排除该第三方已经掌握密钥的可能性。

案例3：2021年3月24日微博原创视频博主"滤镜粉碎机"发布测评视频，上海宝格丽酒店仅通过测评者与冒充房客的第三人通话，确认房客身份证的后四位等信息后，便将房卡提供给了测评者。测评者在没有任何工作人员的监督和陪同下进入房间。值得注意的是，在这一过程中，客服并没有与测评者核对电话号码。同时，在上海网红世茂深坑酒店中，测评者也以同样方式顺利拿到了房卡。当时上海宝格丽酒店前台遵循访客登记流程，两次拒绝了客人提出索要房卡的要求，但房客第三次提出要求时，其并未坚守登记流程。

图3　酒店客户信息保护真实案例

老师："同学们看了这些案例，且是国内外知名酒店信息泄露事件，大家有什么看法？"

学生："信息安全很重要""核对信息后，才能提供服务""IT人员要监控""加强管理"……

老师："好的，那么我们是不是应该对这些信息做好保护工作呢？"

学生："是的！"

老师："那么今天我们就一起来继续学习一下办理散客入住登记手续的第3和第4环节：验证选房把字签、付费押金要说明。而今天在技能练习的同时，需要更多地关注信息的处理规范与安全、信息的个性化灵活使用。"——【思政点目标引出】

图 4　Check in 办理学习主线

【任务提出】

【靶】——明确学习目标。播放"check in"流程的多屏集合画面，以散客办理"check in"业务的六大环节 6 句口诀为主线，聚焦第 3 和第 4 环节为本次课堂学习任务——验证选房把字签、付费押金要说明。确定学习目标与思政目标。

表 1　能力本位的思政目标设计

思政目标设计	思政点	融入场景
目标 1：运用"技术"形成客史档案并保护信息安全	1. 职业规范 2. 安全守法	1. 扫描证件 2. 刷卡加密 3. 建立客史
目标 2：运用"慧眼"识别顾客信息、为顾客定制个性化酒店服务产品	个性化服务	1. 选房偏好 2. 个性推荐

2. 案例详情

【任务实施】

【1 学】——学习个性化折扣设计客房产品。运用星光技能大赛实际案例，让学生运用个性化折扣设计策略，提供满意的酒店服务产品，包括会员礼遇、升级房型、早餐水果附赠、协议价等。（思政：个性化服务）运用随机抽选系统和双人竞赛完成对该知识的理解和运用。

文案如下：

老师："同学们，其实每个不同消费群体客户都有不同的服务期望值，我们可以根据规律提供个性化的服务产品。比如,商务客人可以为其办理礼遇VIP卡,享有尊享的服务环境和产品以及退房延迟政策;为家庭亲子团提供亲子房的布置与礼物的赠送,如海洋亲子间由服务生送上印有海星海豚等图案的花样肥皂,既美观又可以留作纪念。"——个性化服务

学生:观看真实案例:迪士尼酒店、海昌主题亲子房案例。"老师,还有其他我们碰到过的案例。"(互动交流)

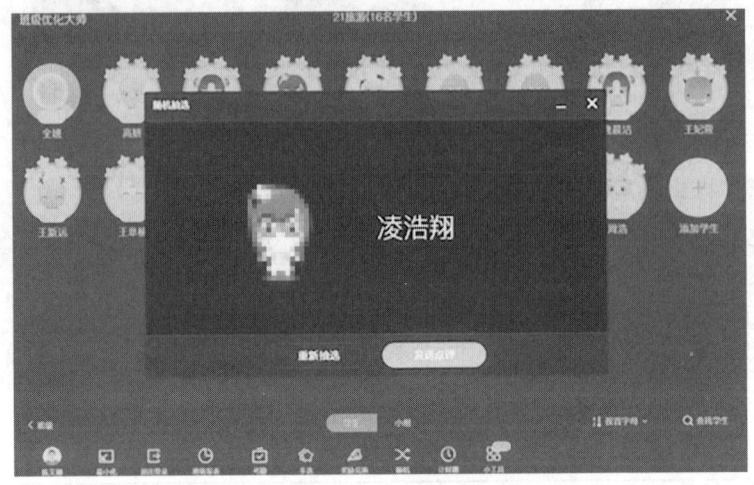

图5 随机抽选

【2学】——学习个性化展示中华文化。结合星光比赛前厅接待项目个性化服务要求,鼓励学生在与顾客交谈的过程中,避免冷场,让顾客感受宾至如归的温暖,尝试传播中华民族文化的好声音,如推荐前往的中餐厅是享有接待国宾礼遇的粤菜餐厅,给客人讲述周边旅游景点的古典园林建筑的特色,巧妙地在服务过程中展示中华文化。(思政:个性化服务)

文案如下:

老师:"我们向宾客个性化展示中华文化时,可以这样表达:张先生,您是第一次入住我们酒店吗?我们酒店地处陆家嘴中心位置,不仅是上海改革开放后建造酒店的标志性建筑,也是世界第三高楼。周边的著名旅游景点,您是第一次来上海吧?我推荐,豫园和城隍庙值得一去,这也是中国古典园林建筑的典型代表,内藏许多中国著名历史景点如小刀会指挥中心、八仙过

海等。"——个性化服务

老师："此外,张先生,我们酒店有曾经接待过国家首脑的粤菜餐厅,著名的佛跳墙是闽菜的典型代表,其烹制手法很好地展现舌尖上美食的精髓。"——个性化服务

学生:(认真听讲和观看相关图片等)。

图6 模拟星光比赛岗位环境练习个性化服务

【试】——结合所学个性化服务技巧,规范试练"验证选房把字签"。对标星光竞赛前台接待系统操作路径,学生根据前节课已经学习过的MP hotel软件,运用个性化服务技巧,规范完成对散客"check in"手续,培养学生的职业素养、安全守法意识,提升数智化素养。老师要求验证时做到规范、守法、诚实守信、一丝不苟,保护信息安全。(思政:职业规范、安全守法、个性化服务)

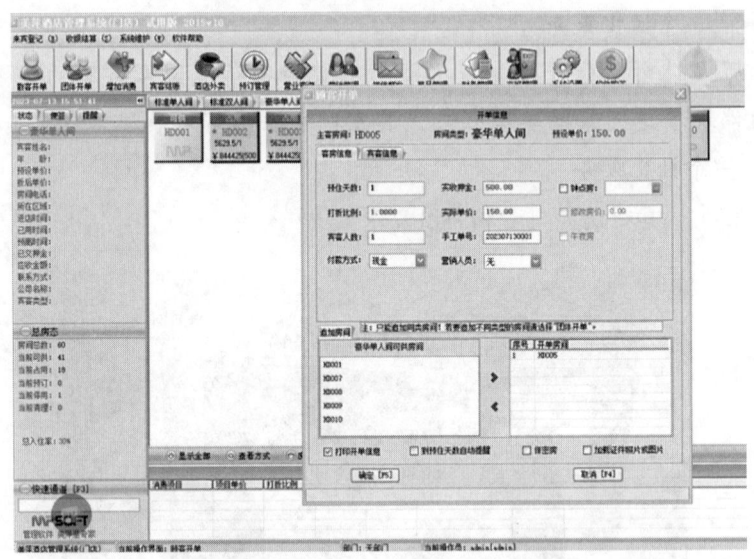

图7 用前台操作系统完成客史档案建立与保护

具体文案如下：

老师："同学们，由于操作系统中的客户信息的保密性尤为重要，所以，我们必须做到'一人一证''证件必核'，严格把握好有效期、人证匹配的要求，这也是酒店工作人员应当遵守的法律要求，认真做好信息存档与加密工作，做好一人一档的信息安全工作。"——职业规范、安全守法

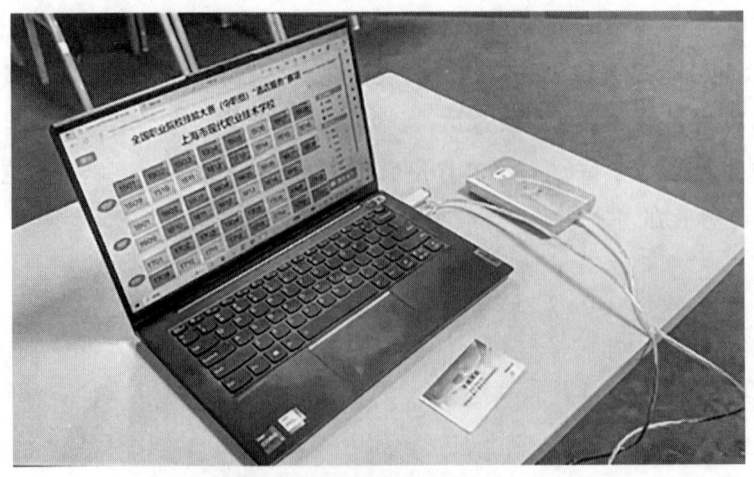

图8 选房制作房卡系统（星光比赛指定系统）

老师：同学们，在为客人选房的时候，还应适当考虑客人的需要，个性化安排适合顾客特点需求的房间位置，如女性比较喜欢安静的花园房或园景房，商务客人则希望有升级楼层与朝向景观房间，遇到老人则尽量安排靠近电梯的房间。——个性化服务

【学、试】——学习刷卡加密服务，规范试练"付费押金要说明"。对标星光竞赛前台接待刷卡程序要求，让学生学会刷信用卡需外接机器、密码遮挡、签字核对以及财务对账单存档规则，完成收取押金规范业务操练。小组练习。（思政：职业规范、安全守法）

图9　刷信用卡收取客人押金

文案如下：

老师："在收取押金时，客人的信用卡加密工作要做实做到位，不仅要持有客人付费时的密码输入的遮挡动作，还要做好链接授权机器与财务核账工作，客人签名的识别也非常重要，以防信息泄露与盗取信息等事件的发生。"——职业规范、安全守法

【磨】——综合练习"两个环节"业务。以电子红包形式设计运用不同的个性化服务方式为散客办理入住手续（理实一体化），巩固所学知识与技能。

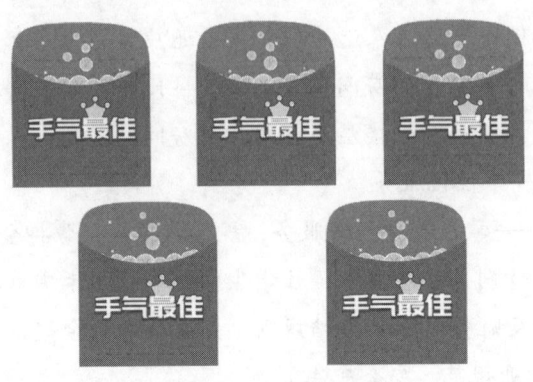

图 10　电子红包领取任务

【任务评价】

【评】——组互评与展示，投票与点评。对标星光评价细则，提炼本节课所需评分项目，设计评分表。老师发布学习通的组内组间的评分任务，多主体进行多维度的评价（评分细则事先公布，并在学习通评价细则中事先设置）。评比之后，学生投票选出今日"check in 达人"，增强学生对前厅岗位职业荣誉感。（思政：落实评价）

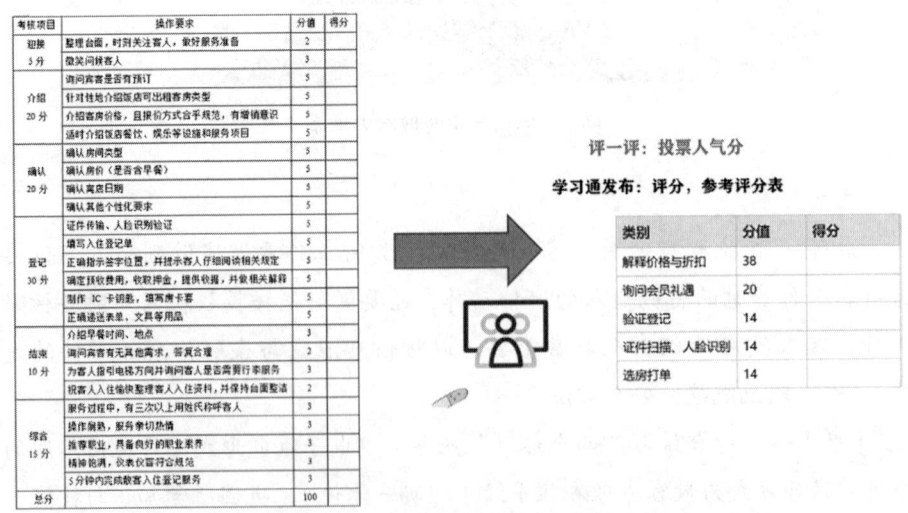

图 11　对标星光比赛评分标准提炼转换本堂课评分细则

3. 案例讨论

本次思政案例内容的设计带领读者重返课堂中的师生对话脚本与话术范

式，使学生更清晰地明确本次案例课堂中的 2 个思政目标，了解 3 个思政点和 5 个融入场景，同时配有合理的信息化技术手段，得以赋能高效课堂的生成，较好地推动课堂思政的落实。

本案例设计则基于竞赛反哺教学理念的"逆向倒推"赋能高效课堂构建的创新实践，设计出凸显职业素养与思政元素特点的具体案例。如本次案例"为散客办理入住"强调前厅服务人员职业规范、安全守法以及个性化服务的要求，重点突出能力本位，贴合真实岗位要求。

4. 案例升华

本次思政案例的设计与实施为同类专业或课程的思政案例设计提供了启发与思路。

例如，前厅服务的信息安全与安全守法的思政点，同样会在《客房服务》课程中的清扫客房业务中强调，要求客房服务人员做到诚实守信。客房服务人员是接触客人物品最近的主体，同样需要恪守诚实的品质，保护好客人的隐私。

再如，遇到客人的物品遗失了，在大堂经理处理异常事件的时候，需要做好安全的职业规范，要求与保安部主管、值班经理共同进入客人房间观察与记录事情经过，做到守法规范要求。

又如，个性化服务则可以应用到酒店不同部门的服务中。服务员可以根据系统录入的客史档案信息，为顾客提供个性化的生日惊喜蛋糕或礼券等；另外，服务员可以为旅游客人或商务客人有针对性地推荐周边旅游景点，致使客人感受宾至如归的亲切和自豪感。

（四）案例特色与反思

1. 案例特色

通过基于竞赛反哺教学"逆向倒推"赋能高效课堂构建的创新理念，设计本案例并实施教学，主要具备如下特点。

第一，能力本位的教学目标清晰，思政目标围绕职业要求开展设计，通过分析思政点对应设计其融入场景，"逆向倒推"赋能高效课堂构建；

第二，对接竞赛评分细则，设计多维度"是与否"的量化评价表，让思政落实检验变得更为清晰；

第三，善用信息技术与职业荣誉感捆绑，建立"check in 达人"，树立岗位职业荣誉感,其赛教融合理实一体化的数智化学习环境提升了学生的获得感和幸福感。

2. 反思

本次教学是基于教学反哺理念对前厅服务课程的改革创新教学的初步实践,对于赛教深度融合还需要进一步实践与论证。建议在数智化酒店发展的时代背景下,鼓励学生以信息化工具为支点,尝试感知真实岗位任务,实现自主学习能力的培养与提升;作为学习支撑者的专业教师,要以努力培养学生的个性化服务的创新思维模式为关键点,以至于在迅速发展的数字化时代不被机器替代,充分展现为宾客提供美好体验感的综合服务能力;职业教育未来的发展趋势更注重创新能力培养与多元文化学习,专业教师需以思政落实课堂为增长点,肩负传播中华文化、振兴国家文化复兴的历史使命,将思政巧妙融入职业教育课堂,守正创新,做好聚民心、育新人、兴文化的传播人,把文化好声音渗透课堂中,唱响专业教改好声音。

(五)案例效果与反馈

1. 案例效果

本次《前厅服务》课程的思政案例的设计与教学实施(为散客办理入住)的整体反馈效果较好。笔者运用对比研究法对前厅服务课程的传统教学与本次案例设计的创新教学进行多维度的比较分析,以此总结实践创新的收获。

表2 竞赛反哺教学的"前台散客入住业务"教学创新实践与传统教学对比

比较维度	传统教学	竞赛反哺教学"逆向倒推"高效课堂构建的创新教学
教学目标	知识本位	能力本位、职业习惯养成
思政落实	思政与知识分割落实,以讲为主	以真实岗位工作任务为轴心设计课堂思政元素,任务驱动落实思政。贴近二十大精神思政
教学内容	章节依据	以岗位工作流程与任务为依据
教学方法	讲授法、小组演练法	任务驱动法、理实一体化
教学组织	赛与教独立分割	赛教融合
教学环境	实体环境设备缺乏	竞赛任务导向的理实一体化教学环境、数智化学习平台
教学评价	主观评价	1. 融入"职业荣誉感"思政元素,容易检验达成效果 2. 竞赛细则导向的课堂量化评分

如上表所示,教学目标从原来传统教学的知识本位的单向灌输转变为能

力本位职业导向与职业习惯养成的创新教学目标设计；从原来的思政落实以讲为主转变为以真实工作任务驱动设计的思政元素并贴近党的二十大精神；教学内容则以案例设计为导入，引出任务驱动的学习流程，一改传统章节编排的知识内容，由传统的讲授法转变为理实一体化的"做中学"的模式；从传统的赛教分割输入知识转变为赛教融合整体重构新课堂形态；从传统思政主观评价转变为以竞赛细则为导向的课堂量化评分，融入职业荣誉感"check in 达人"思政元素，推动达成思政融入课堂检验成效。

2. 学习反馈

本次《前厅服务》课程关于思政案例设计与实施教学收获了明显的教学成效，还体现在学生作为课堂学习主体的收获感，主要从学生的认知、情感、价值观等方面取得收获。

通过设计李克特五点量表，设计认知 R、情感 Q 和价值观 J 三个维度的关于思政落实课堂的题项，共计 12 题，运用问卷调研法，统计数据分析实验班级在接受思政案例教学的前后测态度感知得分，形成对比可视图，以此证实本次"前厅服务"课程思政典型教学案例的探索实践具有显著的成效。本次调研对象为 21 酒店班，运用问卷星发放，具体回收分析数据如下。

表3 思政案例落实课堂的认知、情感、价值观收获反馈量

维度		题项	前测	后测
认知 R	R1	1.本课程的思政落实质量	3.21	4.22
	R2	2.思政对岗位要求重要吗	3.7	4.73
	R3	3.思政与信息技术有结合的必要吗	3.6	4.65
	R4	4.老师对于案例中的思政点的挖掘和场景设计恰到好处，容易理解和消化	3.3	4.42
	R5	5.案例引入方式与讨论探究相结合有利于思政落实	3.7	3.82
情感 Q	Q1	6.通过本次思政案例的学习，对酒店服务内涵的理解更透彻了	3.1	4.54
	Q2	7."check in 达人"的设立增强学生职业荣誉感，为落实思政提供保障	4.1	4.5
	Q3	8.学会用个性化服务技巧为顾客定制酒店服务产品	3.6	4.49

续表

维度		题项	前测	后测
价值观 J	J1	9. 思政案例融入课堂学习收获的情况对比	3.7	4.51
	J2	10. 思政元素依托竞赛反哺教学挖掘设计并开展落实，有利于高效课堂构建，增添获得感，收获幸福感	4	4.31
	J3	11. 以竞赛评分细则为依据的"是与否"的量化评价表更有利于课堂学生对思政落实情况的自身检验	3.4	4.12
	J4	12. 客史档案建立与保护引发对顾客隐私尊重以及待客规范的敬畏	3.1	4.72

（1）学生对课程思政案例设计与设施教学的认知度显著提升

从思政落实课堂的认知度来看，本次实验班在思政教学案例实施前后，态度有显著的变化。我们可以看到 R1、R2、R3、R4 均有显著的变化，后测得分显著高于前测得分，说明学生逐步认识到职业教育的课堂不应该只是技能的传授，更应重视岗位要求和职业能力对学生提出的思政要求，而 R4 的后测得分 4.42 分说明本次实践让学生感受到思政场景融入设计的重要性，以便更好地理解与渗透消化。与此同时，学生对于思政元素用案例引入的方式是比较认同的，前后得分分别为 3.7 分和 3.82 分，两者相差不大，这意味着学生比较认可案例引入学习的方式，同时对于用讨论探究与案例引入结合的方式也表示肯定。这也提醒授课老师可以在未来更多进行案例与讨论探究相融合方法的探索与实践。

（2）学生在思政案例学习中对酒店服务的内涵有了更深入的理解

从思政落实课堂的情感度来看，学生对酒店服务的内涵理解 Q1 更为透彻了，前测与后测得分分别为 3.1 分和 4.54 分。这也意味着本堂课关于安全信息保护、职业规范以及个性化服务技巧的思政目标达成度较好。与此同时，学生更善于将所学个性化服务技巧灵活应用于情境，前后测 Q3 分别为 3.6 分和 4.49 分。而"check in 达人"的设立可以增强学生职业荣誉感，使学生对酒店服务内涵的理解更为深入。

（3）学生更善于依托竞赛反哺教学理念与信息技术提升课堂学习收获感

从思政落实课堂的价值观提升度来看，J4 的前后测得分 3.1 分和 4.72 分说明了学生增强了尊重客户隐私与待客规范的意识，形成对职业岗位工作的价值敬畏感；学生基于竞赛反哺教学、挖掘设计思政更有利于高效课堂的构建，本次思政案例教学从竞赛源头出发、从岗位要求出发，结合信息技术让学生学习更有收获感，虽然前后测得分 4 分和 4.31 分的变化不太显著，但该理念的设计则已经激发了学生的学习兴趣，也意味着未来授课老师可以在信息技术与思政融合度提升的角度上多找方法，以此达成更多提升。

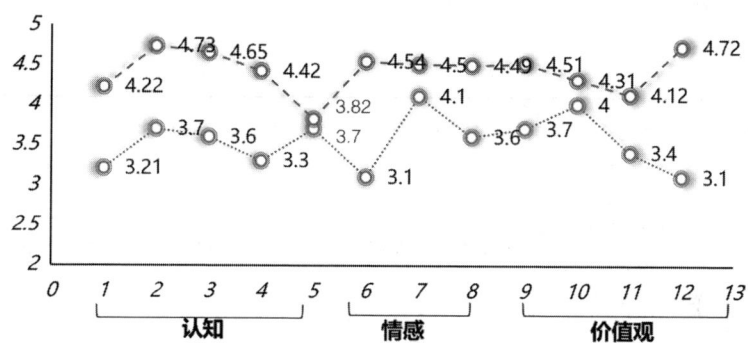

图 12　思政案例落实课堂的认知、情感、价值观收获前后测可视化

（六）结语

思政案例的设计与实施，不仅有力推进了课堂教学改革，且在竞赛反哺教学理念融合信息技术的环境下，为构建高效课堂注入更多养分。本次思政案例实施从职业素养与思政角度，充实了学生的内在，将学生的职业能力发展推上了一个新的台阶。学生在技能筑梦的道路上，需专业教师善于挖掘思政点、善于设计思政融入场景，为拔高培养酒店服务人才助一臂之力。

《前厅服务》课程思政教学设计样例

课程负责人：沈小毓

课程名称	《前厅服务》	学时/学分	36学时/2学分
课程性质	□专业基础课程 ☑专业核心课程 □专业拓展课程 □实践类课程	授课对象及专业	酒店专业中职一年级学生
对应章节内容	课程项目四：总台服务；任务一：受理散客入住		
教学内容	为散客办理入住		
学情分析	**说教材：** 本次教学内容"为walk-in散客办理check in业务"是酒店前厅部核心业务之一，也是中等职业学校酒店专业学生需要掌握的重要技能。该内容选自高等教育出版社出版的"十四五"国规教材《前厅服务与管理》项目四总台服务《任务一 受理散客入住》。考虑到该教材check in标准程序体现得不够翔实，没有图画与其操作步骤相对应，不利于学生的感官认知与学习。此外，教材中关于"如何为walk-in散客办理入住登记"知识中没有凸显实际工作中涉及的"增销房间技巧"和"尊享会员营销"环节。为更好展现"个性化服务"的酒店人的专业风采，本次课程结合真实企业实践积累的素材以及星光技能大赛比赛标准，将真实素材移植到课堂教学，增加教学的互动性和真实性 **说学情：** 授课班级是21酒店，该班学生性格活泼，乐于参与各种课堂活动，主动性强，会主动思考，但在学习过程中往往会忽略知识细节。该班级前期已经学习了"为有预订的客人办理入住登记"，学会了check in的基本程序和各环节的基本要点，也学会了运用MP hotel系统完成散客check in业务。系统技能操作掌握尚可，但服务语言部分不够熟练，用词不准确。所以在本堂课中，笔者将抓住与上一堂课内容知识的共同部分，同样都是办理入住check in手续，却在讲新知的同时，增加对散客入住的房型个性化推销技巧的讲授，并强化check in的服务流程细节，提升服务语言的熟练度、准确度。 有预定：预定号—check in系统—语言 无预定：个性化推销、技巧—check in系统强化—语言强化		

续表

学情分析	**说教法：** 本堂课采用的是做中学理实一体化的任务引领教学法。采用模拟真实工作环境，通过亲自演绎示范的微课，运用任务引领教学法传授学生办理入住登记手续的理论知识与MP hotel系统的操作技能，穿插亲身企业实践所形成的成果微课在课堂教学中，让学生边学边做，感受紧贴实际岗位要求的实训环境，做到课堂做中学、学中练的理实一体化教学模式，提升学习的导向度，激发学生的学习积极性 本次教学案例依托学习通平台，将教学过程分为课前预习—课中实施—课后复习三个阶段，依据竞赛逆向倒推赋能高效课堂构建的创新理念，运用前厅竞赛关键技术，以验—靶—学—试—磨—评作为教学过程主线，充分结合信息化手段，通过智能游戏设计与智能评价系统达成高效课堂构建的目标
教学目标	【知识目标】 1. 熟练记忆为walk-in散客办理入住登记的程序 2. 熟练记忆用MP hotel系统为walk-in散客办理check in操作路径 【能力目标】 1. 能按照规范与程序正确为walk-in散客办理入住登记服务 2. 能用MP hotel系统为walk-in散客办理check in业务 【素养目标】 1. 培养自身在验证身份证件时做到一丝不苟职业规范，安全守法意识 2. 培养运用数字化技术提供服务的能力，提升数智化素养 【思政育人目标】 1. 运用"技术"形成客史档案并保护信息安全 2. 运用"慧眼"识别顾客信息、为顾客定制个性化酒店服务产品
教学重点、难点	【教学重点】 能用MP hotel系统为walk-in散客办理入住业务 【教学难点】 用规范、亲切、适宜的语言为顾客提供个性化服务
课程思政设计	【课程思政元素】职业规范操守、安全守法意识；以客户为中心的个性化服务 本案例的设计育人内涵旨在体现学生能在对客服务过程中，做到"两个善于"： 第一，善于运用"技术"形成客史档案、保护信息安全 第二，善于运用"慧眼"识别顾客信息，为顾客定制个性化的酒店服务产品 通过"两个善于"，加深对酒店服务内涵的理解（规范、安全守法、个性化），增强对酒店前厅服务职业荣誉感 【融入知识点】 1. 职业规范操守与安全守法意识：通过扫描证件录入PSB数据，刷卡加密操作细节与押金收取要求告知等 2. 个性化服务：根据顾客偏好为其选择对应房型；根据顾客特点与需求进行个性化推荐酒店服务产品

续表

教学过程		
课前（10分钟）		
教学环节	活动内容	设计意图
线上资源学习	课前数字化素材包学习：前台散客办理check in服务。运用学习平台课前学习本课程对应知识内容，基本了解为散客办理入住的基本流程与个性化服务的概念等	课前完成预习任务，老师针对学生的学习情况调整教学策略
课中（40分钟）		
教学环节	活动内容	设计意图
复习旧知	1. 老师提问：还记得为散客办理入住手续的六大步骤口诀是什么吗？（学生零散回答） 2. 游戏巩固知识：师生共同完成"开火车"排序小游戏，巩固业务流程的六个步骤对应的六大口诀（①问候预订推房型②报价折扣询礼遇③验证选房把字签④付费押金要说明⑤双手递卡勿唱号⑥信息实用表祝愿） 图1 为散客办理入住流程排序"开火车"游戏界面	巩固为有预订的散客check in基本流程与客房类型等基础知识，为本堂新课教学做好准备
案例引入、明确学习目标（包括思政目标）	1. 老师提问：客人办理入住手续过程中，客人向酒店提供什么信息是最重要的？为什么？ 2. 引出真实案例： ①万豪酒店集团泄露520万名客户信息 ②喜达屋酒店集团客房预订数据被黑客入侵，银行卡信息泄密 ③上海宝格丽酒店和上海世茂深坑酒店未核实顾客身份，将房卡提供给测评者，没有坚守登记流程	明确学习目标和任务分解目标以及思政目标

续表

| 案例引入、明确学习目标（包括思政目标） | 案例1：华云网2023年4月2日讯（元一综合）据外媒报道，全球最大的酒店集团万豪再次发生了信息泄露事件，大约有520万名客人的姓名、通信地址、会员账号和其他个人信息遭遇泄露。
案例2：2018年11月，喜达屋旗下酒店的客房预订数据库被黑客入侵，有3.83亿客人的信息遭到了泄露。泄露信息还包括支付卡号和支付卡有效期，虽然信息已经加密，但无法排除该第三方已经掌握密钥的可能性。
案例3：2021年3月24日微博原创视频博主"滤镜粉碎机"发布测评视频，上海宝格丽酒店仅通过测评者与冒充房客的第三人通话，确认房客身份证的后四位等信息后，便将房卡提供给了测评者。测评者在没有任何工作人员的监督和陪同下进入房间。值得注意的是，在这一过程中，客服并没有与测评者核对电话号码。同时，在上海网红世茂深坑酒店中，测评者也以同样方式顺利拿到了房卡。当时上海宝格丽酒店前台遵循访客登记流程，两次拒绝了客人提出索要房卡要求，但房客第三次提出要求时，其并未坚守登记流程。

图2 酒店客户信息保护真实案例

3. 老师归纳小结，引出思政要求：信息保护对客户服务的重要性，引出思政目标——更多关注信息的处理规范与安全、信息的个性化灵活使用
4. 老师引出本次课程的学习目标
明确学习目标：用MP hotel系统为无预订散客办理入住手续——第三和第四步骤学习：验证选房把字签、付费押金要说明。播放check in流程的多屏集合画面，聚焦第3和第4环节为本次课堂学习任务。确定学习目标与思政目标

图3 为无预订散客办理入住手续六大步骤（口诀）

确定思政目标：
目标1：运用"技术"形成客史档案并保护信息安全
目标2：运用"慧眼"识别顾客信息、为顾客定制个性化酒店服务产品 | 明确学习目标和任务分解目标以及思政目标 |

任务实施 【1学】	1.头脑风暴个性化折扣设计讨论：老师组织学生们头脑风暴讨论个性化折扣策略学习。结合星光技能大赛实际案例，鼓励学生主动思考，思维碰撞，说出个性化折扣设计客房产品。运用随机抽选系统组织讨论 图4 随机抽选系统 2.老师归纳提炼知识：归纳学生讨论结果，结合PPT讲解迪士尼酒店与海昌主题房案例，提炼设计折扣产品原则和要素。——个性化服务	培养学生的自主思考能力，学会应对客人提出房价折扣时的个性化服务的营销策略
【2学】	学习个性化展示中华文化 老师提问："如果客人第一次来上海，我们如何将上海的本土文化或者中华文化推荐给客人？"学生认真听讲，老师引出著名中国古典园林的豫园，内藏著名历史景点，如小刀会指挥中心、八仙过海；我们酒店有曾接待国家首脑的粤菜餐厅，佛跳墙展现了中国舌尖上的美食的精髓。——个性化服务  图5 模拟星光比赛岗位环境练习个性化服务	进一步做好中华文化的传播者，学会为顾客提供个性化的旅游信息，提升服务意识，充实文化知识

续表

【试】	结合所学个性化服务技巧，规范试练"验证选房把字签" 1. 老师共享屏幕演示运用酒店软件，运用个性化服务技巧完成对散客 check in 手续路径的演示，强调"一人一证、证件必核、人证匹配、把握期限"，向学生提出安全守法，职业规范的重要性。——职业规范、安全守法 2. 老师提问："不同的客户群体的选房需求是什么？"并指导学生有针对性地为顾客选房制卡，提升个性化服务意识。——个性化服务 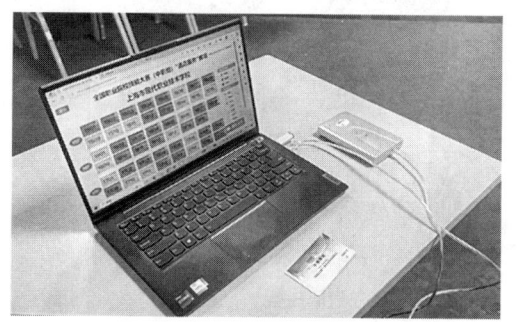 图6 选房制作房卡系统（星光比赛指定系统）	1. 熟练掌握为无预订散客办理入住登记手续中的身份证验证要求，强调安全信息，安全守法，职业规范的意识 2. 在办理手续过程中，进一步提升个性化服务的意识
【学、试】	小组练习——学习刷卡加密服务、规范试练"付费押金要说明" 对标星光竞赛前台接待刷卡程序要求，练习刷信用卡时电脑外接机器、密码遮挡、押金收费告知、财务单存档规则，完成规范业务操练。——职业规范、安全守法  图7 刷信用卡收取客人押金	学会刷卡押金收取服务，并提升规范业务、安全守法的意识

续表

【磨】	综合练习"两个环节业务"——验证选房把字签、付费押金要说明 1. 老师发放电子红包，内含不同客户需求情景，要求学生以个性化服务的方式，用酒店前台系统为散客办理入住登记手续，形成综合练习，巩固所学知识与技能 图8 电子红包领取任务 2. 学生领取任务，小组练习，模拟情景		进一步熟练操作酒店前台操作系统MP hotel，为walk-in散客办理入住
任务评价	小组互评与展示，投票与点评 1. 对标星光评价细则，提炼本节课所需评分项目，设计评分表。老师发布学习通的组内组间的评分任务，多主体进行多维度的评价（评分细则事先公布，并在学习通评价细则中事先设置） 2. 评比之后，学生投票选出今日"check in达人"，增强学生对前厅岗位职业荣誉感——思政落实评价 图9 对标星光比赛评分标准提炼转换本堂课评分细则		1. 强化为walk-in散客办理check in手续的业务知识 2. 拓展check in业务的岗位实战知识面与技能要求，以赛促教，岗位对接，达成职业能力提升目标

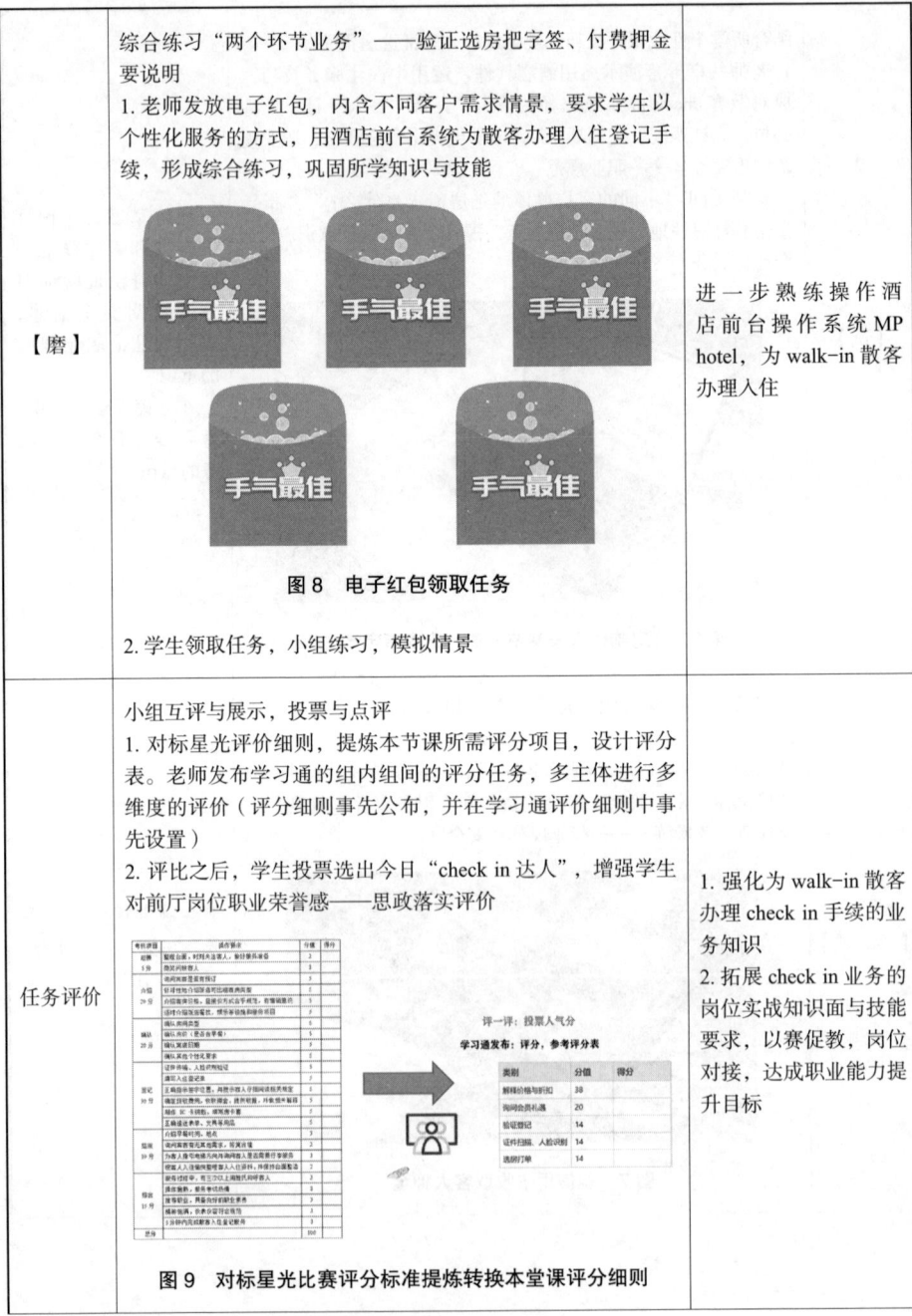

续表

课堂回顾	● 共同回顾为 walk-in 散客办理 check in 的第三和第四步骤内容 ● MP hotel 系统录入 check in 信息的操作路径 ● 共同回顾典型客房个性服务策略设计的要求  图 10 check in 办理学习主线	
课后（10 分钟）		
知识巩固与学习资源延伸	1. 发布学习通课后学习资料 ● 企业实践前台 check in 日志 ● 星光技能参赛选手模拟视频、比赛样题 ● 完成讨论 2. check in 知识巩固与延伸 扫二维码学习老师下企业的工作日志《opera 办理入住登记手续》，拓展知识面 　　  城堡酒店 前厅案例学习　　城堡酒店 前厅学习 　　　　　　　　　　　　办理 check in 入住	强化为 walk-in 散客办理 check in 手续的业务知识 拓展 check in 业务的岗位实战知识面与技能要求，以赛促教，岗位对接，达成职业能力提升目标
教学反思		
实施成效	通过本次竞赛反哺教学"逆向倒推"赋能高效课堂构建的创新实践，前厅课程教学收获了明显的教学成效。主要表现在能力本位的教学目标清晰；评价细则对接竞赛评分细则更有利于课堂量化评价；技能竞赛导向的思政元素在课堂教学中的落实量化及达成度显著提高，赛教融合理实一体化的数智化学习环境提升了学生的获得感和幸福感	

续表

问题与改进	本次教学是教学反哺理念下对于前厅服务课程创新教学的初步实践，对于赛教深度的融合还需要进一步探索与论证。此外，学生的语言表达的规范度尽管在课上以有话术文本作为参考，但是需要内化为自己职业素养与服务意识的语言还需要长时间的训练，日后在类似的模拟情景练习中要多为学生提供开口表达的机会，潜移默化地培养学生的职业规范与职业素养

课程负责人：沈小毓

日期：2023 年 8 月 20 日

文化遗产　守望历史——明孝陵之方城明楼·宝城宝顶
《导游日语》课程思政典型教学案例

课程负责人：葛燕

一、课程基本情况

课程名称	《导游日语》		
课程性质	□专业基础课程　☑专业核心课程 □专业拓展课程　□实践类课程		
学　时	72	学　分	4
授课对象	旅游日语专业二年级学生	授课专业	旅游日语
课程负责人	葛燕	团队成员	吕晋　倪月犁　邢盖　周梦

二、教学案例

1. 案例主题

文化遗产　守望历史——明孝陵之方城明楼·宝城宝顶

2. 出自教学章节

《导游日语》课程 第二章：景点讲解和景点知识问答

第二节：明孝陵

3. 案例选择与育人内涵

◆ 案例选择

2003 年 7 月，第 27 届世界遗产大会上，明孝陵作为"明清皇家陵寝"扩展项目被列入世界遗产名录。作为"明清皇家第一陵"的明孝陵壮观宏伟，首开了第一代皇帝陵寝的神道作为后世子孙陵寝共用神道的制度，建立了类似皇宫布局的"前朝后寝"三进院落制，开创了陵寝建筑平面呈"前方后圆"的基本格局，从而规范了之后明清两代 500 余年 20 多座帝陵的建筑格局，其完整的地上、地下建筑体系，布局严谨，规模宏大，建筑华美，工艺精细，体现了中国封建社会最高规格的丧葬制度。

◆ 育人内涵

文化传承与保护：明孝陵作为明朝开国皇帝的陵寝，代表了明初建筑和石刻艺术的最高成就。通过引导学生学习方城明楼、宝城宝顶的石刻雕花等领悟古代建筑艺术之精髓，加深学生对中国优秀传统文化的认识，提高对文化遗产的传承及保护意识。

历史价值与批判：以"明孝陵"为代表的明清皇陵体现了中国封建社会最高规格的丧葬制度和千百年封建社会的宇宙观、生死观、道德观和习俗。教师引导学生理解"方城明楼、宝城宝顶"的陵寝建筑布局，辩证地看待中国封建社会最高规格的丧葬制度。

4. 案例内容与设计

对案例进行概括描述，包括教学具体内容、教学方法等设计方案，字数不超过 1500 字。须包含以下四个方面的内容。

本课程以 POA 产出导向法为理论基础，采用任务驱动、小组合作探究等方法，依托线上教学平台打造线上线下混合、理论实践一体的翻转课堂，形成"课前知识构建＋课中技能应用＋课后素质拓展"的教学实施流程。

4.1 案例引入

◆ 课前导读

陵墓建筑是中国古代建筑的重要组成部分，"生，事之以礼；死，葬之以礼，祭之以礼"，中国古人基于人死而灵魂不灭的观念，普遍重视丧葬，各个阶层对陵墓皆精心构筑。在漫长的历史进程中，中国陵墓建筑得到了长足的发展，产生了举世罕见的、庞大的古代帝后墓群；且在历史演变过程中，陵墓建筑逐步与绘画、书法、雕刻等艺术门派融为一体，成为反映多种艺术成就的综合体。

其中，明清两朝是陵寝建设史上的一个辉煌时期，而这些恢宏壮丽精美的陵园都要追根溯源于一座传奇的皇陵——明孝陵。明孝陵依托紫金山，陵园依山就势，神道蜿蜒曲折，陵寝恪守中国建筑之传统，中轴对称，首创了方城明楼、宝城宝顶，前朝后寝的陵墓形制，开创了明清500多年帝王陵墓之先河。

4.2 案例详情

◆ 课前任务

教师在智慧职教平台发布课前任务，指导学生初步掌握方城明楼、宝城宝顶的日文表达词汇。学生通过学习链接、微课堂学习了解中国陵墓建筑的背景知识，并思考课前问题：①方城明楼与宝城宝顶之间是什么关系；②修建方城和明楼起到什么作用；③明孝陵的形制特点和历史评价如何。

学生通过教师搭建的脚手架，自主学习完成课前任务，为后续学习做铺垫。

◆ 课中任务

教师采用任务驱动法将讲解内容分级序化，引导学生由易到难完成讲解任务，逐步建立学生的学习信心和开口自信；采用任务驱动法，指导学生用思维导图进行梳理，分析方城明楼、宝城宝顶的建筑特色及文化内涵，学会将要点串珠成链，进行有序讲解；运用图片、短视频等信息技术模拟再现景区实景，同时结合实地讲解，营造景点讲解情境，激发学生的学习兴趣；教师设置团队任务，以小组为单位指导学生绘制思维导图，明确组员分工，鼓励相互探讨和帮助，协作完成方城明楼、宝城宝顶的日文讲解任务，培养学生协作共事的能力和素养。

◆ 课后任务

教师指导学生根据学习内容完成分层作业，其中A级作业为独立完成，B级为小组合作完成，C级为选做作业，难度逐渐递增，重点考查明孝陵的知识点掌握，运用日语进行口语交流的能力；引导学生通过分层作业，逐步建立信心，学习从守护文化遗产的角度讲好中国旅游文化故事。

4.3 案例讨论

教师引导学生参与各项活动，从对方城明楼、宝城宝顶的外观讲解升华到对文化内涵的深度理解。

①建筑风格与意义：方城明楼和宝城宝顶作为明朝皇帝陵墓的组成部分，体现了中国古代皇陵建筑的典型制式。这些建筑通过雄伟的规模、精湛的雕刻等，彰显了皇权的威严和尊贵，具有浓厚的历史文化意义。

②文化传承与保护：方城明楼和宝城宝顶代表了明朝的历史和文化遗产，

对于中国历史和文化的传承具有重要意义。通过对这些建筑的保护和修复，可以使更多人了解明朝的历史和文化，加深对中国传统文化的认识和理解。

③世界文化遗产的意义：方城明楼和宝城宝顶作为明孝陵的一部分，被列入了UNESCO的世界文化遗产名录，这是对中国古代皇陵建筑的国际认可，由此可吸引更多的外国游客来中国参观，促进了中国文化的对外传播。

4.4 案例升华

建筑是人类文明的重要组成部分，凝固着人类历史和文化。作为"明清皇家第一陵"的明孝陵壮观宏伟，代表了明初建筑和石刻艺术的最高成就，直接影响了明清两代500多年帝王陵墓的形制。

➢ 文化传承与保护：明孝陵作为明朝开国皇帝的陵寝，代表了明初建筑和石刻艺术的最高成就。通过引导学生学习方城明楼、宝城宝顶的石刻雕花等领悟古代建筑艺术之精髓，加深学生对中国优秀传统文化的认识，提高对文化遗产的传承及保护意识。

➢ 历史价值与批判：以"明孝陵"为代表的明清皇陵体现了中国封建社会的最高规格丧葬制度和千百年封建社会的宇宙观、生死观、道德观和习俗。教师引导学生理解"方城明楼、宝城宝顶"的陵寝建筑布局，辩证地看待中国封建社会的最高规格丧葬制度。

5. 案例特色与反思

结合教学实际进行教学反思概述，对案例实施优缺点进行客观分析，字数不超过1000字。

◆ 案例特色

（1）教学理念

本课程教学以POA产出导向法为理论基础，以学生为中心，围绕教学目标，通过多种手段激发学生的学习动力，理论与实践相结合，强化学习效果。课前、课中、课后的各项学习任务环环相扣，由易到难，循序渐进，让学生通过个人发表、组员互评促成探究式和深度学习，将传播中国旅游文化融入语言技能与跨文化表达能力的提升中，实现了"价值塑造—能力培养—知识传授"三位一体的教学目标。

（2）教学设计

本课程教学设计有以下特点。第一，采用丰富多样的多模态教学资源，激发学生的学习兴趣，从而提升学生的语言理解能力，引导学生积极参与、讨论、输出观点。第二，以POA产出为导向，通过设计形式多样、不同难度层次的产出任务，促进语言输出来激活所学，盘活已知。第三，通过网络教学平台实现课上课下相结合的混合式教学，将学生的课前学习与课后复习转移到线上进行，实现教学效果的最优化。

◆ 存在的问题

（1）学科整合不足

本门课程除了涉及文化元素的解读、日语语言技能的提升，还涉及历史学、旅游管理、人文地理等多学科知识，课程设计在综合学科整合方面还需要更加全面、综合、系统地设计。

（2）语言技能待提高

对于高职院校旅游日语专业二年级的学生来说，日语表达水平有限，而关于明孝陵的方城明楼、宝城宝顶的专业词汇和复杂句子会造成一定的表达障碍。

◆ 改进措施

（1）提升课程的跨学科融合

教师以任务驱动学生，引导学生查阅资料，综合学习历史学、文化学、人文地理、旅游管理等学科。

（2）分解语言任务化繁为简

教师搭建脚手架，由易到难设计日语输出任务，帮助学生理解和掌握相关内容。

6. 案例效果与反馈

概述案例教学过程中及结束后学生的认知、情感、价值观等方面的效果、评价与反馈。字数不超过1000字。

本课程综合考量学生课前、课中、课后学习情况，采用过程性考核和结果性考核相结合、定性考核和定量考核相结合、线上平台数据和线下课堂记录相结合的多元化考评机制。学生总体学习热情较高，在各种任务的驱动下能积极参与课堂教学活动，表达所思所想，积极用日语输出表达，实现了"价值塑造—能力培养—知识传授"三位一体的教学目标。

6.1 教学效果

（1）知识传授层面

学生掌握了明孝陵方城明楼、宝城宝顶的景点讲解的方法和要素，理解了中国陵墓建筑文化内涵。

（2）能力培养层面

学生能够在景点讲解的实际演练中体会文化和旅游的独特魅力，将地域文化、景区路线的渊源、历史事件和历史人物的文化内涵和现实意义等内容合理融入景点讲解。

（3）价值塑造层面

通过打造沉浸式教学情境、各类真实案例分享，激发了学生对传播中国优秀传统文化的学习热情；树立"讲好特色景点、传播优秀文化、塑造中国形象"的工作愿景。

（4）情感教育层面

通过小组合作、协调讨论，强化文化和旅游融合意识，坚定传播中国优秀传统文化的自豪感和自信心，强化以爱国情感为核心、以游客需求为中心的服务理念。

6.2 评价与反馈

本课程分为课堂学习和课外实践两部分对学生学习能力进行综合测评。课内学习部分占总成绩的70%，从课程作业、个人课堂表现、期末理论考试三方面测评，课外实践部分占总成绩的30%，从现场讲解、视频拍摄、课程汇报等方面测评，重点考查学生的人文综合素养、团队协作能力、日语运用能力及学科综合思维。

《导游日语》课程思政教学设计样例

课程负责人：葛燕

课程名称	《导游日语》	学时/学分	72学时/4学分
课程性质	□专业基础课程 ☑专业核心课程 □专业拓展课程 □实践类课程	授课对象及专业	旅游日语专业二年级学生
对应章节内容	第二章 景点讲解和景点知识问答 第二节 明孝陵		
教学内容	"文化遗产 守望历史——明孝陵之方城明楼·宝城宝顶"选取明孝陵的方城明楼和宝城宝顶为案例，采用情境教学法、交际教学法和任务驱动教学法，依托职教云线上教学平台，利用多媒体教室等线下实训教学基地，通过现场教学与示范，加深学生对中国陵墓建筑文化的理解，增强学生守护世界文化遗产的信念和对中国传统文化的认同感		
学情分析	➢ 日语水平：学生已掌握约3000个词汇，近200条中级语法，具备一般的听说读写能力，能进行日常交流 ➢ 导游知识水平：熟悉旅游相关的专业知识，包括旅游业务流程、旅游行业术语、旅游文化等内容 ➢ 学习动机与兴趣：学生出于对旅游行业的热爱与兴趣，希望将来能从事与旅游相关的工作，因此对本课程表现出了较强烈的学习兴趣 ➢ 学习态度与方法：学生能积极主动地参与学习，善于利用学习资源和采用高效的学习方法进行自主学习，具备终身学习的意识和能力		
教学目标	【知识目标】掌握明孝陵景点日文讲解的词汇、句型；明孝陵的布局及讲解路线、中国陵墓文化的相关知识 【能力目标】能够用日文正确流利地讲解明孝陵；掌握中国陵墓建筑的讲解方法，具备跨文化交际能力 【素养目标】培养学生热情周到的服务态度，应对紧急情况和突发事件的能力，团队合作的精神 【思政育人目标】通过学习明孝陵的历史背景、文化内涵，体会中国陵墓建筑文化的魅力，坚定文化自信，增强外语导游作为中华文化传播者的使命意识		
教学重点、难点	教学重点：方城明楼、宝城宝顶的外观、建筑特色、历史评价、文化内涵 教学难点：方城明楼、宝城宝顶的日文表达		

续表

课程思政设计	课程思政元素： ➢ 文化传承与保护：明孝陵作为明朝开国皇帝的陵寝，代表了明初建筑和石刻艺术的最高成就。通过引导学生学习方城明楼、宝城宝顶的石刻雕花等领悟古代建筑艺术之精髓，加深学生对中国优秀传统文化的认识，提高对文化遗产的传承及保护意识 ➢ 历史价值与批判：以"明孝陵"为代表的明清皇陵体现了中国封建社会的最高规格丧葬制度和千百年封建社会的宇宙观、生死观、道德观和习俗。教师引导学生理解"方城明楼、宝城宝顶"的陵寝建筑布局，辩证地看待中国封建社会的最高规格丧葬制度
	融入知识点： 1.方城明楼的文化内涵。方城明楼墙壁上的石榴、万年青、牡丹等图案的雕花都有其美好的含义。通过引导学生观察方城明楼的外观，领悟建筑文化的内涵 2.批判性看待方城明楼、宝城宝顶的历史价值。"方城明楼，宝城宝顶"开创了中国明清帝王陵寝建设规制的先河，被誉为中国帝陵发展史上的一座里程碑。但封建社会的最高规格丧葬制度需要巨大的人力、物力和财力投入，我们可以从中反思封建社会的局限性和不足之处。过于注重礼制和等级观念，可能造成社会阶层的固化和不公平

教学过程

课前

教学环节	活动内容	设计意图
课前导学	★学生完成教师在智慧职教平台发布的学习任务 1.课前导学 　视频　明孝陵学习必备词汇 　链接　学习强国：中国的世界遗产 明清皇家陵寝 　链接　学习强国 安徽凤阳中都城记 　链接　爱课程 陵墓建筑——概述 　链接　爱课程 陵墓建筑——构造形式 2.微课堂学习 　视频　1.第一讲：中国陵墓建筑文化 文化遗产 帝王气势——明孝陵 学生通过自主学习在智慧职教平台完成教师发布的课前学习任务： 1.掌握方城明楼、宝城宝顶的日文表达词汇 2.通过学习链接、微课堂学习了解中国陵墓建筑的背景知识 3.思考课前问题，并尝试在讨论区回答： ①方城はどんな建物ですか。（方城是什么建筑？） ②明楼はどんな建物ですか。（明楼是什么建筑？）	1.教师在智慧职教平台发布课前任务，指导学生初步掌握方城明楼、宝城宝顶的日文讲解用语 2.学生通过观看教师制作的微课视频，完成思考题，初步理解方城明楼、宝城宝顶的相关背景知识等，为进一步深入学习奠定基础

续表

课前导学	③方城明楼と宝城宝頂とはどんなつながりがありますか。（方城明楼和宝城宝顶有什么关系？） ④方城のレンガに何が刻まれていますか。（方城的石砖上刻有什么雕花？） ⑤トンネルの中の54段の階段を登ると、目の前に何が現れてきますか。（穿过方城明楼隧道里的54级台阶后，出现在眼前的是什么？） ⑥方城明楼はどんな役割をしていますか。（方城明楼在整个明孝陵建筑中起什么作用？） ⑦明孝陵の県族様式はどんな特徴がありますか。（明孝陵的建筑样式有什么特点？）	1.教师在智慧职教平台发布课前任务，指导学生初步掌握方城明楼、宝城宝顶的日文讲解用语 2.学生通过观看教师制作的微课视频，完成思考题，初步理解方城明楼、宝城宝顶的相关背景知识等，为进一步深入学习奠定基础
课中（50分钟）		
教学环节	活动内容	设计意图
课中热身 4分钟	教师及学生共同点评在智慧职教平台完成的课前导学的学习任务	通过教师评价、生生评价反馈课前导学任务，为后续学习做铺垫
示范讲解 6分钟	教师提出问题：方城明楼と宝城宝頂とはどんなつながりがありますか。（方城明楼与宝城宝顶之间是什么关系？） 请学生带着问题学习方城明楼、宝城宝顶的日文讲解，引导学生探究讲解对策 从外观上看，方城明楼是明清帝陵坟丘前的城楼式建筑，下为方形城台，上为明楼，楼中立庙谥碑。下部用砖石砌筑成的方形墩台，为"方城"，上部重檐歇山的碑楼，为"明楼" 教师示范讲解明孝陵的核心建筑——方城明楼、宝城宝顶，引导学生理解方城明楼、宝城宝顶的建筑特色，解读其文化内涵	教师通过示范讲解引导学生掌握方城明楼、宝城宝顶的讲解要点

续表

难点分析 10分钟	教师采用任务驱动法，引导学生用思维导图进行梳理，分析方城明楼、宝城宝顶的建筑特色及文化内涵，学会将要点串珠成链，进行有序讲解 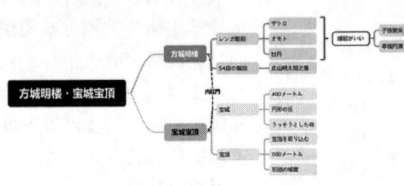 方城的石刻雕花是其外观的最大特点。墙壁上的石榴、万年青、牡丹等图案的雕花都有其美好的含义。例如，石榴多子，寓意着多子多孙。万年青四季常绿，象征着长寿。牡丹花开大朵，被视为幸福、高贵的象征。看似普通的砖瓦，实则蕴含着深刻而美好的文化含义，所以，在进行景点讲解时，不仅要介绍建筑的外观，还要解读沉淀在建筑里的文化内涵	教师通过引导学生分析方城明楼、宝城宝顶的外观特色，使之理解其文化内涵，学会举一反三、触类旁通，将景点讲解由表及里、以"物"感悟
巩固操练 15分钟	1. 教师引导学生进行小组讨论、进一步梳理要点，绘制方城明楼、宝城宝顶的思维导图，每组派1位代表，结合思维导图并尝试用日文讲解方城明楼、宝城宝顶 2. 教师引导学生完成宝城宝顶的日文讲解词翻译、仿写练习 3. 教师引导学生完成景点讲解中常用的日文被动态句式	教师引导学生结合思维导图用日文讲解方城明楼、宝城宝顶，通过语言输出完成知识的内化、技能的提升、思想的升华

续表

总结评价 5分钟	教师用问卷星发布评价量表，师生共同参与点评，评选本堂课的导游之星 教师发布问卷星，引导学生对本堂课的学习进行归纳总结、评价反思	通过教师评价、生生互评、师生互评、学生自评四个维度的评价，总结归纳本课所学，为后续课程做铺垫

课后		
拓展提升	★布置分级作业 1.要求学生根据作业要求，完成分级作业 2.要求学生分组协商、组员分工完成作业，小组成员任务分工包括资料收集、台本或讲稿编写、标注假名和电脑文字录入、视频拍摄与制作等 ★级：完成明孝陵方城明楼、宝城宝顶的讲解词背诵，上传职教云 ★★级：以小组为单位对照日文导游证现场考试视频完成明孝陵的日文讲解练习 ★★★级：以小组为单位选取感兴趣的帝王陵墓，进行导游词仿写创作，拍摄视频【体现中国旅游文化博大精深的主题】	根据学习内容完成分层作业，其中★级作业为独立完成，★★级为小组合作完成，★★★级为选做作业；重点考查明孝陵的知识点掌握，运用日语进行口语交流的能力；引导学生通过分层作业，逐步建立信心，学习从守护文化遗产的角度讲好中国旅游文化故事

教学反思	
实施成效	学生总体学习热情较高，在各种任务的驱动下能积极参与课堂教学活动，表达所思所想，用日语积极输出，既提升了日语综合运用能力，也升华了情感价值，达到了思政教育的效果 历史文化认知：学生通过学习方城明楼、宝城宝顶的历史背景、建筑特色、文化内涵等内容，对中国古代陵墓建筑有了更深入的认知和了解。了解明孝陵作为明朝皇帝陵墓的地位和意义，能够增强对中国历史文化的认同感 文化遗产保护意识：学习明孝陵作为世界文化遗产的保护和传承，学生增强了对文化遗产保护的意识，认识到保护历史建筑和文化遗产的重要性 团队协作与合作精神：通过小组讨论和合作等活动，培养了学生的团队协作和合作精神

续表

问题与改进	问题： 1. 学科整合不足：本门课程除了涉及文化元素的解读、日语语言技能的提升，还涉及历史学、旅游管理、人文地理等多学科知识，还需要更加全面、综合、系统地进行课程设计 2. 语言技能待提高：对于高职院校旅游日语专业二年级的学生来说，日语表达水平有限，而关于明孝陵的方城明楼、宝城宝顶的专业词汇和复杂句子会造成一定的表达障碍 改进： 1. 提升课程的跨学科融合：教师以任务驱动学生，引导学生查阅资料，综合学习历史学、文化学、人文地理、旅游管理等学科 2. 分解语言任务化繁为简：教师搭建脚手架，由易到难设计日语输出任务，帮助学生理解和掌握相关内容

课程负责人：葛燕

日期：2023年7月27日

夯实素养和规范融合，铸造本土国际化人才
《西餐实训》课程思政典型教学案例

课程负责人：李锋

一、课程基本情况

课程名称	西餐实训		
课程性质	☐专业基础课程　☐专业核心课程 ☐专业拓展课程　☑实践类课程		
学　时	72	学　分	4
授课对象	专业二年级学生	授课专业	西餐烹饪
课程负责人	李锋	团队成员	秦莉、马峻、夏磊、王锦文、吴江敏

二、教学案例

1. 案例主题

夯实素养和规范融合，铸造本土国际化人才

2. 出自教学章节

课程项目二中模块四"海鲜类开胃菜制作"的任务二"法国尼斯色拉制作"

3. 案例选择与育人内涵

我校西餐烹饪教学强调了中法文化的融合，通过实践教学和国际交流，学生不仅学习到烹饪技艺，还能深入理解不同文化背景下的餐饮服务；同时强调了将课程思政教育贯穿于人才培养体系中，深挖专业课程中的思政元素，以此提升学生的职业素养和道德水平。除此之外，西餐教学中的育人内涵是

一个综合性的概念，涵盖了专业技能、文化素养、思想政治教育以及学生综合素质的培养，旨在通过教学活动，将学生培养成为具有国际视野、文化素养和职业素养的复合型人才。

本课程以学生学习为中心、职业能力为本位、工作任务为载体，对学生个人的职业道德、职业素养都有较高的要求，这与"课程思政"中有关"立德树人"的大方针极其吻合。与其他西餐烹饪专业课程一样，本课程能挖掘较多的思政元素，富含"育人"元素。通过食品安全、榜样力量、工匠精神、团队协作、持之以恒、守正出新、精湛技艺、探索创新、环境意识等思政维度，打通显性技能与隐性素养培育相互促进的通道，充分发挥《西餐实训》课程在学校整体课程思政教学体系中的协同育人作用。

4. 案例内容与设计

（1）案例引入

我校聚焦培养城市服务业高技能人才，秉承"热爱生活、德能立业、服务社会"的育人目标。《西餐实训》不仅是中等职业学校西餐烹饪专业的一门专业（技能）方向性课程，也是我校国际水平西餐烹饪专业的一门限定选修课程。课程开设的目的是培养从事西式烹饪、西式面点等不同岗位的人才，以培养具有良好专业发展基础的烹饪应用复合型技能人才为宗旨。

（2）案例详情

在课程教学设计中，课程注重显性的实训技能教学与食品安全、榜样力量、工匠精神、团队协作、互助共赢、持之以恒、守正出新、精湛技艺、探索创新、服务意识等隐性素养相结合（见图1）。

课前采用预习反馈：对课前预习完成的制作流程测试、专业词汇测试结果进行反馈，导入本节任务（见图2）。

课中采用任务呈现：

①布置任务，职业着装自检（见图3）。职业仪规的重要性不言而喻，有效落实企业标准化的着装要求。通过微课视频播放，分析教学重点（见图4），使学生直观了解制作步骤，初步形成对菜品质量标准的认知。

②任务尝试，学生代表尝试操作（见图5）。全体学生带着问题观察和思考，通过"头脑风暴"的形式，归纳制作要点，固化职业素养（见图6）。

③任务分解，教师操作难点示范，重申制作要点（见图7）。全体学生

按步骤操作（见图8），实践和感悟制作要点。出示常见餐厅菜品流行发展趋势的摆盘案例，鼓励学生自主设计，创意摆盘，提升学生的艺术美学设计感（见图9）。

④任务评价，组内自评，推选作品进行组间互评。教师出示制作质量以及职业素养等主观评价和客观评价相结合，构建多维度的评价量化体系，通过评价系统数据，及时且有效地反馈学生的学习情况信息和采集，同时进一步提升学生精益求精的工匠精神（见图10）。

⑤课后拓展，课后通过上传习题和作业，互动评价，提升教学成效，有效衔接"课前、课堂、课后"三个过程。通过实实在在发生在学生周边的"怀匠心、践匠艺、塑匠德""扬龙舟精神、建特色文化、促专业发展"等案例，潜移默化地影响学生所见、所知、所想，实现思政教育要点融入课程教学。

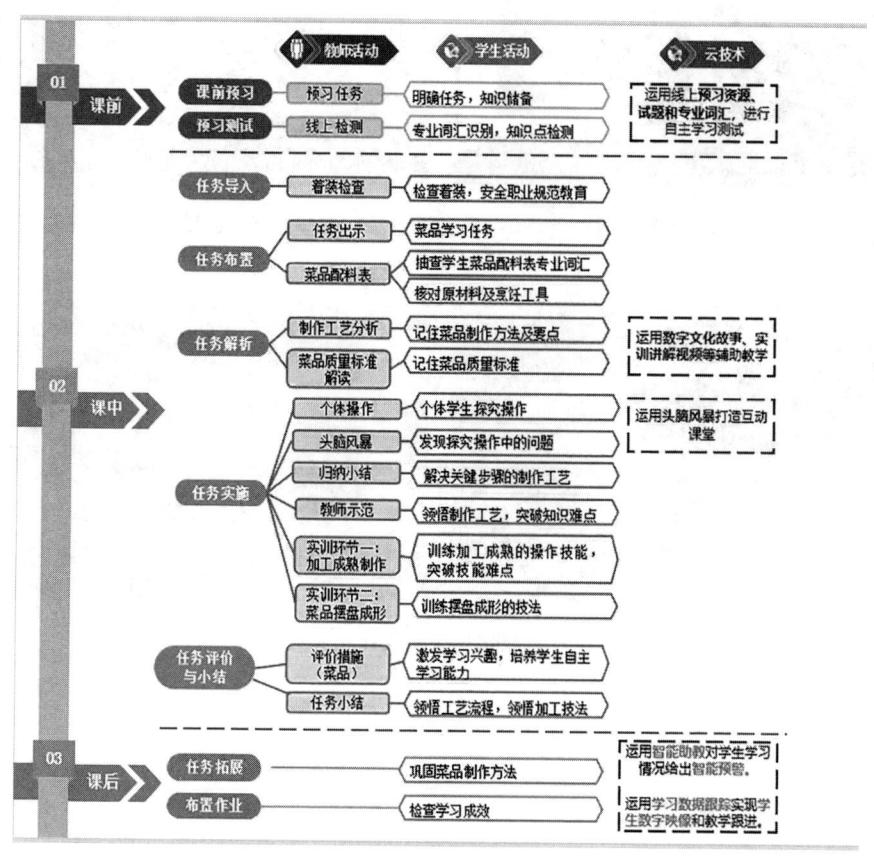

图1 教学设计流程图

图 2 预习反馈

图 3 着装自检

图 4 任务分析

图 5 尝试操作

图 6 头脑风暴

图7 教师示范

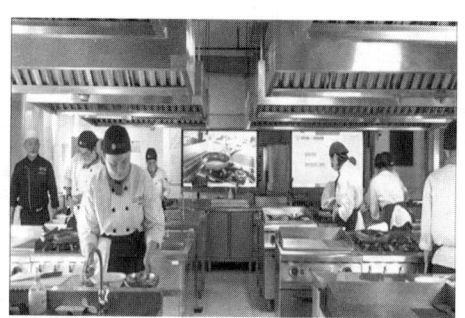
图8 全体操作

图9 创意摆盘

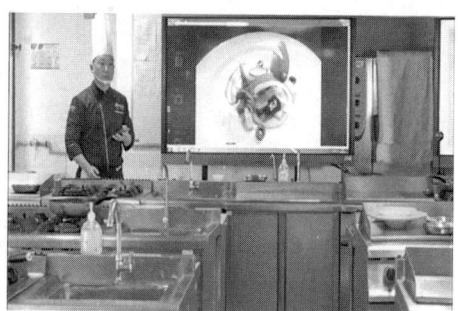
图10 任务评价

（3）案例讨论

有效利用教学平台发布课外拓展资源（见图11、图12），拓展学生的专业知识面，在固化原来知识点的同时，增强学生对于西餐制作的创新意识和思维，拓展学生的专业知识广度，任课教师可以通过线上或线下的形式和学生展开交流和讨论，激发学生自主学习的积极性。针对部分拓展的资源可以利用学校每周的拓展研修课程进行实践操作，通过教学后台对每一位学生的学习情况进行追踪（见图13），以便专业教师更好地调整教学策略。

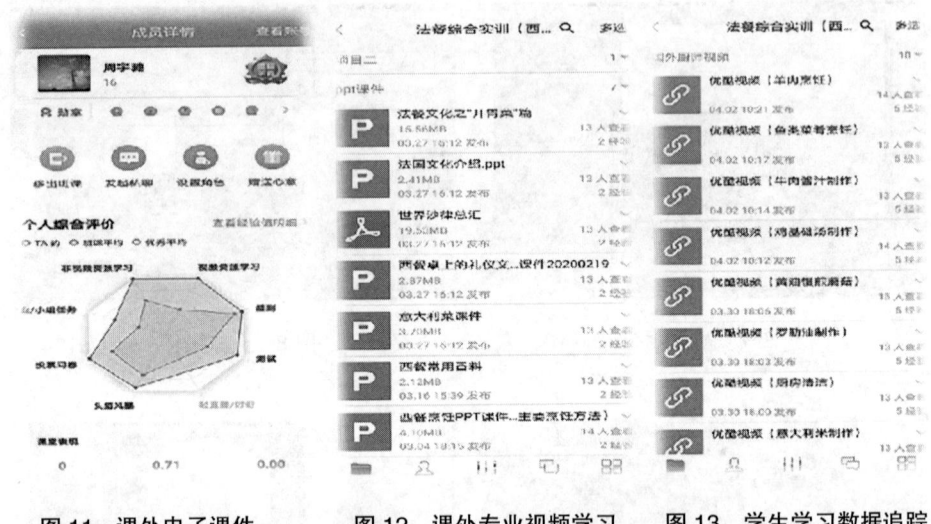

图11 课外电子课件　　图12 课外专业视频学习　　图13 学生学习数据追踪

（4）案例升华

充分融合典型工匠案例，不断渗透企业化管理模式，"树规范"，在实习实训和理论学习中由教师引导，利用"职业素养通识课程＋专业课程职业素养"模式，将"工匠精神"全方位、多角度地贯穿融入学生"实训课堂"中。"工匠精神"的核心内涵不是只把工作当作赚钱以及追求名利的工具，而是树立一种对工作执着、对所做的事情和生产的产品精益求精、精雕细琢的信念！通过典型案例的讲述，让每一位烹饪学生明白，匠人、匠心、匠艺并非一蹴而就，而是日积月累的烹饪素养和文化积淀形成的产物。

5. 案例特色与反思

（1）怀匠心、践匠艺、塑匠德

中职西餐烹饪学生的职业素养与企业标准和规范要求存在着不小的差距，专业教师针对这些素养和问题从课程开发和建设的角度出发，利用"职业素养通识课程＋专业课程职业素养"模式，将"工匠精神"五要素全方位、多角度地贯穿融入学生"实训课堂"中（见表）。在实践过程中，积极倡导"学中做，做中学"的教学理念，培养学生的合作精神、职业沟通与认知能力。打造富有专业特色的实践平台，把"工匠精神"与职业素养内容融进教学实践细节，使学生在实践中感悟、收获、成长，充分发挥教学平台优势和作用。

表　工匠精神"五要素"

工匠精神"五要素"	项目（任务或环节）	职业素养
职业道德	着装检查、仪容仪表规范、团队合作、食品卫生、厨房安全设施设备的检查、具备良好的厨德等	爱岗敬业
职业品质	菜品制作的每一个环节具有严谨认真的态度、对菜品的质量和品质不懈追求的态度、具良好的团队合作和沟通能力	精益求精
职业行为	对于西餐烹饪这份职业信念的坚守、热爱、执着等精神	持之以恒
职业技能	刀工处理、烹饪成熟环节、餐盘的清洁和保温、合理使用烹饪用具等	精湛技艺
创新意识	菜品拓展学习、摆盘创新设计、烹饪食材的合理搭配等	守正出新

（2）扬龙舟精神、建特色文化、促专业发展

学校依托自身发展历史渊源和办学特色不断促进西餐烹饪专业的发展，充分发扬学校齐心协力、敢为人先的龙舟精神；积极探索企业文化进课堂的多种途径，将企业6S管理理念渗透到专业教学管理中，深化工学结合、产教融合，落实以立德树人为根本、以服务发展为宗旨、以促进就业创业为导向的办学理念；贯彻热爱生活、德能立业、服务社会的校训，着眼于企业良好的职业精神，培养与提升职业技能，帮助学生实现从学校到企业的跨越（见图14、图15、图16）。

龙舟文化活动关注职业特色文化、指导职业发展。学校开发了具有职业特征的电子交互式教材《法餐综合实训》，不断融合西餐专业的变化和发展趋势，围绕龙舟质量文化开展实践教学，有效推进西餐烹饪专业国际水平教学标准试点工作，为更好地培养学生综合职业素养保驾护航。

图15　学校传统龙舟项目比赛

图16　学生参加市级整体西餐宴会设计

图 16　我校的龙舟精神口号以及校训

6. 案例效果与反馈

（1）教学平台预警监测和追踪，有效提高学生学习积极性

中职学校强调的是培养学生的职业能力和职业素养，使之具有一定的实际操作能力。必须培养学生扎实的基本功，我们不但在理论课上强调标准、动作和要求等制作要领，更应在操作课上理实一体化，使学生尽快地理解、学会，提高学生的学习兴趣和积极性；同时也更有利于达到学生基本功和职业素质同步培养的目的，为市场储备相关技能人才。

同时，以符合中职学生西餐烹饪专业的实践教学为导向，培养学生专业烹饪词汇的阅读和口语能力，教材及教学视频以中英文呈现，穿插专业烹饪词汇双语读音，生动的视听效果使学习更贴近西餐教学需求。中西方餐饮文化注重企业餐饮文化和职业素养的融合，体现三维培养目标的需求，通过线上和线下相结合的形式，从不同的维度帮助学生积累专业词汇，为他们未来的岗位需求保驾护航。

因此，本课程实施后，对企业各个岗位上的实习生做了一次问卷调查，得到学生对于西餐专业的规范意识由 57.8% 提升至 96.61%、职业定位由 73.6% 提升至 86.64%、专业文化由 36.8% 提升至 67.8% 和口语交流能力由 31.5% 提升至 71.18% 四项数据，在团队协作能力、实际岗位适应能力等方面，与课程实施之前数据相比有了大幅度的提升和飞跃（如图 17、图 18、图 19）。

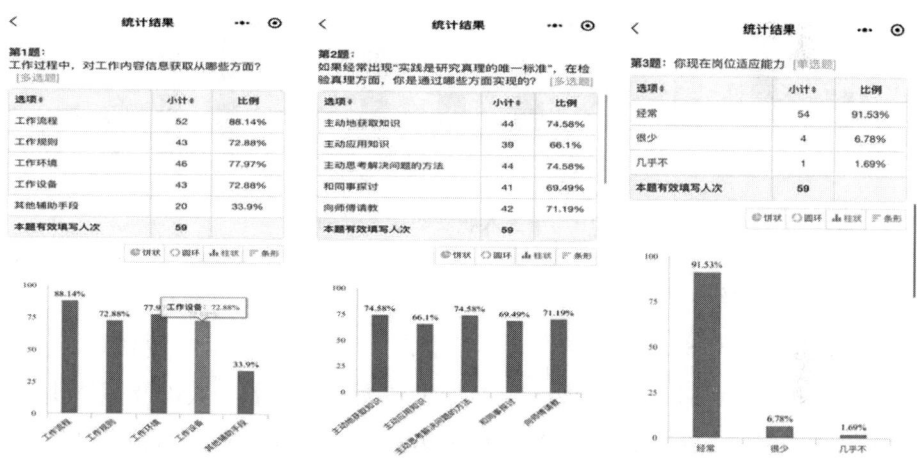

图 17　学生入职后职业定位问卷

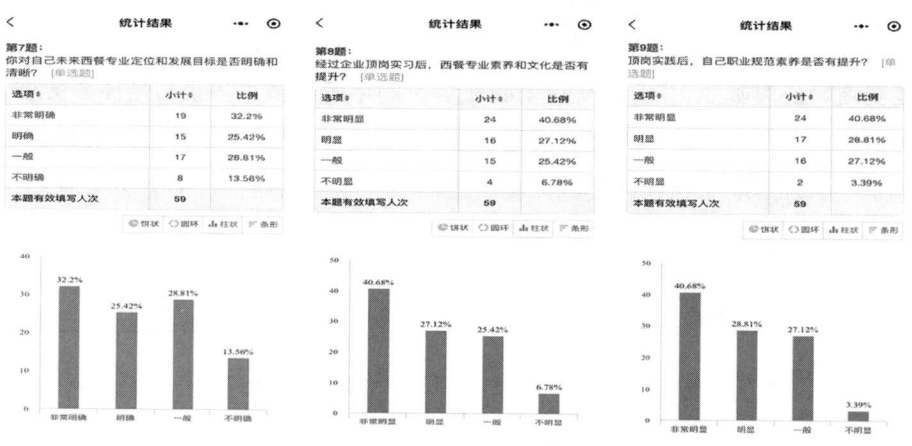

图 18　学生入职后口语能力和团队协作能力问卷

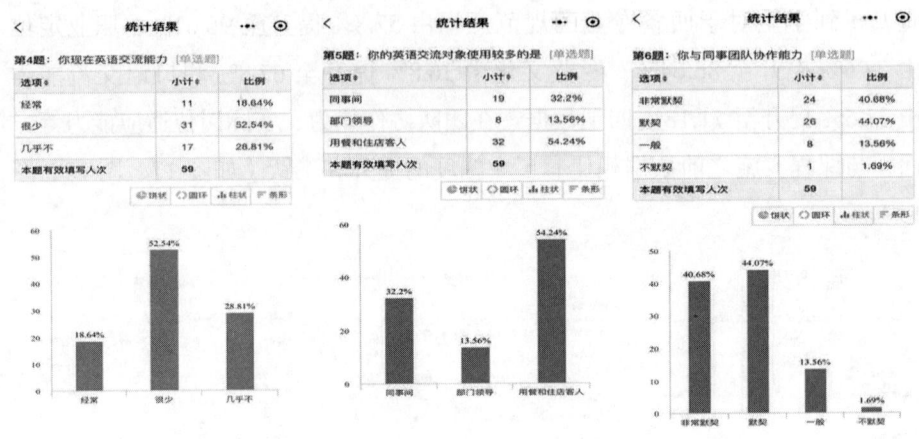

图 19　学生入职后职业素养问卷

（2）以赛代练，专业师生共成长

课程思政教学改革后，结合《西餐实训》课程的实践，以赛代练，收获成果。这批国际水平试点专业学生参加了各类市级西餐个人以及团体比赛，也取得了不俗的成绩（表2）。通过比赛拓宽了学生的专业学习视野，同时专业教师通过比赛及时进行总结和反思，对课程的内容和教学策略进行合理化的调整和完善，不断把匠人精神和企业文化真正地融会贯通，才能培养德技并修的专业人才。职业学校不仅要培养高技能人才，更应该教会学生会劳动、能沟通、爱岗敬业，"劳动"对于职业学校的学生而言更多指的是体力劳动，那么这种看似简单的体力劳动能做好也不是一件容易的事，通过情景教学培养学生做好本职工作，同时也训练学生做到"眼里要有活，手上能干活"的能力，以便将来更好地适应岗位要求。

表2　专业学生各类市级比赛成绩统计

序号	日期	比赛名称	获奖等第	获奖学生姓名	发证机构
1	2017.5	上海市第七届星光计划西餐烹饪比赛	二等奖	甄倩倩	上海市教育委员会
2	2019.5	上海市第八届星光计划西餐烹饪比赛	三等奖	卜硕	上海市教育委员会

续表

序号	日期	比赛名称	获奖等第	获奖学生姓名	发证机构
3	2019.5	上海市第八届星光计划西餐烹饪比赛	三等奖	周涛	上海市教育委员会
4	2019.12	2019年中国技能大赛——"四大品牌"上海职业技能竞赛"上海文化"品牌"主题宴会摆台"	团体金奖	上海市曹杨职业技术学校	上海市技师协会
5	2021.5	上海市第九届星光计划西餐烹饪比赛	一等奖	骆许楠	上海市教育委员会
6	2021.5	上海市第九届星光计划西餐烹饪比赛	二等奖	韩灿灿	上海市教育委员会

  本课程作为上海市中等职业学校在线精品课程以及上海市课程思政示范课程，始终坚持将专业知识点和文化的育人元素结合在一起，实现双重育人功效，使得社会主义核心价值观、文化自信等思政要点有机融合到专业课程中，充分体现出课程思政与专业课程融合教学方式的效果。以行业一线从业人员的工匠精神、劳模行为等作为思政元素，融入课堂教学，树立学生更加强大的理想信念、工匠精神等，落实立德树人的根本任务，培育、践行社会主义核心价值观。

《西餐实训》课程思政教学设计样例

课程负责人：李锋

课程名称	《西餐实训》	学时/学分	72学时/4学分
课程性质	□专业基础课程 □专业核心课程 □专业拓展课程 ☑实践类课程	授课对象及专业	中职西餐烹饪专业二年级学生
对应章节内容	本课程选用西安交通大学出版社"法餐综合实训"云教材中模块四"海鲜类开胃菜制作"的任务二"法国尼斯色拉制作"		
教学内容	法国尼斯色拉制作		
教学目标	1. 已有知识与技能 授课对象为我校西餐烹饪专业二年级学生，已经具备一定的西餐制作基础，从西餐专业角度实际出发，往往忽略了对于专业词汇的积累，同时职业素养细节方面仍然和企业标准存在一定的差距 2. 身心特点 针对两年西餐教学实施过程，总结了我校西餐烹饪学生以下四个不足之处：在实训课程中操作规范意识不足；对于专业缺乏明确的定位和设想；对于西餐专业的文化和发展内涵认识不够；对于本专业特定英语词汇积累不够		

续表

学情分析	3.认知能力 从认知的角度分析，学生有较强的认知能力，偏爱技能操作，具备一定的模仿能力和归纳能力，本节课教师在云平台上借助可视化工具进一步锻炼学生逻辑分析和归纳提炼的能力
教学目标	【知识目标】 1.说出法国尼斯色拉成品的质量标准 2.简述法国尼斯色拉成品的制作步骤 【能力目标】 1.能运用"煎"的烹饪技法使金枪鱼达到所需的色泽和形态 2.能运用摆盘的基本技法完成法国尼斯色拉作品的摆盘成形 【素养目标】 1.通过色拉成形与摆盘的训练，提升学生的烹饪美学设计灵感 2.通过独立完成任务制作步骤，融入菜品制作中细致观察的职业态度，逐渐内化为精益求精、持之以恒的工匠精神 【思政育人目标】 1.民以食为天，食以安为先，西餐菜品制作的食品卫生安全的规范意识的培养，从以西餐厨师自身素养为基础，到职业仪规标准化再到实训操作流程的规范化为抓手，培养西餐烹饪学生规范意识的形成和塑造 2.在教学难点步骤操作环节，利用图片教学和问题探究式教学及情景启发式教学，实训过程中采用企业化岗位管理模式融入，激发学生主观能动性，对操作存在的问题勇于思考，勇于探究的学习热情和积极性，树立正确的科学观、价值观和团队协作精神，为后续西餐烹饪专业学生正式进入工作岗位打下扎实的基础
教学重点、难点	教学重点： 1.法国尼斯色拉成品的制作步骤 2.法国尼斯色拉成品的质量标准 教学难点： 能运用"煎"的烹饪技法使金枪鱼达到所需的色泽和形态
课程思政设计	课程思政元素：通过食品安全、榜样力量、工匠精神、团队协作、互助共赢、持之以恒、守正出新、精湛技艺、探索创新、环境意识等思政维度
	融入知识点：培养学生在掌握西餐制作基本技能的同时，能依据西餐制作的标准和技能操作要求，从职业道德、职业精神、工匠精神等方面贯穿学生实训全过程

教学过程		
课前（4分钟）		
教学环节	活动内容	设计意图

续表

云班课学习平台发布学习资源包：课程典故、菜品描述、预习测试题 	1. 根据教师"云班课"布置预习任务，预习云教材"海鲜类开胃菜"中任务二"法国尼斯色拉专业词汇" 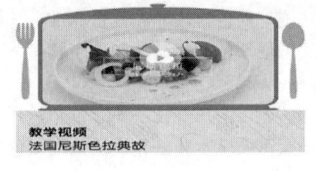 2. 查看"云教材"资源"法国尼斯色拉制作"微课视频	☞设计意图： 预习法国尼斯色拉加工制作流程视频，为后续学习做好准备 ☞信息化手段： 1. 云教材《法餐综合实训》项目四"海鲜类开胃菜制作"任务二"法国尼斯色拉制作" 2. 云班课：任务制作步骤以及专业词汇测试
课中（30分钟）		
教学环节	活动内容	设计意图
【规范意识】 着装检查： （1）头发不外露 （2）操作服穿戴整齐 （3）指甲修剪符合标准 （4）穿操作鞋	自我检查着装	☞设计意图： 规范学生职业着装、仪容仪表 ☞思政点设计： 厨房从业人员应该恪守良好的基本职业道德和厨德 ☞信息化手段： PPT讲解
【接受任务】 出示任务准备单（原材料及烹饪工具）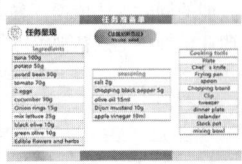	1. 根据出示任务准备单，检查清点原材料和工具 2. 个别学生完成专业词汇测试 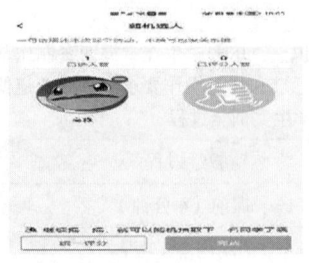	☞设计意图： 1. 按真实的工作场景教学，培养学生职业规范和严谨的工作态度 2. 了解学生的专业词汇的掌握程度 ☞思政点设计： 依据真实的工作场景教学，使学生养成良好的西餐专业的职业意识和习惯 ☞信息化手段： 云班课： 随机选取一名学生进行词汇测试

续表

【工艺分析】 1. 播放视频： 法国尼斯色拉制作成形  2. 法国尼斯色拉质量标准解读	1. 学生学习法国尼斯色拉制作成形的方法和步骤 2. 学生领悟法国尼斯色拉的质量标准 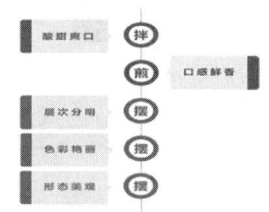	☞ 设计意图： 加深学生对于法国尼斯色拉成品的质量标准的认知，为后续成形制作提供铺垫 ☞ 思政点设计： 熟悉菜品的制作流程及步骤，养成严谨务实的工作态度，增强责任意识 ☞ 信息化手段： 观看云平台上数字文化故事、实训讲解视频等辅助教学
【个体尝试】 1. 学生尝试操作： 金枪鱼加工成熟制作（个体操作） 2. 针对个体操作，发现问题，解决难点  3. 成熟制作小结： （1）先煎四周封口 （2）后煎两面上色 （3）切面成形平整	1. 学生观看个体学生操作 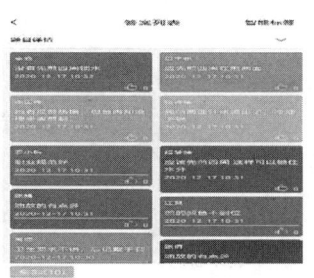 2. 学生根据质量标准发表自己的观点和看法 3. 教师归纳金枪鱼加工成熟制作工艺要点	☞ 设计意图： 通过尝试操作，在做的过程中发现问题、解决问题，培养学生自我探究和发现问题的能力 ☞ 思政点设计： 激发学生对于专业的尝试和探索 ☞ 信息化手段： 云班课： 1. 头脑风暴讨论问题 2. 直播学生尝试操作过程
【观摩操作】 教师演示： 金枪鱼加工成熟制作 	学生观摩金枪鱼加工成熟制作过程，进一步明确技能操作要求	☞ 设计意图： 通过示范操作，使学生明确"煎"教学重点的技能操作要点 ☞ 思政点设计： 专业教师规范演示难点，学生仔细认真观看（榜样示范） ☞ 信息化手段： 云平台： 直播专业教师演示任务难点环节

续表

【步骤实践】 实训环节一： 色拉配料的拌制和金枪鱼加工成熟制作 （1）刀豆和土豆的拌制 （2）金枪鱼的煎制成熟和改刀成形	学生按照操作标准完成实训 	☞设计意图： 学生通过操作进一步掌握金枪鱼加工成熟制作步骤、掌握"煎"的烹饪技法 ☞信息化手段： 云平台： 1.步骤实践计时 2.教师巡视中上传部分学生操作图片
【步骤实践】 1.西式摆盘多种设计形式： （1）对称形 （2）抽象形 （3）环绕居中形 （4）居中形 （5）长条形 2.环节二：法国尼斯色拉的摆盘成形 	1.学生观摩听讲 2.学生回答  3.学生按照摆盘基本技法和创新理念完成摆盘成形	☞设计意图： 1.培养学生烹饪美学艺术及摆盘创新理念 2 指导学生根据操作要点制作出符合质量标准的色拉作品 ☞思政点设计：菜品摆盘成形技法的创新意识的培养和锻造 ☞信息化手段： 云平台： 1.步骤实践计时 2.教师PPT讲解摆盘技巧
【作品评价】 1.组内自评，选出一个作品；组间互评 2.教师点评 3.完成评价表（课后） （结果性评价比例设置：自评25%、互评25%、教师评价50%）	1.组内上传优选作品一张，通过网络教学平台组间互评 2.学生聆听教师点评 3.课后完成个人作品上传及评价表打分 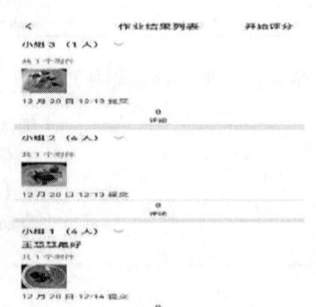	☞设计意图： 1.依据学生提交的作品，及时调整后续教学策略及方法 2.学生通过作品的反馈情况，发现自身长处或不足，同时激发学生的竞争欲 ☞思政点设计： 激发学生对菜品质量和品质不懈追求的态度 ☞信息化手段： "云班课"小组上传优秀作品，线上进行互评环节

续表

【要点小结】 小结 1.加工流程：  2.质量标准： 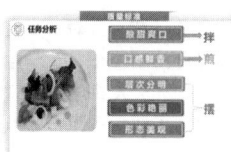	全体齐声朗读制作要点 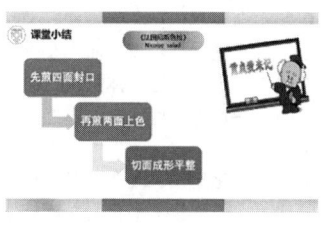	☞ 设计意图： 巩固所学知识，强化职业认同感 ☞ 思政点设计： 强化学生对于职业的归属感和认同感 ☞ 信息化手段： 1.播放大赛视频片段 2.绘制思维导图
课后（6分钟）		
【拓展迁移】 展示菜品： 金枪鱼黑鱼籽佐牛油果酱 	学生回家完成拓展任务制作	☞ 设计意图： 巩固技能，拓展迁移 ☞ 思政点设计： 菜品拓展学习，举一反三，激发学生对于专业的坚守、热爱、执着的精神 ☞ 信息化手段： 1.云平台记录视频作业 2.云平台投票
【作业布置】 1.通过网络教学平台名人案例学习，通过"云班课"发表观后感 2.上传课上作品图片并完成课后习题练习 3.通过手机"云班课"上传拓展任务作品图片或者小视频，并附相关的制作流程	1.学生完成课后作业内容和预习 2.巩固提升，内化知识与技能 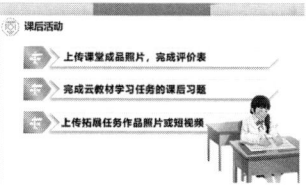	
教学反思		

续表

实施成效	本课程采用信息技术手段辅助教学，有效解决了西餐实训课程中存在的教学弊端 1.以往西餐实训教学，在示范操作环节，学生围成一圈观看教师示范操作，弊端是有些人看不见、看不清；现在采用触控一体机投射，微视频教学，让每位学生都能看得到、看得清 2.以往西餐实训教学，在学生操作环节，教师巡视、个别指导，往往只是少数学生知道典型错误，而不是全体学生知道；现在采用手机拍摄、网络同步上传、触控一体机投射，使全体学生知道典型错误，从单一个性问题衍生为共性问题，更好地解决了传统教学中的教学效率低的弊端 3.经过学校信息化建设，现在西餐实训在任务实施环节，针对学生容易出错的地方，采用教学平台问题库搜索以及教师演示操作，让学生自己发现问题、分析问题、思考解决问题的方法，充分发挥学生的主体地位，让其在"做中学，学中做"，有效地提高了教学重点、难点的解决效率 4.通过信息技术辅助教学，改变了西餐实训的教学方式，提高了课堂效率，使西餐文化教育、德育教育、艺术教育及职业素养知识得以渗透
问题与改进	西餐专业对于专业词汇的理解和熟记尤为关键和重要，学生对于专业词汇的掌握程度还存在一定的差距。因此，在今后的教学中有效结合西餐英语核心课程的辅助，通过信息技术辅助教学，加入学生耳熟能详的相关视频与专业词汇融合的交互式游戏，充分调动学生学习的积极性，激发其产生学习的动力，同时有助于学生积累专业词汇，改变苦于学习为乐于学习。

课程负责人：李锋

日期：2023年7月10日

产教融合和课程思政深度融合
《旅游社交媒体营销》课程思政典型教学案例

课程负责人：刘堂

一、课程基本情况

课程名称	《旅游社交媒体营销》		
课程性质	☐专业基础课程　☑专业核心课程 ☐专业拓展课程　☐实践类课程		
学　时	32	学　分	2
授课对象	三年级	授课专业	旅游管理
课程负责人	刘堂	团队成员	无

二、教学案例

1. 案例主题

产教融合和课程思政深度融合

2. 出自教学章节

课程第八章中模块八：直播营销

3. 案例选择与育人内涵

在数字经济时代背景下，直播营销作为新兴的营销模式迅速崛起，成为产业发展的重要力量，同时也提供了丰富的教育资源和实践平台。选择"直播营销"作为产教融合和课程思政深度融合的案例，是因为该模块能够紧密结合当前产业发展趋势，将理论教学与实践应用相结合，不仅能增强学生的专业技能和实践能力，也能深化他们对社会主义核心价值观的理解和认知。

此案例的育人内涵主要表现在以下几个方面。

（1）理想信念的培养：直播营销作为教学内容，引导学生深入了解国家对数字经济的支持政策，激发学生对于国家发展的认同感和自豪感。在学习过程中，通过分析成功的国内直播营销案例，培养学生对实现中华民族伟大复兴的中国梦的信心和责任感。

（2）专业素养与社会责任感的培育：教学中，通过对直播营销规则的讲解和直播实操，强化学生的市场意识和职业道德，教育学生在追求经济效益的同时，注重法律法规，拒绝传播虚假信息，弘扬正能量，承担社会责任。

（3）实践能力的提升：结合产业需求，学生将参与模拟或真实的直播营销活动，这不仅锻炼了他们的实战技能，也促进了理论与实践的有效结合，增强了学生解决实际问题的能力。

（4）创新能力的激发：直播营销环节鼓励学生发挥创意，设计独特的营销方案，这一过程可激发学生的创新精神和独立思考能力，为培养具有创新精神和实践能力的时代新人奠定基础。

综上所述，选择"直播营销"作为教学案例，不仅能够培养学生的专业技能，更能在教育过程中植入社会主义核心价值观，实现立德树人的教育目标，为社会培养出既懂技术又有道德的优秀人才。

4. 案例内容与设计

（1）案例引入

为激发学生兴趣并铺垫课程思政元素，首先展示中国直播营销的成功案例，如李佳琦等的直播带货视频，引发学生对直播营销的兴趣。接着，通过提问与引导，探讨直播营销对于个人与国家经济发展的意义，从而自然引入社会主义核心价值观在新时代商业模式中的体现。

（2）案例详情

教学内容：

直播营销的基础知识与技巧。

直播中的消费者心理分析与互动策略。

直播带货的法律法规和道德规范。

教学方法：

情景模拟：通过模拟直播销售环节，让学生扮演主播与消费者角色，实践销售技巧和互动方法。

案例研究：分析真实直播带货案例，讨论其成功要素及其对社会价值观的正面影响。

小组讨论：小组讨论直播带货中可能出现的法律与道德问题，提出解决方案。

角色扮演：学生分组进行角色扮演，模拟处理直播过程中的道德和法律问题。

（3）案例讨论

在教学的这一阶段，重点引导学生讨论直播带货的责任与挑战。例如，如何确保产品质量，如何进行真诚的沟通等。讨论中引导学生明白，一个优秀的直播营销人员不仅需要专业技能，还需要强烈的社会责任感和对社会主义核心价值观的深刻理解。

（4）案例升华

在本环节，总结直播营销的社会价值及其在实现中国梦中的作用。强调学生在成为专业人才的同时，还要成为有道德的人，有责任的公民。鼓励学生在未来的职业生涯中，将所学的直播营销技能和道德规范运用到实际工作中，促进正直的商业实践，为社会的和谐发展贡献力量。

教学具体设计

引入环节：

通过观看和分析直播带货的视频片段，学生能够直观感受直播营销的实际操作。

教师提出问题，引导学生思考直播带货对于个人成长和国家经济发展的双重价值。

详情展开：

通过PPT和实例展示直播营销的核心知识点。

分小组进行模拟直播，每个组员都有机会尝试主播的角色。

小组之间互评，并讨论各组直播的优点与待改进之处。

讨论环节：

分析直播过程中可能遇到的问题，如商品描述不实、侵犯消费者权益等，以及如何应对这些问题。

通过案例分析，指导学生如何在直播带货过程中坚守职业道德和法律法规。

升华环节：

学生分享学习心得，特别是关于如何将社会主义核心价值观融入未来的职业实践。

通过讨论和引导，让学生思考和表述直播营销在社会发展中的作用以及作为从业者应承担的责任。

教师总结，强调课程思政的重要性，激励学生在将来的工作中实践"课程思政"的理念，促进社会主义精神文明建设。

教学案例总结

通过上述教学案例的设计，我们不仅传授了直播营销的专业知识和技能，更通过教学内容和教学方法的创新融入了社会主义核心价值观教育，使学生在学习专业知识的同时，增强了道德责任感和社会责任感。

案例引入通过实际的商业成功故事吸引学生注意力，引导他们思考专业知识背后的社会价值。案例详情环节结合理论与实践，培养学生的实际操作能力，并且通过情景模拟和案例研究，使学生在实践中体会到理论的力量。在案例讨论环节，学生通过分析和讨论，深入理解直播营销过程中可能遇到的道德和法律问题，学习如何在实践中坚守原则。最后，在案例升华环节，通过学生的分享和教师的总结，加深学生对课程思政重要性的认识，激发他们在未来工作中贯彻这一理念，为社会主义现代化建设作出贡献。

这一教学案例的设计旨在培养学生的综合素质，不仅是职业技能的提高，更重要的是培养他们作为新时代中国青年的价值观和责任感。通过这样的课程思政优秀教学案例，我们能够在长三角地区旅游职业教育中实现立德树人的目标，为培养德智体美劳全面发展的时代新人作出贡献。

5. 案例特色与反思

（1）本案例的显著特色体现在以下几个方面。

产教融合：案例紧密结合当前直播营销的行业现状，将产业需求融入教学内容，为学生提供了与实际职业息息相关的学习材料和环境。

实践导向：通过模拟直播环节，学生能够在接近真实的商业环境中学习和应用知识,这种实践导向的学习方式提升了学生的职业技能。

思政融合:教学案例不仅传授直播营销的知识和技巧,更重要的是通过每一个教学环节融入思政教育,实现了专业学习与价值引导的有机结合。

互动性强:案例采用了小组讨论、情景模拟等多种互动式教学方法,增强了课堂的互动性,提升了学生的参与度和学习兴趣。

(2)本案例的反思与分析。

优点:

本案例成功地将思政元素与专业教育相结合,使得学生能够在学习专业技能的同时,加深对社会主义核心价值观的理解和认同。

教学设计注重学生的主体性和参与性,让学生在课堂活动中扮演不同角色,这种体验式学习有助于知识的深入理解和记忆。

通过小组合作学习,增强了学生的团队合作能力,这是未来职场中不可或缺的技能。

缺点:

案例实施可能会由于学生个体差异较大而面临一定挑战,如部分学生可能对直播技能的掌握程度不足,影响整体学习效果。

在时间有限的课堂上,对每一个学生的直播实践进行充分的引导和反馈可能较为困难,导师可能难以平衡全面指导与课堂进度的关系。

情景模拟的教学方法虽然具有实践性,但与真实直播营销环境仍有差距,可能会影响学生对职业实践的全面理解。

(3)本案例的改进建议。

对于学生的个体差异,教师在教学前可以进行一次技能测评,根据学生的不同水平进行分组,使得每个学生都能在合适的环境中学习。

教学时可以利用信息技术,如在线平台辅助教学,对学生的实践活动进行更有效的管理和指导。

增设课后辅导和在线讨论环节,以便学生在课外也能继续学习和交流,加深对直播营销的理解。

(4)结论。

综上所述,虽然本教学案例在实施过程中存在一些挑战和不足,但其在产教融合、思政教育与专业教育的结合,以及强调学生实践能力方面的特色是显著的。未来可以通过持续优化和调整，克服存在的不足，更好地实现立德树人的教育目标，并培养出既有专业技能又有社会责任感的高素质人才。

6. 案例效果与反馈

（1）教学过程中的效果

在教学过程中，学生的参与度和兴趣显著提升。通过模拟直播的教学方法，学生在实际操作中能够迅速吸收和运用新知识，其认知能力得到有效提高。在情感层面，学生对于课程内容的情感投入较高，对直播营销行业产生了较强的兴趣和好奇心。价值观教育方面，通过案例的引入，学生开始主动思考和讨论职业道德和社会责任，体现了教育目的的实现。

（2）教学结束后的效果

随着课程的结束，学生在认知层面上不仅掌握了直播营销的基础知识，还了解了相关的市场运作模式和消费心理。在情感上，学生积极参与到类似课程的学习中，许多学生表示希望未来能有更多的机会进行实践操作。在价值观层面，学生在课堂讨论和反思中显示出了对正直经营和社会责任的认同，开始更深刻地理解和接受社会主义核心价值观。

（3）学生评价与反馈

学生反馈普遍正面，他们特别赞赏实践性学习环节，认为这种教学方式对于理解理论知识非常有帮助。一些学生提出，他们能够将课堂上的知识直接应用到现实生活中，特别是在观察日常直播或参与社交媒体活动时。此外，学生们对于课程能够提供职业发展方向的建议表示感激，认为这对于他们未来的就业规划有很大帮助。

然而，也有部分反馈指出了需要改进的地方。一些学生认为案例的难度有些偏高，希望能有更多的引导和辅导。还有学生建议教师提供更多现场直播的观摩和实践机会，以便能更全面地理解直播营销的全过程。

（4）结论

总体而言，案例教学在认知、情感和价值观层面都取得了良好的效果。学生的积极反馈显示，这种教学方式在提升学习热情、加深知识理解以及培养正确价值观方面具有显著优势。在未来的教学中，需要根据学生反馈继续调整教学策略，确保每位学生都能获得最佳的学习体验和成果。

《旅游社交媒体营销》课程思政教学设计样例

课程负责人：刘堂

课程名称	《旅游社交媒体营销》	学时/学分	32学时/2学分
课程性质	□专业基础课程 ☑专业核心课程 □专业拓展课程 □实践类课程	授课对象及专业	三年级、旅游管理专业
对应章节内容	模块八：直播营销		
教学内容	项目三：直播营销策略；目标受众分析和粉丝经济；营销信息的传播与用户引导；促销策略和品牌合作		
学情分析	1. 学生基础知识和技能 理论基础：三年级学生通常已经掌握了旅游管理的基础理论，包括旅游学、酒店管理、旅游市场营销等 实践经验：在之前的学习中，学生可能已经完成了相关的实习，对旅游行业的运作有了实际了解 技术技能：他们可能对使用社交媒体和其他数字营销工具有基本的了解，但对于直播软件和高级营销工具的掌握可能存在不足 2. 学习动机 职业规划：这些学生正处于学习旅游管理的后期阶段，更倾向于专注即将进入的职业生涯相关的实用技能 创新倾向：他们可能对新兴的营销策略，如直播营销持开放态度，愿意尝试并掌握这些新技能 3. 学习风格和偏好 实践导向：这些学生可能更偏好实际操作和案例分析，而不是理论学习 技术适应性：他们可能对新技术很感兴趣，并愿意快速适应技术适应能力 多媒体使用：学生通常熟悉智能手机和电脑的基本操作，但可能需要更多的培训来熟悉专业的直播设备和软件 分析技能：对数据分析和受众定位的理解可能是他们需要加强的地方		

续表

学情分析	4.时间和资源 课程负担：在第三学年，学生的课业可能更加繁重，因此他们需要有效地平衡学习和实践活动 实践机会：他们可能已经开始寻找或参与实习项目，这将帮助他们在真实环境中应用所学到的知识和技能 基于这些分析，课程设计者可以开发出更加符合学生需求的直播营销策略课程，特别是将理论与实际操作相结合的教学内容。教学活动应该鼓励学生探索和实践目标受众分析，了解粉丝经济，以及设计和执行营销策略。通过案例研究、角色扮演和模拟直播项目，可以加强学生的实践技能，并做好就业前的准备
教学目标	【知识目标】学生将掌握直播营销的基本概念、理论和发展历程。 学生将了解国内外直播营销的成功案例和最佳实践。学生将熟悉直播平台的功能、特点以及如何选择合适的平台进行市场推广。学生将学习如何进行市场细分和目标受众分析以制定有效的直播营销策略 【能力目标】学生能够运用所学知识独立策划和执行一场直播营销活动。学生将提升数据分析能力，能够分析直播活动的效果和受众反馈。学生将培养沟通能力和表达能力，能够有效地与观众互动并促成销售。学生将发展团队合作能力，通过小组项目提高项目管理和领导能力 【素养目标】学生将培养专业素养，包括市场营销的职业道德和法规遵守。学生将提高批判性思维能力，能够评估不同营销策略的优劣。学生将增强自我学习能力，能够持续关注行业发展并适时更新自己的知识和技能 【思政育人目标】学生将通过课程内容和活动，深化对社会主义核心价值观和中国特色社会主义理论的理解和认同。学生将学习如何将社会责任感和伦理道德融入直播营销实践中，培养具有良好社会责任感的营销人才。学生将在实践中学习如何平衡商业目标和社会效益，提升自身的社会价值观和职业道德。学生将在团队合作和项目实施中展现主人翁精神，培养爱国心和集体荣誉感
教学重点、难点	教学重点： 直播营销基础理论与实操技能：让学生理解直播营销的核心概念、基本流程和操作方法，是教学的重点之一 目标受众分析：教会学生如何准确地识别并分析目标受众，了解他们的需求和偏好，这是直播营销成功的关键 粉丝经济的原理和实施策略：粉丝经济是直播营销的重要组成部分，学生需要理解如何利用粉丝经济进行品牌推广和销售 品牌合作与促销策略：学生需要学习如何寻找并与品牌合作伙伴进行有效合作，以及如何设计吸引人的促销策略 思政育人目标的融合：将社会主义核心价值观和职业道德教育融入专业教育，培养学生的责任感和道德判断力 教学难点： 实践与理论的结合：直播营销是一个实践性很强的领域，如何将理论知识与实际操作相结合，使学生能够在实践中学习和应用，是一个教学难点

续表

教学重点、难点	受众分析技能的培养：学生往往缺乏对市场细分和目标受众分析的深入理解，这需要在课程中重点突破 粉丝经济与用户忠诚度建立：如何在短时间内建立和维护与粉丝之间的关系，提升用户忠诚度，对许多学生来说是一个挑战 促销策略的创新：市场不断变化，促销策略需要不断创新才能吸引消费者，学生需要在教师的引导下学会创新思维 道德和法规的教育：旅游管理专业学生需要了解与遵守相关的法律法规，确保营销活动的合法性，同时保持良好的职业道德
课程思政设计	课程思政元素： 社会主义核心价值观的传播：将社会主义核心价值观融入品牌宣传和市场推广中，培养学生的价值观导向 职业道德教育：强调在直播营销活动中遵守法律法规，尊重消费者权益，维护市场秩序的重要性 国家文化自信：通过旅游产品的营销推广，加大国家文化的传播力度，培养学生的文化自信和民族自豪感 公民责任与社会责任：讨论在直播营销中如何承担公民责任，推动社会责任的实现，如环境保护、公益活动等 融入知识点： 市场分析中的价值观导向：在教授学生如何进行市场和目标受众分析时，加入如何识别和传播积极的社会价值 粉丝经济与道德规范：在探讨粉丝经济的同时，讨论如何建立和维持一个健康的网络营销环境，避免诸如虚假宣传、恶意营销等不道德行为 品牌合作的社会责任：在讨论品牌合作策略时，引导学生思考和选择那些积极承担社会责任、提倡可持续发展的合作伙伴 促销策略与法律法规：确保学生在设计促销策略时了解并遵守相关法律法规，同时教育他们识别和抵制不良营销手段 直播营销与社会影响力：在教授直播技能时，强调直播平台的社会影响力，如何利用这一平台进行正面宣传，包括传递积极的社会信息，引起公众对重要社会问题的关注等

教学过程

课前

教学环节	活动内容	设计意图
导入新课	播放一段成功的旅游直播营销案例视频。提问学生：这段营销成功的背后，我们可以传递哪些积极的价值观？	通过实际案例视频激发学生兴趣，引起情感共鸣。促使学生开始思考直播营销与价值观传播之间的关系，为课中深入学习做铺垫

续表

	课中（35分钟）	
教学环节	活动内容	设计意图
知识讲解与互动探讨	讲解目标受众分析的方法及其在直播营销中的作用（5分钟） 小组讨论：选择一个旅游产品，如何通过目标受众分析来设计一场直播营销活动，并融入社会主义核心价值观（10分钟） 分享讨论结果，并提供反馈和补充（10分钟） 讲解粉丝经济的影响力及其与职业道德的关系（5分钟） 案例分析：评估一次直播营销活动，识别其中的职业道德问题，并提出解决方案（5分钟）	通过讲解建立基础知识架构，为学生之后的探讨和应用提供理论支持。小组讨论让学生主动思考和运用所学，增强学生团队合作和实践能力。分享与反馈环节帮助学生拓宽思路，从不同角度审视问题，同时教师也能及时给予指导。讲解粉丝经济与职业道德的关系，强化学生的职业伦理观念。案例分析锻炼学生的批判性思维，培养解决实际问题的能力
	课后（5分钟）	
课堂小结与作业布置	简要总结今天的学习内容和深刻思想（2分钟）。布置作业：要求学生设计一份直播营销计划书，要求其中必须包含价值观导向和职业道德的元素（3分钟）。	通过总结，加深学生对课堂知识点的记忆和理解。作业的设计旨在鼓励学生将课堂所学与实际相结合，深化思政教育和专业知识的融合
	教学反思	
实施成效	积极参与：学生在小组讨论环节积极参与，表现出极大的学习热情。通过设计旅游产品的直播营销活动，学生能将理论与实践相结合，体现了教学内容的应用价值 价值观融合：在讨论如何在直播营销中融入社会主义核心价值观时，大多数学生能够提出具有创意的方案，并意识到在追求经济效益的同时须注重社会责任和价值观的传播 能力提升：学生通过案例分析和策划直播营销计划书的过程，显示出在目标受众分析、粉丝经济理解及促销策略设计方面的能力提升 思政育人目标的达成：教学过程中的各个环节均围绕思政教育目标进行设计，学生在课堂互动中体现了个人价值与社会责任相结合的意识形态成长	

续表

问题与改进	时间分配：在小组讨论和案例分享环节，由于时间有限，部分学生的想法没有得到充分展现。未来可通过线上平台延伸讨论，确保每个学生都有机会表达自己的见解 案例选择：虽然引入了实际案例以提高学生兴趣，但案例与学生实际生活经验的关联度不够，后续需要精选更加贴近学生生活的案例 深度挖掘：在讨论和实践直播营销策略时，学生对于价值观的融入仍然停留在表面，未能深度探讨其与品牌建设的深层次联系。后续教学中应加强这一部分的引导 技能培养：教学过程中对于直播技能和软件应用的教学较少，未来应增加相关实操环节，以提升学生的实际操作能力 评估方法：需要发展更多元化的评价手段来综合评估学生的学习效果，不仅包括知识掌握和能力提升，也要评估学生价值观的内化程度 课堂互动：尽管课堂上的互动性不错，但仍可通过采用更多样化的互动形式，如角色扮演、模拟直播等方式，来进一步提升学生的参与度和体验感

课程负责人：刘堂

日期：2023 年 11 月 5 日

"爱心助残游"定制旅行产品设计
《定制旅行产品设计》课程思政典型教学案例

课程负责人：刘文慧

一、课程基本情况

课程名称	《定制旅行产品设计》		
课程性质	☐专业基础课程 ☑专业核心课程 ☐专业拓展课程 ☐实践类课程		
学　时	72	学　分	4
授课对象	二年级	授课专业	旅行社经营与管理专业
课程负责人	刘文慧	团队成员	顾至欣、崔英方、张慧婕

二、教学案例

1. 案例主题

"爱心助残游"定制旅行产品设计

2. 出自教学章节

项目三"爱心助残游"定制旅行产品设计

3. 案例选择与育人内涵

"定制旅行产品设计"为南京旅游职业学院央财支持重点建设专业、省级高水平骨干专业——旅行社经营与管理专业的专业核心课程。课程积极服务国家旅游产业转型升级以及定制旅行新业态发展对人才培养的要求，吸纳定制旅行产品设计的前沿技术，依托省级产教融合型企业中国国旅国际旅行社开展教学实践，形成了具有类型教育特色的课程思政教育模式。

课程将"爱心服务设计定制旅行新产品与匠心育人打造立德树人新课程"相结合，创新"以心焕新、为爱笃行"的项目设计思路，以中国国旅"心定制"品牌为载体,将"舒心""爱心""匠心""安心"的企业品牌文化精神融入教学实践全过程,实现课程思政目标与企业品牌价值观、课程思政内容与企业产品案例、课程思政活动与企业实践项目、课程思政评价与产品用户口碑的四维融合。

通过理实一体化教学,使学生能够在项目实践中提前感受优秀的企业文化与社会责任,致力于培养学生爱国情怀、文化自信、中华民族自豪感以及"游客为本,服务至诚"的旅游行业核心价值观。引导学生积极践行"敬业""平等""友善""诚信"等社会主义核心价值观,使学生展现"守正创新、精益求精"的工匠精神,促进学生职业道德与服务意识的全面提升。

4. 案例内容与设计

(1)案例引入

新时代,定制旅行已成为服务人民美好生活的"新刚需"、促进旅游业转型升级的"新动能",受到旅游市场的青睐与国家政策的支持。国务院印发的《"十四五"旅游业发展规划》指出要"针对不同群体需求,推出更多定制化旅游产品、旅游线路"。

旅游是全民参与性的活动,但在日常生活中残障群体往往因为出行不便,成为旅游发展中被忽视的对象,但残障人士也有外出旅游获得愉悦体验的愿望。本案例基于"中国国旅—盲人学校高一一班10名学生2日游定制旅行项目"展开。

(2)案例详情

①基于定制旅行岗位需求,构建能力进阶的课程结构

积极适应定制旅行产品设计岗位需求,依据国家专业标准,对接"1+X"证书、中国国旅企业工作手册,以能力进阶为目标,以定制旅行项目的团型与客情差异为划分依据,构建项目化的课程结构,分为"舒心亲子游""凝心团建游""爱心助残游""随心自驾游"等4个教学项目,共计72学时,开设在大二下学期。案例聚焦"项目三'爱心助残游'定制旅行产品设计",针对盲人学校定制旅行项目,依据业务流程,设置"客户沟通""需求管理""方案编制""路书设计"等4个教学任务,共计16课时。

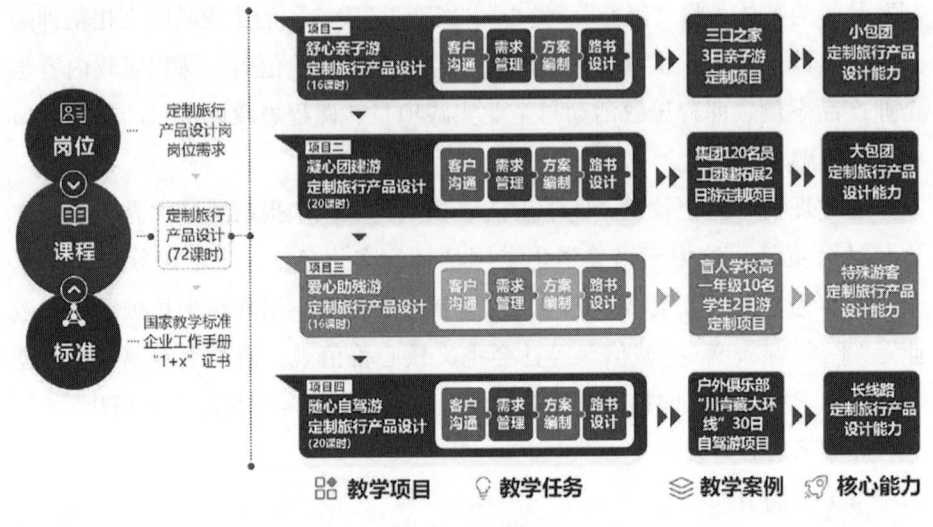

图1 课程结构

②立足中国国旅定制品牌，创新产教融合的项目设计

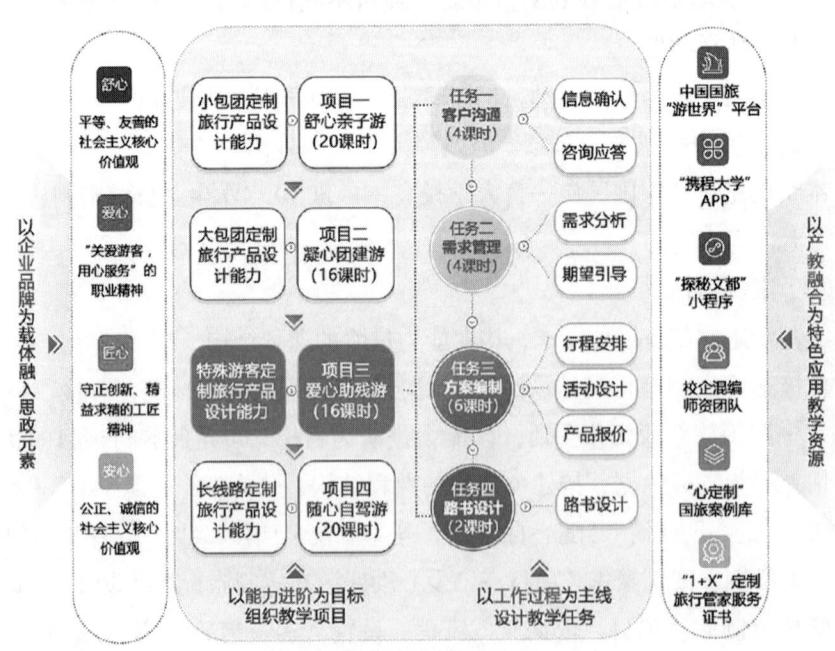

图2 设计思路

以中国国旅"心定制"品牌精神为引领，关注企业精神与课程思政的自

然融合。细化定制产品研发流程，对接企业岗位要求与"1+X"证书考核标准，组织教学项目，细化教学任务，突出由浅入深、循序渐进的学习规律与产教融合、课证融通的职教理念。加强产业资源的教学化应用，优化教学条件保障，服务定制旅行产品设计实践。形成以企业品牌为载体融入思政元素，以能力进阶为目标组织教学项目，以工作过程为主线设计教学任务，以产教融合为特色应用教学资源的项目设计思路。

③兼顾群体共性个体特征，开展多维立体的学情分析

充分考虑学习表现、知识储备、实践技能、综合素养等因素，以及前序课程的考核结果与增值成效，建立多维立体的学情分析体系。应用职教云、问卷星等信息化工具，通过平行班对比与描述性统计归纳学情共性特征，即通过中国国旅选拔，学习态度与成效良好，但学习主体意识不强；熟悉个性化消费体验，认同定制服务理念，但知识面较窄，经验积累不足，沟通应变能力不强，缺乏残障游个性化需求分析与定制旅行项目设计创新能力。在此基础上，进一步细化分析指标，针对学生性格特征、学习兴趣、学习行为等因素，开展个性化的学情分析，建立过程性的学习档案，为构建高效能课堂奠定基础。

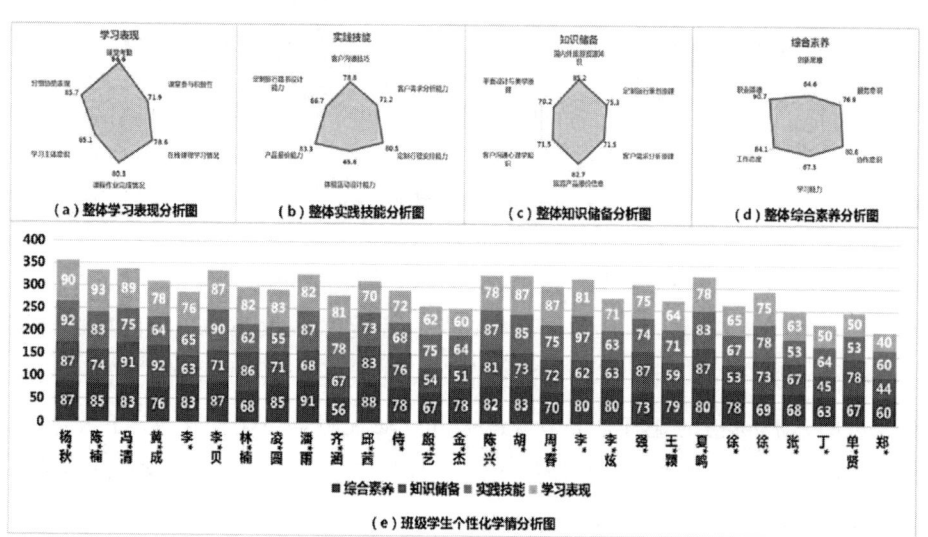

图 3　学情分析

（3）案例讨论

①围绕爱心助残定制项目，明确德技并修的教学目标

依托盲人学校定制旅行项目化课程，充分发挥其价值引领与技能强化作用。在教学实践中突出爱心助残主题，明确德技并修的教学目标，将立德树人的教育理念融入教学全过程，致力于培养学生"重关爱、讲平等、守诚信"的职业素养与"会沟通、善设计、能创新"的职业能力。基于科学全面的学情分析与真实项目的实践经验，从教学案例的特殊性、实践项目的挑战性、能力要求的复合性等方面进行综合考虑，确立了盲人学校定制旅行项目针对性设计方法等教学重点，以及视障游客需求分析与期望引导等教学难点。

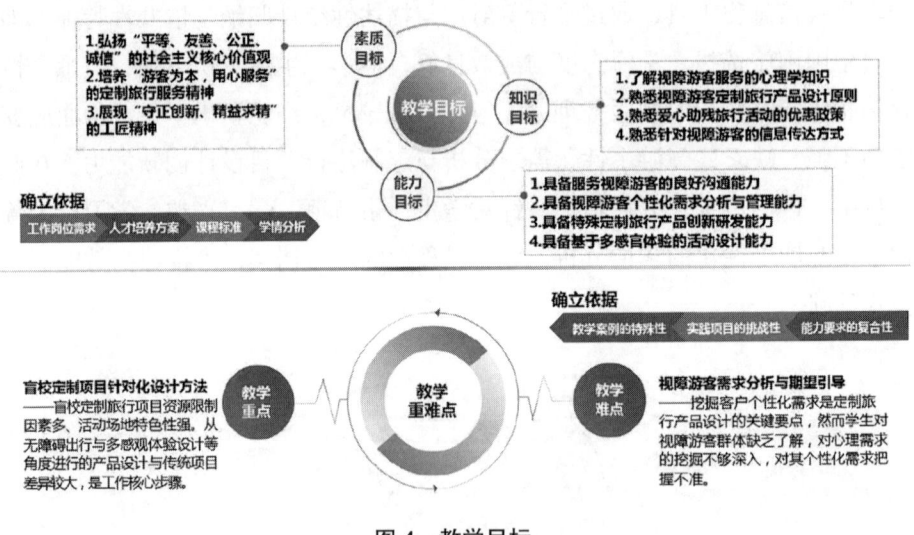

图4 教学目标

②针对教学重点难点内容，制定有的放矢的教学策略

针对教学重难点，结合学情分析结果，制定教学策略。一是在文献研究的基础上，综合应用百度指数与爬虫软件等信息化工具进行视障游客群体画像，进而开展问卷调查与深度访谈，提升针对视障学生个性化需求的分析能力，从而破解教学难点。二是应用定制旅行服务平台，在AI智能推荐的基础上，从无障碍出行与特色活动设计等方面，人工优化定制方案，强化行程安排与体验设计能力，从而突出教学重点。三是采用问题引领式教学法，让学生在发现问题、解决问题的过程中强化主体意识，训练创新思维，从而补强

学情弱点。

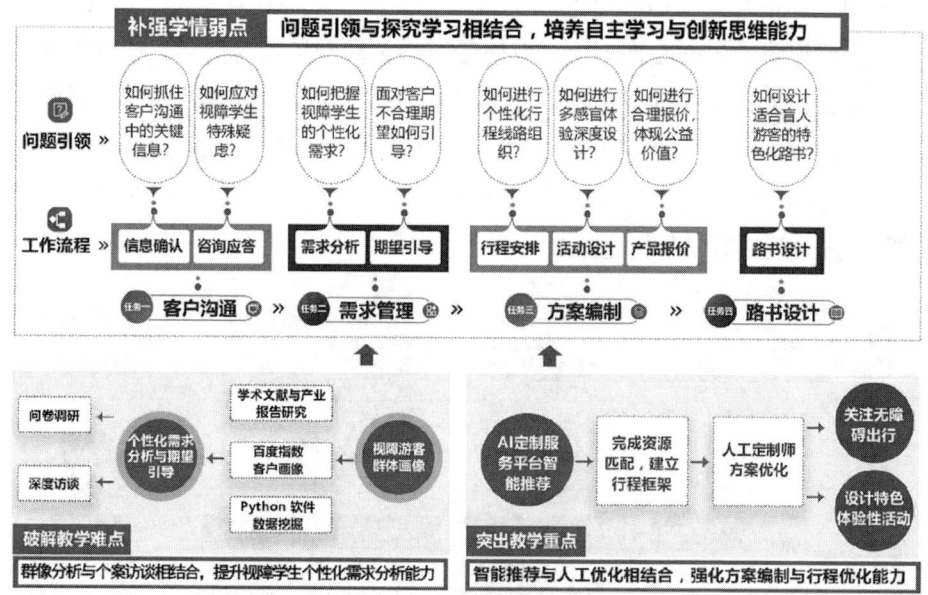

图5 教学策略

（4）案例升华

①依据定制旅行业务流程，打造科技赋能的项目化课堂

依据业务流程，校企紧密合作，将盲人学校定制旅行产品设计项目转化为连续贯通的教学任务链，积极运用智慧旅游产业科技与职教信息化技术，打造科技赋能的项目化课堂。项目设计阶段，依托中国国旅"游世界"平台、携程大学App等行业平台，推送前沿资讯，发布特色化的教学任务，设计个性化的项目呈现方式；项目实施阶段，引入萤火虫无障碍数据平台、Python爬虫技术等信息化工具，强化数据画像、AI智能推荐等产业科技的教学应用，优化需求分析、活动设计、行程推荐等方面的传统业务流程；项目评价阶段，依托智慧职教平台、问卷星等统计分析工具，开展多元化评价，综合评估学生的学习成效。

②依托爱心助残定制项目，打造丰富生动的情境化课堂

以中国国旅"心定制"爱心助残游系列产品为依托，针对盲人学校定制旅行项目，设置丰富生动的教学情境。设置"导盲犬伴游"的争议问题情境，

组织学生情景再现与分组研讨，解决客户沟通中的挑战性问题；以视障学生眼中的"尊重与爱"话题讨论为契机，辨析健全人与残疾人的差异化认知，深入分析视障学生的心理需求；以博爱馆特色活动场景为情境，让学生体验盲人感受，为行程安排与活动设计奠定基础；以明盲双语设计和凹凸浮雕印刷感知为切入点，开展针对视障学生的路书创意设计教学。通过情境化教学，让学生感同身受，有助于从客户需求角度进行定制产品设计，同时激发学生学习兴趣，促进教学目标达成。

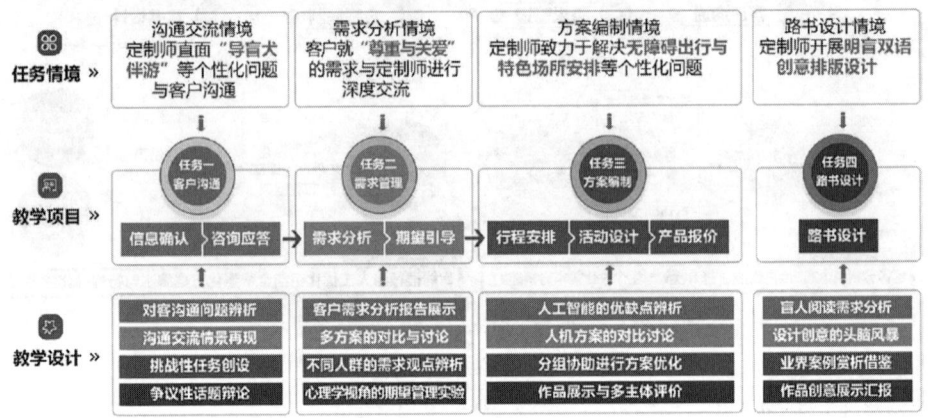

图6 情境化课堂

③基于建构主义学习理论，打造自我完善的生成性课堂

基于建构主义"学习环"理论，细化翻转课堂教学模式，针对工作任务主线与职教学习规律，细化了"感知（Experience）""激发（Elicit）""探究（Explore）""解释（Explain）""练习（Exercise）""迁移（Elaborate）""评价（Evaluate）""拓展（Extend）"等八个步骤，优化了以学生为中心，以能力生成为目标的"8E"课堂教学流程，形成了从感性到理性，从实践到理论再到实践的螺旋进阶式的教学实施过程，凸显了教学思维的发散性、教学过程的互动性与教学内容的生成性。引导学生在持续探索过程中，找问题，补短板，调动和激活已有的知识经验、能力基础，生成可迁移的思维方式和可持续发展的综合素养，实现自我完善。

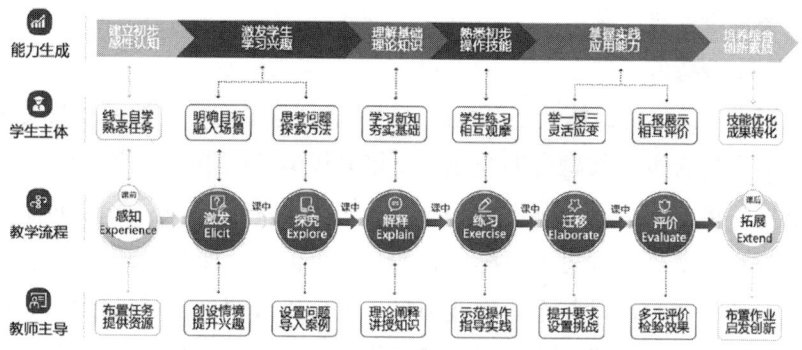

图 7 生成性课堂

④立足教学成效多元评价，打造因材施教的高效能课堂

融入课程标准、"1+X"证书要求、企业评价标准，设置多维度的评价指标；基于全过程学情数据采集，记录学业成绩、学习表现等多模态数据，开展校企教师、学生、客户等多主体参与的综合评价。应用职教云平台、课堂跟踪监控系统，进行课前学情画像、课中学情跟踪、课后综合分析，在关注学习成效增值的基础上，构建成效增值与学习表现的关联性波士顿分析矩阵，实现差异化学情聚类。针对学生的能力差异、性格特征、学习习惯等个性化特点，在分组学习安排、评价激励方式等方面进行分类施策、因材施教，关注每位同学的学习获得感，打造高效能课堂。

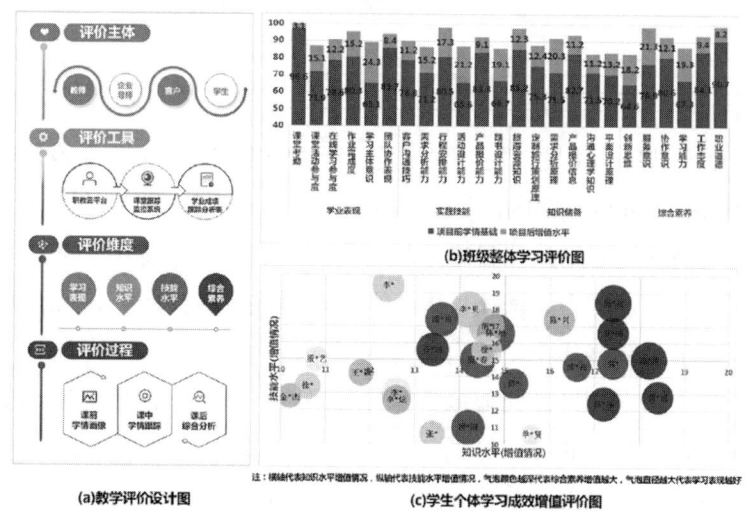

图 8 教学评价

5. 案例特色与反思

（1）案例特色

①以企业品牌为载体，创新"四心融入、四维融合"的课程思政模式

充分发挥省级产教融合型企业订单培养优势，以中国国旅"心定制"品牌为载体，将"舒心""爱心""匠心""安心"的企业品牌文化精神融入教学实践全过程，实现课程思政目标与企业品牌价值观、课程思政内容与企业产品案例、课程思政活动与企业实践项目、课程思政评价与产品用户口碑的四维融合。让学生在项目实践中提前感受优秀的企业文化与社会责任，积极践行"平等""友善"的社会主义核心价值观，促进其思想觉悟与职业道德的逐步提升，形成具有类型教育特色的课程思政教育模式。

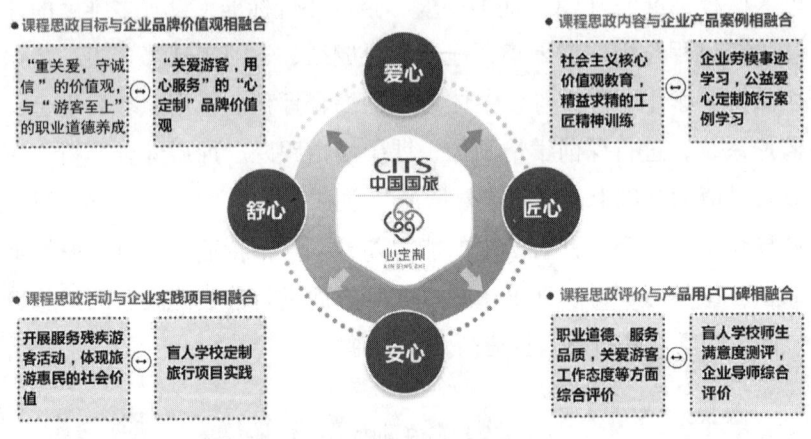

图9　课程思政模式

②以爱心助残为主题，提升"为爱笃行、守正创新"的产品设计能力

以"旅游促进包容性增长"的世界旅游日主题为契机，选择设计难度大，但社会价值高的爱心助残项目融入教学实践，帮助学生提升"为爱笃行、守正创新"产品设计能力。该项目中，视障游客特殊性较强，对比前序项目而言，更需要学生能够从关爱客户的角度出发，耐心沟通，细致服务，深入挖掘客户个性化需求，设身处地地为客户着想。同时，爱心助残项目的行程安排与活动设计对学生的应变与创新能力的要求较高，既需要对既往实践技能进行巩固与强化，更需要秉持守正创新的时代精神，开展创新性与探索性实践，有助于其综合能力的全面提升。

③以共同进步为目标，开展"同题异构、协作探究"的分组教学实践

充分考虑学情特征与前序项目实践情况，进行均衡化的分组设置，同步推进一系列探究性学习任务与实践项目。在围绕盲人学校定制旅行项目爱心助残游主题的基础上，引导各组从问题剖析的差异化、实践方法的多样化、设计内容的个性化、呈现方式的多元化等角度入手，进行问题异构的分组实践。组内学生各司其职，分工协作，共同完成探究性学习任务与实践项目；各组之间围绕差异化的理念、方法与内容，进行争论思辨、对比研讨，营造具有竞争性的课堂氛围，实现取长补短，相互促进，共同达成学习目标的实践初衷。

图10 分组教学实践

（2）教学理念

在"爱心助残游"定制旅行产品设计课程中，我们秉持以学生为中心的教学理念，旨在培养学生的职业素养和职业能力。我们将爱心、创新、责任、专业融入教学过程，打造立德树人的新课程，让学生在学习的过程中不仅能掌握专业知识和技能，更能增强社会责任感和人文关怀意识。

立德树人：通过情境化教学和真实项目实践，引导学生秉持"重关爱、讲平等、守诚信"的职业素养，培养他们具备爱心、包容、关怀的品格，让

他们成为具有社会责任感和人文情怀的旅游从业者。

创新求变：借助中国国旅"心定制"品牌精神，我们鼓励学生在项目设计中勇于创新，注重个性化需求的挖掘与满足，培养他们具备敏锐的市场洞察力和创新意识，以应对不断变化的旅游市场需求。

技能提升：结合实践项目和课程设置，使学生在项目实践中逐步提升专业技能和解决问题的能力。同时，强调产教融合，让学生在实践中深入了解企业运作模式，为未来就业做好充分准备。

因材施教：针对学生个体差异，采用多维度的评价指标和个性化的学情分析，灵活调整教学策略和评价方式，实现因材施教，促进每位学生的全面发展。

（3）教学思路

首先，明确教学目标，包括培养学生的重关爱、讲平等、守诚信的职业素养，以及会沟通、善设计、能创新的职业能力。其次，制定有针对性的教学策略，如通过视障游客群体画像与调查访谈，提升学生的个性化需求分析能力；利用定制旅行服务平台与人工优化方案，强化行程安排与体验设计能力；采用问题引领式教学法，让学生在解决问题的过程中培养创新思维。再次，打造科技赋能的项目化课堂，利用智慧旅游产业科技与职教信息化技术，将盲人学校定制旅行产品设计项目转化为连续贯通的教学任务链，从项目设计到实施再到评价，全程引入智能化工具，提升教学效果。最后，采用多维度的评价指标，结合校企教师、学生、客户等多主体参与的综合评价，实现因材施教，打造高效能课堂。

（4）方法手段

本案例以南京旅游职业学院央财支持的重点建设专业——旅行社经营与管理专业的核心课程——定制旅行产品设计为例。该课程旨在服务国家旅游产业转型升级和定制旅行新业态发展需求，结合中国国旅国际旅行社的实践，构建了具有类型教育特色的课程思政教育模式。通过案例引入、案例详情、案例讨论和案例升华四个方面，详细阐述了课程内容与设计，包括基于定制旅行岗位需求的课程结构、产教融合的项目设计、学情分析以及教学策略制定等。

总的来说，课程设计着眼于培养学生的职业素养和专业能力，结合企业实践需求,通过理论教学和实践项目的有机结合,引导学生积极践行社会主义核心价值观,培养他们的服务意识和创新能力。同时,课程还采用了多元化的教学方法和评价体系,确保教学效果的全面提升。

(5)案例反思

①进一步追踪产业前沿,开发"与时俱进、兴业惠民"的课程教学项目

定制旅行的兴起为解决大众化旅游产品难以满足残障人士需求提供了机遇,是国家旅游惠民战略不可或缺的组成部分,然而其个性化、专属化的产业特色,也对定制师的综合能力提出了挑战。当前课程设计虽然进行了积极探索,但无障碍旅游仍属于有待开拓的蓝海市场,应当积极研究产业变化,动态更新教学内容,开发"与时俱进、兴业惠民"的课程教学项目,彰显定制旅行的惠民功能与专业课程的价值引领作用。

②进一步优化教学评价,深化"一生一策、精准施教"的教学改革实践

课程虽然借助信息技术工具,采用立体化评价体系与关联性分析矩阵进行了增值评价与综合评价探索,打造了因材施教的高效能课堂,但多元评价与聚类分析主要聚焦于学业成绩、课堂状态、行为习惯等方面,对于情感体验、价值认同、职业道德等隐形因子缺乏科学的评价方法。未来将进一步加强教育科研,完善评价指标设置,优化具有可操作性的评价方法,为个性化与差异化教学提供有力支撑,深化"一生一策、精准施教"的教学改革实践。

6. 案例效果与反馈

(1)强爱心,讲奉献,服务意识显著增强

在中国国旅"心定制"品牌精神的熏陶下,将思政元素全方位融入课堂教学,促进学生职业道德与服务意识的全面提升。在服务盲校师生的过程中,耐心细致、友善周到,广受好评。依托订单培养项目,学生在课余积极参与中国国旅定制旅行产品设计岗位的实习工作,面对疫情压力,不辞辛劳,甘于奉献,展现了良好的服务意识与精神面貌。

(2)会设计,能实施,技术技能业界认可

通过挑战性项目的实践,深刻理解了定制旅行产品设计的工作流程与业务知识,综合能力显著提升,有助于学生全部通过"1+X"证书考核。爱心助残游项目顺利落地实施,得到企业导师与盲校师生的高度肯定,3件优秀产品被纳入国旅"心定制"产品库,"感受缤纷世界、体验多彩人生——盲人学

校定制旅行项目"等2件设计方案入选省级大学生创新创业项目，得到业界普遍认可。

（3）扬个性，促创新，增值效果不断凸显

教学目标全面达成，因材施教激发了学生的个性化优势，促进其多元化发展。低起点学生明确自身在团队与岗位中的分工与定位，提升了学习兴趣与岗位适应能力，综合能力增值效果超过班级均值。高起点学生自主探究与可持续发展能力得到激发，创新能力不断强化，在各类旅游策划大赛中屡获佳绩，凭借"触摸红色历史——盲人学校红色旅游项目"等定制旅行设计作品，获得全国大学生红色旅游创意策划大赛，省级赛区一等奖1项，二等奖2项。

图11　学习效果

《定制旅行产品设计》课程思政教学设计样例

课程负责人：刘文慧

课程名称	《定制旅行产品设计》	学时/学分	72学时/4学分
课程性质	☐专业基础课程 ☑专业核心课程 ☐专业拓展课程 ☐实践类课程	授课对象及专业	旅行社经营与管理专业、二年级
对应章节内容	项目三 "爱心助残游"定制旅行产品设计 任务三 方案编制·活动设计		
教学内容	本次课程教学以前导课程中的需求分析与行程安排教学内容为基础，对标"1+X"证书标准中"活动设计"工作任务的职业技能要求，梳理岗位工作过程和学生作业中的困惑，通过博物院博爱馆的实地感受、企业案例与学生作品分析以及实操训练，引导学生掌握针对视障学生的基于多感官综合体验的活动设计方法。学生能够按照步骤，深化体验性活动设计，凝练活动特色，进行活动组织安排，最终能设计高度贴合视障学生需求的定制旅行创意性活动方案 主要教学环节		

主要环节

1. 课前作业共性问题分析；
2. 博爱馆角色体验、现场探索，填写任务单；
3. 多感官综合体验活动设计方法运用要点讲解；
4. 指定主题，完成小组练习

续表

学情分析	通过对旅行社产品策划、旅行社计调实务等前导课程和前续项目学习情况的摸底调查，学生的知识、能力、素养基本情况和特点分析如下： 【知识基础】 1. 已掌握定制旅行产品行程安排的相关内容 2. 已接触过传统旅游产品的活动设计，但对定制旅行产品创意性活动的设计方法、步骤和要点等了解较少 3. 对旅游目的地旅游资源具有一定的了解，但对针对视障学生的旅游资源了解较少 【技能基础】 1. 授课对象已明晰视障学生的出游需求，但针对视障学生个性化需求，进行活动设计侧重点和关注点分析的能力有待加强 2. 能初步进行活动设计，但设计出高度贴合视障学生需求，能够增进视障学生旅行体验活动的能力有待提升 【学习特点】 1. 授课对象对为视障学生进行定制旅行活动设计具有较为浓厚的学习兴趣和参与热情，期待活动设计环节的教学 2. 授课对象并不能对视障学生感同身受，因此，在进行活动设计时思路具有一定的局限性，需要挑选合适的企业案例和信息化资源，启发学生创新性思维
教学目标	【知识目标】 1. 熟悉体验性活动设计在时间、场地、设施设备等方面的影响因素 2. 熟知针对视障学生进行活动组织安排的个性化内容 【能力目标】 1. 能够在定制旅行产品活动设计方法的指导下，针对视障学生，准确分析活动设计的要点 2. 能够根据视障学生活动设计要点，设计贴合视障学生需求，富有吸引力和亮点的定制旅行产品活动 3. 能够熟练运用信息化工具，挖掘针对视障学生的定制旅行产品活动资源，辅助活动设计 【素养目标】 1. 了解残障人士的需求：学习如何与残障人士进行有效的沟通和交流，了解其在旅行中可能面临的挑战和需求 2. 提高服务意识和技能：培养学生对残障人士的尊重和关爱，学习如何提供专业的服务和支持 3. 培养团队合作能力：鼓励学生在课程中提出创新的旅行产品设计理念，并通过团队合作的方式进行实践和实施 【思政育人目标】 1. 培养学生树立"游客为本"的旅游行业核心价值观 2. 培养学生创新思维 3. 培养学生"精益求精"的工匠精神和"守正创新"的职业精神

续表

教学重点、难点	教学重点： ● 针对视障学生的活动设计要点 教学策略：情境教学法+实操训练。通过在博物院博爱馆中的情境式教学，加深学生对视障学生生理特征和心理需求的思考；通过角色体验和实地探索，引导学生总结针对视障学生的活动设计方法；通过分解练习和实操训练，促进学生理解内化运用要点 教学难点： ● 基于多感官体验的创意性活动设计 教学策略：探究性学习+点评优化。对标"1+X"标准中职业技能要求，选取国旅优秀产品案例，加以剖析。通过在博物院博爱馆中探究性学习与探索性试验，引导学生针对视障学生特征进行多感官体验活动设计。通过教师指导、点评与纠错，启发学生创意性思维
课程思政设计	课程思政元素： 1. 培养学生树立平等、友善的社会主义核心价值观 2. 培养学生精益求精的工匠精神 融入知识点： 针对视障学生的活动设计要点 通过海伦·凯勒《假如给我三天光明》的励志故事，中青旅公益盲人旅行团，"我们的世界在眼前，他们的世界在耳边"盲童听海公益活动等课程思政案例，以及在学生以盲人视角开展探究的过程中，引导学生思考如何保障残障人士的旅游权益，培养学生树立平等、友善的社会主义核心价值观以及精益求精的工匠精神

教学过程

课前（45分钟）

教学环节	活动内容			设计意图
	教学内容	教师活动（主导）	学生活动（主体）	
课前感知	课前自学，赏析活动案例，初步编制活动方案	1. 发布任务，推送"1+X"证书标准、行业标准、优秀定制旅行产品活动案例等资源 2. 组织学生分组协作，对某盲校定制旅行项目进行活动方案设计 3. 对学生方案初稿评价	1. 查阅课前任务书，学习课程学习资料 2. 小组分工协作，学习优秀案例，查找资源，根据行程安排，初步细化活动设计方案	学生初步尝试进行活动方案设计，发现活动设计过程中存在的问题，找到教学重难点
	课前自学情况测试	1. 发布课前预习测试题目，并及时进行测试与评价 2. 关注学生提出的问题与困惑	1. 在学习平台上，完成课前测试，并取得自学阶段成绩 2. 提出课前实践中的问题与困惑	教师及时了解学生理论知识掌握情况，调整教学策略

续表

教学环节	活动内容			设计意图
	课中（45分钟）			
	教学内容	教师活动（主导）	学生活动（主体）	
激发 （约5分钟）	案例导入，启发思考，明确学习任务	1. 引入海伦·凯勒《假如给我三天光明》中关于博物馆的描述，展示博物馆体验活动对盲人游客的意义与价值 2. 介绍本次课在博物院博爱馆进行的目的	1. 听取教师讲解，了解博物院博爱馆 2. 了解针对视障学生进行定制旅行活动设计的重要性，加强定制师职业认同感	提升学生的学习兴趣，同时明确本次课程学习任务

 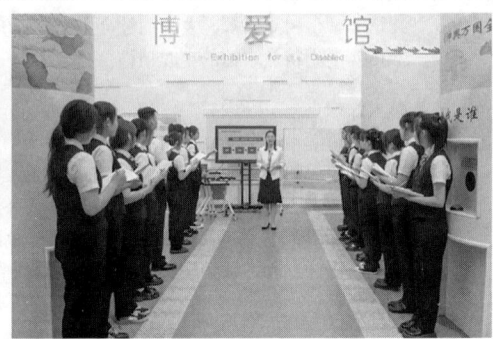

海伦·凯勒《假如给我三天光明》教学案例导入

教学环节	活动内容			设计意图
	教学内容	教师活动（主导）	学生活动（主体）	
探究 （约10分钟）	1. 角色体验、现场探索 2. 引导归纳针对视障学生的活动设计方法	1. 组织学生在博爱馆开展角色体验，引导学生体验，以定制师的身份，思考针对视障学生的定制旅行活动设计方法 2. 鼓励学生表达体验感受，引导学生对体验过程中的新发现进行梳理表达 3. 关注学生体验感受与发现，引导学生总结针对视障学生的定制旅行活动设计方法	1. 各小组选取代表参与角色体验，积极探索博爱馆的无障碍设施 2. 认真参与体验，将所思所感互相分享 3. 通过分析交流，结合课前作业共性问题，尝试总结定制旅行产品活动设计方法 4. 认真倾听教师反馈，掌握定制旅行活动设计方法	1. 加深学生对视障学生生理特征和出游需求的理解与认识 2. 启发学生创新思维

教学环节	活动内容			设计意图
探究（约10分钟）	学生以盲人视角开展探究			
教学环节	活动内容			设计意图
	教学内容	教师活动（主导）	学生活动（主体）	
解释（约15分钟）	1.企业经典活动案例分析 2.视障学生定制旅游活动设计方法运用要点解释	1.鼓励学生运用设计方法，针对视障学生兴趣与需求，进行多感官综合性体验活动设计 2.教师指导学生归纳总结定制旅行活动设计方法运用要点 3.引入教师精心挑选的"中青旅公益盲人旅行团""盲童听海"等企业案例（课程思政案例），引导学生剖析，对初步方案进行优化	1.小组协作，开展头脑风暴，初步尝试运用活动设计方法 2.认真聆听教师示范，思考小组初步方案存在的问题，学习掌握定制旅行活动设计方法运用要点 3.参与"亮点找找看"游戏，查找经典活动案例的特色与亮点，对初步方案进行完善优化	1.通过教师示范性解释，有助于对学生设计思路进行扩充，帮助学生掌握设计方法运用要点 2.通过游戏设计，提高学生学习的主动性和趣味性
	学生展示活动设计思路			
教学环节	活动内容			设计意图
	教学内容	教师活动（主导）	学生活动（主体）	

续表

教学环节	教学内容	活动内容		设计意图
		教师活动（主导）	学生活动（主体）	
练习（约15分钟）	指定"感受博物院"主题，指导学生进行体验性活动设计	1. 延续某盲人学校定制旅行项目案例，指导学生对博物院旅游资源进行梳理 2. 要求小组以"感受博物院"为主题进行多感官体验性活动设计 3. 组织小组开展创意无限——活动方案PK赛 4. 引导学生运用FABE法则，对小组方案进行汇报，组织评选最佳创意奖	1. 运用信息化工具，小组协作，绘制博物院旅游资源思维导图，并进行选择 2. 积极参与头脑风暴，运用多感官体验性活动设计方法进行活动设计 3. 分组进行设计思路与方案汇报 4. 参与投票，评选最佳创意方案	1. 深化学生对设计方法的理解和掌握 2. 激发学生学习能动性，提升学习效果
课后（40分钟）				
教学环节	教学内容	教师活动（主导）	学生活动（主体）	设计意图
课后拓展	1. 修改并完善方案书 2. 撰写"听障学生定制旅行项目"的活动方案书	1. 指导学生修改并完善活动设计方案 2. 邀请企业导师再次对活动设计方案进行点评 3. 与中国国旅、聋人学校共同开展旅行活动，打造课后拓展项目 4. 布置作业：以"听障学生定制旅行项目"为任务，请学生完成活动设计	1. 掌握活动设计的完整流程和运用要点，小组合作完善方案书，提交平台 2. 听取企业导师点评并完善方案书 3. 完成"听障学生定制旅行项目"的活动设计任务，提交教学平台	1. 帮助学生树立精益求精的工匠精神 2. 变换客情，帮助学生提升技能综合应用与灵活运用能力
教学反思				
实施成效	围绕教学目标设定评价标准，融入"1+X"证书考核要求、企业岗位评价标准，建立多维度指标体系，基于全过程学情数据采集，获取学业成绩、学习表现、性格习惯等多模态数据，从多感官综合体验设计方法运用能力、活动特色与亮点凝练能力、活动方案优化能力、活动安排组织能力等方面进行技能水平评价；从体验性活动旅游资源掌握情况、经典活动案例掌握情况、FABE法则掌握情况、视障学生活动安排细节掌握情况等方面进行知识水平评价；从创新思维、服务意识、协作意识、学习能力、工作态度、职业道德等方面进行综合素养评价。依托教师、企业导师、学生、客户等多元化评价主体，在关注学习成效增值的基础上，构建学习成效与学习表现的关联性波士顿分析矩阵，实现差异化学情聚类，实现分类施策、因材施教			

续表

实施成效	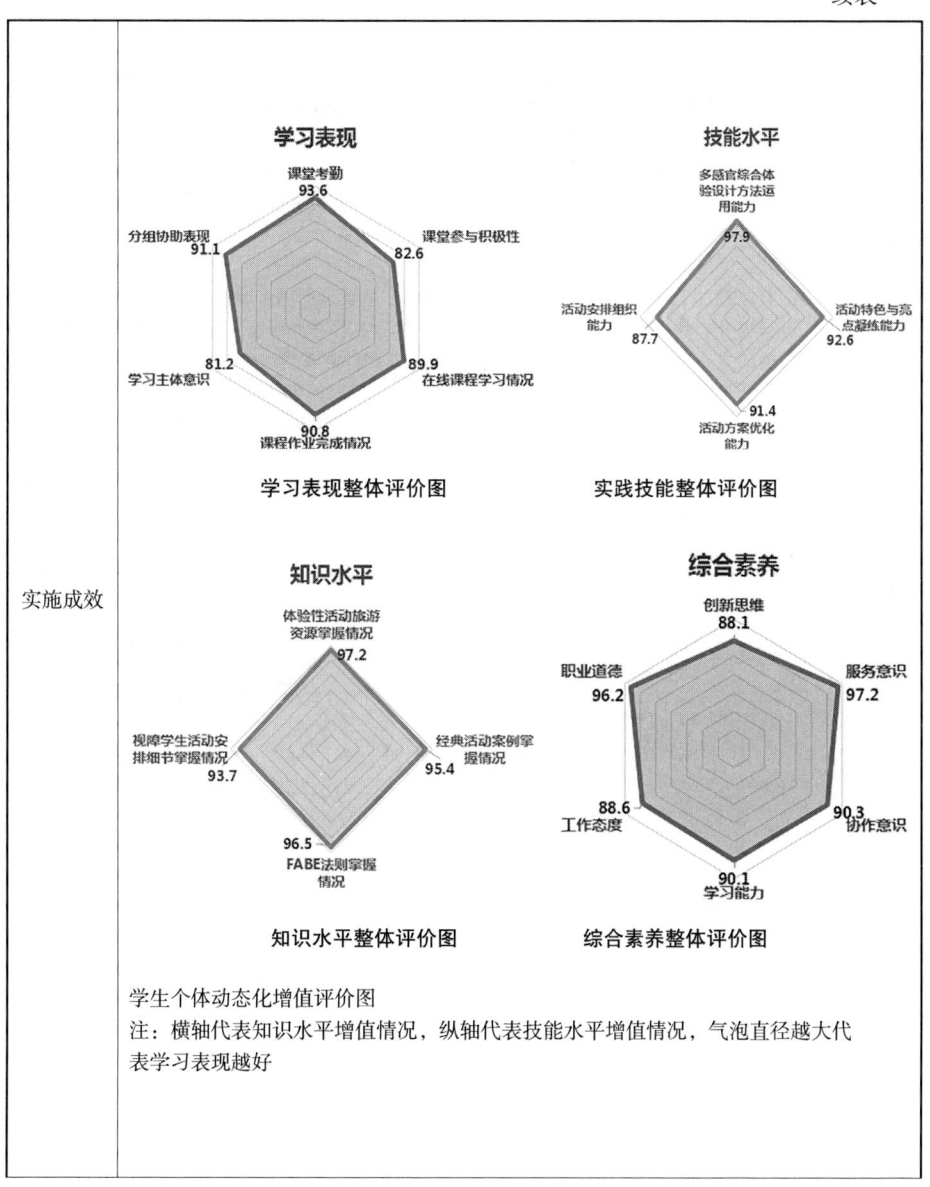 学习表现整体评价图　　实践技能整体评价图 知识水平整体评价图　　综合素养整体评价图 学生个体动态化增值评价图 注：横轴代表知识水平增值情况，纵轴代表技能水平增值情况，气泡直径越大代表学习表现越好

续表

问题与改进	1. 教学理念反思 课程注重思政理念融入，通过海伦·凯勒《假如给我三天光明》的励志故事，中青旅公益盲人旅行团，"我们的世界在眼前，他们的世界在耳边"盲童听海公益活动等课程思政案例，引导学生思考如何保障残障人士的旅游权益，培养学生树立平等、友善的社会主义核心价值观以及精益求精的工匠精神。课程采用角色体验、现场探索沉浸式教学方式，借助校企合作优势资源，引导学生身临其境感受设施设备，全面激发学生学习兴趣，提高学习成效 2. 教学过程反思 本节课着力于解决针对视障学生创新性活动学生设计问题，通过示范解释、练习巩固、迁移提升、评价优化等环节，能够有效激发学生学习主动性，促进学生能力提升。在评价环节，可以进一步优化方案汇报过程，以多种方式展现个人学习收获 3. 教学效果反思 通过本节课学习，学生已基本掌握针对视障学生的活动设计方法，能够实现初步预设的教学效果。但实际生活中，残疾游客群体类型繁多，需求千差万别，旅游业发展日新月异，如何紧跟旅游业发展趋势，针对不同人群的不同需求，进行个性化活动设计的能力仍存在提升空间。因此，应激励学生在课后多关注旅游行业发展动态，拓宽活动设计思路

课程负责人：刘文慧

日期：2023 年 7 月 19 日

用户生成内容数据采集和分析
《旅游大数据分析与应用》课程思政典型教学案例

课程负责人：孟晓龙

一、课程基本情况

课程名称	《旅游大数据分析与应用》		
课程性质	□专业基础课程　□专业核心课程 ☑专业拓展课程　□实践类课程		
学　时	32	学　分	2
授课对象	旅游管理大类	授课专业	旅游管理
课程负责人	孟晓龙	团队成员	王国栋

二、教学案例

1. 案例主题

采用基于BOPPPS模型的SPOC混合式教学设计和实践，以"上海四行仓库抗战纪念馆"在线评论数据为例，借助"微词云在线分词工具"数据分析和可视化功能，教授学生"零代码、针对性"完成用户生成内容数据采集与分析，同时引导学生了解数字经济的发展规划、上海四行仓库的历史事件，增强文化自信和爱国热情。

2. 出自教学章节

第3章　旅游调研数据分析（游客满意度调研）

第2节　用户生成内容数据采集和分析

3. 案例选择与育人内涵

文旅产业是人民群众喜闻乐见、参与度高的幸福产业，凝聚着人们对美好生活的向往。游客满意度调研有助于合理配置旅游资源、改善旅游服务质量以及满足游客旅游需求等。

作为用户生成内容（User Generated Content，UGC）数据的重要组成部分，相较于传统的问卷和访谈调研数据，在线评论数据具有数量大、范围广、成本低、客观等特点，是对传统调研方法的有益拓展。面向应用型、复合型本专科旅游管理大类的学生，如何"零代码、针对性"完成用户生成内容数据采集与分析，是相关课程教学痛点。

4. 案例内容与设计——基于 BOPPPS 模型的 SPOC 混合式教学设计与实践

基于 BOPPPS 模型的 SPOC 混合式教学设计，是突出预期学习产出、强调学生全方位参与，并整合教学资源、及时反馈改进的闭环教学模式（如图 1 所示，超星学习通 SPOC 课堂主页：https://mooc1.chaoxing.com/course-ans/ps/239945665）。

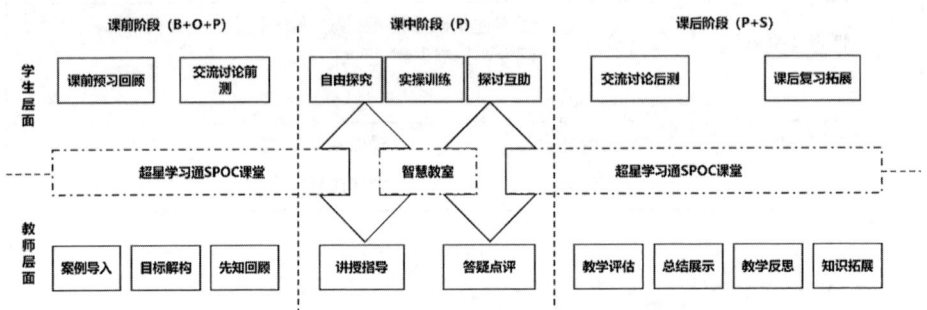

图 1 基于 BOPPPS 模型的 SPOC 混合式教学设计

4.1 课前阶段

导入（Bridge-in）——导入课堂主题，激发学习兴趣。"超星学习通"导入《马蜂窝旅游 2021 年旅游新国潮大数据报告》教学案例，引起学生的好奇心和求知欲：1. 调研报告如何恰当地使用用户生成内容数据？ 2. 热门影视（电影《八佰》）如何助力新兴红色目的地"火速出圈"（上海四行仓库抗战纪念馆）？

目标（Objective）——明确教学目标，指引学习方向。"超星学习通"发布本节课的教学课件资料（如"微词云在线分词工具"的帮助文档和指导视频）和目标要求（使用上述工具完成用户生成内容的数据采集和分析，形成数据记录、词云和语义网络可视化等图表结果，并结合专业知识提出"有趣"

的结论和"有意"的建议）。

先测（Pre-assessment）——了解学生知识储备，调整教学活动。"超星学习通"发布本节课的先测作业［用户生成内容及数据隐私和安全（模块1）、数据分析流程（模块2）、市场调研流程和调查方法（模块3第1节）等知识点］，查看学生"超星学习通"预习资料的学习记录，以调整后续教学的深度及进度，使得教学目标更加聚焦。

4.2 课中阶段

参与式学习（Participatory Learning）——教师学生共同参与，实现教学目标。结合多种教学形式（如内容讲授、自主探究、范例教学），使用各类教学资源与媒介，引导学生积极参与教学过程，以达到预期教学效果。

● 案例导入

对学生的预习记录和先测作业进行点拨和精讲；介绍《马蜂窝旅游2021年旅游新国潮大数据报告》教学案例，激发学生对教学内容的学习兴趣。

● 课堂环节

1. 引导学生自由探究"微词云在线分词工具"的基本功能，探讨中文分词的定义和应用场景，思考数据经济、红色文化的重要性，培养学生的技术探究能力和对时代发展趋势的敏锐洞察力，同时激发他们对国家文化和经济发展的关注和认同。

2. 组织学生范例演练：（1）《"十四五"数字经济发展规划》政策/工作报告等词云可视化实践；（2）"上海四行仓库抗战纪念馆"大众点评景点评论中文分词、词云可视化和语义网络分析实践，在实际操作中感受到国家发展规划的宏伟蓝图和抗战历史的厚重感，从而增强国家自豪感和历史责任感。

3. 组织学生头脑风暴：基于上述词云可视化和语义网络图，结合旅游管理专业知识，提出"有趣"的结论和"有意"的建议，思考如何提升旅游服务质量，引导关注社会责任，理解并践行"为人民服务"的价值观。

4. 总结中文分词的应用场景及常见方法，拓展介绍语义网络和知识图谱的定义和应用，解答学生自由探究和范例演练中遇到的问题，并鼓励学生迁移到已采集的其他景点或OTA网站评论数据分析和可视化的实践，潜移默化中培养他们的团队合作精神和爱国情怀，深刻理解技术创新与社会发展的紧密联系。

● 回顾小结和布置后测作业

总结操作流程和要点；布置本节课的后测作业（在"超星学习通"作业模块提交数据分析和可视化结果 jpg 文件 2 幅，梳理结论并提出相应建议 3 条）。

4.3 课后阶段

后测（Post-assessment）——评估教学效果，知识巩固延展。课后或者教学过程中，以教师、组内和组间方式，及时评估教学效果（如与教师互动情况，课前预习和课后拓展情况，课程产出结果情况——数据分析和可视化文件、结论并提出相应建议等环节），并根据评估结果进行教学反思整改，及时调整教学设计，从而更好地达成教学目标。提供知识拓展资料，引导学生了解扎根理论的发展历程、基本概念、研究过程和核心环节，以及扎根理论在国内旅游研究中的应用和反思。

总结（Summary）——回顾教学过程，教学反思整改。归纳本节课的知识点、厘清知识脉络，进一步加深学生的印象。总结本节课讲授中文分词的概述，拓展语义网络和知识图谱知识，以及"微词云在线分词工具"数据分析和可视化实践的教学内容。

5. 案例特色与反思

"微词云在线分词工具"数据分析和可视化教学内容和实践，为非计算机专业学生完成用户生成内容数据采集与分析提供参考；基于 BOPPPS 教学模型的 SPOC 混合式教学创新设计，可显著提升学生教学效率和效果，为数据收集、处理与分析等理论与应用相关课程教学实施提供借鉴。

在课程内容讲授、自主探究和范例演练的过程中发现以下不足之处并提出改进措施。

1.部分学生对数据采集和分析工具还停留在重复等浅层次应用水平。后期旅游调研数据分析（游客满意度调研）小组项目实践考核将继续考查相关知识技能，做到能够联系专业知识，综合运用上述知识技能解决新情景下的实际问题，鼓励学生从国家大局出发，思考如何提升旅游服务质量，从而培养学生的社会责任感。

2.部分学生表达总结、操作实践、逻辑创新能力还较弱。后期会继续通过自由探究、头脑风暴、范例演练等形式让学生加以锻炼，潜移默化中培养他们的团队合作精神和爱国情怀，并辅以教师辅导、组内互助、讲解回放（超星学习通 SPOC 课堂主页）等方式，落实"一个都不能少"教学理念。

6. 案例效果与反馈

基于 BOPPPS 教学模型的 SPOC 混合式教学创新设计，强调学生"学到了什么"，而非教师"教了什么"，贯穿课前、课中、课后教学的全过程，指导学生主动积极参与学习，促进教学目标的有效达成，为学生在日常生活、学习和工作中综合运用讲授的知识技能解决问题建立坚实基础（见图2、图3），同时也将助力他们成为有担当、有情怀、有作为的新时代青年。

图2　学习收获反馈词云图　　图3　指导学生市场调查和数据分析大赛获奖

《旅游大数据分析与应用》课程思政教学设计样例

课程负责人：孟晓龙

课程名称	《旅游大数据分析与应用》	学时/学分	48学时/3学分
课程性质	☐专业基础课程 ☐专业核心课程 ☑专业拓展课程 ☐实践类课程	授课对象及专业	旅游管理
对应章节内容	第3章 旅游调研数据分析（游客满意度调研） 第2节 用户生成内容数据采集和分析		
教学内容	涉及中文分词的概述，拓展语义网络和知识图谱知识，以及"微词云在线分词工具"在线（中文）分词，词云可视化和语义网络分析实践等教学内容（如图1所示）。 用户生成内容数据采集和分析 ├─ UGC文本数据采集 │ ├─ 网络爬虫概述 │ ├─ 八爪鱼数据采集工具简介 │ ├─ UGC文本数据爬取实践 │ └─ 知识链接：正则表达式的定义和常见语法 └─ UGC文本数据分析 　　├─ 中文分词概述 　　├─ 微词云在线分词工具简介 　　├─ UGC文本数据分析和可视化实践 　　└─ 知识链接：语义网络和知识图谱的定义和应用 图1 用户生成内容（在线评论）的数据采集和分析教学内容		

续表

学情分析	授课对象为旅游管理大类学生，面向智慧旅游系统运行管理、旅游商务数据分析、旅游电商平台运营管理、新媒体营销等就业方向。课前学情调查显示： 1. 知识基础。旅游管理大类学生普遍对用户生成内容、数据隐私等基础知识有所掌握，并对市场调研和数据分析有基础性的了解。部分学生通过课外实践或自学已经形成了较为系统的知识体系，而另一些学生可能仅限于课堂所学 2. 能力基础。大部分学生展现一定的自主学习和团队协作能力，但具体到市场调研和数据分析的实战经验上，学生的能力参差不齐。有的学生已经参与过相关的实习或项目，积累了宝贵的经验，而有的学生则可能只是停留在理论层面 3. 学习特点。学生普遍喜欢通过实践操作来学习，这种学习方式使他们能够更直观地理解和掌握知识技能。不同学生对市场调研和数据分析的理解程度和兴趣点存在差异，这直接影响他们的学习积极性和深入探索的意愿
教学目标	【知识目标】 ● 理解中文分词的定义、关键问题、应用场景和常见方法 ● 了解语义网络和知识图谱的定义、区别及其在各领域的应用价值 【技能目标】 ● 能够熟练运用"微词云在线分词工具"进行中文文本的分词操作 ● 掌握利用分词结果进行词云可视化的技术 ● 能够进行基本的语义网络分析，理解数据之间的关系 【素养目标】 ● 培养团队协作意识和专业职业精神，提升独立思考和主动探究的能力，为个人学业和职业能力的长期发展打下坚实的基础 ● 强化数据安全和隐私保护意识，在日常工作和学习中始终维护信息安全 ● 激发创新思维，提升审美能力，以更好地适应数字化时代的发展需求 【思政育人目标】 学习了解上海四行仓库的历史事件，加深对国家历史和文化的理解；学习数字经济的发展规划，增强对新时代中国特色社会主义发展的认识，增强文化自信和爱国热情
教学重点、难点	掌握"微词云在线分词工具"在线（中文）分词，以及词云可视化和语义网络分析等数据分析和可视化操作
课程思政设计	课程思政元素：文化自信、爱国热情
	融入知识点：《"十四五"数字经济发展规划》政策、"上海四行仓库抗战纪念馆"大众点评景点评论中文分词、词云可视化和语义网络分析等数据分析和可视化操作

教学过程

课前（10分钟）

教学环节	活动内容	设计意图
课前导学	发布教学课件和视频，发布教学案例和帮助文档，发布测试题目	引入教学目标，激发学生兴趣，了解学生学情

课中（50分钟）		
教学环节	活动内容	设计意图
案例导入（8分钟）	对学生的预习记录和先测作业进行点拨和精讲；介绍《马蜂窝旅游2021年旅游新国潮大数据报告》教学案例，激发学生对教学内容的学习兴趣	培养学生使用"微词云在线分词工具"完成用户生成内容UGC文本数据分析的能力 思政要点：了解上海四行仓库的历史事件、数字经济的发展规划，增强文化自信和爱国热情
课堂环节：用户生成内容UGC文本数据分析和可视化（35分钟）	● 引导学生自由探究"微词云在线分词工具"的基本功能，探讨中文分词的定义和关键问题，思考数据经济、红色文化的重要性 ● 组织学生范例演练：(1)《"十四五"数字经济发展规划》政策/工作报告等词云可视化实践；(2)"上海四行仓库抗战纪念馆"大众点评景点评论中文分词、词云可视化和语义网络分析实践 ● 组织学生头脑风暴：基于上述词云可视化和语义网络图，结合旅游管理专业知识，提出"有趣"的结论和"有意"的建议 ● 总结中文分词的应用场景及常见方法，拓展介绍语义网络和知识图谱的定义、区别和应用，解答学生自由探究和范例演练中遇到的问题，并鼓励学生迁移到已采集的景点或OTA网站评论数据分析和可视化的实践	
布置作业和回顾小结（7分钟）	总结操作流程和要点；布置本节课的后测作业（在"超星学习通"作业模块数据分析和可视化结果jpg文件2个，梳理结论并提出相应建议3条）	

续表

课后（10分钟）		
课后拓展	评估教学效果，回顾教学过程	知识巩固延展，教学反思整改，及时调整教学设计，从而更好地达成教学目标
教学反思		
实施成效	基于BOPPPS教学模型的SPOC混合式教学创新设计，强调学生"学到了什么"，而非教师"教了什么"，贯穿课前、课中、课后教学的全过程，指导学生主动积极参与学习，促进教学目标的有效达成，为学生在日常生活、学习和工作中综合运用讲授的知识技能解决问题建立坚实基础（见图2、图3），同时也将助力他们成为有担当、有情怀、有作为的新时代青年 图2 学习收获反馈词云图　　图3 指导市场调查和数据分析大赛获奖	
问题与改进	在课程内容讲授、自主探究和范例演练的过程中发现： 1.部分学生对数据采集和分析工具还停留在重复等浅层次应用水平。后期旅游调研数据分析（游客满意度调研）小组项目实践考核将继续考查相关知识技能，做到能够联系专业知识，综合运用上述知识技能解决新情景下的实际问题，鼓励学生从国家大局出发，思考如何提升旅游服务质量，从而培养学生的社会责任感 2.部分学生表达总结、操作实践、逻辑创新能力还较弱。后期会继续通过自由探究、头脑风暴、范例演练等形式让学生加以锻炼，潜移默化中培养他们的团队合作精神和爱国情怀，并辅以教师辅导、组内互助、讲解回放等方式，落实"一个都不能少"教学理念	

课程负责人：孟晓龙

日　期：2023年7月21日

弘扬中华文化,传承地域特色美食
《烹饪工艺学》课程思政典型教学案例

课程负责人:邵志明

一、课程基本情况

课程名称	《烹饪工艺学》		
课程性质	☐专业基础课程　☑专业核心课程 ☐专业拓展课程　☐实践类课程		
学　时	32	学　分	2
授课对象	高职一年级	授课专业	烹饪工艺与营养
课程负责人	邵志明	团队成员	

二、教学案例

1. 案例主题

弘扬中华文化,传承地域特色美食

2. 出自教学章节

课程第一章:烹饪文化与特色菜系

3. 案例选择与育人内涵

《烹饪工艺学》是在新时代建设中国特色社会主义城市发展和旅游餐饮业态发展背景下应运而生的一门传统型课程,是对烹饪餐饮理论认知以及技术技能理解的职业教育学科专业类内涵建设课程。在旅游业和餐饮业的业态发展进程中一直面临着质量提升和品质完善的现实需求。以一线厨师必需的知识与技能为主要研究对象,是研究技能应用型的一门科学;它有自身一套完整的专业理论,对烹饪实践有重要的指导意义;同时它又是一门实践性很强的课程,理实一体化教学担负着专业学生专业能力形成与劳动素养培育的重要任务。

本课程以中国地域特色的八大菜系美食为内容，课程教师针对烹饪专业的学生，就鲁、川、粤、闽、苏、浙、湘、徽等菜系进行分类解析和代表菜介绍以及风味特点的描述。在对各地美食进行介绍时，在传统美食的解析中渗透中华传统文化，将烹饪美食传承技艺与博大精深的中国文化相融合，展现出中国国粹文化和悠久历史的相互融通。

4. 案例内容与设计

本课程主要通过对地域美食的讲解、制作与解析，了解中国烹饪文化技艺的传承，同时体现出对中国饮食文化以及传统历史文化的理解和热爱。从文化视角对烹饪内涵进行深入理解，主要内容和设计描述如下。

（1）教学目标

通过学习，使学生能掌握菜系的定义，菜系的分类，中国菜的特点，中国主要的八大菜系及其代表。

通过图片学习，使学生更容易理解并记住中国菜系的定义、分类及特点，能知道各大菜系的代表。

在情感上，让同学们更加了解中国不同地区的饮食文化。

通过视频及案例讲解，培养学生的动手能力。

（2）教学内容：传统美食与地域特色美食的发现

（3）教学重点：实施对地域特色美食与节令美食的内涵解构和意蕴表征

（4）教学方法：讲授法、演示法、讨论法、实践法等

（5）教学过程及其思政元素融入

教学过程		教师活动	学生活动	教学方法	设计意图和资源准备	思政元素融入
课前调研		（1）教师投放视频及链接（2）教师布置思考选题	（1）学生观看视频（2）学生思考及答题	自主探究学习	通过翻转课堂模式进行课前预学习及自主讨论	引入：传统地域文化与烹饪美食关联
课中研讨	导入	案例：关于八大菜的网络调查	思考回答	问题导入法	引发思考，引出本次的教学内容：八大菜系	

续表

教学过程		教师活动	学生活动	教学方法	设计意图和资源准备	思政元素融入
课中研讨	知识新授	（1）观看视频和讲解八大菜系的历史起源 （2）观看视频和讲解各地风味流派与特色	观摩、听课、讨论	讲授法	利用多媒体，通过老师讲授、案例分析、启发引导等，让学生了解和掌握菜系的风味流派和特征	感知： 结合中外美食和菜系比较，加深对中国烹饪文化的热爱之情
		启发主题讨论：世界菜系与中国菜系的比较	听课、讨论	讲授法、讨论法	通过丰富的案例和菜肴图示等介绍，增强对中西菜肴的认识。从而加深对中国传统文化技艺的认知与感悟	
	聚焦深入	问题引导：根据你所掌握的知识，谈谈你对八大菜系营养学的思考	查阅资料、总结、回答	老师启发引导和总结	进一步拓宽学生的相关知识面，加深印象	感悟： 结合家乡美食的介绍，爱家乡，爱自己当地的文化技艺
		组织研讨：根据自己所在区域谈一谈家乡美食或地方特色菜点	讨论、回答	讲授法、讨论法	通过引导，从传统到特色进行聚焦，进一步引发学生对于传统文化技艺的身边内容的回忆与思索，加深对家乡文化技艺的认同感和感知度	
	创新提升	组织研讨与实践：根据自己家乡一道美食进行创新设计，并比较说出传统/创新品种的特色共性和差异	讨论、回答、实践	讲授法、讨论法、实践法	通过对品种传统与创新的比较性设计与实践，进一步增强学生对传统文化技艺的传承与创新意识的培养	深化： 在传统美食技艺的基础上创新品种设计，加强文化认同
	评价反馈	组织评价：根据自己设计的作品进行多元评价	讨论、评价	评价法讨论法	在自评、互评、教师评价等多方面综合性上，加深对各自家乡菜肴的深层次认知，在不同区域交流中促进反馈评价能力的培养	强化： 强化对创新设计品种的交流，增强对技艺的现代意识表达

续表

教学过程		教师活动	学生活动	教学方法	设计意图和资源准备	思政元素融入
课中研讨	课堂总结	总结八大菜系及其地方特色美食的特点，对传统与创新双向赋能文化属性的作品进行价值引导	思考回顾	讲授法	让学生从整体上回顾与总结所学的知识，并激发学生对传统文化技艺的传承与创意意识	巩固：巩固对文化技艺的传统性感知与创新性表达的融合
课后研讨	作业布置	（1）按照八大菜系选择一款名菜进行传统与创新菜肴的制作（2）制作一份"我为家乡美食代言"的介绍，并结合自己的经验组织课后网络分享	思考问题，展开作业	研讨法	巩固加深对所学知识的理解和运用，拓展性实施对传统菜品的制作与创新作品设计后实践。进一步让学生具有对传统文化技艺的自发性探索	延伸：课后加深对地域文化的认知和了解，传承美食文化的历史意蕴

5. 案例特色与反思

本案例运用翻转课堂教学模式进行实施，课前、课中、课后均体现出教师特色教学设计。通过制作文本视频等，加强学生对于八大菜系准确的菜肴以及历史典故的了解；同时又通过对家乡美食的介绍等内容进行了课堂拓展活动，拓展了本课程的教学深度和广度。

本案例主要特色是教师将课程思政元素融入教学，在多个环节融入中国传统文化以及社会主义核心价值观。主要表现在以下三个方面。

（1）中外美食的比较，了解美食烹饪文化底蕴，增强民族自豪感

学生通过对中外美食知识的了解以及对比学习，了解到中西餐饮文化的差异，从而激发对中国烹饪文化博大精深以及菜肴广博技艺的深层次了解。增强民族文化自豪感。

（2）传统与创新作品的设计，增强对传统技艺的传承与创新

学生通过对熟悉经典餐饮类作品进行选择，并实施创新设计，探索对传统菜肴的现代表达，实现技艺的传承与创新发展的双驱引导。

(3)家乡美食代言活动,增强对家乡和地域文化的热爱

学生通过挖掘家乡地方美食,传承发扬学生的地区自豪感和凝聚力,提升家乡文化自信,从而增强对家乡的热爱以及区域特色文化技艺的传播。

6. 案例效果与反馈

烹饪专业学生的思想政治教育是可以融入专业课程教学中的,将课程思政理念贯穿教学全过程,不仅能提升学生的思想素质,同时也能激发学生学习专业技能的热情,最终达到教书育人的目的。以烹饪专业的本课程《八大菜系》为例,思政课教师可以结合中外饮食文化比较、中西菜点观赏、历史文化典故了解等内容,强化对中国烹饪文化的一种民族自豪感,可以说学生从文化自信方面有了很好的获得感。本课程属于理实一体化课程,理论讲述的同时渗透实践教学,有效融合双向要义,针对理论和实践部分进行效果分析和实施反馈。

(1)理论部分的解析

烹饪理论部分的分析,强化了文化的认同感,以十大菜系为内容强化了身边的美食,身边的文化,身边的历史等内涵。学生有较好的反馈,也对中餐文明的发展脉络有了更清晰的认知。

(2)实践部分的解析

本课程通过组织学生菜肴制作,组织学生制作"我为家乡美食代言"介绍等活动,一方面让学生加强对家乡美食技艺的挖掘和传承,另一方面让学生加深对家乡风土人情、地域特色文化的了解,以更好地让不同区域文化交流融合,坚定文化自信,从整体上让中国特色烹饪文化、特色美食产品获得更多的推广。

《烹饪工艺学》课程思政教学设计样例

课程负责人：邵志明

课程名称	《烹饪工艺学》	学时/学分	32 学时/2 学分
课程性质	☐专业基础课程 ☑专业核心课程 ☐专业拓展课程 ☐实践类课程	授课对象及专业	高职一年级，烹饪工艺与营养
对应章节内容	第一章 烹饪文化与特色菜系		
教学内容	传统美食与地域特色美食的发现		
学情分析	教学班22081共25人，男生13人，女生12人，为中高贯通培养的学生，有一定烹饪操作基础，实践操作能力相对较好，但烹饪文化相关理论知识薄弱，在对操作层面结合理论内涵的深层次解构方面缺少融合性和表达性		
教学目标	【知识目标】掌握地域特色美食与节令美食的类型及其特征 【能力目标】掌握地域菜肴的传统制作技艺和特色菜肴制作方法 【素养目标】掌握中国传统烹饪文化与技艺的表现形式和区域特色菜肴的历史意蕴 【思政育人目标】激发对中国烹饪文化博大精深的深刻领悟、菜肴广博技艺的深层次了解，增强民族文化自豪感和区域特色文化自觉性的归属与传播意识		
教学重点、难点	重点：实施对地域特色美食与节令美食的内涵解构和意蕴表征 难点：实现对地域特色美食与节令美食中文化和技艺的有机融合		
课程思政设计	课程思政元素：地域文化、传统烹饪文化、家乡美食与技艺 融入知识点：中国八大菜系、地域特色美食、节令美食		
教学过程			
课前（5分钟）			
教学环节	活动内容	设计意图	
课前调研	（1）学生观看中国餐饮类文化与技艺的短视频 （2）学生基于视频内容思考及答题	通过翻转课堂模式进行课前预习及自主讨论	

续表

课中（35分钟）		
教学环节	活动内容	设计意图
导入	案例：关于长三角地区人群对八大菜的网络调查与分析	引发思考，引出本次的教学内容：八大菜系
知识新授	（1）八大菜系的历史起源 （2）各地风味流派与特色 （3）世界菜系与中国菜系的比较	利用多媒体，通过老师讲授、案例分析、启发引导等，让学生了解和掌握菜系的风味流派和特征。通过丰富的案例和菜肴图示等介绍，增强对中西菜肴的认识，从而加深对中国传统文化技艺的认知与感悟
聚焦深入	根据自己所在区域谈一谈家乡美食或地方特色菜点	通过引导，从传统到特色进行聚焦，进一步引发学生对于传统文化技艺的身边内容的回忆与思索，提升对家乡文化技艺的认同感和感知度
创新提升	根据自己家乡一道美食进行创新设计，并比较说出传统/创新品种的特色共性和差异	通过对品种传统与创新的比较性设计与实践，进一步增强学生对传统文化技艺的传承与创新意识
评价反馈	根据自己设计的作品进行多元评价	在自评、互评、教师评价等多方面综合性上，加深对各自家乡菜肴的认知在不同区域交流中，促进反馈评价能力的培养
课堂总结	总结八大菜系及其地方特色美食的特点，对传统与创新双向赋能文化属性的作品进行价值引导	让学生从整体上回顾与总结所学的知识，并激发学生对传统文化技艺的传承与创意意识
课后（5分钟）		
作业布置	（1）按照八大菜系选择一款名菜进行传统与创新菜肴的制作 （2）制作一份"我为家乡美食代言"的介绍，并结合自己的经验组织课后网络分享	巩固加深对所学知识的理解和运用，拓展性实施对传统菜品的制作与创新作品设计后实践。进一步让学生具有对传统文化技艺的自发性探索
教学反思		
实施成效	（1）中外美食比较，了解美食烹饪文化底蕴，增强民族自豪感 学生通过对中外美食的知识了解以及对比学习，了解到中西餐饮文化的差异，从而加深对中国烹饪文化博大精深以及菜肴广博技艺的了解。增强民族文化自豪感 （2）传统与创新作品的设计，增强对传统技艺的传承与创新意识 学生通过对熟悉经典餐饮类作品进行选择，并实施创新设计，探索对传统菜肴的现代表达，实现技艺的传承与创新发展的双驱引导 （3）家乡美食代言活动，增强对家乡和地域文化的热爱 通过挖掘家乡地方美食，传承发扬学生的地区自豪感和凝聚力，提升家乡文化自信，从而增强对家乡的热爱，促进区域特色文化技艺的传播	

续表

问题与改进	课程局限在理论部分，后期可以通过组织学生菜肴制作，组织学生进行"我为家乡美食代言"介绍等实践活动，让学生加深对家乡风土人情的了解，促进地域特色文化传播，以更好地让不同区域文化交流融合，坚定文化自信，从整体上让中国特色烹饪文化、特色美食产品获得更多的推广

课程负责人：邵志明

日期：2023 年 7 月 15 日

领队如何引导游客文明就餐
《出境领队业务》课程思政典型教学案例

课程负责人：沈莉

一、课程基本情况

课程名称	《出境领队业务》		
课程性质	☑专业基础课程　□专业核心课程 □专业拓展课程　□实践类课程		
学　时	32	学　分	2
授课对象	大一	授课专业	旅游管理（中高职贯通班）
课程负责人	沈莉	团队成员	

二、教学案例

1. 案例主题

领队如何引导游客文明就餐

2. 出自教学章节

课程第 3 章第 5 节

3. 案例选择与育人内涵

（1）案例选择

案例涉及旅游团队在境外就餐过程中的一些用餐礼仪和文明素养问题，以及领队在引导游客方面的作用。通过案例可以引导学生思考以下几个方面的问题。

第一，食物浪费的问题。通过这个案例，可以引导学生思考食物浪费对社会资源和环境的不良影响，提高学生的资源节约意识和环保意识，培养他们珍惜粮食和保护环境的责任感。

第二，尊重当地文化和习俗。学生需要意识到在境外旅游时，应尊重当地的文化和习俗，遵守当地的规矩和礼仪，不仅是尊重当地人民的生活方式和传统，同时也是维护自己国家形象的一种重要方式。

第三，领队的引导作用。案例中，领队的行为和言行对游客的影响非常大，领队应该发挥榜样作用，引导游客的行为符合当地的规矩和礼仪，帮助他们提升文明素养和道德品质，从而形成正确的旅行态度和行为习惯。

第四，社会责任意识。案例呼吁学生要具备社会责任意识，尊重他人、关爱他人，为维护社会和谐与改善环境做出自己的贡献，从小事做起，培养高尚、正直等优秀品德。

通过这个案例进行思政教育可以引导学生形成正确的价值观和行为准则，提高他们的综合素质和社会责任感，促进德智体美劳全面发展。

（2）育人内涵

第一，领队作为团队中的重要一员，要发挥好引导作用，引导游客们遵守当地的饮食习惯和餐桌礼仪，避免食物浪费。这不仅是一种尊重和礼貌，更是对自然资源的珍惜和保护。在境外旅游时，遵守当地的规矩不仅是一种文化交流，更是一种对当地文化的尊重和认同。

第二，领队在境外旅游中维护国家形象也非常重要。在这个案例中，餐厅主管因为中国游客浪费食物而发火，可能会影响到中国游客在境外旅游的形象。领队应该及时向游客们传达正确的价值观和礼仪规范，让他们了解当地的文化和习俗，避免出现不必要的误解和冲突。同时，领队也应该积极维护国家形象，避免给国家造成不良影响。

第三，领队要注重培养游客们的文明素养和道德品质。在就餐过程中，要提醒游客们不浪费食物，适量取餐，尊重他人，关爱他人，树立良好的道德风尚。通过领队的引导和教育，可以让游客们更加深入地了解和尊重当地的文化和习惯，增强文化自信，树立正确的价值观。

第四，领队要做好游客的文明就餐引领者，还需注重培养游客们的环保意识和责任意识。在旅游过程中，游客们应该积极参与到环保行动中来，减轻对环境的污染和破坏。通过领队的引导和教育，可以让游客们更加深入地了解环保的重要性，树立正确的环保观念，为建设美丽家园贡献自己的一份力量。

4. 案例内容与设计

（1）案例引入

播放由全国优秀领队录制的2分钟宣传短片"文明出境游为中国加分"，引导学生思考文明旅游的重要性和领队引领游客文明旅游的意义，激发学习兴趣。

进一步告知学生，我们将穿越到境外，到欧洲的一家自助餐厅，看看那里发生了什么，为什么餐厅主管为对中国游客不满？游客究竟有哪些不文明的旅游行为？身为领队，我们该如何应对，又该如何避免不文明的旅游行为呢？

（2）案例详情

那天，阳光明媚，一个中国旅游团兴高采烈地来到欧洲一家著名的自助餐厅用餐。领队带着游客们进入餐厅，大家兴奋地拿起餐盘，开始挑选自己喜欢的美食。餐厅里的菜品丰富多样，有各种各样的西餐菜肴，还有精美的甜点和水果。游客们见到这么多美食，都忍不住盛满了餐盘，有的人甚至拿了好几个餐盘。然而，在用餐过程中，餐厅主管注意到很多中国游客拿了一堆食物，但只吃了一点点就放在了一边，有的甚至直接不吃就走了。餐厅主管的脸上渐渐露出了愠怒的神情。

他走过来，站在领队的身边，严肃地说："中国人虽然已经富裕起来，但不应该糟蹋食物，这么浪费，我们以后都不乐意接待中国团队了！"领队顿时脸色尴尬，连忙向餐厅主管道歉，并解释说："我们一定会提醒游客们注意的。"

游客们也意识到了自己的错误，纷纷放下了手中的食物，有的开始吃起了自己刚才放下的食物，有的则主动将食物拿到了垃圾桶附近。

（3）案例讨论

在学生对案例有了基本了解后，教师可以组织学生进行小组讨论。学生可以围绕以下问题对案例展开讨论。

问题1：为什么餐厅主管会对中国游客"发火"？案例中的中国游客在用餐过程中有哪些不文明行为？

问题2：食物浪费是一种怎样的行为？如何在境外旅游中避免食物浪费？

问题 3：在团队旅游中，领队有什么样的责任和作用？如何引导游客文明就餐？

问题 4：文明旅游与国家形象之间有何关系？

教师可以根据学生的讨论情况，给予必要的指导和提示，引导学生深入思考和探讨问题的本质。在小组讨论的基础上，教师可以组织学生进行全班汇报和总结。学生可以分享自己对于案例的看法、认识和思考，以及在讨论中获得的认识和启示。教师则可以对学生的讨论情况进行点评和总结，帮助学生更好地理解和掌握文明旅游的内涵和要求。

（4）案例升华

第一，结合学生分组进行角色扮演或模拟对话的活动，以帮助学生更深入地理解"境外就餐"案例中所涉及的交流沟通技巧和文明礼仪规范。将学生分成若干小组，学生可以扮演案例中领队、餐厅主管、游客等角色，通过模拟对话的方式，展现应对食物浪费问题时的正确态度和行为，培养学生的交流技巧和文明礼仪意识。

第二，结合 2015 年国家旅游局颁布的《导游领队引导文明旅游规范》，介绍文明旅游的基本常识和技巧，以及引导文明就餐的基本要求和具体做法，从而帮助学生传播中华文明和中国人的良好形象。

第三，课后的巩固作业包括在"超星"课程教学平台上分享学习心得，同时收集某个境外目的地的餐饮文化和就餐习俗，帮助学生更好地理解不同国家和地区的文化习俗和饮食差异。

5. 案例特色与反思

通过案例分析、小组讨论和角色扮演，引导学生深入理解文明就餐引导的重要性，培养他们在出境旅游中具备文明就餐引导的意识和担当。案例实施的优缺点如下。

（1）优点

第一，增强了学生的参与度和兴趣。通过案例分析，让学生参与到文明就餐的讨论中，激发了他们的学习兴趣，使他们更加积极地参与到课堂互动中。

第二，通过案例介绍和分析，学生能够更加深入地理解文明旅游、文明就餐的含义和重要性，从而更好地在出境旅游中做好文明就餐引导工作。

第三，通过案例探讨，学生能够学会对问题进行深入分析和思考，提出自己的看法和建议，从而培养了他们的批判性思维和解决问题的能力。

（2）缺点

第一，课堂讨论时间不够充分。

在课堂讨论环节，由于时间限制，一些学生可能没有充分的时间发表自己的看法和建议，影响了他们的参与度和积极性。未来我们应该更加合理地安排课堂时间，确保每个学生都有足够的发言时间。

第二，缺乏实践环节。

由于没有实际的引导实践，可能影响学生对文明就餐引导的实际操作能力。未来我们应该适当增加实践环节，让学生有机会亲身参与到文明就餐引导的实践中。

总之，案例的使用在教学实际中起到了积极的思政教育作用，但也存在一些不足之处。未来，我们将更加注重案例讨论的时间安排，并适当增加实践环节，以更好地实现本课程的教学目标和思政目标。

6. 案例效果与反馈

（1）案例效果概述

在《领队如何引导游客文明就餐》课程思政的案例教学环节中，学生们通过深度案例分析深化了对文明就餐引导的重要性及领队在其中的角色的认识和理解。

第一，认知增强。

学生们通过该案例教学了解了文明就餐的内涵，包括遵守餐桌礼仪、尊重食物与环境保护等方面。这有助于提升他们在出境旅游中的文明行为意识和修养。

第二，情感与价值观培养。

通过案例中涉及的人物与事件分析，学生们体会到了文明就餐对旅游体验和人际关系的重要性，有助于形成积极向上的价值观。

第三，领队业务能力提升。

学生们在案例分析过程中学习了领队在文明就餐引导中的角色与责任，并了解了应急处理、沟通技巧等业务能力的重要性。

（2）学生评价与反馈

第一，案例选择和内容认可度高。

学生认为该案例具有代表性和丰富性，能够深入讨论文明就餐的方方面面，引起了他们的浓厚兴趣。

第二，个人素质提升认同度。

学生们表示通过案例分析，自己在领队的业务能力、沟通技巧、组织能力等方面有所提升，认识到文明就餐引导的重要性。

第三，职业发展帮助意识深化。

反馈显示学生们认为了解文明就餐引导可以为未来的领队职业发展提供帮助，同时也为个人职业发展打下坚实基础。

综上所述，通过《领队如何引导游客文明就餐》案例教学，学生在认知、情感与价值观、领队业务能力等方面均取得了积极的效果，并对教学内容表现出了高度的认可与理解。在未来的教学实践中，我们将持续加强案例教学的深度和实用性，以更好地激发学生学习兴趣和提升教学效果。

《出境领队业务》课程思政教学设计样例

课程负责人：沈莉

课程名称	《出境领队业务》	学时/学分	32学时/2学分
课程性质	☑专业基础课程 □专业核心课程 □专业拓展课程 □实践类课程	授课对象及专业	旅游管理专业大一（中高职贯通班）
对应章节内容	第三章第五节3.5.8"出境领队——文明旅游的引领者"		
教学内容	1. 文明旅游的重要性：强调文明旅游对于促进国际交流、增进友谊、提升国家形象等方面的积极作用 2. 领队在文明旅游中的担当：分析领队在旅游过程中应具备的素质和能力。组织学生模拟三个案例中的领队、游客等不同角色，让学生在"角色扮演"中体验和讨论领队该如何更有效地做好文明旅游的宣传和引领 3. 领队引导文明旅游的技巧：结合《导游领队引导文明旅游规范》和《中国公民出境旅游文明行为指南》，帮助学生掌握领队开展文明旅游引导的基本要求和具体做法 4. 旅游道德规范和礼仪：介绍出境旅游中应遵守的道德规范和礼仪，包括公共秩序、尊重当地风俗习惯、环保意识等		
学情分析	1. 该班是中高职贯通班，学生均毕业于上海商贸旅游学校 2. 在中职阶段，他们已学习过《导游业务》《导游基础知识》等导游类相关课程，具备一定的导游服务技能，但对出境旅游和出境领队都还较为生疏，因此在教学内容上，应更加聚焦于如何将学生已经掌握的导游服务技能应用到出境旅游和出境领队工作中，以及如何处理可能出现的特殊情况 3. 中高职贯通班学生的形象思维和动手能力较强，逻辑思维能力略弱，因此在教学过程中应注重教学内容的逻辑性和连贯性，以帮助学生更好地理解和掌握知识，可以通过将知识点按照逻辑顺序进行组织，帮助学生建立系统的知识体系		

续表

教学目标	【知识目标】 1. 掌握文明旅游的概念、国际国内相关规范和《导游领队引导文明旅游规范》以及《中国公民出境旅游文明行为指南》的核心内容 2. 了解领队角色在促进游客文明旅游行为中的责任和作用，熟悉领队的行为规范和礼仪要求 3. 研究旅游目的地的文化、风俗和环境，认识不文明行为对目的地的影响，掌握应对不文明行为的方法和技巧 【能力目标】 1. 能够运用专业知识，向游客有效传达文明旅游的理念和要求，提升游客的文明旅游意识 2. 具备解决旅游中问题和纠纷的沟通能力和组织能力，能够妥善处理不文明行为，维护旅游秩序 3. 能够根据旅游目的地的特点，引导游客遵守规定和要求，实施文明旅游的相关技能和方法 【素养目标】 1. 树立文明旅游的意识，培养良好的职业形象和信誉，展现职业道德和社会责任感 2. 关注游客安全和旅游环境保护，能够在旅游活动中实现可持续发展原则 3. 展现良好的服务意识和创新精神，不断提升旅游服务的品质和水平 【思政育人目标】 1. 通过学习，引导学生树立正确的世界观、人生观和价值观，增强国家意识和社会责任感 2. 通过案例分析、角色扮演等方式，培养学生的批判性思维和创新能力，提升解决问题的能力 3. 培养学生的团队协作和沟通能力，增强集体意识和凝聚力，提升作为团队成员的责任感 4. 帮助学生了解和遵守职业道德规范，树立诚信、责任、公正、法治的价值观，为未来的职业生涯打下坚实基础。通过这些优化，教学目标变得更加具体和可操作，同时它们也与课程内容紧密相关，有助于学生通过课程学习，全面发展其知识、能力、素养和思政教育
教学重点、难点	【教学重点】 1. 领队在文明旅游中的角色和责任：领队作为旅游团队的组织者和引导者，对于游客文明旅游行为的培养和引导起着至关重要的作用。强调领队在文明旅游中的关键作用，以及对于目的地、旅游者和旅游行业的影响 2. 领队文明旅游规范的具体实施：详细介绍领队文明旅游的基本行为规范和礼仪要求，包括职业道德、言行举止、服务态度、安全意识等方面，并强调如何在具体的旅游过程中运用这些规范引导游客文明旅游 3. 领队文明旅游宣传与教育的方法：教授领队如何运用多种方式向游客宣传文明旅游的理念和要求，如口头讲解、书面资料、社交媒体等，并强调教育游客的重要性

续表

教学重点、难点	【教学难点】 1. 领队文明旅游实践与操作的具体案例：结合实际案例，详细指导领队如何在具体的旅游过程中运用文明旅游规范处理和应对不文明行为，例如面对游客的不合理要求、行为粗鲁等问题的应对方法 2. 领队文明旅游评价与改进的策略：设计一种评价体系，包括学生自评、学生互评和教师评价等方式，对领队的文明旅游工作进行评价，找出存在的问题和不足，并提出具体的改进建议和方法
课程思政设计	【课程思政元素】 1. 领队的爱国主义意识 （1）通过具体的案例和实践活动，展示中国游客在境外如何体现中华优秀传统文化和价值观，激发学生的爱国情感 （2）引导学生思考如何在国际旅游中代表中国形象，提升国家形象的意识和责任感 2. 领队的道德伦理意识 （1）设计情境模拟或角色扮演活动，让学生扮演领队角色，面对不同的道德挑战和纠纷，锻炼他们的决策能力和道德判断力 （2）鼓励学生分享真实案例，讨论领队在实际工作中如何应对道德困境，引发学生对职业道德的深入思考和反思 3. 领队的跨文化交流意识 （1）组织学生进行跨文化体验活动，让他们亲身感受不同文化背景下的交流挑战，促进尊重和理解多元文化 （2）设计跨文化沟通的案例分析，引导学生探讨在文明旅游中如何应对文化冲突和交流障碍，提高他们的跨文化意识 4. 领队的法律法规意识 （1）设计实际场景的法律法规测试题或情境分析，考查学生对文明旅游法规的熟悉程度，加深他们对法治意识的理解 （2）让学生自行搜集国内外文明旅游案例，讨论案例背后的法律依据和规范，引导他们关注法治与文明旅游的关系 5. 领队的团队协作和沟通意识 （1）设置团队协作及沟通技巧培训课程，提供实际情境下的练习机会，帮助学生提升团队协作和沟通技能 （2）引导学生自主规划并实施小组项目，让他们在团队中承担不同责任角色，培养团队合作精神
课程思政设计	【思政点与知识点的融合设计】 1. 领队文明旅游重要性 结合爱国主义教育，强调领队作为中国形象的宣传者和代表，在国外旅游中展现中华优秀传统文化和价值观的重要性，唤起学生的爱国情感，激发为国家形象代言的责任感 2. 领队文明旅游规范 在道德伦理教育的基础上，强调领队作为职业从业者应遵守行为规范和礼仪要求，树立正确的职业道德观念，培养学生良好的职业操守和行为举止

续表

课程思政设计	3. 领队文明旅游宣传与教育 进一步结合道德伦理教育和法治意识，教授领队如何向游客宣传文明旅游理念，强调遵守法律法规的重要性，引导学生关注文明旅游法规与实践的结合，并培养法治意识 4. 领队文明旅游实践与操作 在指导领队具体操作的同时，强调道德伦理教育、法治意识和团队协作和沟通能力的融合。通过实践操作和应对不文明行为的模拟练习，培养学生的职业素养和解决问题的能力，同时加强团队协作和沟通技能的锻炼 通过以上设计，能够更好地整合知识点与思政元素，使课程设计更具有针对性和深度，同时增强学生对关键概念的理解和内化，提升课程对学生成长和综合素质发展所起到的指导作用

教学过程

课前（10分钟）

教学环节	活动内容	设计意图
预习	1. 学生在"超星"平台上寻找本课程的作业板块 2. 学生自行浏览《导游领队引导文明旅游规范》和《中国公民出境旅游文明行为指南》两个文件，完成预习阅读任务	1. 让学生初步了解文明旅游的基本规范和要求，为后续课程深入学习做好准备 2. 通过自主阅读和思考任务，培养学生的自主学习和思考能力，促进他们对文明旅游概念的理解和思考

课中（45分钟）

教学环节	活动内容	设计意图
案例引入	1. 播放宣传短片：播放由全国优秀领队录制的2分钟宣传短片"文明出境游为中国加分"，通过片中真实案例展示优秀领队如何引导游客文明旅游，激发学生对文明旅游的重视和兴趣 2. 介绍案例背景：介绍课程将要探讨的三个真实案例，并说明学生将在三个不同带团场景中体验文明旅游的重要性 3. 三个案例的发生地点分别为：欧洲某国的自助餐厅、美国的机场入境大厅、福冈码头的停车场。请同学们分析在上述三个不同地点，游客有哪些不文明的旅游行为？身为领队，我们该如何应对，又该如何避免不文明的旅游行为	1. 通过片中真实案例展示优秀领队如何引导游客文明旅游，激发学生对文明旅游的重视和兴趣 2. 通过案例引入，旨在让学生近距离感受文明旅游的现实挑战和重要性，引发学生关于文明旅游的思考和讨论，激发他们的参与热情和学习动力 3. 请同学们分析在三个不同案例场景中，游客究竟有哪些不文明的旅游行为？身为领队，我们该如何应对，又该如何避免不文明的旅游行为

续表

案例详情	1. 教师将详细描述三个案例的具体情境，并引导学生深入挖掘案例中所涉及的文明旅游元素。 案例一：欧洲某自助餐厅主管对中国游客。其中涉及了游客的插队、乱丢垃圾等不文明行为 案例二：美国海关入境大厅，游客拍照被禁止，反映了游客的随意拍照、大声喧哗等行为 案例三：邮轮游客在福冈码头为争抢大巴座位大打出手，突出了游客的不谦让、争抢行为等不文明现象 2. 请同学们认真聆听案例描述，并思考以下问题： （1）上述三个案例中，游客存在哪些不文明旅游行为？ （2）身为领队，我们该如何应对这些不文明行为？ （3）如何避免自己在带领团队旅游过程中出现不文明行为？	1. 通过三个案例的分析，引导学生认识到领队在宣传和引导文明旅游中的关键作用，帮助他们意识到推动文明旅游的重要性，从而树立正确的旅游观念和行为准则 2. 提高学生的文化素养和社交礼仪，通过案例的呈现，让学生深入了解不同文化背景下的行为规范和礼仪，培养他们的跨文化意识和尊重多元文化的能力，同时有助于树立正确的价值观和世界观 3. 帮助学生认识到维护国家形象和民族尊严的重要性，通过案例展示不文明行为对国家形象的负面影响，引导学生意识到个人行为的影响力，并培养他们为维护国家形象贡献力量的意识 4. 拓展学生的国际视野，培养他们尊重文化差异、风俗差异、法律差异的能力，通过案例让学生了解不同国家的文化和法规，提高他们的跨文化交流能力，从而促进国际的和谐互动和沟通
案例讨论	在学生对案例有了基本了解后，组织小组围绕以下问题展开深入讨论： 案例一：餐厅主管为何对中国游客"发火"？领队如何避免用餐中的不文明行为，以减少与餐厅主管的冲突？领队如何引导游客在餐厅文明用餐？ 案例二：为什么过海关时不能拍照录像？领队在海关过程中的责任是什么？如何正确、有效地向游客传达海关规定，避免因误解或违反规定而引发冲突？ 案例三：游客为何争抢座位？领队如何应对类似矛盾，解决冲突？领队在旅游过程中如何有效预防游客间因座位问题引发的争执？ 同时，讨论领队如何提前预防和妥善处理类似矛盾，以提升游客的旅游体验	1. 教师可以根据学生的讨论情况，给予必要的指导和提示，引导学生深入思考和探讨问题的本质 2. 在小组讨论的基础上，教师可以组织学生进行全班汇报和总结。学生可以分享自己对于案例的看法、认识和思考，以及在讨论中获得的认识和启示 3. 教师对学生的讨论情况进行点评和总结，帮助学生更好地理解和掌握文明旅游的内涵和要求

续表

案例升华	1. 角色扮演：在角色扮演活动中，可以让学生们选择不同的角色，如领队、游客、当地居民等，通过模拟不同的情境，还原三个案例的现场，让学生们亲自体验和实践如何在不同情况下引导文明旅游。教师在旁边观察并进行指导，引导学生思考和反思他们的行为是否合适，以及如何改进 2. 知识拓展：在介绍文明旅游的基本常识和技巧时，教师可以结合当前的社会热点和实际案例，让学生了解文明旅游在现实生活中的重要性。同时，可以邀请一些具有实际经验的导游或领队来分享他们的经验和故事，让学生在实践中学习和成长 3. 课程思政的呈现：通过以上的内容设计，教师可以将《做境外文明旅游的宣传者》这一节课程思政建设得更加生动有趣。在教学过程中，教师可以引导学生思考文明旅游的核心价值，如尊重当地文化、保护环境、关爱他人等，并鼓励学生在现实生活中积极践行这些价值观	1. 强化学生的实践能力：通过角色扮演活动，让学生模拟实际情境，亲自体验和实践文明旅游的引导技巧，提高他们在实际工作中解决问题的能力 2. 增强课程的趣味性和互动性：通过角色扮演、案例分析和讨论等方式，使课程内容更加生动有趣，提高学生的参与度和学习兴趣 3. 提升学生的跨文化交流能力：通过介绍文明旅游的基本常识和技巧，以及文明旅游引导的基本要求和具体做法，帮助学生更好地理解不同文化的差异，提高他们在跨文化环境中的沟通和交流能力 4. 培养学生的社会责任感和职业道德：通过案例分析和讨论，引导学生思考文明旅游的核心价值，如尊重当地文化、保护环境、关爱他人等，培养他们的社会责任感和职业道德 5. 培养学生的团队协作和沟通能力：通过小组合作和分享，促进学生之间的交流和合作，提高他们的团队协作和沟通能力
	课后（20分钟）	
复习巩固	1. 请学生在"课堂派"课程教学平台的"话题"板块，留下关于领队引导游客文明旅游的学习心得 2. 请各小组选择一个感兴趣的境外目的地（如泰国），两周内完成一份文明旅游须知，题目自拟，比如"泰国文明旅游小贴士"，两周后在课堂上，请每组上台分享3~5分钟	1. 培养学生听课后做复习与反思的学习习惯。在"话题"板块留言，教师也能进行回复，达到良好的课后师生互动的学习交流效果 2. 培养团队协作和沟通能力：各小组选择一个境外目的地，制作文明旅游须知，并在课堂上分享。这个过程将促进小组成员之间的协作和沟通，共同解决问题，提升团队效率 3. 进一步帮助学生树立文明旅游宣传者的意识 4. 通过研究一个具体的境外目的地，学生可以更深入地了解当地的文化禁忌，培养跨文化交流的意识

续表

	教学反思
实施成效	一、案例效果概述 1. 深入挖掘文明旅游的内涵和意义。通过具体案例教学，学生深入了解文明旅游的内涵，如遵守规章制度、尊重当地文化、保护环境等，并通过实际案例体验到文明旅游的重要性和影响力 2. 培养学生的情感认知和积极价值观。案例分析引发学生情感共鸣，培养了他们对文明旅游的认知和积极向上的价值观，激发了他们对文明旅游重要性的理解和认同 3. 提高学生的领队业务能力和综合素质。通过案例教学，学生在实际操作中提升了领队业务能力，沟通技巧和组织能力得到锻炼，有助于未来工作中更好地履行领队职责，从而达到提高综合素质的目的 二、学生评价与反馈 1. 学生认可案例深入挖掘课程思政元素。学生对案例的选择和内容表示满意，认为案例教学充分体现了文明旅游的核心价值和重要性，加深了他们对领队承担文明旅游引领者的认识和理解 2. 学生感悟实践中以学生为中心的课程设计理念。学生表示通过案例分析，其领导业务能力和综合素质得到了提升，体验到以学生为中心的学习模式，感受到了更加个性化和有趣的教学方式 3. 学生反馈数据支持课程思政成效。学生认为通过案例教学，深入了解并实践文明旅游的要求，有助于在职业发展中更好地引导游客文明旅游，形成了行为数据来支撑课程思政的成效
问题与改进	1. 课堂讨论时间不够充分。在课堂讨论环节，由于时间限制，一些学生可能没有充分的时间发表自己的看法和建议，影响了他们的参与度和积极性。未来我们应该更加合理地安排课堂时间，确保每个学生都有足够的发言时间 2. 缺乏实践环节。由于学生的行业实践环节参与度相对较少，可能影响学生对文明旅游宣传的实际操作能力。未来我们应该适当增加实践环节，让学生有机会亲身参与到文明旅游的宣传实践中 未来，我们将更加注重案例讨论的时间安排，并适当增加实践环节，甚至邀请行业优秀领队走进课堂，与学生分享"文明旅游引领者"的心得，以更好地实现本课程的教学目标

课程负责人：沈莉

日期：2024 年 4 月 14 日

心如花木　向阳而生
《全国导游基础》课程思政典型教学案例

课程负责人：王桂霞

一、课程基本情况

课程名称	《全国导游基础》		
课程性质	☐专业基础课程　☑专业核心课程 ☐专业拓展课程　☐实践类课程		
学　时	72	学　分	4
授课对象	一年级第二学期	授课专业	旅游管理专业
课程负责人	王桂霞	团队成员	左宏琴、郁琦、李明、陈晓莉、孙冬敏、郭煲

二、教学案例

1. 案例主题

通过"心如花木"主题解析，引导学生追求"向阳而生 逐光前行"的精神境界。

2. 出自教学章节

项目四：诗意栖居之中国园林艺术

第二节：中国古典园林常识

知识点：花木营造

3. 案例选择与育人内涵

《全国导游基础》是旅游管理专业核心课程。课程主要目标是为学生从事旅游工作奠定知识、技能和文化素养基础，树立深度学习理念，理实一体、学中教、践中悟,将"社会主义核心价值观"融入教学,达到"以旅彰文 以文塑人"的育人目标。

课程依据人才培养方案,将导游工作岗位任务转化为课堂教学,以"岗位需要易懂够用、岗课赛证融合发展"为原则,将内容重构优化为8大教学项目,32个支撑任务。本案例选自"项目四诗意栖居之中国园林艺术"项目中的"花木营造"。

花木营造是课程重点内容之一,是中国园林景观的重要组成要素。通过学习,让学生掌握园林构景中植物的形态、色彩、香味、品格,体会园林花木营造意境;使得学生能塑造品格意识、充实植物景观知识、磨炼身心健康、培育美学素养、提升交流能力,从而提高岗位职业素养。

通过情境模拟,树立良好的服务意识、爱岗敬业的职业态度、团结协作的职业精神;通过解析诗词里的花草树木,引导学生领悟诗词里的革命精神,坚定学生对中国革命红色历史的传承意识和弘扬精神,树立"大历史观";通过"心如花木"主题讲解竞赛,引导学生追求"向阳而生 逐光前行"的精神境界;通过培育学生园林审美意识、筑园匠心精神实现五育融合目标。

4. 案例内容与设计

(1)案例引入

通过播放视频,引入扬州个园中竹子的运用:主人因为喜爱竹,而竹形似汉字"个",特以此为名,足见主人对竹子的热爱与追捧。扬州的个园运用了大量的竹来布景,竹林幽深,四季常青。竹是一首无字的诗,令人沉醉其中。

(2)案例详情

①花木选择标准:引入个园之竹子、古猗园之梅花,开始讲解园林中常见花木的选择标准,如姿态之美(从树冠、树枝、树皮、树叶等都追求自然优美)、颜色之美(比如红色的枫叶、青翠的竹叶、紫色的紫薇、白色的广玉兰等)、芬芳之香(古典园林追求四季常有绿,月月有花香,其中以蜡梅最为淡雅、兰花最为清幽)、象征之意(如竹子象征人品清逸,松柏象征坚强长寿,莲花象征洁净无瑕,兰花象征幽居隐士,牡丹象征荣华富贵,石榴意味多子多孙等),之后拓展到岁寒三友、植物四君子等知识。

②强调象征意义:托物可言志,花木能移情。引入历史上歌咏花木的文

学作品，并举例毛泽东的《卜算子·咏梅》，解析诗词创作的背景，指出诗人刻画的梅花形象富含深刻的政治寓意，同时也写出诗人面对困难泰然自若、慷慨豪迈、自信自强的积极心态；强调梅花不畏严寒，傲霜斗雪的精神以及清雅高洁的形象，正是中华民族的精神象征。接着引入上海豫园玉华堂前的白玉兰，要求学生模拟讲解市花白玉兰的前世今生，指出白玉兰盛开时节、花朵特征；并指出白玉兰作为上海市花，象征着开路先锋、朝气蓬勃、奋发向上的进取精神。

③学生模拟软件操作：要求同学们分组运用模拟导游软件，以"心如花木"为主题，查找并解析园林里的花草树木，领悟花木里的人文精神，追求"向阳而生 逐光前行"的精神境界。

（3）案例讨论

①讨论花木的选择标准，包括姿态之美、颜色之美、芬芳之香和象征之意。学生可以分享自己对于这些标准的理解和感受。比较不同花木的特点，例如竹子、梅花、蜡梅、兰花等，了解它们各自的美学和象征意义。

②讨论文学作品中花木的象征意义，如《卜算子·咏梅》中的梅花象征的政治寓意。学生可以分享其他文学作品中花木的象征意义，以及这些象征意义在文学中的体现。探讨白玉兰作为上海市花的象征意义，以及它如何反映城市的精神特质。

③探讨模拟导游软件操作如何帮助学生更好地理解和感受花木的美和文化内涵，以及它们如何激发"向阳而生 逐光前行"的精神境界。

④讨论中国古典园林与文化传承之间的关系。如何通过园林中的花木、景观和诗词来传递文化价值和历史情感？思考如何将古典园林文化传承给后人，以及它对于当代社会的启示和影响。

⑤探讨不同地区的园林文化，如江南园林、北方园林、岭南园林里的花木配置是如何反映地方的文化特色和历史背景的。

（4）案例升华

①强调美与人文的融合：认识到花木选择标准不仅是美的体现，更承载了文化的深厚内涵，其美是对生活、品德和文化的尊崇。

②思考文学作品的启发：可以从文学作品的角度出发，思考文学如何启迪我们更深刻地理解花木之美，这些文学作品通过花木表达情感、价值观和

社会意义，是人类智慧的结晶，对我们的思考和行为产生深远影响。

③领悟园林花木的意义：花木不仅是美的象征，更是文化符号的承载者。每一种花木都传递着一种价值观、情感或思想，这些象征意义超越了花木本身，还反映了人类文化和历史的丰富内涵。

④感悟古典园林的价值：它们不仅是供人赏心悦目的场所，还传递了社会和人文价值观。这些园林反映了人们对生活、道德和文化的理解，对社会和文化发展产生着深刻影响。

通过以上升华，可以帮助学生更好地理解和欣赏花木、园林和文化的深度，培养他们对美和文化的敏感性，以及对社会和自然的关怀。这种综合性的思考也有助于学生更好地理解课程中的各种知识点，并将其融入自己的生活和学习中。

5. 案例特色与反思

该案例是关于古典园林、花木选择标准、花木象征意义、文学作品启发以及学生模拟软件操作的教学案例。旨在培养学生的跨学科思维、审美意识、文化理解能力以及信息技术应用技能。在实际的教学过程中，既有优点，也存在挑战。

（1）优点

跨学科教学：此案例将多个学科领域融合在一起，从古典园林到文学作品，再到现代信息技术，为学生提供了一个综合性的学习体验。这种跨学科的教学方法有助于学生建立更全面的知识体系，培养出更具综合素养的人才。

兴趣引导：案例中引入了文学作品和模拟软件操作，这有助于激发学生的兴趣。通过文学作品的赏析和模拟软件的实际操作，学生更容易沉浸在学习的氛围中，变得更加主动和投入。

文化传承：案例强调了中国古典园林的文化价值和传承，有助于培养学生对传统文化的尊重和理解。学生不仅学习了古典园林的美学，还了解了其中蕴含的深刻文化内涵。

思辨与分析能力培养：通过讨论花木的象征意义和文学作品的背景，该案例有助于培养学生的批判性思维和分析能力。鼓励学生思考文化、艺术和社会的关系，将对他们的思维方式和解决问题的能力产生积极影响。

（2）不足与挑战

复杂度：案例内容较为复杂，需要学生在不同领域之间建立联系。个别学生可能会感到困惑或不知从何入手，因为他们需要同时理解园林学、文学以及信息技术的知识。

知识传授：案例中涉及了大量的知识点，需要较长时间来深入学习和理解相关概念。可能会对教学进度造成一定的压力，特别是在时间有限的情况下。

软件操作难度：尽管模拟软件操作有助于实际应用，但学生面临技术和设备数量限制，以分组互助学习形式来解决难题。

学生个体差异：不同学生对文学作品和花木的兴趣和理解程度存在差异。部分学生可能对文学作品更感兴趣，而另一些学生可能更关注花木的审美特点。这种差异可能导致学习进度不同步。

总体来说，该案例在跨学科教学、激发兴趣、文化传承和思辨能力培养方面具有明显优点。但教师在实施时需要根据学生的背景和能力进行适度的调整，确保学生能够充分理解和参与到案例学习中。同时，教师还需关注案例复杂度和知识传授的平衡，以确保教学效果最大化。在解决软件操作难度方面，软件公司可以提供适当的技术支持和培训，确保学生能够充分利用模拟软件进行学习。

6. 案例效果与反馈

（1）教学过程中的效果与反馈

认知提升：在教学过程中，学生对古典园林、花木选择标准、象征意义等方面的认知得到了显著提升。他们通过讨论和研究案例中的文学作品和园林景观，深入理解了文化内涵和美学价值。

兴趣激发：案例中引入了文学作品和模拟软件操作，这有助于激发学生的兴趣。学生在学习过程中表现出高度的投入和积极性，他们对文学作品的赏析和模拟软件的操作产生浓厚兴趣。

思辨能力培养：教学中鼓励学生思考文化、艺术和社会的关系，培养了他们的批判性思维和分析能力。学生通过讨论花木的象征意义和文学作品产生的背景，能够深入思考不同层次的含义。

积极参与：学生在讨论中表现出积极参与的态度，愿意分享见解，与同学进行深入讨论，这有助于建立积极的学习氛围。

(2)教学结束后的效果与反馈

知识积累：教学结束后，学生在古典园林、文学、文化等领域积累了丰富的知识。他们能够对不同花木的选择标准、文学作品的背景和花木的象征意义有更深刻的理解。

情感体验：学生在学习过程中培养了对古典园林和文学的深厚情感。他们能够欣赏和理解古典园林中不同花木的美，同时也能够通过文学作品感受其中蕴含的情感和价值观。

价值观塑造：学生学会了尊重传统文化、欣赏美的重要性，并对文化传承和自然环境有更深刻的关注。

综合素养：学生在案例教学中培养了跨学科的综合素养。他们能够将不同学科领域的知识和技能相互融合，更好地理解和解决现实问题。

总体来说，该思政案例教学取得了显著的效果。学生的认知水平得到提升，兴趣得到激发，思辨能力得到培养，能积极参与讨论。在教学结束后，学生积累了知识，培养了情感，塑造了价值观，提高了综合素养。这些效果得到了学生们的积极反馈，他们认为这种跨学科的教学方法丰富了他们的学习体验，使他们更全面地理解了文化与自然的关系，增强了对传统文化的尊重，同时也为未来的学习和生活提供了有益的启示。

三、教学理念与思路

《全国导游基础》课程秉持融合教学理念、技能导向理念和需求导向理念，培养学生知识横向扩展能力、大脑深度思考能力、信息技术熟练运用能力，充分体现以学生为主体、教师为主导的教学过程。

1. 课程设计理念

（1）立足线上线下的融合教学理念

依托学银在线教学平台，构建立体化优质课程资源体系，包括文档、图片、课件、音频、视频、动画等；以虚拟仿真教学系统、模拟导游软件系统、移动直播系统为智能教学手段构建超媒体、交互式、智能化学习方式；为师生提供丰富多样的教与学资源，提高师生共同学习兴趣。

（2）符合职业要求的技能导向理念

教学中重视培养学生综合职业素养。通过课堂实训、现场实训、"醉美家乡"讲解大赛、"即兴演讲"等环节，培养学生专业技能和综合素质能力；结合"导游服务"大赛、"导游职业资格考证""定制旅行管家服务证书"等要求，推进"岗课赛证"互融互通。

（3）顺应岗位发展的需求导向理念

旅游从业者被称为"民间大使"，"祖国江山美不美全靠导游一张嘴"，其对于人与人之间、不同民族之间、各国家地区之间的文化交流有着至关重要的引导作用。掌握中华民族上下五千年的灿烂文明成果对于学生理解中华文明、增强文化自觉、坚定文化自信、讲好中国故事、建设文化强国具有重要意义。本课程即根据岗位需求重构为八个专题式中华文化知识，培养一批善于传播中华优秀文化的旅游从业者，沟通世界，发出中国声音，讲好中国故事，不断提高中华文化感召力和中国形象亲和力。

2. 课程设计思路

《全国导游基础》课程将打破传统的以知识传授为主要特征的课程教学体系，转变为以行业岗位职责需求为依据，整合相关教学内容，突出实用性和针对性，注重知识了解、掌握、运用的广度，培养学生的知识横向扩展能力、大脑深度思考能力、信息技术熟练运用能力，充分体现以学生为本的"教学做"三合一的旅游管理专业特色核心课程。课程在内容选择上遵循三大原则，其一是力求浅显易懂，以能用够用为准，删减以往的陈旧繁冗理论，将导游工作中常用到的基础知识作为重点讲解的内容，能够实现学以致用，学以备用、用以促学、学用相长。其二是重视职业素养的培养，力求贴近行业实际，以企业相关岗位工作内容需要为参考选取教学内容。其三是"岗证赛课"融合发展，兼顾全国导游人员职业能力资格证书、定制旅行管家服务证书、研学旅行指导师证书、星光计划导游服务大赛要求以及全国职业院校技能大赛导游服务赛项要求，将职业资格考证内容与比赛内容引入课程中，搭建学生实践锻炼舞台，锻炼学生的动嘴、动手能力，开阔学生的视野。

课程学习项目设计要求学以够用、用以促学、学用相长。学以够用即以够用的理论知识为基础、浅显易懂、能够支撑学生现场导游的内容实训为准；用以促学以"导游服务"大赛、"醉美家乡"宣传讲解大赛、"旅游策划"大赛为实训依托，让学生在实践锻炼中利用所学理论知识，或者在实践锻炼的过程中倒逼学生去学习理论知识，这样的学习更有针对性、更有效；学用相长即理论与实践相结合，学为用，用要学，实现螺旋式上升，最终实现理论知识的升华、实践技能的掌握、职业素养的养成。

四、内容形式

本课程依据人才培养方案，结合岗位群分析，将导游工作的岗位任务转化为课堂教学内容。以"岗位需要易懂够用、岗课赛证融合发展"为原则、以"导游服务"大赛、"醉美家乡"宣传讲解大赛、红色旅游策划大赛为依托，将内容重构优化为 8 大教学项目，即博古通今之中国历史文化、诗与远方之中国文学知识、广厦万间之中国建筑艺术、诗意栖居之中国园林艺术、舌尖五味之中国饮食文化、巧夺天工之中国传统工艺美术、心灵殿堂之中华民族与宗教、万水千山之中国旅游景观，共 32 个支撑任务，每个项目设置知识目标（了解、熟悉、掌握）、技能目标（运用、提升、锻炼）、育人目标（以文化人、以事励人、以岗炼人）等。（见表 1、表 2）。

表 1　教学内容的组织与安排

学习项目		教学内容	学时	思政元素及融入途径	理论学时	实践学时
名称	任务					
项目 1 博古通今（中国历史文化）	1.1 中国历史纵览	1. 了解中国发展历史演变阶段 2. 熟悉朝代更替转折点及重要历史事件 3. 掌握近代中国共产党发展史中的重要节点和事件	10	【思政元素】：爱国 【融入途径】：通过介绍电影《建党伟业》，引导学生树立大历史观、大时代观，增强家国情怀	8	2
	1.2 中国古代重要制度与文化	1. 了解中国古代重要的哲学、史学 2. 熟悉中国古代选官制度 3. 掌握古代儒家思想核心和科举考试制度		【思政元素】：友善 【融入途径】：通过孔子"仁"的故事，引导学生领悟儒家思想核心，培养友善意识		

续表

学习项目		教学内容	学时	思政元素及融入途径	理论学时	实践学时
名称	任务					
项目1 博古通今 （中国历史文化）	1.3 中国古代重大科技成就	1.了解古代天文学、中医药等成就 2.熟悉简单的中医药配伍常识以及出入境对中医药材的规定 3.掌握都江堰等水利工程在现当代农业中的运用	8	【思政元素】：敬业 【融入途径】：通过都江堰历经千年仍旧发挥作用的案例，引导学生学习李冰的敬业精神，做优秀从业者	8	2
	1.4 中国古代文化常识	1.了解古今称谓（姓氏名字号）常识 2.熟悉年号纪年、干支纪年法 3.掌握非遗"二十四节气"在农业生产中的运用		【思政元素】：法治 【融入途径】：通过"网名""匿名"现象，引导学生树立正确的网络法治观念，共同维护和谐网络环境		
项目2 诗与远方 （中国文学知识）	2.1 汉字的起源	1.了解契刻记事、结绳记事的历史 2.熟悉甲骨文的起源 3.掌握汉字演变历程	6	【思政元素】：文明 【融入途径】：通过"埃及神庙丁锦昊到此一游事件"，引导学生要善于劝导游客文明旅游	4	2
	2.2 中国文学史纵览	1.了解不同朝代最突出文学成就 2.熟悉有代表性的名家名作 3.掌握典型的"景以文名"案例		【思政元素】：文化自信 【融入途径】：以范仲淹"醉翁亭"故事，引导学生赏析文学名篇，增强文化自信		
	2.3 文学常识	1.了解诗体流变历程 2.熟悉诗词格律常识 3.掌握对联特点		【思政元素】：文化自信 【融入途径】：通过"长联无双大观楼"，引导学生掌握璀璨的文学史，树立文化自信		
	2.4 代表作赏析	1.了解旅游景点相关的名篇名作 2.熟悉红色旅游景点的文学作品 3.掌握革命诗人的代表性作品		【思政元素】：爱国 【融入途径】：以毛泽东《浪淘沙·北戴河》为例，引导学生领悟诗词中的革命精神，激发爱国情怀		

续表

学习项目		教学内容	学时	思政元素及融入途径	理论学时	实践学时
名称	任务					
项目3 广厦万间（中国建筑艺术）	3.1 中国建筑艺术概述	1. 了解中国古建筑发展简史 2. 熟悉传统思想在古建筑中的体现 3. 掌握"抬梁式""穿斗式""井干式"三种木构架结构	10	【思政元素】：工匠精神 【融入途径】：以"悬空寺"为例，引导学生领悟古建筑奇巧的结构之美，激发学生精益求精的技能成才意识	7	3
	3.2 中国古建筑常识	1. 了解古代建筑等级规定 2. 熟悉古建筑组成构建 3. 掌握屋顶、彩画、面阔等知识		【思政元素】：工匠精神 【融入途径】：以"阁坚强"为例，引导学生领悟雕梁画栋的工匠精神，激发学生精益求精的技能成才意识		
	3.3 中国古建筑遗存	1. 了解遗存至今的古建筑类型 2. 熟悉宫殿的布局原则 3. 理解并掌握宫廷陈设物的文化内涵		【思政元素】：文化自信 【融入途径】：通过解析"以中为尊"的文化基因，引导学生汲取古人智慧，传承优秀传统文化		
	3.4 近现代建筑特点及举要	1. 了解近现代建筑的特点 2. 熟悉中西方建筑不同点 3. 掌握重大建筑工程举要，如鸟巢、港珠澳大桥、上海中心等		【思政元素】：制度自信 【融入途径】：从"港珠澳大桥"看"一国两制"的伟大创举，引导学生同心协力共创新局面，坚定制度自信		
项目4 诗意栖居（中国园林艺术）	4.1 中国古典园林概述	1. 了解中国古典园林发展简史 2. 理解中国古典园林特征 3. 掌握中国古典园林分类	10	【思政元素】：和谐 【融入途径】：通过白居易"中隐"的案例，引导学生理解古园林"天人合一 顺应自然"的理念，激发学生保护环境，构建人与自然和谐共生、人与人融洽共处的社会	7	3

续表

学习项目 名称	学习项目 任务	教学内容	学时	思政元素及融入途径	理论学时	实践学时
项目4 诗意栖居（中国园林艺术）	4.2 中国古典园林常识	1.了解古典园林的八大组成要素 2.熟悉理水、植物、建筑要素 3.掌握重要构景手法	10	【思政元素】：文化自信 【融入途径】：通过解析园林建筑中的"圆"基因，引导学生汲取古人智慧，立志弘扬优秀传统文化	7	3
	4.3 中国古典园林遗存	1.了解全国园林总体分布 2.熟悉私家园林与皇家园林分布 3.掌握代表性园林概况		【思政元素】：劳动精神 【融入途径】：通过张南阳掇山叠石的故事，引导学生领悟园林造景巧夺天工的精髓，激发学生精益求精的技能成才意识		
	4.4 现代园林特点及举要	1.了解现代园林根本目标 2.理解现代园林的特点 3.熟悉典型现代园林举要		【思政元素】：和谐 【融入途径】：以上海大型公共绿地为例，引导学生保护环境的意识，构建人与自然命运共同体		
项目5 舌尖五味（中国饮食文化）	5.1 中国四大菜系	1.了解中国饮食主要流派 2.熟悉四大菜系的主要特点 3.掌握四大菜系代表菜	10	【思政元素】：文明 【融入途径】：通过"光盘行动计划"，引导学生领悟"粮"言金句"民以食为天，中国饭碗装中国粮食"	8	2
	5.2 特色风味菜	1.了解不同风味菜的特征 2.熟悉不同风味菜的代表菜 3.掌握江湖菜的代表菜		【思政元素】：文明 【融入途径】：通过"分餐分食制""公勺公筷制"，引导学生了解饮食文化新变革，倡导学生形成安全用餐、健康用餐的文明用餐礼仪		
	5.3 名茶与名酒	1.了解茶与酒的分类 2.熟悉六大茶类的制作工艺 3.掌握代表性茶叶知识		【思政元素】：文化自信 【融入途径】：由"国际茶日"的设立，引导学生感知茶文化，激发向世界宣传和弘扬茶文化的意识		

续表

学习项目名称	任务	教学内容	学时	思政元素及融入途径	理论学时	实践学时
项目6 巧夺天工（中国传统工艺美术）	6.1 中国陶瓷	1.了解中国陶瓷发展简史 2.熟悉名特陶瓷器产地 3.掌握瓷都、陶都的产品特征	8	【思政元素】：创新意识 【融入途径】：通过陶瓷在高科技领域的运用案例，培养学生"守正不守旧，尊古不复古"的创新意识	6	2
	6.2 四大刺绣	1.了解中国刺绣发展简史 2.熟悉中国刺绣主要流派 3.掌握四大刺绣的代表性作品		【思政元素】：创新意识 【融入途径】：通过"国潮刺绣"案例，引导学生欣赏"针尖上的国粹"，创新传承优秀传统文化		
	6.3 漆器、玉器和景泰蓝	1.了解雕刻技艺的手法 2.熟悉漆器玉器的重要产地 3.熟悉景泰蓝的工艺流程		【思政元素】：文化自信 【融入途径】：通过"景泰蓝"工艺纪录片，引导学生欣赏景泰蓝之美，培育学生审美意识，增强文化自信		
	6.4 文房四宝、年画、剪纸和风筝	1.了解四大木版年画的产地 2.熟悉剪纸的用途 3.掌握文房四宝之首的特点		【思政元素】：创新意识 【融入途径】：以"传统与国潮齐飞 文房四宝俘获新青年"新闻为例，引导学生开拓思维，培养创新意识		
项目7 心灵殿堂（中华民族与宗教）	7.1 中华民族概况	1.了解中华民族与宗教概况 2.熟悉民族与宗教的基本政策 3.掌握汉族的六大节庆民俗	10	【思政元素】：平等 【融入途径】：通过"铸牢中华民族共同体意识"新闻，引导学生理解各我国民族的政策，树立民族团结与平等意识	8	2
	7.2 慈悲为怀之佛教	1.了解佛教的发展与传播简史 2.熟悉佛教常用礼仪与称谓 3.掌握佛教四大名山概况		【思政元素】：和谐 【融入途径】：通过"宗教信仰自由，民众和谐共处"新闻，引导学生尊重彼此信仰，各民族和谐共处		

续表

学习项目		教学内容	学时	思政元素及融入途径	理论学时	实践学时
名称	任务					
项目7 心灵殿堂 （中华民族与宗教）	7.3 符箓丹鼎之道教	1. 了解道教的发展与传播简史 2. 熟悉道教两大派别情况 3. 掌握道教名观概况	10	【思政元素】：和谐 【融入途径】：通过"自然无为，顺应天地自然变化"的教义，引导学生理解天地人和谐共处理念	8	2
	7.4 上帝创世之基督教	1. 了解基督教发展简史 2. 熟悉传入中国的历程 3. 掌握重要基督教堂举要		【思政元素】：爱国 【融入途径】：以"与党同行抗日救亡——奉天基督教青年会抗日史迹"为例，引导学生理解基督教"三自爱国运动"，树立民族团结与爱国意识		
	7.5 前定后世之伊斯兰教	1. 了解伊斯兰教的发展简史 2. 熟悉伊斯兰教主要派别 3. 掌握重要清真寺举要		【思政元素】：爱国 【融入途径】：通过视频"中阿情谊见证地——广州怀圣寺"，引导学生树立民族团结与爱国意识		
项目8 万水千山 （中国旅游景观）	8.1 层峦叠嶂之山地景	1. 了解并熟悉常见的地貌类型 2. 掌握五岳等典型山地景观举要	8	【思政元素】：富强 【融入途径】：由"两山理论"引导学生践行环保理念，加快高质量绿色发展，绿起来富起来强起来	6	2
	8.2 水光潋滟之水景	1. 了解并熟悉常见水景的分类 2. 掌握五大淡水湖等典型水景举要		【思政元素】：制度自信 【融入途径】：以"水润民心"工程为例，引导学生认识到国家对民生福祉的重视，树立制度自信		
	8.3 天赐盛景之天象景	1. 了解并熟悉常见天象景类型 2. 掌握云海、雾凇、极光、宝光等景观举要		【思政元素】：和谐 【融入途径】：通过"吉林雾凇景观"视频，引导学生认识保护旅游资源重要性，树立人与自然和谐共生意识		

续表

学习项目		教学内容	学时	思政元素及融入途径	理论学时	实践学时
名称	任务					
项目8 万水千山 （中国旅游景观）	8.4 动静皆宜 之生物景	1.了解常见动植物旅游资源 2.掌握重要动植物保护地举要	8	【思政元素】：富强 【融入途径】：通过"熊猫丫丫顺利回国"事件，引导学生认识到国家强大的重要性	6	2
合计		——	72	——	54	18

表2 实践教学内容

序号	实践项目名称	实践教学内容	实践教学目标		参考学时
			德育	技育	
1	家乡发展历史讲解	针对教师度假团型，进行模拟讲解	1.以文化人：提升学生历史文化素养，增强文化自信、民族自豪感和文化认同感 2.以事励人：培养学生维护民族团结、祖国统一的爱国主义精神 3.以岗育人：培育旅游人的责任担当意识和对旅游事业的热爱之情	1.运用：中国历史文化常识正确讲解旅游景点包含的中国传统文化内涵 2.提升：信息加工能力、文辞创作能力、表达讲解能力、策划组织能力 3.锻炼：针对教师度假团的服务能力与紧急应变能力	2
2	家乡文学名人讲解	针对亲子旅行团，进行模拟讲解	1.以文化人：引导学生品读古典诗词，畅享诗意人生 2.以事励人：弘扬民族文化精神，加强爱国主义教育，增强民族文化自信 3.以岗育人：提升文学审美素养，养成良好的导游服务意识	1.运用：旅游诗词及楹联名篇知识对相关风景名胜进行精当讲解，凸显景区文化内涵 2.提升：信息加工能力、文辞创作能力、表达讲解能力、策划组织能力 3.锻炼：针对亲子旅行团的服务能力与紧急应变能力	2
3	家乡著名建筑讲解	针对中学生研学旅行团进行模拟讲解	1.以文化人：通过学习古建筑知识，认识中国深厚的文化底蕴，增强民族自豪感 2.以事励人：感受雕梁画栋、精益求精的匠心精神，弘扬大国工匠文化 3.以岗育人：欣赏建筑之美，培育建筑美学艺术，提升学生综合素养	1.运用：彩画、屋顶、布局等知识对重要建筑遗存进行正确讲解，凸显景区文化内涵 2.提升：信息加工能力、文辞创作能力、表达讲解能力、策划组织能力 3.锻炼：针对中学生研学旅行团的服务能力与紧急应变能力	3

续表

序号	实践项目名称	实践教学内容	实践教学目标 德育	实践教学目标 技育	参考学时
4	家乡著名园林讲解	针对夕阳红老年旅行团进行模拟讲解	1. 以文化人：通过学习古园林知识，感悟园林文化底蕴，增强民族自豪感 2. 以事励人：领略古典园林之美，增强审美意识 3. 以岗育人：增强保护美好家园的责任感和使命感	1. 运用：园林构景手法、类型及特点对我国现存著名园林进行精当的讲解 2. 提升：信息加工能力、文辞创作能力、表达讲解能力、策划组织能力 3. 锻炼：针对夕阳红老年旅行团的服务能力与紧急应变能力	3
5	家乡特色美食讲解	针对华侨观光团进行模拟讲解	1. 以文化人：通过学习传统饮食文化，促进学生形成健康的饮食观念 2. 以事励人：通过光盘行动，倡导节约美德，树立大食物观 3. 以岗育人：增强传承和弘扬传统饮食文化的责任感和使命感	1. 运用：菜系特点、茶酒名品等知识进行饮食文化讲解和推介 2. 提升：信息加工能力、文辞创作能力、表达讲解能力、策划组织能力 3. 锻炼：针对华侨观光团的服务能力与紧急应变能力	2
6	家乡著名特产讲解	针对商务考察团进行模拟讲解	1. 以文化人：通过了解传统工艺美术品，增强民族凝聚力 2. 以事励人：通过非遗传承案例，倡导极致匠心、艺无止境的中华文脉精神 3. 以岗育人：理解"民族的才是世界的"，促进学生养成良好的职业道德素养	1. 运用：所学知识对陶瓷器、刺绣、文房四宝等工艺品进行讲解和推介 2. 提升：信息加工能力、文辞创作能力、表达讲解能力、策划组织能力 3. 锻炼：针对商务考察团的服务能力与紧急应变能力	2
7	家乡特色庙宇讲解	针对大学生旅行团进行模拟讲解	1. 以文化人：通过学习宗教政策，树立正确的宗教观 2. 以事励人：通过案例分析，引导学生树立铸牢中华民族共同体意识 3. 以岗育人：坚持和而不同的原则，尊重信仰差异，树立导游服务个性化意识	1. 运用：四大宗教知识对著名宗教景点进行讲解和推介 2. 提升：信息加工能力、文辞创作能力、表达讲解能力、策划组织能力 3. 锻炼：针对大学生旅行团的服务能力与紧急应变能力	2

续表

序号	实践项目名称	实践教学内容	实践教学目标		参考学时
			德育	技育	
8	家乡特色自然景观讲解	针对摄影采风团进行模拟讲解	1. 以文化人：正确理解"绿水青山就是金山银山"，践行环保理念 2. 以事励人：通过实例分享，树立保护动植物和生态环境意识 3. 以岗育人：通过讲解植物与品格的寓意，提升个人品格，培养良好的导游服务意识	1. 运用：辨识常见地貌、水体、动植物、气候气象景观并进行讲解和推介 2. 提升：信息加工能力、文辞创作能力、表达讲解能力、策划组织能力 3. 锻炼：针对摄影采风团的服务能力与紧急应变能力	2
		合计			18

五、方法手段

《全国导游基础》课程教学内容多，信息量大，与行业技能需求密切相关。随着教学软硬件设施设备的不断进步，教学团队充分利用现代富媒体教育技术手段，制作了电子教案，生动形象地展示导游人员职业所需的基础知识、技术技能及真实案例等信息，不仅提高了学生学习兴趣和听课效率，还拓展了学习的深度和广度，使学生更好地理解和掌握导游人员的职业岗位要求。

在教学过程中，教学团队运用多种教学方法丰富学生的学习体验，针对不同的学习者，满足不同类型的学习需求。（见表3）

1. 线上线下融合式教学法

采用学银在线线上平台与线下面对面授课方式相结合的教学方式。通过线上展示PPT、微课、动画等资源，线下模拟现场、闯关问答、随机选人、抢答竞猜等方式，把专业知识岗位化、直观化；利用平台实时数据分析功能，实现课程的多元评价。

2. 情境模拟教学法

利用校内数字旅游实训室，使用虚拟仿真设备与模拟导游软件，创设工作角色，进行角色认领，开展线路策划、组织、讲解词创作、互动模演等工作流程，使课堂教学与企业岗位需求无缝衔接。

3. 任务驱动法

以实践导向为出发点，将带团任务引入课堂，分解为不同的工作步骤，针对不同的游客群体，要求学生以完成项目任务为目标，分组分工、协作共享，从而完成信息应用、技能升级等多方面的教学目标，培养学生主动参与、团队协作精神以及解决实际问题的能力。

4. 头脑风暴法

针对带团中不同游客出现的意外情况和不同游客群体的服务技巧，采用头脑风暴教学法，鼓励学生自由畅谈、延迟评判、禁止批评，追求产生尽可能多的观点和解决方案，以促进问题的解决和创新。

5. 角色扮演法

通过角色扮演和模拟游客互动的方式，让学生扮演导游和游客的角色，锻炼他们的游客服务技能和应对突发情况的能力。

6. 小组合作与竞技法

将学生分成小组，让他们在协作解决问题或完成任务的同时，也引入竞争元素，例如针对某个带团任务完成情况，利用平台开展组间互评、组内匿名互评，以激发学生的竞争意识。鼓励学生在合作的同时追求更好的表现，培养团队合作、问题解决和竞争技能。

7. 现场游客互动法

从实践导向出发，在景区实训教学中，让学生在真实旅游环境中与游客互动，以提升导游和服务技能。学生扮演导游，在实际场景中运用所掌握知识与技能，与游客进行互动，义务为游客进行解说和服务，获得实时反馈并提高实际操作能力，有助于学生更好地准备面对实际工作中的挑战。

8. 翻转课堂法

在课前，教学团队利用课程平台提供静态（PPT、WORD、图片、新闻链接等）与动态（微课、动画、网络视频等）学习材料，鼓励学生在课前开展自主学习。课堂时间用于深入讨论、解答问题、进行实践活动和应用所学知识。强调以学生为主体，教师为主导的教学过程，可以提升学生主动参与意识，考验教师临场控制能力，使课堂教学更加生动、更有针对性。

9. 在线讨论法

针对实时旅游行业新闻、行业资讯、行业热点以及争议性话题，教学团队利用学银在线课程平台，实时发布不同的讨论主题，鼓励学生通过文字描述、图片展示、音频录制、视频拍摄等方式分享观点、回答问题、相互补充、相互回应，在网络虚拟环境中参与讨论和交流。可以跨越时间与空间的限制，增强不同学习群体之间的互动和合作，培养批判性思维、沟通技能和知识共享，普遍适用于不同类型的学习者。

10. 虚拟授课法

教学团队利用虚拟教育平台或腾讯会议、腾讯课堂等工具，在远程或虚拟环境中进行教学。通过网络向学生远程传授知识与技能，使用各种多媒体资源，包括演示文稿、视频、音频和实时互动工具，学生能够远程参与课程，提问问题，参与讨论和完成作业，为学生提供了更灵活的学习选择。

表3 针对不同学习者的教学方法

序号	教学方法	本校在校生	外校在校生	旅游从业者	社会学习者
1	线上线下融合式教学法	√	√		
2	情境模拟教学法	√			
3	任务驱动法		√	√	√
4	头脑风暴法				
5	角色扮演法	√	√		√
6	小组合作与竞技法				
7	现场游客互动法	√	√	√	√
8	翻转课堂法	√			
9	在线讨论法	√	√		√
10	虚拟授课法	√	√		√

六、考核评价创新

1. 依托岗位工作技能的项目内容

依据行业岗位技能需求、专业人才培养目标、课程教学目标以及课程教学标准，设计本课程教学内容，依托"导游服务"大赛、"醉美家乡"宣传讲解大赛、"旅游策划"大赛，将内容优化重构为八大项目，每个项目设计相应的实训内容，包括家乡发展历史讲解、家乡文学名人讲解、家乡著名建筑讲解、家乡著名园林讲解、家乡特色美食讲解、家乡著名特产讲解、家乡特色庙宇讲解、家乡特色自然景观讲解。针对不同的团型设计不同的讲解方式，针对不同的突发情况提供不同的应变服务。每个实训项目设置相应的实践教学目标，分别为德育（包括以文化人、以事励人、以岗育人三个方面）、技育（包括运用、提升、锻炼三个层次）。

通过以上实训内容的创新，可以厚植学生浓郁的家国情怀、孕育学生深厚的文化底蕴、培养学生灵活的应变能力和较强的职业竞争实力。

2. 依托实际工作场景的教学方式

依据校内外实训基地，将实训项目的开展融入真实的工作场景，既可以在校内实训室使用虚拟仿真系统、模拟导游软件系统、OTA旅行社运理系统、导游模拟一体机开展模拟实训，也可以在校外实训基地如广富林遗址公园、佘山国家森林公园、醉白池、松江博物馆等景区开展现场式教学，让学生提前进入职场工作环境。

通过以上教学方式的创新，可以培养学生爱岗敬业的工作态度、兢兢业业的劳动精神、细心有爱的服务意识以及高度负责的职业素养。

3. 依托校企合作共建的考核创新

在实训项目考核方面，将过程性考核贯穿实训全过程，构建多元主体评价体系，实训基地指导师、导游、现场游客共同参与，学生在实训过程中的表现通过平台/教师/学生/导游/游客五个主体进行评价。考核打分来源于五个阶段：课前任务10%，课堂表现20%，实践演练25%，课后实训作业10%，期末考试35%。

通过以上考核方式的创新，可以培养激发学生积极的学习动机、高级的社会情感、正确的社会价值观，从而成为既具独立性、批判性、创造性又有合作精神、基础扎实的优质从业者。

《全国导游基础》课程思政教学设计样例

课程负责人：王桂霞

课程名称	《全国导游基础》	学时/学分	72学时/4学分
课程性质	☐专业基础课程 ☑专业核心课程 ☐专业拓展课程 ☐实践类课程	授课对象及专业	一年级学生 旅游管理专业
对应章节内容	项目四：诗意栖居之中国园林艺术 第二节：中国古典园林常识 知识点：花木营造		
教学内容	《全国导游基础》是旅游管理专业的核心课程，也是全国导游资格证考试科目之一。课程依据人才培养方案，将导游工作的岗位任务转化为课堂教学，以"岗位需要易懂够用、岗课赛证融合发展"为原则，将内容重构优化为8大教学项目，32个支撑任务。本案例选自"项目四诗意栖居之中国园林艺术"项目中的"中国古典园林常识之花木营造"。 花木营造是课程重点内容之一，是中国园林景观的重要组成要素。通过学习，让学生掌握园林构景中植物的形态、色彩、香味、品格，体会园林花木营造意境；使得学生能塑造品格意识、充实植物景观知识、磨炼身心健康、培育美学素养、提升交流能力，从而铺垫岗位职业素养		
学情分析	知识基础：学生有专业基础知识，对园林花木的基本配置有一定的了解 能力水平：学生对园林植物的意境有所了解，具备一定的信息加工能力和撰写能力，能根据材料创作导游词，但深度不够、意境不足，缺乏文化内涵 行为特征：作为互联网原住民，学生擅长使用手机端等各类App获取终端信息，对园林花木很感兴趣，可以分辨大部分常规植物		
教学目标	【知识目标】 1.掌握园林常用花木的类型、姿态、色彩、香气、象征意义 2.掌握园林常用花木的文化内涵及所体现的人文精神 3.掌握园林花木与建筑、山水之间的关系		

续表

教学目标	【能力目标】 1. 提升园林花木信息加工能力、导游词创作能力 2. 提升园林花木讲解的语言表达能力 3. 提升针对青少年学生团型的服务水平与紧急应变能力 【素养目标】 1. 通过模拟实战，树立学生良好的服务意识、爱岗敬业的职业态度、团结协作的职业精神 2. 通过解析诗词中的花草树木，引导学生领悟诗词里的革命精神，坚定学生对中国革命红色历史的传承意识和弘扬精神，树立"大历史观" 【思政育人目标】 1. 通过"心如花木"讲解大赛，引导学生追求"向阳而生 逐光前行"的精神境界 2. 通过园林审美意识、筑园匠心精神的学习实现五育融合目标
教学重点、难点	教学重点：理解花木营造的文化内涵，掌握花木营造的导游词创作 教学难点：掌握花木营造的讲解技巧
课程思政设计	课程思政元素：文化自信 劳动精神 审美意识 融入知识点： 中国园林中常见花木的类型、姿态、色彩、香气、象征意义

教学过程

课前（90分钟）

教学环节	活动内容	设计意图
资讯 （课前解惑） 90分钟	教师活动：课前布置 1. 发布课前任务单 教师在学银在线平台发布任务，要求预习平台PPT课件、视频、微课等内容 2. 发布"心如花木"比赛规则与评价标准：学生组队自选相关园林花木进行导游词创作并准备课堂讲解对抗 学生活动：自主学习 预设预演 1. 门户资源学习：学生根据任务进入课程门户自主预习PPT、微课、动画、视频等课程资源 2. 模拟导览预演：选定相关园林花木进行导游词创作，在模拟导游实训室进行课前预演	知识解惑 1. 通过搭建网络课程门户，培养学生自主学习的能力，提高预习效果 2. 通过多媒体平台提供视频、微课、动画、PPT课件等多样化教学资源，触发学生兴趣，提高预习效果，保证课堂效率

续表

课中（45分钟）		
教学环节	活动内容	设计意图
决策 （课中 渗透） 5分钟	教师活动：预习检测 1. 讲解对抗的小组对讲解内容进行分享展示 2. 指出讲解中存在的问题，进行知识解构 学生活动：实例分享 自学心得 1. 觅景园林、实例分享：讲解对抗的学生分组寻找花木实例，上传导游词到学银在线 2. 头脑风暴、修饰完善：进一步对创作方案进行修改、完善并分享	预习反馈 教师根据学生预习反馈精准把握学生导游词撰写薄弱环节
计划 （课中 渗透） 15分钟	教师活动：文化解析 要点提示 1. 启发式引导学生寻找园林花木造景 2. 讲解花木的功能、文化意境与内涵 3. 结合《卜算子·咏梅》《青松》等诗词进行拓展 学生活动：花木移情 文化解码 1. 托物言志：学生通过了解梅兰竹菊、松柏、牡丹、荷花、紫藤等花木景观，加深对于知识讲解部分的印象 2. 知识迁移：师生提问互动，对知识点查漏补缺，进行花木移情知识解读，领悟诗词中的精神意志 3. 丰富方案：学生充实并润色小组任务解决方案	知识渗透 通过园林中不同花卉、树木体现的人文精神，进行革命诗词拓展，升华对花木移情、托物言志的革命精神的领悟
实施 （课中 渗透） 20分钟	教师活动：教师指导 模拟感知 1. 学生在导模室虚拟仿真教学平台模拟讲解梅兰竹菊、松柏、牡丹、荷花、紫藤等花木景观 2. 引导学生在导览讲解的同时，学会如何对青少年学生团进行规范服务，强调服务注意事项等 学生活动：虚拟现场 技能实战 1. 学生讲解园林中重要花木造景的方法、内涵及象征意义 2. 规范与应急：针对青少年学生团型，进行导游词创作 3. 每组学生讲解完，其他学生在学银在线评分，得出学生评分	技能锻炼 学生完善导游词后进行讲解，进一步对花木营造项目的重点和难点进行消化吸收，起到巩固知识与技能要点的作用

续表

检查 （课中 渗透） 5分钟	教师活动：实训总结 校企共评 1. 教师对花木知识点总结回顾 2. 学银在线发布抢答、随堂练习、主题讨论活动，检查学生知识点掌握情况 3. 指导学生操作模拟导游软件，熟悉景点路线 学生活动：整理要点 汲取经验 1. 整理要点：学生整理吸收知识与技能要点 2. 知识抢答：完成平台抢答、主题讨论等环节 3. 学生操作模拟导游软件	回顾凝练 1. 对知识点进行总结回顾，以达到提高吸收的目的 2. 操作模拟导游软件，增强课程的趣味性和互动参与性，有利于学生巩固所学知识
课后（60分钟）		
评价 （课后 内化） 60分钟	教师活动：项目评价 凝练升华 1. 教师进行讲解评价，指出优缺点 2. 企业人员课后完成学银在线评价 3. 作业发布提交材料，完成课程平台习题 4. 作品分享促进思考，评出优秀讲解视频并发布 5. 任务发布新课预习 （1）发布课前任务单 （2）明确预习要求 学生活动：巩固提高 入脑入心 1. 提交作品：将小组作品上传至平台 2. 巩固内化：完成项目习题 3. 观摩优秀：观看优秀小组的讲解视频 4. 领奖感言：表达传承与弘扬革命精神的决心，树立"大历史观" 5. 继续预习：学生完成预习作业	内化升华 1. 通过教师、学生、企业三方评价，进一步明确讲解技巧 2. 通过课后作业，促进课堂吸收 3. 通过发布小组优秀讲解视频，促进学生反思； 4. 通过课前任务发布，督促学生预习
教学反思		
实施成效	1. 知识掌握度更好：通过学习园林花木营造知识，学生能理解我国古典园林花木的选择标准、象征意义，加深对中国古典园林文化的认知与理解 2. 意境领悟力提高：对古典园林的花木营造意境有更深领会	

续表

问题与改进	存在不足： 虽然学生具备一定的园林植物认知能力，但对园林植物的文化内涵的深入挖掘能力和知识迁移能力有待提高 改进设想： 1. 互促互进：以园林植物的"花木精神"为主题，形成作品后，要求学生上传至"学银在线"，并让学生能相互看到各自表现，互勉互促 2. 个别辅导：教师对于部分学生进行个别再辅导

课程负责人：王桂霞

日期：2023年9月5日

精品酒店赏析

《精品酒店赏析》课程思政典型教学案例

课程负责人：郑怡清

一、课程基本情况

课程名称	《精品酒店赏析》		
课程性质	□专业基础课程　□专业核心课程 ☑专业拓展课程　□实践类课程		
学　时	16	学　分	1
授课对象	大二	授课专业	酒店管理与数字化运营专业
课程负责人	郑怡清	团队成员	无

二、教学案例

1. 案例主题

为激发酒店管理专业学生投身酒店业的热情，本案例以酒店业金字塔顶端的安缦酒店集团为例，介绍创始人故事和集团三十年发展历程，揭示只有对酒店事业始终抱有热情、对家国文化永葆敬仰、对服务工作精益求精，才能不断勇攀高峰。

2. 出自教学章节

课程第三章：安缦酒店集团

第一节　千店千面，把每处及酒店当作艺术品打造

3. 案例选择与育人内涵

安缦酒店集团一直位于酒店服务业的顶端，是整个酒店行业个性化服务的标杆。本案例通过介绍创始人故事和集团三十年发展历程，向学生揭示只

有对事业始终抱有热情，才能将工作做到极致；从安缦的经营理念、选址态度、发展路径等方面，向学生展示融入了家国文化的酒店服务使每一处的酒店都焕发个性化的光彩，同时也教会学生运用基本的精品酒店赏析技能，欣赏安缦中国酒店耐人寻味之美。

4. 案例内容与设计

（1）案例引入

给同学依次播放照片，让他们说出看到了什么：它们有的如同普通家庭住宅，有的像神庙，有的像帐篷。其实它们都是安缦酒店：是大峡谷 Amangiri 酒店，如同开凿在沙漠中的洞穴；北京的 Amanyihe，深处颐和园；印尼 Amanjiwo 酒店，它是观赏"古代东方四大奇迹"之一婆罗浮屠的最佳观景点；印度 AmaniKhas 酒店，它是感受印北野性之美的帐篷酒店。

（2）案例详情

提问 1：通过观察创始人泽查先生的生平，你有怎样的感悟？

教师明确：泽查先生在 50 岁因缘际会而开始接触酒店业，中国的安缦颐和、安缦大研、安缦法云和安缦养云都是他进入耄耋之年而创立的。这是一种敢于打破年龄束缚、对酒店事业无限热爱的精神。

提问 2：对安缦经营理念的英语原文如何翻译？

教师明确：安缦酒店是对当代生活方式的响应，他们提供的是无尽生活体验。扩张路径和扩张规律无不体现安缦对于客人生活方式的持续关注。

提问 3：透过选址变迁，体现怎样的变化？

教师明确：1998 年安缦为了在美国大峡谷里开 Amangiri 和美国政府打了数十年的官司，而后花费十年时间建造这家安缦酒店，体现安缦不惧权威、打破常规的经营思想；而 2018 年开业的安缦养云秉承安缦一贯保护文物的思想，将 2000 年江西因兴建水库而不得不拆除的明代门楼和有 2000 年历史的古树移植到上海的马桥镇，体现出安缦对人类文化遗产的尊重与保护。

（3）案例讨论

小组讨论 1：观察安缦酒店集团的开业图表，分析它的扩张速度和范围。

教师指导：①从图表中的时间可以了解到安缦酒店集团秉承工匠精神，可以十年只筹备一个酒店，每年只开一家酒店。每开一家酒店，就可以成为人类酒店艺术的标杆之作，吸引安缦痴竞相打卡。②从图表中的地理位置可以了解到安缦酒店创始人的创建思路,即先从自己熟悉的成长环境开始,形成影响后再向世界经济发展雄厚的地区延伸,显示其背后的严密逻辑,引导学生学习其认真负责的工作态度。

小组讨论 2:观察安缦颐和酒店的特别之处,并能从其所在位置推测它的居住人群。

教师指导:①根据安缦颐和酒店的建筑形制和绿化布置,得出安缦设计师对待文物修旧如旧、细致入微的匠心精神,与上文所述"十年一个"的安缦速度相呼应。②根据安缦颐和酒店的客户评论,了解到安缦酒店的特别之处还在于它有条通往颐和园的秘径,从而引申到居住人群多为携带父辈前来体验王宫贵族生活的年轻一代,起到弘扬中华美德和文化的作用。

小组讨论 3:从安缦酒店官方网站介绍的词频统计中,能看到安缦酒店集团在服务发展中有怎样的变化?

教师指导:2001 年以前一级标题只涉及艺术、文化探索、自然、具体地名等四个方面的内容,2002 年以后就开始关注历史、自然、遗产、寺庙,提供的内容越发细致,关注周边物质遗产和节日风俗,体现了提供客人无尽生活体验的思想。

(4)案例升华

不管时代如何变迁,安缦酒店集团总是以提供客人无尽生活体验为自身追求。创始人泽查先生的生平体现出年龄只是数字,对于事业的热爱可以让人永葆青春,而通过安缦酒店集团的发展路径和扩张规律可以看出其三十年如一日坚持尊重人类文化遗产、十年磨一剑的匠人精神。因此,它才能成为酒店业金字塔顶端的一个传奇。我们要借鉴吸收安缦酒店集团对于酒店事业的热爱、对于客人需求的时刻关注,厚植家国情怀,保护人类自然和文化遗产。

5. 案例特色与反思

特色:

(1)传奇人物塑不凡,真实人生撼众心。安缦酒店集团创始人泽查先生在 55 岁才创立安缦,80 多岁还在继续开创酒店,比如上海养云安缦酒店、安麓酒店等。他用真实的人生表达出年龄不是限制,只要心中葆有一份对事业的热爱,任何时候都能活出人生的精彩,是一个充满正能量的企业家!

（2）思政元素润无声，弘扬传统铸根基。安缦酒店集团在中国三家酒店的所在地皆文脉厚重（北京颐和园、上海马桥镇、杭州灵隐寺），在教育引导学生赏析酒店时，注重挖掘其设计中蕴含的中华文化，体会人与自然和谐共生的理念，培养学生爱国主义和地球家园的情怀。

反思：

（1）教学内容上，深度挖掘行业标杆性企业传奇历程背后的思政元素，用正能量满满的人和事吸引学生课堂注意，激发远大理想；结合重大事件时间轴，对该企业发展历程进行解析，理论联系实际；运用数据和实事新闻，展示该企业的正反面，注重批判性思维的养成。

（2）教学手段上，利用"超星学习通"平台，签到、选人、小测试、播放课件，实现一平三端，给课堂插上科技的翅膀，促进学生积极参与；充分利用数字化手段，短视频、高精度照片，做到图文并茂，深入浅出；运用课堂提问、小组讨论的方式，保持教与学实时互动，学生及时反馈。

6. 案例效果与反馈

不管时代如何变迁，安缦酒店集团始终以提供客人无尽生活体验为自身追求。创始人泽查先生的生平故事激励无数人对事业永葆热爱，而安缦酒店集团的经营理念、选址态度、服务追求、发展路径和赏析方法等重难点知识也通过小组讨论、案例分析、数字化教学手段深入浅出地给教授学生，最后课程总结升华：安缦酒店集团其三十多年如一日始终坚持热爱酒店事业、发扬工匠精神、厚植家国情怀。课程注重首尾呼应，持续强化思政育人点。上过此课的学生表示：课程新颖有趣，老师的讲解和课程的作业拓宽了自己的知识面，提高了自己的艺术鉴赏力和同学间的协作能力，记忆深处也印刻上了这些酒店创业者的感人故事，是自己未来事业前行道路上的灯塔。

《精品酒店赏析》课程思政教学设计样例

课程负责人：郑怡清

课程名称	《精品酒店赏析》	学时/学分	16学时/1学分
课程性质	☐专业基础课程 ☐专业核心课程 ☑专业拓展课程 ☐实践类课程	授课对象及专业	大二，酒店管理与数字化运营专业
对应章节内容	第二章　安缦酒店 第一节　千店千面，把每处酒店当作艺术品打造		
教学内容	讲解安缦酒店集团的品牌背景、顾客群体、发展规律和中国安缦酒店，教会学生使用数据分析、文献归纳等方法赏析精品酒店		
学情分析	教学对象是酒店管理专业大二学生，在大一学习中，对全球的酒店集团及中国的酒店行业概况有所了解掌握。但是，学生对精品酒店的起源、定义、特征、类型等内容还不了解。通过本课程的第一章"精品酒店的前尘往事""精品酒店的七十二变""世界精品酒店们的微信群""说中文的精品酒店"四小节的内容，学生已被点燃兴趣，具备深入分析世界著名精品酒店集团的心理和知识基础 大二学生已经具备一定的抽象思维能力，能够理解教材内容。本班学生交流合作能力较强，在学习中善于小组合作和案例分析。此外，学生生理心理上还处于爱表现时期，可利用课程内容，多进行引导性提问，增加其学习兴趣 对于一部分对酒店不感兴趣的本班学生，在教学中教师会应用讲故事、举例子、放视频的方法，因材施教设计任务。在教学中，以启发式教学为主，由浅入深，分层教学		
教学目标	【知识目标】知道安缦酒店的创始人，掌握其选址理念、经营理念和服务理念 【能力目标】培养分析归纳、独立思考、文本分析的能力 【素养目标】提高行业认知度，培养爱岗敬业的精神 【思政育人目标】培养学生要向安缦创始人学习，无论多少岁，都要对事业抱有热情、对家国文化永葆敬仰、对服务工作精益求精		

续表

教学重点、难点	重点：解析安缦酒店集团的选址理念、经营理念和服务理念
	难点：运用"酒店选址三要素"法则（环境、历史文化和消费市场分析）和"酒店体系四分法"（文化元素、客房设计、公共空间、配套设施）对安缦颐和、安缦法云进行深入赏析
课程思政设计	课程思政元素：对事业抱有热情，对家国文化永葆敬仰，对服务工作精益求精
	融入知识点：安缦品牌故事、经营理念、选址态度、服务追求、客群分析、发展规律及路径等

教学过程

课前（5分钟）

教学环节	活动内容	设计意图
导入	创始人泽查先生及品牌的诞生（5分钟）：泽查先生55岁时创立安缦，75岁时创建北京安缦颐和酒店，83岁时创建上海安缦养云酒店。他的故事展现他一生对于酒店事业的热爱，而品牌的诞生则源于他55岁寻觅退休之所时希望朋友常来做客的美好生活愿景，体现酒店行业是人民美好生活向往的载体 数字化应用：学习通签到、学习通导入视频	1. 培养学生看齐意识 2. 坚定学生理想信念 3. 树立学生勇于创新、不受年龄限制的开拓精神 4. 不忘初心，不懈追求的创业精神

课中（90分钟）

教学环节	活动内容	设计意图
2.1 谁创立了安缦？——安缦酒店集团品牌背景 2.1.1 安缦酒店集团概况（10分钟）	通过展示世界上不同国家的安缦酒店筹备时长、开业时间和选址，总结其十年建一家酒店并总是将酒店建在人类自然与文化遗产之中的勇敢和魄力 数字化应用：通过学习通"选人"功能，邀请学生回答问题	1. 培养学生信息归纳、数据分析能力 2. 树立学生坚持不懈、持之以恒的工匠精神 3. 建立学生打破常规、开拓进取的思辨力
2.1.2 经营理念 2.1.3 选址态度 2.1.4 服务追求（10分钟）	通过案例展示及住客故事分享，展现安缦把客人当作家人的经营理念、人与自然和谐共生的选址态度和人客比5∶1的极致化服务追求	1. 培养学生从客人需求出发的职业道德 2. 树立学生保护自然、低碳环保意识 3. 弘扬爱岗敬业、争创一流的劳模精神

— 146 —

续表

2.2 安缦酒店里住着谁？——安缦痴分析 2.2.1 安缦痴定义：他们是群选择去那里旅行，就因为那里有安缦的人（10分钟）	通过住店客人的留言和名人的安缦度假照，展现安缦痴们在安缦发生的难忘故事，揭示安缦痴对安缦酒店怀有深切感情是基于酒店的极致专注	1. 增强学生行业认知 2. 鼓励学生向安缦学习，深耕专业，获得世界认可
2.2.2 安缦痴特点：对价格不敏感、注重隐私、人生阅历丰富、热爱自然（10分钟）	运用小组讨论，引导学生分析安缦酒店目标市场特点，并针对"安缦酒店30%入住率如何来实现盈利"的问题展开思考与探讨 数字化应用：通过学习通"选人"功能，邀请小组代表回答问题	1. 培养学生逻辑思考能力 2. 引导学生品牌运营思维 建立求真务实、质疑批判的科学精神
2.3 下一个安缦，会在哪儿？——安缦酒店集团世界发展规律 2.3.1 安缦酒店集团发展路径（5分钟）	运用地图和数据展示该集团三十多年的世界发展历程，展现其发展路径 数字化应用：应用电脑和互联网，绘制安缦集团发展路径并测算该酒店集团扩张速度	1. 培养学生信息归纳、数据分析和空间感知的能力 2. 学习安缦精工细作、持之以恒的工匠精神
2.3.2 安缦酒店集团发展规律 2.3.2.1 扩张速度 2.3.2.2 扩张范围（15分钟）	运用小组讨论，引导学生描绘重大事件时间轴对开业图表进行分析：每年只开1家，筹备期长达10年 通过在世界地图上圈画，引导学生分析扩张范围：从东南亚向四周延伸，从海岛环境向经济实力雄厚地区扩张	1. 培养学生的观察分析和动手操作能力 2. 树立学生的全局意识 3. 建立起学生全球化思维 4. 提升学生人文素养

续表

选址变迁 2.3.2.3 服务发展 （15分钟）	运用案例、图片和视频，展示该集团酒店选址特点及变迁，讲解中国安缦酒店蕴含的中华孝道、文化保护的故事 通过小组讨论对安缦酒店官方网页上的标题文字进行词频分析，揭示其服务发展的变化 数字化应用：通过学习通呈现图片和视频；通过学习通"选人"功能，邀请学生回答问题	1. 培养学生尊重文化、保护文物的意识 2. 厚植学生家国情怀，弘扬中华美德和传统文化 3. 培养学生数据筛选和文本分析的科研能力 4. 培养从客人需求体验出发的职业道德
2.3.2.4 文化演变 （5分钟）	运用视频及图片，讲解该集团从原先文化保守型的海岛型酒店演变为现在文化体验型的城市酒店	1. 培养学生脚踏实地、锐意进取的工作态度 2. 树立精益求精的工匠精神
2.4 中国安缦F4，谁会胜出？——中国安缦酒店赏析 2.4.1 北京安缦颐和赏析 2.4.2 杭州安缦法云赏析 （10分钟）	运用"酒店选址三要素"法则（环境、历史文化和消费市场分析）和"酒店体系四分法"（文化元素、客房设计、公共空间、配套设施）对安缦颐和、安缦法云进行深入赏析 数字化应用：通过数字化工具，组织学生小组进行酒店的环境、历史文化和消费市场调查；通过学习通"选人"功能，邀请小组代表回答问题	1. 使学生学会赏析酒店的基本方法 2. 提高学生艺术鉴赏力 3. 厚植家国情怀，弘扬中华传统文化
课后（5分钟）		
课程总结 （4分钟）	通过学习通随堂测试，回顾本课知识要点：安缦酒店集团创始人、经营理念、选址态度、服务追求、目标人群、世界发展路径、中国安缦酒店赏析方法 数字化应用：通过学习通发布随堂测试	凝练本课的知识目标、素质目标、技能目标和思政要素，进一步加强学生对知识的掌握度
教学反思		
实施成效	不管时代如何变迁，安缦酒店集团始终以提供客人无尽生活体验为自身追求，创始人泽查先生的生平故事激励无数人对事业永葆热爱，而安缦酒店集团的经营理念、选址态度、服务追求、发展路径和赏析方法等重难点知识也通过小组讨论、案例分析、数字化教学手段深入浅出地给教授学生，最后课程总结升华：安缦酒店集团其三十多年如一日始终坚持热爱酒店事业、发扬工匠精神、厚植家国情怀。课程注重首尾呼应，持续强化思政育人点。上过此课的学生表示：课程新颖有趣，老师的讲解和课程的作业拓宽了自己的知识面，提高了自己的艺术鉴赏力和同学间的协作能力，记忆深处也印刻上了这些酒店创业者的感人故事，是自己未来事业前行道路上的灯塔	

续表

问题与改进	此门课程以"三见——见人见事见精神"为思政教学特色，从四个方面鉴赏安缦酒店集团，让学生们看见励志的人物（酒店创始人）和其背后的故事（安缦酒店发展历程），汲取到安缦酒店集团的精神，即对事业高度热爱与专注、对文化高度保护与尊重、对酒店高度钻研与创新，从中感知家国情怀、工匠精神和创新精神。 目前这门课程的不足之处在于：课堂中用来分享作业和教师点评的时间较少。同伴学习和教师指导又是能提高学生能力的一个重要环节。未来会将此门课程建成数字化课程，这样就能利用线下课程时间多做一些拓展，布置更多有意思具挑战的项目式作业，锻炼学生的鉴赏、创新、协作和科研能力，在探究的过程中为未来进入中高端服务业从事运营和基本管理工作奠定良好基础

课程负责人：郑怡清

日期：2023 年 11 月 21 日

亚运会期间的旅游接待：以学生为中心，践行社会责任，体验跨文化交流的职业礼仪
《旅游职业礼仪》课程思政典型教学案例

课程负责人：周高华

一、课程基本情况

课程名称	《旅游职业礼仪》		
课程性质	☑专业基础课程　□专业核心课程 □专业拓展课程　□实践类课程		
学　时	32	学　分	2
授课对象	大一新生	授课专业	旅游类专业
课程负责人	周高华	团队成员	褚贝、罗峰、方敏、鲍娟

二、教学案例

1. 案例主题

亚运会期间的旅游接待：以学生为中心，践行社会责任，体验跨文化交流的职业礼仪

2. 出自教学章节

课程第七章：行业礼仪——天涯比邻，宾至如归

第一节：餐饮住宿行业礼仪（以酒店为例）

3. 案例选择与育人内涵

第一，这个案例通过模拟亚运会期间的酒店前台接待环境，使学生面对来自朝鲜的运动队，不仅提供了一个跨文化交流的实际应用场景，还增强了学习的实践性和兴趣。这种设置不仅提升了学生对国际文化的理解和尊重，

而且通过处理实际问题如客户投诉和突发事件，进一步培养了学生的社会责任感和公正意识。

第二，案例中的角色扮演和情景模拟直接涉及职业技能的运用，如客户服务和接待礼仪，同时强调了职业道德的重要性。这样的双重教学目标使学生在提高专业技能的同时，体验并反思职业道德在职业生涯中的重要性，促进了学生职业素养的全面提升。

第三，案例要求学生以团队形式合作设计接待方案，并在讨论中进行批判性分析，这不仅锻炼了学生的团队协作能力，还提升了他们的领导力和批判性思考能力。通过这种互动和合作，学生学会了在集体任务中有效沟通和协作，同时也提升了解决复杂问题的能力。

4. 案例内容与设计

首先，通过模拟酒店前台环境，学生扮演前台接待员，接待来自朝鲜的运动队，这不仅使他们体验真实的职业挑战，如应对突发事件和处理客户投诉，也培养了其社会责任感和公正意识。其次，学生学习优质客户服务技巧，包括接待礼仪和有效沟通，强调团队合作的重要性，体现公民参与和集体主义价值。再次，通过文化研究，学生提升对国际文化的理解和尊重，强化社会主义核心价值观，最好在教育环节中，通过案例讨论，强调职业道德的重要性，让学生学习做出符合社会主义道德观的决策。最后，课程还涵盖职业生涯规划和实习机会，帮助学生理解职业路径，激发爱国主义教育，增强国家自豪感。此外，为了提升课程体验并确保学生更高效达成学习目标，课程将引入虚拟现实技术模拟酒店前台环境，学生可以体验真实的职业挑战并提升应对能力。课程中融入数字化交流工具如在线讨论板和视频会议系统，增强学生的团队合作和沟通能力。提供在线文化数据库和资源中心，帮助学生深入研究各国文化并应用于接待方案设计。利用智慧职教以及数字化演示工具，学生能实时接收反馈并优化自己的方案，更有效地展示和分享学习成果。

（1）案例引入

在现代社会，跨文化交流的重要性日益突出，特别是在旅游业中，这更是一个不可或缺的技能。本次的教学案例，将带领学生走入一个实际的工作环境：亚运会期间，学生将扮演酒店的前台接待员，负责接待来自朝鲜的运动队。这不仅是对学生跨文化交流和礼仪理解能力的一次考验，更是一次提升个人社会责任感和实现社会公正的实践机会。

（2）案例详情

首先，以亚运会期间的旅游接待为背景，让学生们亲身体验如何在真实的工作场景中运用他们所学的知识和技能。学生们将扮演酒店的前台接待员，负责接待来自朝鲜的运动队。这不仅是对他们跨文化交流和礼仪理解能力的考验，同时也是一次锻炼他们承担社会责任、实践社会公正的机会。

其次，引导学生们自行研究朝鲜的接待礼仪、沟通礼仪、餐饮礼仪，以及如何处理可能出现的问题。然后，他们将结合这些知识，自主设计一个具体的接待方案。在这个过程中，他们不仅要体现专业知识的应用，同时也要体现他们对社会责任和公正的理解和实践。

再次，激励学生们自行组织讨论，分享和对比他们的接待方案。他们需要从多角度对自己的方案进行反思和批判，提出改进的建议，以期达到最优的接待效果。这个过程将帮助他们理解和实践公民参与，培养他们的批判性思考和团队协作能力。

最后，要求学生根据讨论的结果，自我调整和优化他们的接待方案。他们将深入反思在此案例中的学习过程，分享他们的感想和收获，并探讨如何在未来的工作中应用所学的知识和技能。这个环节将对他们的自我认知、社会责任感进行深度的挖掘和提升。

（3）案例讨论

这个案例充分利用了亚运会这样的大型国际活动，为学生提供了一个理想的礼仪学习场景，让他们有机会将课堂上学习的理论知识应用到实践中去。

第一，在接待来自朝鲜的运动队的过程中，学生们不仅能够深入理解和应用跨文化交流和礼仪知识，更重要的是，他们有机会在实际环境中锻炼他们的社会责任和公正感。这个过程无疑将提升他们的专业素养，增强他们的职业技能，对他们的未来职业生涯有着积极的推动作用。

第二，学生们自行研究朝鲜的接待礼仪、沟通礼仪、餐饮礼仪，并设计接待方案的环节，既体现了他们的自主学习能力，也体现了他们的创新思维和问题解决能力。他们需要从多角度反思自己的方案，提出改进的建议，这个过程将锻炼他们的批判性思考和团队协作能力。

第三，学生们根据讨论的结果，自我调整和优化接待方案，深入反思学习过程，分享感想和收获，这是一个对他们自我认知、社会责任感进行深度挖掘和提升的过程。这种反思和优化的过程，将使学生们更加明确自己的学习目标，更好地理解自我，增强自我调整和自我提升的能力。

（4）案例升华

该教学案例不仅展示了职业教育的价值，更巧妙地融入了课程思政的元素，充分体现了"以学生为中心"的教育理念。它不仅在培养学生的专业技能、提高他们的职业素养上做得很好，同时也巧妙地融入了课程思政的元素，使学生在学习专业知识的同时，也能够提升自己的思想素质和社会责任感，真正做到了知识与品格的双重提升，这对于他们的职业发展和个人成长都有着极大的帮助。

5. 案例特色与反思

在特色维度，主要有如下三个方面。首先，这个案例具有实际性和时效性。亚运会是一个全球关注的大型活动，将其作为案例背景，能引起学生们的高度兴趣，从而提高他们的学习积极性。此外，让学生扮演酒店前台接待员接待朝鲜运动队，这样的角色设定让学生有机会将所学知识运用到实际情况中，提高他们的实践能力。其次，这个案例充分体现了以学生为中心的教学理念。从研究朝鲜的接待礼仪、设计接待方案，到自行组织讨论、反思和优化方案，学生们都是学习过程中的主体，这能够提高他们的自主学习能力和创新思维能力。最后，这个案例成功地融入了课程思政的元素，旨在培养学生的社会责任感和公正观念，以及批判性思考和团队协作的能力。这种教学方式不仅能让学生掌握专业知识，还能提升他们的思想素质，达到全面育人的目标。

在反思维度，主要体现在两个方面。首先，需要关注学生学习的主动性。整个案例的设计都是以学生为中心的，从研究朝鲜的接待礼仪、设计接待方案，到自行组织讨论、反思和优化方案，都需要学生主动参与，自主学习。这种教学方式大大提高了学生的学习积极性，使他们在主动寻找、整合信息和解决问题的过程中，增强了自主学习和创新思维的能力。然而，从实际教学过程来看，虽然大部分学生能够积极参与，但仍有少部分学生对自主学习存在困惑和迷茫。因此，在教学过程中，需要适当提供指导和支持，帮助学生建立自主学习的策略和技能。其次，需要关注学生的团队协调能力。在讨论环节,学生需要自行组织团队,分享和对比他们的接待方案,这既是对他们团队协作能力的锻炼,也是对他们批判性思考能力的提升。在实际教学过程中,大部分团队能有效地完成任务,展现出良好的团队协作和沟通能力。但也有少数团队出现了分工不明、沟通不畅等问题。因此,在未来的教学中,可以在案例开始前,提供一些关于团队协作和沟通的指导,帮助学生更好地在团队中发挥作用。

总的来说,笔者认为这是一个非常成功的教学案例,它有效地融合了专业知识教学和课程思政教育,让学生在学习中体验到了实际工作的情境,提高了他们的实践能力和社会责任感。通过改进一些小的不足,笔者相信这个案例的教学效果将更加优秀。具体评价体系如下。

评价维度	评价指标	描述	分值（100分）
实践技能	角色扮演与情景模拟	评估学生在模拟前台接待环境中的接待技能、应对突发事件的反应及问题解决能力	15
	客户服务演练	通过模拟客户服务场景,评估学生的沟通效率、礼仪正确性及客户满意度	15
文化理解与应用	文化研究报告	学生提交关于特定国家文化习俗和交流礼仪的研究报告,评估其文化敏感性和研究深度	10
	案例分析	通过具体的跨文化交流案例,评估学生的文化适应能力和策略设计	10
思政教育成效	反思日志	学生需提交个人反思日志,描述在学习和实践过程中如何体现和理解社会主义核心价值观和职业道德	10
	公民参与与社会责任活动	评估学生在组织和参与公民教育及社会责任活动中的积极性和影响力	10
团队合作与领导力	团队项目	通过团队合作完成的接待方案设计和执行,评估学生的团队协作、领导能力以及集体任务完成质量	10
综合知识测试	随堂测验	设计涵盖课程关键知识点的书面测试,测试学生的理论知识运用和即兴反应能力	20
职业生涯规划与发展	职业规划报告与实习反馈	学生提交职业规划报告并通过实习单位反馈评估其职业潜力和实际工作表现	10

6. 案例效果与反馈

此次的教学案例在学生的认知、情感和价值观等方面都取得了良好的教学效果，得到了学生的高度评价。

在认知层面，学生通过自我研究和探索，加深了对朝鲜文化和接待礼仪的理解。例如，有一组学生在准备接待方案时，发现了朝鲜人对于饮食习惯的特殊要求，他们主动调整了餐饮服务的方案，展示了他们的敏锐观察力和应变能力。此外，他们还在团队讨论中，通过批判性思考和反思，对自己的认知有了更深的理解和掌握。比如，有些学生在讨论中意识到他们的方案过于理想化，忽视了一些实际操作的困难，他们对此进行了反思和调整。

在情感层面，学生表现出对案例学习的极大热情。他们在完成任务的过程中，不仅对专业知识产生了更浓厚的兴趣，例如有学生在了解朝鲜文化的过程中，对朝鲜的历史和艺术产生了浓厚的兴趣，表示会在课后继续深入研究。同时，他们也对社会责任和公正有了更深的认识，例如在模拟处理冲突的环节中，学生们深入讨论了如何在尊重文化差异的同时，保障所有人的权益。

在价值观层面，通过这次的案例学习，学生对社会责任和公正有了更深的理解和认同。他们在模拟接待朝鲜运动队的过程中，体验到了尊重和理解不同文化的重要性。例如，有一组学生在设计接待方案时，特别强调了在服务过程中对朝鲜文化的尊重，他们认为这是作为接待员的基本职责和素质。

学生对此次案例学习的反馈也非常积极。他们表示，这种互动式的学习方式，使他们能够将理论知识应用到实际情境中，提高了学习的效率和兴趣。例如，一位学生反馈说，他在过去的学习中，对于跨文化交流的知识总是感觉很抽象，但通过此次的案例学习，他对这个知识点有了更深入、更直观的理解。

《旅游职业礼仪》课程思政教学设计样例

课程负责人：周高华

课程名称	《旅游职业礼仪》	学时/学分	32学时/2学分
课程性质	☑专业基础课程 ☐专业核心课程 ☐专业拓展课程 ☐实践类课程	授课对象及专业	旅游类相关专业 大一学生
对应章节内容	课程第七章：行业礼仪——天涯比邻，宾至如归 第一节：餐饮住宿行业礼仪（以酒店为例）		
教学内容	这节课的教学内容是围绕"旅游职业礼仪"的主题，具体以亚运会期间的旅游接待为背景，设计了一系列的教学活动。教学活动的主要目标是让学生们亲身体验如何在真实的工作场景中应用他们所学的知识和技能，特别是跨文化交流和礼仪理解 首先，学生们需要扮演酒店的前台接待员，负责接待来自朝鲜的运动队。这是一次对他们跨文化交流和礼仪理解能力的实际考验，同时也是一次锻炼他们承担社会责任、实践社会公正的机会 其次，学生们需要自行研究朝鲜的接待礼仪、沟通礼仪、餐饮礼仪，以及如何处理可能出现的问题。然后，他们将结合这些知识，自主设计一个具体的接待方案 再次，学生们需要自行组织讨论，分享和对比他们的接待方案。他们需要从多角度对自己的方案进行反思和批判，提出改进的建议，以期达到最优的接待效果 最后，根据讨论的结果，学生们需要自我调整和优化他们的接待方案。他们将深入反思在此案例中的学习过程，分享他们的感想和收获，并探讨如何在未来的工作中应用所学的知识和技能 整个教学内容旨在通过实际的案例，培养学生的专业知识和技能，同时也帮助他们形成正确的价值观念，提高他们的社会责任感和公正意识		

学情分析	大一的学生处于大学生涯的初始阶段,他们的学习情况具有一些共性,但也存在各种个体差异。以下是对大一学生学情的一些基本分析。 学习基础:大一的学生刚刚从高中毕业,他们的学习基础主要取决于高中的教育背景。一些学生可能已经在高中阶段接触过一些相关的知识和技能,例如基础的沟通技巧、礼仪知识等,而另一些学生可能在这些方面没有太多的学习经验 学习习惯:大一的学生正在从高中的学习模式过渡到大学的学习模式,他们的学习习惯可能正在发生变化。例如,他们需要学习如何自主管理学习时间,如何有效利用图书馆、实验室等学习资源,如何主动寻求教师、同学的帮助等 学习动机:大一的学生的学习动机可能受到多种因素的影响,包括个人兴趣、职业目标、家庭期望等。一些学生可能对"旅游职业礼仪"这个主题很有兴趣和热情,而另一些学生可能需要更多的引导和激励 学习能力:大一的学生的学习能力也存在差异。一些学生可能有较强的自学能力,能够快速掌握新的知识和技能;而另一些学生可能需要更多的指导和帮助,特别是在处理复杂的问题、进行深度思考、进行有效的团队合作等方面 因此,对大一学生进行教学时,需要考虑到这些因素,以适应不同学生的学习需求,提供有效的教学支持,激发他们的学习兴趣和动机,提高他们的学习效果
教学目标	【知识目标】 1. 让学生了解并理解礼仪跨文化交流的重要性及其在旅游接待中的具体应用 2. 让学生深入了解朝鲜的接待礼仪、沟通礼仪、餐饮礼仪,以及其他相关的文化信息 【能力目标】 1. 提升学生的跨文化交流和礼仪理解能力,让他们能够在实际情境中准确地运用这些知识和技能 2. 提升学生的问题解决能力,让他们能够有效地应对可能出现的接待问题或冲突 3. 提升学生的团队合作能力,让他们能够在讨论和改进接待方案的过程中,有效地与他人合作 【素养目标】 1. 培养学生的跨文化敏感性,让他们能够理解和尊重不同的文化 2. 培养学生的社会责任感和公正意识,让他们能够在接待工作中充分体现这些价值观 【思政育人目标】 1. 通过实际的案例学习,让学生体验和理解社会责任和公正的重要性,强化他们的公民责任感 2. 通过课程的学习,帮助学生形成正确的社会主义核心价值观,促进他们的思想品德发展

续表

教学重点、难点	重点： 1. 跨文化理解与交流：由于涉及朝鲜的接待礼仪、沟通礼仪、餐饮礼仪等，学生需要对朝鲜的文化有一个深入的理解，并能有效地在实际的接待工作中应用这些知识 2. 问题解决能力：在设计接待方案的过程中，学生需要考虑可能出现的问题或冲突，并提出有效的解决方案 3. 团队合作：在讨论和改进接待方案的过程中，学生需要有效地与他人合作，共同完成任务 难点： 1. 跨文化理解的深度：对朝鲜文化的理解并非一件容易的事情，需要学生进行深入的研究和学习，这可能对他们的学习能力和耐心提出较高的要求 2. 团队合作的效果：在团队合作的过程中，可能会出现意见不合、沟通困难等问题，如何保证团队合作的效果，是一个教学中需要重点解决的问题 3. 思政育人的融入：如何在教学过程中自然地融入思政育人的内容，使学生在学习专业知识的同时，也能深入理解和接受社会主义核心价值观，是一个具有挑战性的任务
课程思政设计	课程思政元素： 1. 社会责任感：学生们在设计并执行接待方案的过程中，需要考虑到自己的行为对运动队、酒店甚至对整个社区的影响，这是对他们社会责任感的实际锻炼 2. 公正意识：当面临可能出现的接待问题或冲突时，学生们需要做出公正公平的决策，这是对他们公正意识的实际考验 公民参与：学生们在自行组织讨论、分享和对比接待方案的过程中，实际上是在进行一种形式的公民参与，这有助于他们理解和实践公民参与的重要性 3. 社会主义核心价值观：整个教学过程都是在引导学生理解和接受社会主义核心价值观，例如，尊重不同的文化，保持公平公正，承担社会责任等 4. 爱国主义教育：亚运会作为一个国际性的大型体育赛事，是展现国家形象的重要场合，因此，学生们在完成接待工作的同时，也能更深入地理解和体验爱国主义的具体含义
	融入知识点： 1. 跨文化理解与尊重：这是一种弘扬社会主义核心价值观中的和谐共处原则的具体体现。学生们需要深入研究和理解朝鲜的文化，并在实际接待工作中尊重和接纳这种文化差异 2. 社会责任：学生们需要理解并承担起作为旅游接待人员的社会责任，这是一种对社会主义核心价值观中的公民责任原则的具体体现 3. 公正公平：当面临可能出现的接待问题或冲突时，学生们需要遵循公正公平的原则进行决策，这是对社会主义核心价值观中的公平公正原则的具体体现 4. 公民参与：学生们需要通过自主讨论和决策来参与接待方案的设计和执行，这是一种对社会主义核心价值观中的民主原则的具体体现 5. 爱国主义教育：亚运会是一个展现国家形象的重要场合，学生们在完成接待工作的同时，也能更深入地理解和体验爱国主义的具体含义

续表

教学过程		
课前（10分钟）		
教学环节	活动内容	设计意图
介绍案例背景并设置教学任务	在课前，我将通过邮件或在线教学平台将案例的背景和主题发送给学生，向学生介绍亚运会期间的旅游接待背景以及他们在此案例中扮演的角色——酒店的前台接待员，负责接待来自朝鲜的运动队。同时，明确他们通过这个案例能够学习到的知识和技能	使学生对即将进行的课堂活动有所准备，激发他们的学习兴趣和参与热情，同时也为他们提供一个自我学习的机会
课中（5分钟）		
教学环节	活动内容	设计意图
引出案例背景和教学目标	我将向学生介绍亚运会期间的旅游接待背景以及他们在此案例中扮演的角色——酒店的前台接待员，负责接待来自朝鲜的运动队。同时，我会明确他们通过这个案例能够学习到的知识和技能	激发学生的学习兴趣和参与热情，明确学习目标
课中（20分钟）		
学生自主设计接待方案和团队讨论	学生以小组为单位设计一个具体的接待方案，分享朝鲜的接待礼仪、沟通礼仪、餐饮礼仪，以及如何处理可能出现的问题	让学生通过主动学习，提升他们的自我学习和研究能力，理解和掌握跨文化交流和礼仪基础知识，使学生将所学的理论知识运用到实际场景中，提升他们的应用能力和问题解决能力
课中（10分钟）		
教师点评和学生自我反思（随堂测验）	教师需要根据讨论的结果进行点评。学生自我调整和优化他们的接待方案，还需要深入反思在此案例中的学习过程，总结他们的感想和收获	让学生通过教师点评和自我反思（随堂测验），提升他们的自我认知和社会责任感，同时也能更好地理解和应用所学的知识
课后（15分钟）		
学生总结与调整	课后，学生需要根据课堂上老师的点评和讨论结果，自我调整和优化他们的接待方案，并写一篇反思报告，深入反思在此案例中的学习过程，分享他们的感想和收获，以及如何在未来的工作中应用所学的知识和技能	让学生通过自我反思和调整，提升他们的自我认知和社会责任感。同时，写反思报告能让他们更好地理解和应用所学的知识，以及为未来的工作做好准备

续表

	教学反思
实施成效	首先，从认知层面来看，学生们在课前预习和课中讨论的过程中，对朝鲜的接待礼仪、沟通礼仪、餐饮礼仪有了深入的了解和认识。他们不仅能够理解和记忆这些知识，更重要的是，他们能够将这些知识应用到实际的场景中，设计出具体的接待方案。这充分显示了他们对知识的深层理解和应用能力 其次，从情感态度上，学生表现出了高度的参与热情和学习兴趣。他们积极参与课堂讨论，主动分享自己的想法和看法，对他人的意见表示尊重和理解，展现了良好的团队合作精神 再次，从价值观念上，学生们在整个案例学习的过程中，充分体现了他们的社会责任感和公正意识。他们不仅理解了尊重和理解不同文化的重要性，也实践了公民参与和社会公正的价值观 最后，学生们的反思报告显示，他们在此次教学活动中收获了丰富的知识和技能，同时也对自己的学习过程和未来的职业生涯有了更深入的思考和规划
问题与改进	存在的问题： 第一，有一部分学生在课前预习阶段的学习效果不佳，对朝鲜的接待礼仪、沟通礼仪、餐饮礼仪等知识掌握不够深入，这可能会影响他们在课堂上的讨论和方案设计 第二，在课堂讨论环节，虽然大多数学生都积极参与，但仍有少数学生表现出较低的参与度，他们的想法和观点没有得到充分的表达和分享 第三，在反思报告中，一些学生的思考和分析还不够深入，只停留在表面，没有对自己的学习过程和未来的职业生涯进行深度的思考和规划 改进的措施： 第一，在课前预习阶段，可以提供更多的学习资源和指导，例如，提供一些关于朝鲜礼仪的书籍和文章，或者组织一些线上讨论和问答，帮助学生更好地掌握和理解这些知识 第二，在课堂讨论环节，可以更加关注那些参与度较低的学生，鼓励他们表达自己的想法和观点，同时也可以设计一些小组活动，让每个学生都有机会参与和贡献 第三，在课后的反思报告中，可以提供一些写作指导和示例，帮助学生更好地进行深度思考和分析，同时也可以提供一些反馈和建议，帮助他们提高自己的写作水平

课程负责人：周高华

日期：2023 年 7 月 30 日

比起风景和刺激,我们的生命更美
《旅游安全与危机管理》课程思政典型教学案例

课程负责人:朱洁华

一、课程基本情况

课程名称	《旅游安全与危机管理》		
课程性质	□专业基础课程　□专业核心课程 ☑专业拓展课程　□实践类课程		
学　时	32	学　分	2
授课对象	本科	授课专业	旅游管理大类
课程负责人	朱洁华	团队成员	朱洁华

二、教学案例

1. 案例主题

比起风景和刺激,我们的生命更美!

2. 出自教学章节

课程第五篇特色旅游项目安全,第一节高空类项目安全。

第五篇特色旅游项目安全主要讲述当前深受旅游者欢迎的高空、涉水、冰雪、山地等七大类高危旅游项目的安全知识要点及事故案例启示。其中第一节主要讲述高空类型的旅游项目,包括索道、蹦极、过山车、滑翔伞、跳伞、热气球、攀岩、瀑降等旅游安全危险程度较高的旅游项目的特点、安全要点和注意事项、发生的安全事故案例及其经验教训。

3. 案例选择与育人内涵

选择高空类旅游项目事故案例(歌曲《天亮了》创作背景的索道坠落事

故、景区父亲怀抱幼女蹦极的不安全社会现象、欢乐谷过山车事故）的小视频、音乐歌曲和图文资料，现场进行案例讨论。引导学生无论是作为旅游从业者、经营者还是旅游者，都要了解高空旅游项目的安全风险和要点，时刻警醒，从事故中吸取教训，始终坚持在旅游实现自我需要时，首先要对生命始终保持敬畏之心，风景再美丽，体验再刺激，也比不过自己的生命，生命只有一次，无法再来，必须珍惜和敬畏生命。其次要正确认识和评估个人的身体条件、心理素质和安全素质，结合自身实际情况，在确保安全措施有效的情况下组织开展或体验这些高危旅游项目。

4. 案例内容与设计

（1）案例引入：播放音频歌曲《天亮了》，引出歌曲创作背景和背后的故事。央视"3·15晚会"剧组找到歌手韩红，给了她一些素材，让她创作一首歌，其中一个故事就是发生在贵州马岭河风景区正在运行的缆车突然坠毁，一对年轻夫妇牺牲自己保全儿子。韩红以此背景，在20分钟内写完《天亮了》，获得年度最佳公益歌曲奖，并经过多方联系，领养了事故幸存小男孩，并把这首歌的版权收入全部捐给这个小男孩。

（2）案例详情：1999年10月3日10时20分左右，在贵州马岭河风景区200多名游客在马岭河峡谷谷底唯一的缆车乘坐点，等待乘坐缆车去山顶吃午饭。11时10分，面积仅有五六平方米的缆车车厢竟满载着35名乘客，又一次缓慢上升，10多分钟后到山顶平台停了下来。工作人员过来打开缆车小门，准备让车厢里的人走出来。就在这一瞬间，缆车不可思议地慢慢往下滑。缆车缓慢滑行了30米后，便箭一般地向山下坠去，一声巨响后重重地撞在110米下的地面上，断裂的缆绳在山间四处飞舞。在缆车坠落的那一刹那，车厢内一对年轻夫妇，不约而同地使劲将年仅两岁半的儿子高高举起。结果，这个孩子只是嘴唇受了点轻伤，而他的双亲却永远离开了人世。据当时报道：在抢救现场，人们看到缆车扭曲变形，许多伤员下肢粉碎性骨折和脊椎骨折，里面的人手脚缠绕，互相重叠，一些人的肱骨、腿骨折断后穿出肌肉，血肉模糊，很快死伤者便摆满了整个平台，几百米的山路被鲜血染红。这是新中国成立以来最严重的一起缆车坠落事故，14人死亡，22人受伤。

（3）案例讨论：一般险峻秀丽的景区都有坐缆车欣赏风景的项目，总体出事的概率是极低的，所以一般可以放心乘坐。但为什么还会发生这么小概率的死亡事故？教师与学生一起讨论分析案例事故发生的原因。根据权威报道，事故直接原因是严重超载，主要原因是该项目是非法经营的"三无项目"，景区管理存在严重缺陷，相关方面存在严重失职。

教学方法上，课堂提出讨论，围绕以下方面循序渐进：紧密联系涉旅社会热点（2023年10月27日欢乐谷过山车事故），提问类似高空类旅游项目同学们还知道哪些？如果条件允许的话，同学们最想体验哪些高空项目？（该环节通过"超星"学习通设置数字化问卷，收集同学们的回答，旨在激发同学们的学习兴趣），并当场在大屏幕共享投屏问卷统计结果（排名前五位的结果：热气球、滑翔伞、索道、跳伞、蹦极，表明同学们比较喜欢惊险刺激的高危旅游项目）。随后课堂展示一些当下颇受欢迎的高空旅游项目图片，再引出这些高空类旅游项目都存在哪些安全风险。作为旅游经营者（从业者）必须采取哪些防范措施来确保游客安全？讨论过程中再插入一个小案例，游客手机拍下的真实小视频：一个年轻父亲怀抱幼女进行蹦极，景区工作人员和周边游客无人制止。由此又深化讨论内容，换一个角度，作为旅游者，又该如何提高安全意识，掌握哪些安全要点？（该环节插入学习通活动，设置投票环节："案例中，游客有没有可能避免缆车坠落死亡事故"，旨在强调旅游者的安全意识和行为十分重要，也可检验教学效果）

（4）案例升华：通过课堂案例和课堂互动，总结该起高空坠落事故发生的生死瞬间，父母想到的并不是自己，他们用双手将生的希望留给了儿子，这就是伟大的父母之爱。所以，首先我们要懂爱和被爱，感恩父母。其次，作为旅游经营者和从业者，要切实"以人为本"，把游客生命安全摆在第一位，坚持设备设施本质安全和风险防范措施到位，各方严格安全管理和履行监管职责。再次，作为旅游者个人，要对生命永葆"敬畏之心"，珍爱生命，在选择体验高危旅游项目时，一定要从安全意识和安全行为两方面正确认知自我，评判自身生理和心理条件，牢记各项安全要点和应急技能。最后的结论就是：比起风景和刺激，我们的生命更美！

5. 案例特色与反思

特色1：案例有以前时期的，也有当下的热会热点，都是真实发生的、影响比较大的；案例由音乐歌曲、小视频、图片和文字组成，既有视觉入眼，又有声音入耳和文字及图片入心；既有美丽风景的呈现，又有血的教训和生命的陨落；既有真实事故法律诉讼案件的旅游经营管理和监管者各方责任的划分，又有旅游者存在不安全行为的社会现象呈现，直观再现案例场景，教学说服力和感染力很强。

特色2：选择使用超星学习通平台的课堂活动功能，能够较好地数字化呈现，课前设置好两个课堂活动环节，一个问卷"你最想体验的高空类旅游项目有哪些"和一个投票"案例中游客有没有可能避免坠落事故"，这样所有学生既可以参与，累积课堂学习积分，强化学习过程性评价；又能课堂实时看到问卷和投票的统计结果，以数字激荡人心，激发学习热情和兴趣，并检验教学目标达成情况。

反思：因旅游安全管理是一项系统工程，除旅游景区、项目经营方以及旅游者外，还涉及政府多部门协作（公安、应急、旅游、建设、环保、航空、食药监、质监等）问题，任何一个旅游产业链上下游环节出了问题，都可能对游客的生命和财产安全构成威胁，进而酿成旅游安全事故。当前从教与学的角度出发，案例选择和讨论没有面面俱到，仅选择旅游从业经营者角色和旅游者角色，更多地强调旅游者自身的安全意识和行为。另外，尽管课堂讨论同学们参与度和热情都很高，教师也通过学习通平台设置了两次课堂互动环节，但受限于课堂教学学时，教师需严格把控时间，课堂发言只能提问部分同学，好多同学有意犹未尽之感。

6. 案例效果与反馈

案例教学过程中，同学们了解了歌曲《天亮了》创作背后的高空坠落事故，再播放一遍歌曲时，联想到旅游事故以及歌曲故事，同学们触动很大，在情感上和价值观上纷纷产生共鸣，认同并感知到父母对子女无私的爱，认识到生命的宝贵。通过真实再现父亲怀抱幼女蹦极的案例，深化对生命的敬畏之心的理解，加深对这些高空旅游项目存在各类安全风险的认知，从而深化强调旅游者安全意识和行为的重要性，使学生了解和基本掌握这些高空旅游项目的安全要点和应急技能。

整个案例教学过程，同学们兴趣盎然，讨论热烈，思政融入恰如其分，思想触动和启发大，效果显而易见。他们反馈：以前没有接受过类似旅游安全这方面的专门教育，也没有深入思考过旅游项目中的安全与风险，通过这次课程，对旅游安全的认知更深更理性了，纷纷表示以后体验这些高危旅游项目前，会提高安全意识，认真评估项目的风险，正确认知自身生理、心理、技能水平和安全素质是否匹配，选择安全规范有保障的项目，并做好安全防范措施，既要看美丽风景和感受惊险刺激，更要保证生命安全。

课后教学评价环节的反馈数据显示：在课程教学内容、目的和意义方面，95.6%学生完全清楚、4.4%学生比较清楚；在教师引发学习兴趣方面，91.1%学生认为完全符合、8.9%学生认为比较符合；在课程思政教学引导方面，97.8%学生认为完全符合、2.2%学生认为比较符合；在课程学习收获方面，95.7%学生认为收获很大、4.3%学生认为收获较大。总体上，学生没有不确定项和不符合项反馈，课程教学圆满达成知识目标、能力目标、素养目标和思政目标的统一。

以下为教务处最近一期课程学生的评价反馈统计：总评4.93分（满分5分）

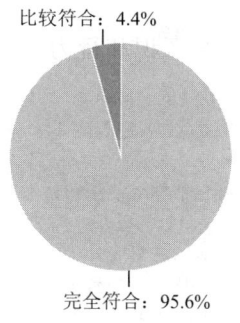

1.1我清楚本门课程的教学内容、目的和意义（20%）
比较符合：4.4%
完全符合：95.6%

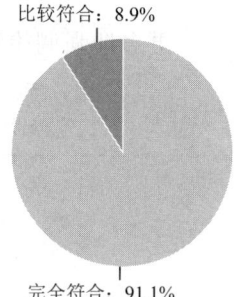

1.2老师引发我对这门课程的学习兴趣（20%）
比较符合：8.9%
完全符合：91.1%

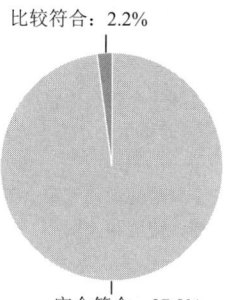

1.3老师对我进行课程学习或价值观等多方面的指导（20%）
比较符合：2.2%
完全符合：97.8%

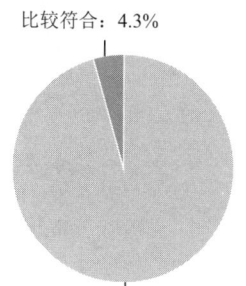

1.4通过这门课程的学习，我收获很大（20%）
比较符合：4.3%
完全符合：95.7%

《旅游安全与危机管理》课程思政教学设计样例

课程负责人：朱洁华

课程名称	《旅游安全与危机管理》	学时/学分	32学时/2学分
课程性质	☐专业基础课程 ☐专业核心课程 ☑专业拓展课程 ☐实践类课程	授课对象及专业	旅游管理大类 本科大二
对应章节内容	第五篇第一节 高空类旅游项目安全		
教学内容	1. 高空类旅游项目的分类及其安全风险 2. 高空类旅游项目的安全要点和应急技能		
学情分析	1. 学生信息化接受能力强，能熟练使用超星学习通平台进行学习和交流，乐于通过手机、平板、电脑等媒介进行学习 2. 学生对旅游热门或网红景点比较关注，对视频、音频、图片和案例的学习兴趣超过对纯文字和图文，但较少从安全的角度、思政的角度去深层次思考问题，需要教师引导、总结和升华		
教学目标	【知识目标】了解高空类旅游项目分类及其存在的安全风险 【能力目标】基本掌握高空类旅游项目的安全要点和应急技能 【素养目标】从业者要以人为本，把旅游者生命摆在第一位，识别高空类旅游项目的安全风险并做好安全防范措施 【思政目标】谨记安全第一，珍惜生命，提高旅游安全风险意识		
教学重点、难点	重点是高空类旅游项目安全风险的识别和安全要点的掌握 难点是旅游安全意识的认知、塑造和应用		
课程思政设计	课程思政元素：生命宝贵、敬畏生命、珍惜生命		
	融入知识点：高空类旅游项目存在的安全风险		

续表

教学过程		
课前（5分钟）		
教学环节	活动内容	设计意图
教学准备 指导预习	教师： 1. 提前在学习通平台建好课程，做好收集教学案例，类别为小视频、音频、图文各一个 2. 提前在学习通平台设置好课堂活动环节的问卷和投票 3. 提前在学习通平台上编写本节课内容的过关练习，以便了解学生对知识的掌握情况 4. 学习通平台发起课堂签到 学生： 1. 学习通平台签到 2. 预习平台课程参考课件	1. 强化学生课前预习、自主学习的能力和习惯养成 2. 激发学生对本次课程内容知识的好奇以及兴趣 3. 强调实施课程学习的过程性评价（从签到开始）
课中（40分钟）		
教学环节	活动内容	设计意图
1. 案例导入 资料来源：360百科 天亮了 资料来源：搜狐网	教师： 1. 在线播放PPT嵌入歌曲《天亮了》，3分钟的歌曲只播放1分钟 2. 讲述歌曲创作背后的故事和发生的事故，案例详情2分钟，再次播放歌曲全片段3分钟，让同学们沉浸式地听和感悟，并导出本次课堂教学主题：高空类旅游项目存在的安全风险 学生： 1. 视听音乐和故事 2. 了解案例后，带着感悟再次视听，进行思考	1. 采用案例导入，通过案例音频歌曲《天亮了》的片段声音、歌曲文字和歌手图片，激发学生的学习兴趣 2. 通过歌曲创作背景故事和缆车坠落事故的叙述，再次播放歌曲片段，让同学们联想着感悟着父母对子女无私的爱，生命的宝贵，思政育人默默融入，启发共鸣

续表

2.案例讨论分析	师生一起进行案例分析： 联系社会热点欢乐谷过山车事故，缆车出事的概率极低，一般可以放心乘坐，但为什么还会发生这么小概率的死亡事故？案例事故发生的原因是什么？游客有没有问题？（景区三无建设和运营项目、管理严重缺陷；各监管方失责；游客安全意识淡薄……）	通过案例分析，引导学生从不同角度去思考（景区、监管各部门、工作人员、游客），从而引导学生全面思考问题，并融入"以人为本，安全第一"的职业素养和思政元素
3.课堂活动	教师： 1.学习通平台发放数字化问卷：如果条件允许，你最想体验哪些高空类旅游项目？ 2.实时在大屏幕上共享学生问卷的数字化统计结果。 学生： 1.登录学习通平台进行问卷回答 2.查看大屏幕共享展示的问卷结果	通过问卷： 1.了解学生对高空类旅游项目的了解情况，有针对性地调整教学内容，引出知识点 2.激发学生学习兴趣，增强代入感 3.实施课程学习的过程性评价（参与问卷可以累计课堂学习积分）
4.知识讲授	教师： 问卷里提供了9种高空项目，问卷统计结果排名前五位：热气球、滑翔伞、索道、跳伞、蹦极；表明大家比较喜欢风险较大的刺激项目，由此引出高空类旅游项目存在的安全风险 学生：认真倾听、记录和思考	通过教师知识点讲授，使学生认识到该类项目存在的安全风险有哪些

续表

	教师： 1. 在线播放优酷一则手机小视频，内容是一个年轻的父亲怀抱幼女一起蹦极，启发学生思考：旅游者的旅游安全意识和行为的重要性 2. 如何提高旅游者自身的安全意识，杜绝不安全行为，讲述旅游者应该了解和掌握的高空类旅游项目的安全要点和应急措施有哪些。强调学生们体验这些项目时，要认真思考和评估项目风险和安全性，正确认知自身身体条件、心理承受能力、技能水平和安全素质是否匹配，并把生命安全摆在首位 学生： 1. 观看手机小视频； 2. 联系实际，思考旅游者自身安全意识和行为以及旅游从业者的安全素养； 3. 认真聆听、记录、理解和掌握安全要点。	1. 通过真实的社会现象案例，进一步增强学生的代入感以及学习热情 2. 通过案例呈现出的一些旅游者的不安全行为，反映出当下由旅游者存在的安全意识淡薄的问题，自然地强化了学生认知到旅游者安全意识和行为对旅游安全的重要性，生命安全的思政元素悄然融入。引导学生从事故和案例中吸取教训，始终坚持在旅游实现自我需要时，首先要对生命始终保持敬畏之心，风景再美，感受再刺激，也比不过自己的生命。其次要正确认识和评估个人的身体条件、心理素质和安全素质，结合自身实际情况，在确保安全措施有效的情况下组织开展或体验这些高危旅游项目 3. 使用反面案例，自然化解了知识难点，使学生轻松了解和掌握高空类旅游项目的安全要点和应急技能
5. 知识讲授 +反面案例  视频来源：优酷 https：//v.youku.com/v_show/id_XNDg1NDc0NjAyMA==.html  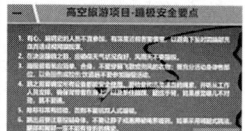		
6. 课堂投票活动	教师： 1. 学习通平台发放投票：案例中，游客有没有可能避免坠落事故？（能/不能） 2. 实时共享学生投票结果，100% 的学生选择了"能"，表明学生的安全意识已经树立，较好达成教学目标 学生： 1. 登录学习通平台进行投票 2. 查看投票结果，100% 选择了"能" 3. 思考：若是没讲安全风险和要点之前，投票的结果会有什么不同	1. 首尾呼应，课程内容讲述完毕，再次回到最开始的缆车坠落事故案例，设置课堂互动环节，检验学生通过学习是否"树立安全第一、珍惜生命的意识"，检测四个教学目标的达成情况 2. 实施课程学习的过程性评价（参与投票可以累积学习积分）

课后（5分钟）

续表

1. 本次课程内容回顾 2. 课后检测和评价	教师： 1. 简要回顾本次课程主要内容 2. 学习通平台发放课程过关联系和课程评价问卷 3. 评阅学生过关练习并反馈 4. 统计学生课堂签到、课堂问卷和投票情况、过关练习情况，作为过程性评价考核依据 学生： 1. 聆听总结 2. 登录学习通完成过关练习和课程评价问卷	检验学习效果，评测教学目标
教学评价		
实施成效	同学们对本次内容兴趣盎然，课堂讨论激烈，思政融入恰如其分，思想触动和启发很大，效果十分明显，过关练习平均成绩 96 分。在教学评价环节发放学生问卷，反馈数据显示： 1. 在课程教学内容、目的和意义方面，95.6% 学生完全清楚、4.4% 学生比较清楚 2. 在教师引发学习兴趣方面，91.1% 学生认为完全符合、8.9% 学生认为比较符合 3. 在课程思政教学引导方面，97.8% 学生认为完全符合、2.2% 学生认为比较符合 4. 在课程学习收获方面，95.7% 学生认为收获很大、4.3% 学生认为收获较大 总体上，学生没有不确定项和不符合项反馈，课程教学圆满达成知识目标、能力目标、素养目标和思政目标的统一	
教学反思		
问题与改进	问题：当前案例仅选择和讨论旅游经营者（从业者）和旅游者这两个角色，更多地强调旅游者的安全意识和行为，未能全面反映旅游产业链上所有的安全主体和对象的安全职责 改进：后续在其他章节内容的教学中去弥补，增加旅游产业链上其他主体角色在安全管理和危机应对过程中的地位和职能	

课程负责人：朱洁华

日期：2023 年 11 月 1 日

《旅游文化》课程架起"文化传承"的立交桥——以汉文化课程为例

《旅游文化》课程思政典型教学案例

课程负责人：张梦茜

一、课程基本情况

课程名称	《旅游文化》		
课程性质	☐专业基础课程　☑专业核心课程 ☐专业拓展课程　☐实践类课程		
学　时	144	学　分	8
授课对象	高一、高二年级学生	授课专业	旅游专业
课程负责人	张梦茜	团队成员	袁瑾、周艳

二、教学案例

1. 案例主题

《旅游文化》课程架起"文化传承"的立交桥——以汉文化课程为例

2. 出自教学章节

项目三任务一"淳朴自然的民俗风情"

3. 案例选择与育人内涵

传统文化在现代化的轨道上疾驰，沉浸式侵入了青年人的衣食住行，越来越多的年轻人对传统文化有了浓厚的兴趣，如何把好奇的力量转换为自信的气场，本文以《旅游文化》课程中蕴含的优秀传统文化为切入点，开发拓展课程，从文化载体—文化故事—文化传承的关系链中，挖掘文化故事，树立文化自信。

4. 案例内容与设计

（1）案例引入

习近平强调："要把优秀传统文化的精神标识提炼出来、展现出来，把优秀传统文化中具有当代价值、世界意义的文化精髓提炼出来、展示出来。"对于旅游专业而言，《旅游文化》课程是旅游专业学生的必修课，蕴含了丰富的优秀传统文化知识，是增强文化认同感的重要桥梁。

（2）案例详情

在目前专业教学过程中，对于如何挖掘课程思政元素，讲好文化故事，树立文化自信，并做好文化传承，还存在一些问题。

①知识认知偏差，积极情绪不高。

在平时学习中，传统文化主要用于应试，相对缺少对传统文化蕴含的民族精神、道德情操、人文涵养的深入挖掘和宣讲。教学整体碎片化、教学内容片面化现象的出现，使学生对传统文化的理解不够全面，积极性不高。

②情感认知偏差，文化自信不够。

由于对"潮流"一词理解错误，他们认为"韩流、韩剧"是时尚，"西方节日"是新潮，错误理解了"土"与"洋气"的定义。同时由于中国传统文化的表现形式局限，使他们对深入学习传统文化的兴致不高。

③实践认知偏差，操作形式不全。

在历史的演变中，青年的使命发生了变化，从"历史的清道夫"变成了"文化传承者"。然而传播途径的形式不够完善，需进一步借助各种平台加强认知，探究传统文化与现实生活的联结。

（3）案例讨论

以《旅游文化》课程为载体，对教材进行了处理和拓展，设计了《汉文化》《古建筑文化》《少数民俗》等系列课程，深入挖掘文化背后的故事，感悟古人的智慧，体会传统文化价值，做好优秀传统文化传承，以教法的优化保证"高效课堂"。具体措施如下：

①着力于"向"，重塑课程价值。

将传统文化与现实生活相联结，结合历史背景、时事新闻、当地非遗文化等教学资源，对教材进行梳理和整合，挖掘汉文化课程精神内核，同时整合了"源文化""儒文化""和文化""孝文化""农文化""茶文化"六大民族文化，重塑学生对传统文化的认知方向，带领学生对于汉族古文化进行知识建构，形成对中国文化的正确认知。

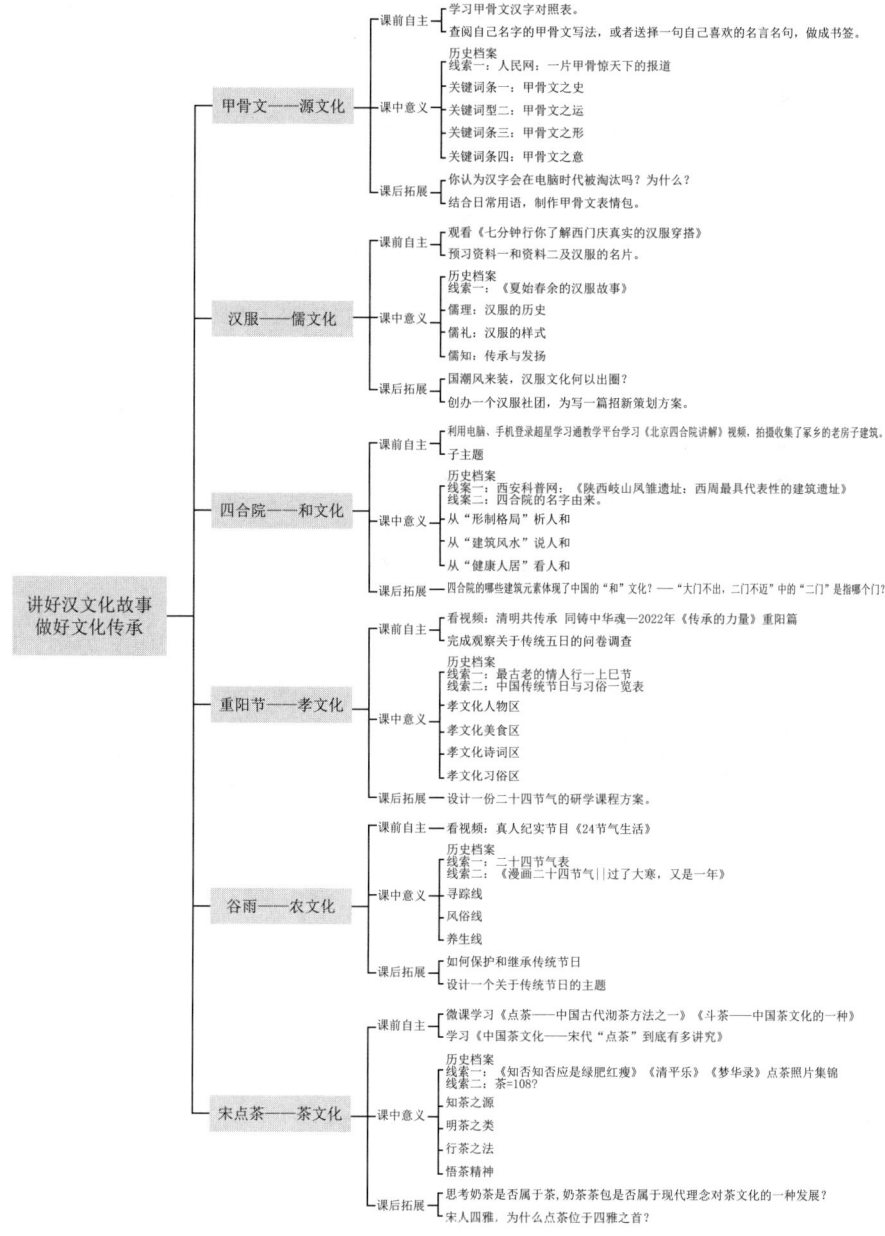

图1 《汉文化课程》知识结构图

②着力于"炼",重建课程结构。

在实践教学中以"历史档案"为载体,名片为导览,通过"地铁、展馆"等多元化形式,运用理实一体化,让学生进行古今对话,采用任务驱动、意义建构的策略,使用游戏参与、案例教学、时事新闻、思维导图(见图2)、播放微课等教学方法进行"课堂修炼"。

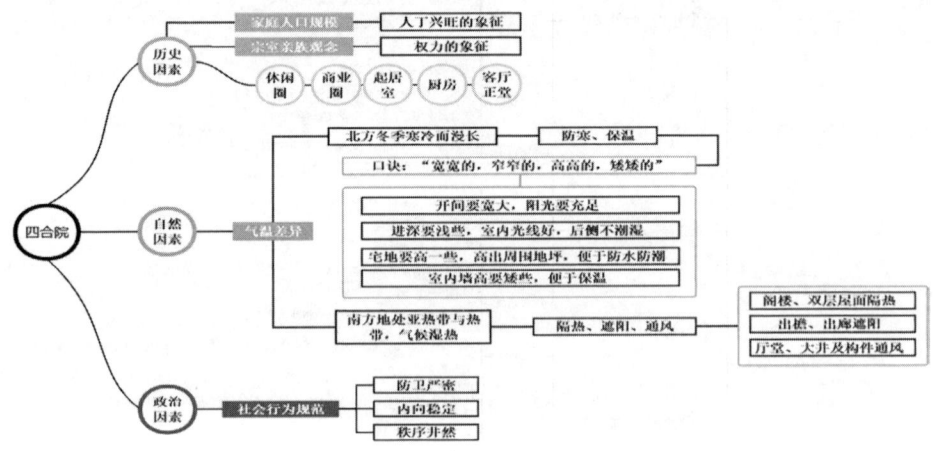

图2 四合院建筑留存成因的思维导图

修炼法则一——巧设悬念构有悟课堂:以《甲骨文—源文化》为例,以"人民网:一片甲骨惊天下的报道"的新闻,通过关键词寻找课堂主题。

修炼法则二——虚拟场景续有趣课堂:通过"惊天甲骨看汉字""历史画卷看汉服""文化线路看节气"(见图3)等环节让学生从优秀传统文化资源宝库中汲取养分,树立文化自信。

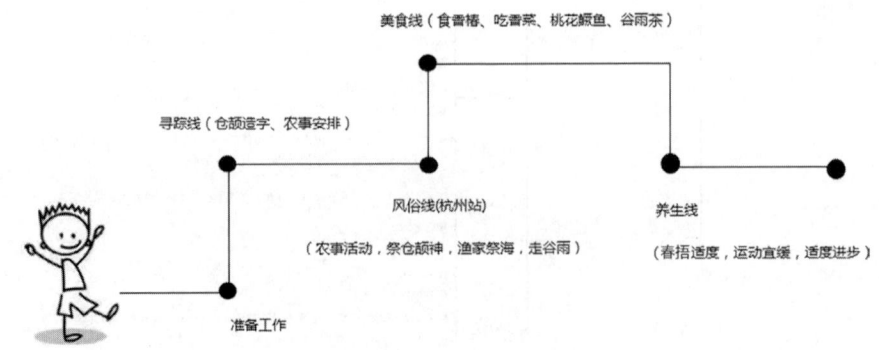

图3 谷雨节气行程单

修炼法则三——承前启后树有意课堂：借助于当地文化资源，走进当地非遗展览馆及博物馆，在探究非遗文化的同时，化身小小宣讲员，进行文化的宣讲和传承，增加学生的体验感和参与度。

③着力于"态"，重设课程评价

借助"超新学习通""蓝墨云班课"等信息化学习平台中的讨论、投票等功能，通过学生的自评、互评及家长点评，实现过程性评价的有效性，使学生充分体会到评价过程的自主性和民主性，真正做评价的主人。

（4）案例升华

结合学情对教学内容进行了整合、拓展、重构，主题内容和外延不断扩展，学生从文化认知走向文化传承和创新，从小我走向大我。通过"汉服穿衣流程观摩""甲骨文字体的辨认""行茶的实践"及引入"展馆、景点"等虚拟场景，以达到"理实"一体。除此之外还制作了"名片""展馆""二十四节气介绍册"，使教学形式更多样化，从而在学、思、践中实现了传统文化知识的意义建构。

5. 案例特色与反思

（1）瞄准一个目标，促进素养养成

以传承汉族优秀传统文化为目标，学生认识和了解传统文化，陶冶情操，提升素养，激发了他们的文化自觉。结合申遗、迪奥马面裙、"非遗"成为新时尚等事件，学生能通过知、行、意的视角进行分析和总结，建立正确的价值观，同时在过程中培养了爱国主义、集体主义、社会主义思想道德和健康的审美情趣，发展个性，培养了创新精神和合作精神。

（2）贯彻一个主题，构建"三动"课堂

始终以"讲好汉文化故事，做好文化传承"为主题，在传统文化与专业元素的结合中，构建"三动"课堂，对传统文化的内涵及其在现代社会中的新发展都能进行积极主动的探究。

①"知行合一"构建生动课堂

以知行合一为建设原则，根据学生实际，结合新课标，对教学内容进行了整合、拓展、重构，主题内容和外延不断扩展，学生从文化认知走向文化传承和创新，从小我走向大我。

② "理实一体"构建互动课堂

采用线上、线下混合教学模式，丰富文化课堂的形式，拓宽学生的参与途径。通过"汉服穿衣流程观摩""甲骨文字体的辨认""行茶的实践"及引入"展馆、景点"等虚拟场景，以达到"理实"一体。除此之外还制作了"名片""展馆""二十四节气介绍册"，使教学形式更多样化，从而激发学生兴趣，促进其主动学习、积极体验、深刻感悟，加强了课堂中的师生互动、生生互动，从而在学、思、践中实现了传统文化知识的意义建构。

③ "以文育人"构建心动课堂

文化性与社会性相结合，让学生在学习中体验、感悟"汉字""汉服""二十四节气"等传统文化中包含的"天人合一""天圆地方""道法自然"等哲学思想是中华文明一脉相承的重要处世之道和生活态度，并将之融入生活和学习中。

（3）实现三个转变，丰富学习成果

在教学实施过程中，学生在思想层面上提升了文化自觉和文化传承的意识，实现了从被动学习到主动传承的转变；学生在技能层面将文化与专业岗位相融合，进行导游讲解、茶艺表演等，实现了从单纯练习到职业技能提升的转变；学生在行动层面能积极参与本地非遗文化活动，助力非遗宣讲和传播，实现了从专业小课堂到社会大课堂的转变。

另外，还有一些需要改进的地方，设计的情境和活动需要更加贴合学生的实际和发展规律，对于身临其境或有切身体会的学习，思考、感悟会更有深度。评价方法和形式的有效性和针对性还需进一步探索，可以跳出课堂空间限制，增加社会实践活动。

6. 案例效果与反馈

（1）编织资源网，增进学生文化认同

将课程进行梳理，改变学生对传统文化晦涩难懂的错误认知。以《旅游文化》课程为载体，对教材进行了处理和拓展，设计了系列课程，深入挖掘文化背后的故事，感悟古人的智慧，体会传统文化价值，做好优秀传统文化传承。以《汉文化系列课程》为例，选取了其中的《甲骨文》《汉服》《四合院》《重阳节》《谷雨》《宋点茶》六方面内容，超星学习通平台，贯穿课前、课中、课后，架起连接师与生、生与生的桥梁。融合《故宫100》《二十四节气生活》等网络资源制作微课、思维导图、案例分析等形式丰富了教学资源，促进了高效课堂，课程数据显示（见图4）提升了学生的文化认同。

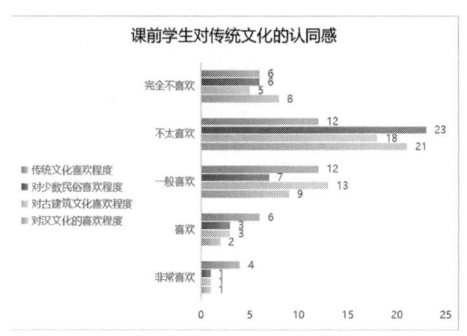 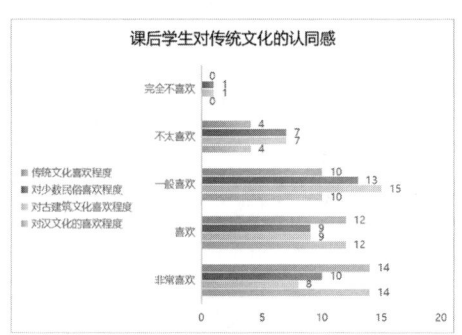

图4 学生对传统文化认同感课前、课后对比图

（2）设计活动库，激发了学生积极情绪

在《汉文化》《古建筑文化》《少数民俗》等教学活动库中，通过"游字、游服、游园、游节"等教学环节，注重德育和美育渗透，引领学生感知、惜知、传知，激发了学生学习内在驱动力，形成积极情绪，有助于后续专业学习的整体性和推动性，更加坚定学生专业发展的梦想，从而树立正确的人生观、价值观和审美观，以智育人，以美育人，以德育人，促进学生全面发展。

（3）建立关系链，提升了学生文化自信

以《旅游文化》课程中蕴含的优秀传统文化为切入点，开发拓展课程，从文化载体—文化故事—文化传承的关系链中，挖掘文化故事，使学生了解文化、感悟文化，形成文化价值共识，对文化发展的目标、任务、动力、途径、资源、方法，对文化发展的历程和未来走向等有充分的认识，升华文化传承和创新的自觉性，树立了文化自信。

《旅游文化》课程思政教学设计样例

课程负责人：张梦茜

课程名称	《旅游文化》	学时/学分	144学时/8学分
课程性质	□专业基础课程 ☑专业核心课程 □专业拓展课程 □实践类课程	授课对象及专业	高一、高二旅游专业学生
对应章节内容	《旅游文化》项目三任务一"淳朴自然的民俗风情"		
教学内容	《汉服文化密码》		
学情分析	知识基础：在学习本模块之前，学生进行了《全国导游基础知识》的学习，对汉族的上下五千年历史有所了解，有一定的知识储备。学习特点：对揭秘民族的民俗文化有很强的好奇心，在微课、多媒体课件、超星平台等信息化手段的引导下，已能够根据教师发布的任务，课前在教学平台进行充分预习。 岗位能力：具备一定的导游讲解能力，且具备一定汉服推广能力，为导游实地讲解打下坚实基础。大多数学生都能制作简单的PPT。 职业素养：有一定的职业规范意识、服务意识，需进一步树立起有文化依据的讲解规范意识；大多数学生有爱岗敬业意识。		
教学目标	【知识目标】了解汉服的历史发展，掌握汉服的特点。 【能力目标】培养和提升学生总结、对比的学习能力和对传统文化的鉴赏能力，同时将知识与专业相结合，提高实践应用能力。 【素养目标】 1.引导学生认识和了解传统文化，陶冶情操，提升修养，激发他们的文化自信，传承民族精神。 2.深入挖掘中华优秀传统文化的精神和要求，以物载道，传承国粹，实现以文化人、以文育人的非遗教育传承理念。 【思政育人目标】引导学生讲好汉服故事，做好文化传承，坚定文化自信。		
教学重点、难点	重点：掌握汉服的演变及内涵。 难点：撰写汉服文化推广稿并进行讲解。		

续表

课程思政设计	课程思政元素：制作汉族名片，了解中国优秀传统文明成果。通过汉服视频、图片等资料收集，感知汉服美学，培养健康的审美价值取向。"交领右衽"融"天圆地方"处事观，"绳带系结"融"中和之美"审美观，"上衣下裳"融"天地阴阳"自然观，"中缝垂带"融"人道正直"的为人观。将古代汉服与现代生活相融合，自觉传承汉服精神谱系，传承精神内涵，树立中华儿女的志气和底气，坚定文化自信。 融入知识点：汉服的演变、汉服的四大形制。

教学过程

课前（10分钟）

教学环节	活动内容	设计意图
自主学习	1. 平台发布活动：超星平台发布汉族文化知识学习包，发布"你好，汉服，我的名片请收下"活动。名片示例如下： 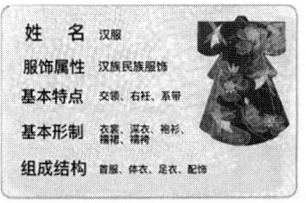 2. 课前布置任务： 课前以小组为单位，通过抖音、小红书、微博等平台，结合文献资料，收集汉服面料组、汉服色彩组、汉服款式组、汉服配饰组相关资料。	通过课前活动，名片制作了解汉服知识。分小组收集资料，提高自主学习能力和团队合作能力，同时为课中汉服赏美环节奠定基础。 思政渗透：制作汉族名片，了解中国优秀传统文明成果。

课中（40分钟）

教学环节	活动内容	设计意图
环节一 "以调为据"——开启"汉服密码"	导入：2022汉服破圈成长线上消费洞察报告：备受年轻一代推崇的汉服更像是一种大众流行消费，从电商平台数据可知汉服经济已经达到20亿+。 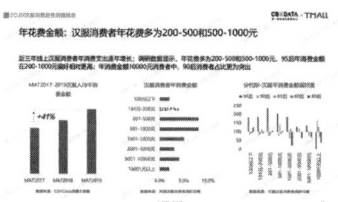 总结：汉服俨然已经是另一种新兴文化。为什么有越来越多的人开始喜欢汉服了呢？	通过调查数据分析，引出线上汉服消费力的快速提升，设置悬念，引出汉服文化密码的主题。

续表

环节二 "以服为媒"——解锁"起源密码"	时事新闻：2021年全国人大代表湘绣非遗传承人成新湘提交《关于设立国家"汉服日"的建议》议案。成新湘建议：拟定每年三月初三为中国汉服日。该议案一时间冲上了微博的热搜榜，让汉服爱好者们兴奋不已。 设问：为什么要定三月初三呢？它跟汉服有什么关联呢？汉服只是汉王朝的服饰吗？ 总结："二月二，生轩辕""黄帝垂衣裳而天下至，汉服自此登上历史舞台。"	运用时政热点，巧用民族文化的"境"，增强课堂的生动性和趣味性。通过谚语辅助分析汉服与黄帝的联系，有助于学生加深理解。
环节三 "赏服悦美"——解锁"演变密码"	1.要求各小组（汉服面料组、汉服色彩组、款式组）根据调查结果，分享成果。 2.总结归纳汉服的演变。 【款式】 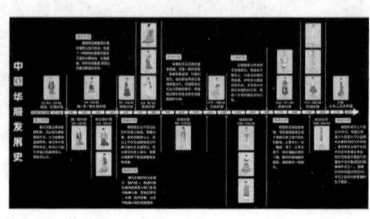 顺口溜：魏晋飘逸，唐华丽，宋简约，明典雅。 【面料】 <table><tr><td>朝代</td><td>面料</td></tr><tr><td>商代</td><td>皮、革、丝、麻，其中丝麻织物占重要地位</td></tr><tr><td>春秋战国时期</td><td>丝绸、锦缎等高档材料开始用于制作华丽的服饰</td></tr><tr><td>秦汉</td><td>以丝绸、麻、棉等为主，其中丝绸作为高端材料，广泛应用于宫廷服饰和官员服饰</td></tr><tr><td>魏晋</td><td>汉服需要飘逸洒脱之感，多选轻纱薄料，多层叠加</td></tr><tr><td>宋元</td><td>宋元时期材质方面，棉、麻、丝绸等均有应用，但以棉布为主</td></tr></table>	通过小组分享，让学生感受汉服的文化韵味，激发学生的学习内驱力，在初步认识汉服的基础上进行进一步学习，有助于提升学生的自信心。 通过感受汉服古韵美、结合表格、思维导图、顺口溜的多种形式解锁汉服的"演变密码"。

续表

环节三 "赏服悦美"——解锁"演变密码"	顺口溜：原兽草，新麻衣，商周出皮革丝麻，主推丝麻衣，宋末元年多了棉； 【色彩】 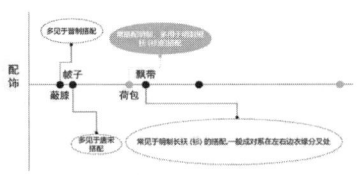 顺口溜：夏青商白周红秦黑汉黄三国后期为等级。 【配饰】 顺口溜：头戴乌纱青丝簪，腰配玉器尽显德，首饰物件各展情。 总结：汉服的历史悠久、样式华美，意蕴深远，它不仅承载了源远流长的华夏文明，更以其独特的形式向我们展示了锦绣中华之壮美、衣冠上国之礼仪。	思政渗透：通过汉服视频、图片等资料收集，感知汉服美学，培养健康的审美价值取向。 通过顺口溜进行总结，归纳知识要点，更有助于学生记忆。
环节四 "以礼服人"—解锁"内涵密码"	1.汉服的四大形制 （1）看：汉服的四大形制图片 （2）比：这四大形制共同的特点是什么？ 总结：这四大形制的特点：交领、右衽、系带、宽袖、隐扣。 （3）说：交领、右衽的原因。 总结：右衽三说：方便说、阴阳说、仪礼说。绳带系结：中和之美，宽袖：天道圆融。	通过"看—比—说"的活动形式，层层递进，有助于提高学生的课堂参与度，同时以汉服为载体，分析"阴阳五行"思想在汉服中的渗透，从而解锁汉服的"内涵密码"。

续表

环节四 "以礼服人"——解锁"内涵密码"	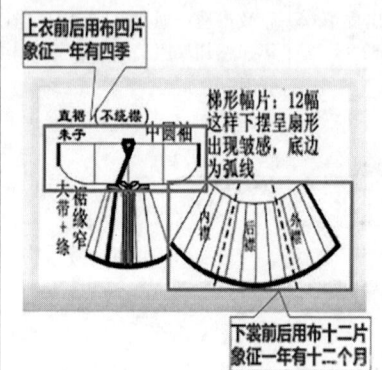 2. 举例：深衣制是最能够体现汉服礼仪法度的一种制式，它的每一处细节都融入了礼仪教化的理念。 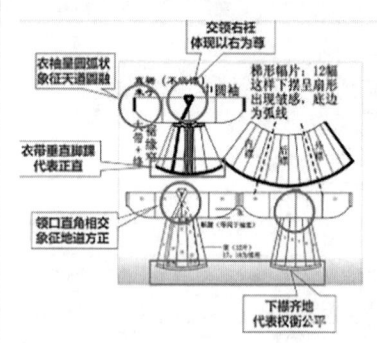	思政渗透："交领右衽"融"天圆地方"处事观，"绳带系结"融"中和之美"审美观，"上衣下裳"融"天地阴阳"自然观，"中缝垂带"融"人道正直"的为人观。
环节五 "以服载道"——解锁"传承密码"	1. 要求学生结合现代美学，利用"与子同袍"App 设计一件汉服，同时在 5 分钟内创作导游词，以导游讲解的形式推荐汉服文化。 2. 远程连线金牌导游做评委，最后通过师评、生评、行业专家进行综合评价推选出"最佳推广员"。 总结：汉服是行走的传统文化教科书，也是中国传统文化和民族精神的承载物，更是一段民族记忆。	以小组为单位练习展示，学生在实践体验中推广汉服美学，解锁汉服"传承密码"。远程连线馆长，营造情境；成绩量化分析，通过评优激励，激发学生课堂参与性；通过推选最佳推广员，发现自身存在的问题，从而激励自己更好地学习专业知识。

续表

环节五 "以服载道"——解锁"传承密码"	3. 2008年北京奥运会的开幕式上，3000名表演者身着汉服为嘉宾朗诵《论语》中的篇目章节，给嘉宾们奉献了一顿饕餮盛宴，使外国友人一睹汉服光彩。 总结：张艺谋导演选择这样的节目作为开幕式表演，有其目的和意义，因为它能完美地展现我国深厚的文化底蕴并代表我国传统文明特征。	思政渗透：将古代汉服与现代生活相融合，自觉传承汉服精神谱系，传承精神内涵，树立中华儿女的志气和底气，坚定文化自信。
课后（30分钟）		
巩固提升	1. 要求学生融合汉礼，自行撰写汉服推广稿，并上传超星学习通平台进行投票。 2. 要求全体学生担任民族文化推介官，各小组通过抖音直播平台分别推介汉服文化。	岗课融合，促进学生的专业发展。
教学反思		
实施成效	1. "知行合一"构建生动课堂。以知行合一为建设原则，根据学生实际，结合新课标，对教学内容进行整合、拓展、重构，主题内容和外延不断扩展，学生从文化认知走向文化传承和创新，从小我走向大我。 2. 贯彻一个主题，激发学习兴趣。始终以"讲好汉服故事，做好文化传承"为主题，在传统文化与专业元素的结合中，在理实一体化教学中，学生的学习兴趣被充分激发出来，对传统文化的内涵及其在现代社会中的新发展都能进行积极主动的探究。 3. "以文育人"构建心动课堂。文化性与社会性相结合，让学生在学习中体验、感悟等哲学思想是中华文明一脉相承的重要处世之道和生活态度，并将之融入生活和学习中。	
问题与改进	设计的情境和活动需要更加贴合学生的实际和发展规律，对于身临其境或有切身体会的学习，思考、感悟会更有深度。本系列课程评价方法和形式的有效性和针对性还需进一步探索，可以跳出课堂空间限制，增加社会实践活动。	

课程负责人：张梦茜

日期：2023年7月16日

故事的力量

《大数据时代社会主义经济学基础》课程思政典型教学案例

课程负责人：周佳

一、课程基本情况

课程名称	《大数据时代社会主义经济学基础》		
课程性质	☑专业基础课程 □专业核心课程 □专业拓展课程 □实践类课程		
学 时	32	学 分	2
授课对象	大一年级新生	授课专业	大数据与会计；大数据与财务管理
课程负责人	周佳	团队成员	

二、教学案例

1. 案例主题

故事的力量

2. 出自教学章节

课程第 4 章；第 1 节

3. 案例选择与育人内涵

信息爆炸虽然能让人类获取信息更加方便，但是同时也会导致我们越来越难鉴别信息的真伪。一些假新闻在网络上的传播，导致因特网成了传播有害信息的绝佳渠道。非法传销和邪教组织从本质上来说都是靠传播有传染性的谣言故事来达到其目地的。这些不良故事的传播,还会产生各种经济泡沫。当它们破灭的时候,都会给我们的经济带来非常大的损失。所以在大数据时代,学习叙事经济学就显得尤其重要。

4. 案例内容与设计

(1)案例引入

流行病学家的病毒模型已经能够成功预测疾病流行的未来轨迹,并提出应对这些流行病的有效方法。同样,我们也可以通过研究影响经济行为的口口相传的故事来提高我们预测和准备经济事件的能力。在微观叙事经济学中,我们会讨论买家的期望如何影响到消费者的行为,卖家的期望会如何影响到制造商的生产。而在宏观叙事经济学中,我们会讨论集体信心如何导致经济泡沫的形成,而恐慌情绪的传播又是如何让经济泡沫破灭的。

(2)案例详情

首先我们讨论一下买家的期望如何影响到消费者的行为,如果消费者都相信将来大米会涨价,会发生什么样的市场反应?

消费者为了避免将来购买价格更高的大米,他们就会想在家囤一些大米,使大米的需求增加,大米的需求曲线就会向右移动,引发市场的大米均衡价格提高。由此可见,虽然消费者当初的期望并不理智,但是当足够多的消费者相信未来"大米会涨价",就会让这个期望成真,形成恶性循环。

接下来我们讨论一下宏观叙事经济学,也就是经济泡沫是如何由集体信心创造而形成的。我们这里所说的经济泡沫,并不一定是件坏事。如果它是由经得起检验的真理传播创造出来的,那就是经济、国家与民族的繁荣。但如果是由靠不住的假新闻传播而造成的,那就是迟早会破裂的疯狂。

之前我们学习过宏观经济本质上就是一个循环。这里我们考察最简单的两部门模型,也就是家庭与企业之间的经济循环。现在我们来问大家,如果国民收入增加100元,会对整个宏观经济产生多大的影响?由于宏观经济是一个不断循环的运作机制,国民收入增加的100元对GDP的影响,会不断地循环往复,雪球会越滚越大,远远超出这100元。这就是泡沫产生的最基本的机制。那么这个泡沫究竟会有多大呢?我们可以跟着这个循环来一圈一圈地考察。在第一圈中,当国民收入增加100元的时候,家庭消费会是多少呢?这就与消费者信心有关了。

消费者信心可以由边际消费倾向MPC来衡量。最后我们就可以看到当国民收入增加100元的时候,GDP就会增加500元。也就是5倍的宏观经济泡沫。由此可见,消费者信心与宏观经济繁荣是息息相关的。

(3)案例讨论

这就是我们常说的自证预言。也就是当我们足够相信一件事情的时候,这种期望就会影响到我们的行为,这种行为就会影响到身边的人以及未来。所以说作为新时代的大学生,我们一定要有意识地管理好个人期望,这样才能让自己的行为更加理性,创造出良性循环的发展机制以及更好的个人与国家的未来。

消费者信心是由社交网络上口口相传的故事决定的。如果大家都在传播繁荣正面故事,消费者的信心就会越来越强。相反,如果大家都在传播消极负面的故事,消费者的信心就会越来越弱。通过以上讨论,我们就能理解恐慌情绪的传播是如何造成集体信心的崩塌和宏观经济泡沫的破裂的。

(4)案例升华

17世纪荷兰郁金香的信心故事造成了郁金香市场的短暂繁荣,但由于这个故事比较荒谬,导致了恐慌情绪的传播,最后郁金香泡沫破裂。21世纪的比特币的信心故事也造成了数字货币市场的短暂繁荣,但由于比特币失去了很多国家政府的支持,最后也导致了比特币泡沫的破裂。所以作为新时代的大学生,我们一定要意识到信息传播者的责任。要多传播正面积极的真实信息,不传播负面消极的可疑信息,故事信息的传播不论是对个人的前途还是国家的发展都是至关重要的。就像习近平总书记所说:"灭人之国,必先去其史。"故事工具在大数据新时代下有着巨大的力量,叙事经济学既可以让我们学习如何提防各种假新闻,比如邪教和传销,防止其对个人和国家造成巨大危害,也能让我们意识到讲好中国故事和学习四史的重要性。大家想想,连"自私自利就能造福社会"这样的假新闻也可以创造出资本主义理论,同样,我们也可以通过讲好中国故事来弘扬"中国特色社会主义优越性"和共产主义思想的伟大。

5. 案例特色与反思

该课程紧扣大数据理念,从行为经济学等多种崭新视角介绍经济学课程基础内容。大数据时代是一个非常令人激动人心的时代,它给我们人类带来了许多千载难逢的发展机会。在向学生介绍大数据时代的过程中,非常关键的一点就是要让他们能够真正理解因特网时代与大数据时代的区别,能够在离散化的数据中找到变量与变量之间潜移默化关系的大数据技术,从而解决因特网时代带来的各种问题:把离散化的社会全方面整合。大数据技术把人类从"万物相隔"的幻象中带到"万物相连"的现实中,把人类从自私自利的鼠目寸光带到长期共同发展的人类命运共同体的思想境界。

该案例不仅将大数据技术的影响非常有机地融入经济学,而且非常有意识地对宏观经济学与微观经济学进行有机的整合,让学生们在学习的过程中在潜意识中不会觉得宏观与微观、集体与个人之间有不可逾越的鸿沟,反而他们会通过学习该课程感受到微观经济学与宏观经济学之间有非常自然的相辅相成的关系。

最后这门大数据时代经济学基础还有很多需要改进的地方。比如说大数据理念与经济学知识仍需进一步融合,宏观与微观经济学的知识也仍需进一步融合,教学的核心,也就是适合角色扮演的案例,教学资源还需持续丰富。

6. 案例效果与反馈

由于"自私自利就能够造福社会"这一错误观念是西方经济学和资本主义对亚当·斯密理论的根本误解,我们在《大数据时代经济学》这门课中的最根本任务就是要消除学生对这种传统观念的误解。要让学生能够把个人利益与集体利益有机地融合起来,要让学生意识到短期的个人利益是如此鼠目寸光,只有考虑到集体利益才能真正获得长期的个人利益,也就是要让学生能够在理性上真正理解可持续发展与人类命运共同体的底层逻辑。

《大数据时代社会主义经济学基础》仅是从新角度、新维度和新境界向学生介绍经济学知识,并没有增加学生们的学习内容。相反地,其实它减轻了学生们的学习负担,在削弱了抽象经济模型学习的同时增强了更直观更有趣的心理学方面的知识,有效地提高了学生们的学习兴趣,增强了经济学的实用性。

在课上的角色扮演过程中,我们总能保证每位学生能够至少扮演两个以上不同的角色。当学生能够在消费者、制造商、买家、卖家、家庭、公司、政府和银行这些不同的角色之间互相切换的过程中进行案例分析的时候,他们就能非常直观地理解到同一经济体在不同的视角下是一个完全不同的世界。这种换位思考能力,看到自己视角局限性的能力,对于全视角的大数据新时代的大学生将来的学习和生活来说是极其宝贵的。

教学实施的过程以角色扮演的案例教学为核心,我们非常努力地让学生在发问、交流、联系与观察的过程中创造出环环相扣的良性循环的学习机制:

只要能够保证每个环节之间都有非常紧密的联系，学生的学习积极性与学习质量就会有相对稳定的保证。在多层教学综合评分教学模式多样化以及教学手段信息化的三重努力下，学生的学习效果有了非常明显的提高。

《大数据时代社会主义经济学基础》课程思政教学设计样例

课程负责人：周佳

课程名称	《大数据时代社会主义经济学基础》	学时/学分		32学时/2学分
课程性质	☑专业基础课程 □专业核心课程 □专业拓展课程 □实践类课程	授课对象及专业		大一年级新生；大数据与会计；大数据与财务管理
教学课题	个人期望与集体信心，乘数效应与泡沫经济			
授课班级	21级大数据与会计（43人）	课时安排		2课时
授课时间	2021年9月	授课地点		多媒体教室
授课形式	理实一体、线上线下混合式教学	课程教材		《西方经济学简明教程（第九版）》
内容分析	本课时为本课程的第五篇的第15章，通过各小组模拟消费者根据自定期望做购买决定，将需求曲线的知识相结合，进行消费者角色扮演，完成个人期望概念讲授，案例讨论等一系列教学过程；同时在讨论经济萧条的过程中，重点讲解个人期望与集体信心的异同，通过不同案例来讨论乘数效应与经济泡沫。根据课前超星学习通App学生学习反映出的问题，设置本次课教学内容，具体如图：			

续表

内容分析	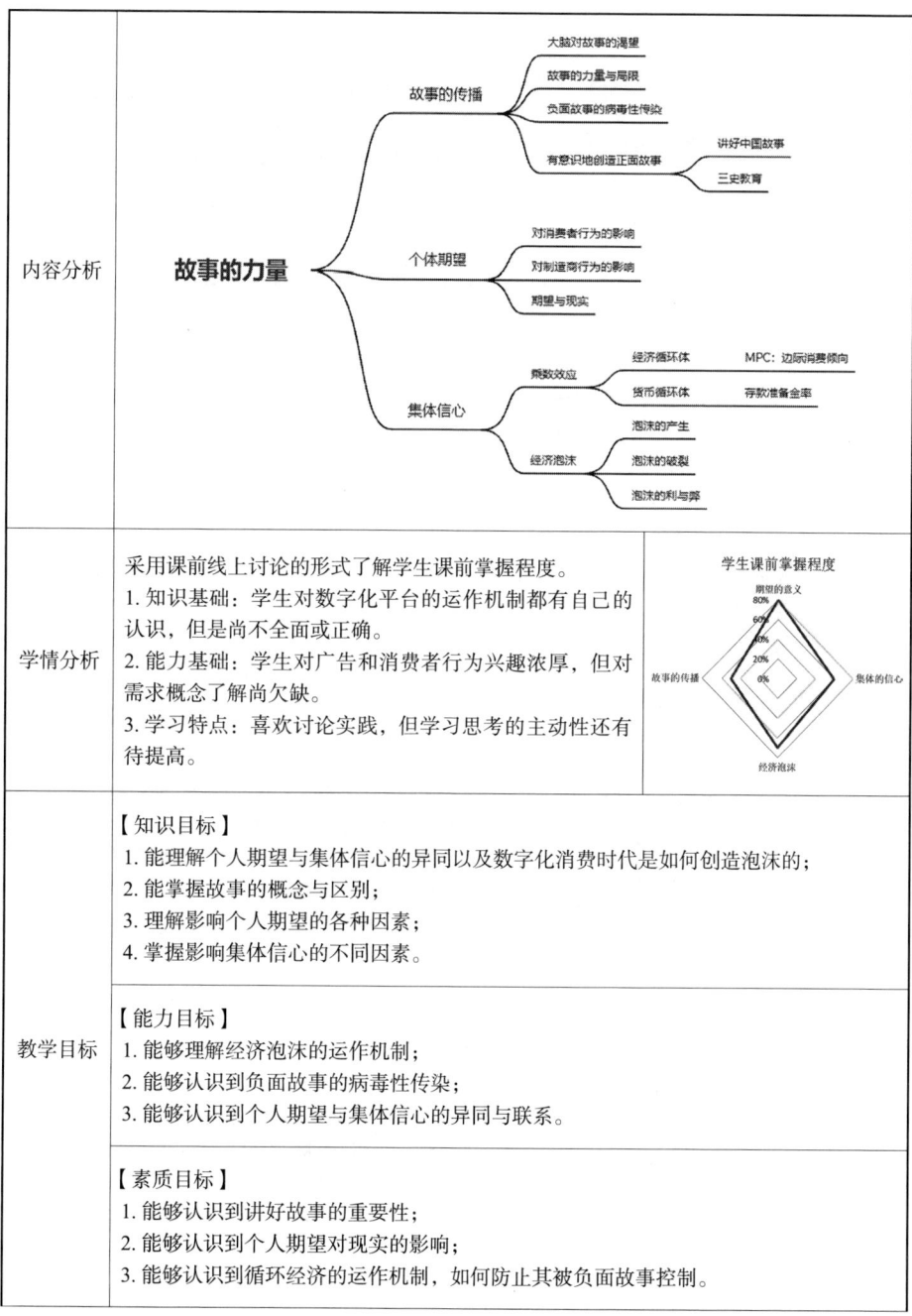
学情分析	采用课前线上讨论的形式了解学生课前掌握程度。 1. 知识基础：学生对数字化平台的运作机制都有自己的认识，但是尚不全面或正确。 2. 能力基础：学生对广告和消费者行为兴趣浓厚，但对需求概念了解尚欠缺。 3. 学习特点：喜欢讨论实践，但学习思考的主动性还有待提高。
教学目标	【知识目标】 1. 能理解个人期望与集体信心的异同以及数字化消费时代是如何创造泡沫的； 2. 能掌握故事的概念与区别； 3. 理解影响个人期望的各种因素； 4. 掌握影响集体信心的不同因素。 【能力目标】 1. 能够理解经济泡沫的运作机制； 2. 能够认识到负面故事的病毒性传染； 3. 能够认识到个人期望与集体信心的异同与联系。 【素质目标】 1. 能够认识到讲好故事的重要性； 2. 能够认识到个人期望对现实的影响； 3. 能够认识到循环经济的运作机制，如何防止其被负面故事控制。

续表

	教学重点	重点解决措施
教学重难点	1.能够认识到故事传播的运作机制； 2.能够理解循环经济的运作机制。	通过课前预习课中实践，理论与实践相结合，理论讲解过程中加入实践练习，实践过程中穿插理论解释，学生融会贯通，掌握理论知识点。
	教学难点	难点突破手段
	理解乘数效应	以案例驱动任务引领的方式，通过亲自角色扮演的学习方式理解消费在循环经济体中的无限循环，让学生从实践中设身处地理解乘数效应的本质，解决本节课的教学难点。
教材处理	本课程是大数据与财务管理专业的必修课程。根据学情分析，立足财务管理专业特点，将教材内容归纳总结和专题化，并与大数据时代的实际情况相结合，形成活页式学习资料。同时以案例驱动任务引领的方式，引入与消费者行为相关的决策问题，开展案例化教学，帮助学生将需求和总需求相融合的理念运用到业务实践和实际生活中去。	
教学方法	教法	学法
	案例驱动教学法、分组讨论法、翻转课堂等	自主探究学习法、小组合作学习法
教学资源	资源名称和截图	作用分析
	超星学习通 APP	作用： 1.教师在超星学习通上发布有关大数据时代的故事传播案例和纪录片，了解学生的学情； 2.针对学生预习作业的提交情况，调整教学侧重点，提高教学效率； 3.学生可随时通过超星学习通向教师提问，提高课前课后学习效率，查补知识漏洞。
	《美国梦：叙事经济学》《经济泡沫》纪录片	作用： 1.《美国梦：叙事经济学》纪录片既可以提高学生学习认识资本主义国家民主与自由的欺骗性本质的积极性，《经济泡沫》纪录片又可以加深学生对故事的强大力量的印象； 2.纪录片中有较丰富的教学案例供同学们参考。

续表

教学资源	期望循环小游戏 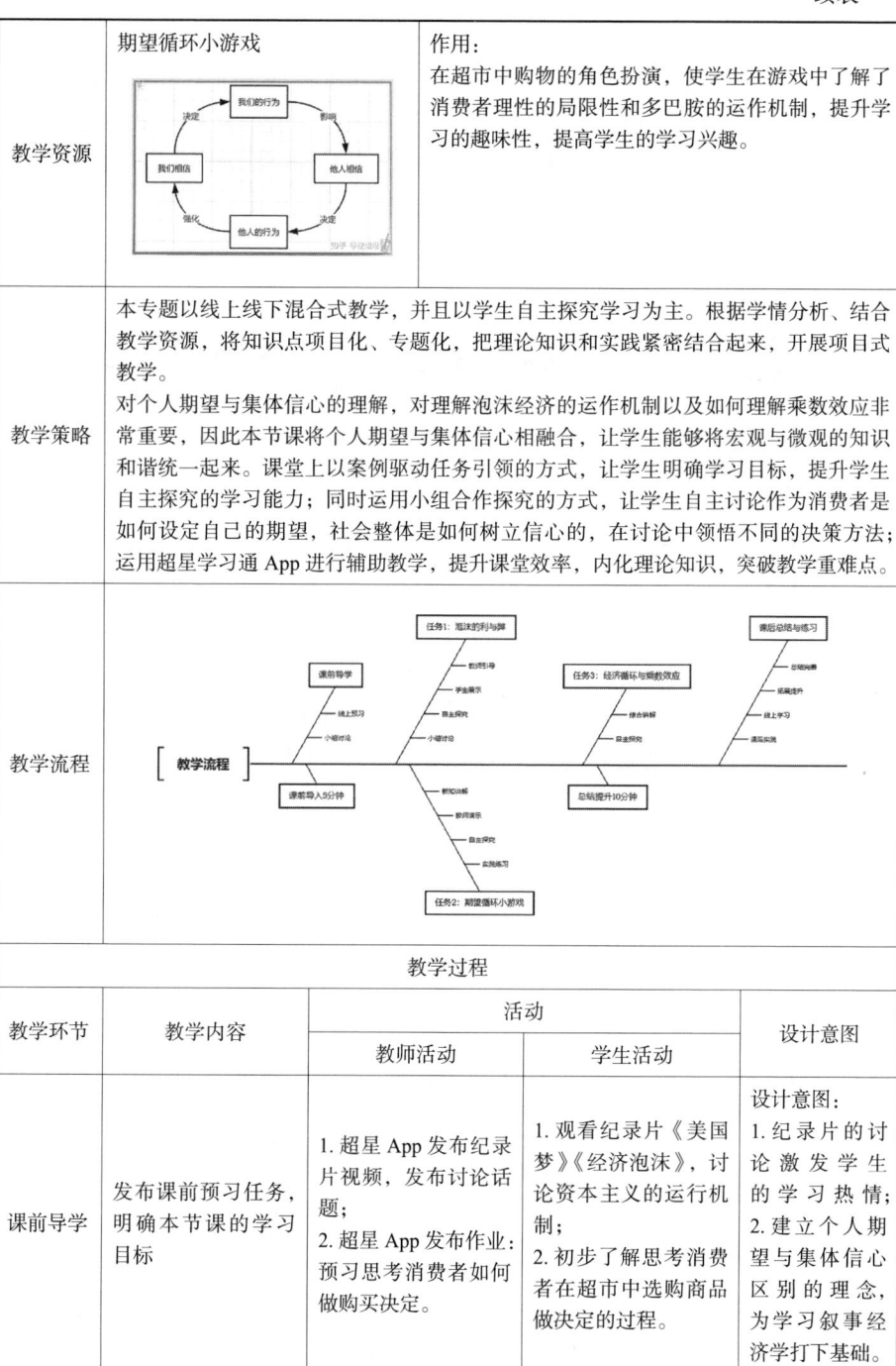	作用： 在超市中购物的角色扮演，使学生在游戏中了解了消费者理性的局限性和多巴胺的运作机制，提升学习的趣味性，提高学生的学习兴趣。
教学策略	本专题以线上线下混合式教学，并且以学生自主探究学习为主。根据学情分析、结合教学资源，将知识点项目化、专题化，把理论知识和实践紧密结合起来，开展项目式教学。 对个人期望与集体信心的理解，对理解泡沫经济的运作机制以及如何理解乘数效应非常重要，因此本节课将个人期望与集体信心相融合，让学生能够将宏观与微观的知识和谐统一起来。课堂上以案例驱动任务引领的方式，让学生明确学习目标，提升学生自主探究的学习能力；同时运用小组合作探究的方式，让学生自主讨论作为消费者是如何设定自己的期望，社会整体是如何树立信心的，在讨论中领悟不同的决策方法；运用超星学习通 App 进行辅助教学，提升课堂效率，内化理论知识，突破教学重难点。		
教学流程			

教学过程

教学环节	教学内容	活动		设计意图
^	^	教师活动	学生活动	^
课前导学	发布课前预习任务，明确本节课的学习目标	1. 超星 App 发布纪录片视频，发布讨论话题； 2. 超星 App 发布作业：预习思考消费者如何做购买决定。	1. 观看纪录片《美国梦》《经济泡沫》，讨论资本主义的运行机制； 2. 初步了解思考消费者在超市中选购商品做决定的过程。	设计意图： 1. 纪录片的讨论激发学生的学习热情； 2. 建立个人期望与集体信心区别的理念，为学习叙事经济学打下基础。

续表

	案例七：个人期望与集体信心			
课中探究	课中情景导入（5分钟）	大数据新时代的故事是如何传播的？	讨论：在数字平台上注意力是如何被剥夺的？与传统平台有何区别？有何联系？	设计意图：作为新时代社会主义的大学生，应树立防止注意力被剥夺的意识。
	任务1：讨论《经济泡沫》纪录片（30分钟）	1. 分析经济泡沫的形成； 2. 分析经济泡沫的利弊。	1. 讨论：经济泡沫的利弊； 2. 角色扮演：正面故事与负面故事之间的对话。	设计意图： 1. 理解经济泡沫的概念； 2. 提升对经济泡沫形成机制的深度理解。
	任务2：期望循环小游戏（25分钟）	1. 结合消费者不同期望的角色扮演案例，介绍自证预言的概念； 2. 介绍期望与现实之间的关系。	1. 理解个人期望的概念； 2. 角色扮演，理解消费者是如何设定自己的个人期望的； 3. 理解市场对消费者的行为设计。	设计意图： 1. 让学生能够认识到自己决定个人期望的方法与过程； 2. 让学生能够认识到期望往往是潜意识的； 3. 用角色扮演引导学生思考，提升学生的兴趣。
	任务3：经济循环与乘数效应（20分钟）	1. 介绍集体信心的概念； 2. 梳理集体信心与经济泡沫的关系； 3. 介绍个人期望与集体信心的关系。	1. 讨论个人期望与集体信心的区别与联系； 2. 讨论集体信心与经济泡沫的关系	设计意图： 1. 从理论到实践，巩固个人期望与集体信心的关系； 2. 让学生把个人期望与集体信心的关系知识看作是统一的整体，而不是被分割的两部分。

续表

课中探究	总结提升（10分钟）	1. 分析各小组角色扮演中存在的问题； 2. 总结各小组个人期望与集体信心的确定过程； 3. 比较分析各小组的结论。	1. 根据案例讨论，总结自己平时生活和思想中存在的期望问题； 2. 进一步熟练掌握经济泡沫概念； 3. 比较分析个人期望与集体信心之间的关系。	设计意图： 1. 通过总结对比强化对个人期望与集体信心的关系的理解； 2. 通过组内合作和组间对比提升课堂的趣味性。
课后巩固	课后检测与巩固	1. 在超星学习通App总结本节课重难点，发布各小组的讨论结果； 2. 任务拓展：通过超星学习通平台发布课后作业； 3. 通过超星学习通平台发布预习任务。	1. 总结回顾本次课程的学习内容，汇总学习资源，学生可反复观看； 2. 完成学习通平台的练习任务； 3. 预习下节课的任务。	设计意图： 学生通过平台做好本次课的复习，并领取下节课的预习任务。

考核评价

	安排环节	评价目的和内容	评价方式	占比
（评）	预习任务	为了解学情，超星App课前任务推送讨论话题	教师评分	10%
	课堂练习	超星App发布各种乘数效应的练习，检验是否掌握相关知识点	教师点评	50%
	课后巩固	课后巩固，做乘数效应课后题，写自己个人期望与集体信心的关系的理解，上传到超星学习通App	学生互评	40%

教学反思

教学效果	通过本次课的学习，学生理解了个人期望与集体信心的关系，掌握了乘数效应中最基本的理念、学会了协调个人期望与集体信心的关系，由于每个小组的经济泡沫案例不同，所采取的思维方式也有些不同，部分小组在讨论时考虑不够周全，在教师指出问题后基本能够完成既定教学目标。

续表

教学效果	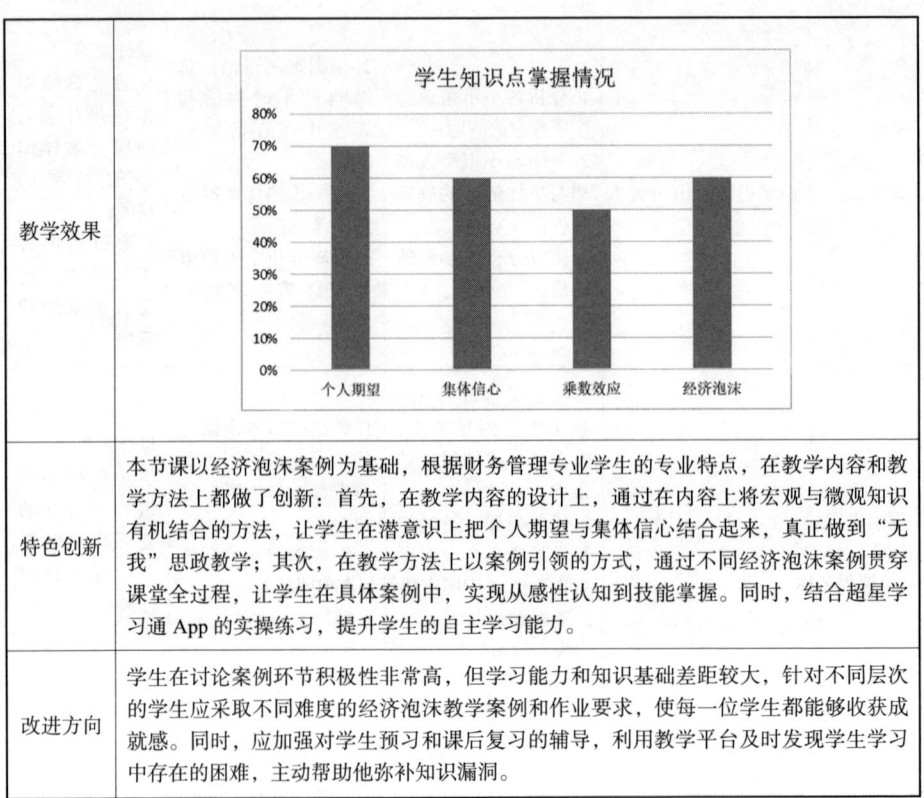
特色创新	本节课以经济泡沫案例为基础，根据财务管理专业学生的专业特点，在教学内容和教学方法上都做了创新：首先，在教学内容的设计上，通过在内容上将宏观与微观知识有机结合的方法，让学生在潜意识上把个人期望与集体信心结合起来，真正做到"无我"思政教学；其次，在教学方法上以案例引领的方式，通过不同经济泡沫案例贯穿课堂全过程，让学生在具体案例中，实现从感性认知到技能掌握。同时，结合超星学习通 App 的实操练习，提升学生的自主学习能力。
改进方向	学生在讨论案例环节积极性非常高，但学习能力和知识基础差距较大，针对不同层次的学生应采取不同难度的经济泡沫教学案例和作业要求，使每一位学生都能够收获成就感。同时，应加强对学生预习和课后复习的辅导，利用教学平台及时发现学生学习中存在的困难，主动帮助他弥补知识漏洞。

课程负责人：周佳

日期：2023 年 10 月 20 日

猜园林源起，探最古园林
《中国古建筑与古典园林》课程思政典型教学案例

课程负责人：范平

一、课程基本情况

课程名称	《中国古建筑与古典园林》		
课程性质	☐专业基础课程　☐专业核心课程 ☑专业拓展课程　☐实践类课程		
学　时	32	学　分	2
授课对象	大二年级	授课专业	导游专业
课程负责人	范平	团队成员	陈萍萍、饶华清、芦爱英、黄中黎、齐晨辰、郝杰

二、教学案例

1. 案例主题

猜园林源起，探最古园林

2. 出自教学章节

课程第五章：梳理古典园林之发展脉络

第一节：中国古典园林的起源与发展

3. 案例选择与育人内涵

（1）选择该案例的原因

根据翻转课堂的学习要求，学生在课前已对中国古典园林的发展简史有了基础性的了解，知晓了中国最早的园林形式"囿"，教材中也提到了周文王的灵囿来作为"囿"的例证。然而，短短几行文字给学生的感受是直观而书面的，是简单而浅薄的。如何让学生真正掌握中国古典园林的源起，同时能结合自己在历史、文学、艺术等方面已有的综合性知识对该知识点进行思辨性理解，就成了本案例"让学生推断我国现存最早的与园林起源有关的文物"这一设计的主要出发点。

同时，灵囿作为中国最早见于文献的古典园林，其本身就具备着无限魅力，它是中国古典园林的生态思想、山水体系、审美情趣等的最初发源的精彩例证，在课程思政元素挖掘和本课程整体课程思政体系建设的开端方面有着非常好的切入点价值。

（2）案例涉及的育人内涵

周代的逑鼎是我国现存最早的与园林起源有关的文物，鼎中铭文让我们知道先秦时期国家已对治理山川林泽有着高度重视，与当今"生态""两山"等部分治国理念遥相呼应。

最早见于文字的《诗经》中所记载的周文王灵囿则进一步折射出了文王时代人与自然的和谐、和平融洽的社会氛围以及统治者开放包容的政治心态，是人文理念与精神在中国古典园林中呈现的开始，也将贯穿于学生理解中国古典园林作为中华家园文化符号所象征的美好生活对国人的意义的始终。

4. 案例内容与设计

（1）案例引入

通过"猜一猜，园林的起源跟哪件文物有关"这一问题及三张图片的选择，引入对中国古典园林的正式起源的探讨。

图 1　猪纹黑陶钵　　图 2　四十三年逑鼎　　图 3　五星出东方利中国织锦护臂

（2）案例详情

上面 3 张图片中的文物均是中华文明发展过程中的重要文化符号。它们分别是：

图 1：猪纹黑陶钵。国家一级文物，出土于浙江余姚河姆渡遗址，是新石器时代河姆渡文化的典型代表，现收藏于浙江省博物馆。在钵外壁两面分别以写实的手法刻绘了猪纹图案。

图 2：逨鼎。现藏于宝鸡青铜器博物院，四十三年逨鼎共 10 件，铸造于周宣王四十三年（前 785 年），器内铸铭文 31 行，共 316 字，记述了一场周宣王对单逨的册封大礼。

图 3：五星出东方利中国织锦护臂。国家一级文物，中国首批禁止出国（境）展览文物，出土于新疆和田汉代古墓，现收藏于新疆博物馆。该织锦上织有八个篆体汉字"五星出东方利中国"，此外还有用鲜艳的白、赤、黄、绿四色在青地上织出的汉式典型的图案：云气纹、鸟兽、辟邪和代表日月的红白圆形纹，方寸不大，却内涵丰富。

三件文物分别代表着中国三个不同的历史时期，河姆渡文化距今约 7000 年；鼎则是青铜器文化的代表，距今约 3000 年；织锦护臂为汉代文物，距今约 2000 年。

为增加分析难度和案例讨论的趣味性，在案例引入时仅给到学生文物照片及名称。

（3）案例讨论

分小组对教师设置的问题进行分析讨论，时间约 2 分钟，达成小组统一意见后各自派代表进行阐述，尤其是进行理由的充分说明。

在各小组对究竟哪一件是现存最早的与园林起源有关的文物推测阐述完成之后，由教师来揭晓正确的答案——逨鼎。通过对三件文物的背景知识的相关介绍，重点解读选择逨鼎的理由，时间节点在这里是一个非常重要的判断依据。同时，播放宝鸡青铜器博物院关于逨鼎的新闻视频来进行内容的佐证分析。

（4）案例升华

逨鼎中用铭文生动记录了当时的周天子对管治四方山林川泽的官员"逨"的表扬。可见，早在西周时期，统治者就对保护环境非常重视。而"山林川泽"正是生成中国园林的重要源头。迷鼎堪称距今 2800 年前、中国历史上最悠久的、国家级别的园林绿化奖章,它所蕴含的重视自然环境的生态平衡理念,与今天我们一再强调的生态文明、两山理论等治国理念一脉相承。

迷鼎也帮助我们定位了中国园林最初的萌芽时期,那就是商周。中国古典园林的生态思想、山水体系、审美情趣均发源于这一时期。

从迷鼎溯源自然过渡到我国古代文献中所记载的最古老的园林——周文王的灵囿。通过对《诗经·大雅》"王在灵囿,麀鹿攸伏。麀鹿濯濯,白鸟翯翯。王在灵沼,於牣鱼跃"的解读,认知到周文王因地制宜,兴建了具有山岳、水体和动植物等不同景观的园囿,即灵囿,达到了囿、台、沼的完美融合。而书中"经始灵台,经之营之。庶民攻之,不日成之。经始勿亟,庶民子来"的记录更是鲜明地折射出了文王时代和平融洽的社会氛围以及统治者开放包容的政治心态。

通过对"文王园林范式"及其分流继承的解读,引导学生认识到文王灵囿这一中国最古园林的文化真谛的延续与传承——让百姓真正体会到人与自然的和谐,感受到时代的胸襟,以及对园林这一中华家园文化符号所象征的美好生活的真切向往。

5. 案例特色与反思

(1)案例特色

①课程思政元素紧密贴合整体教学设计

本课程的整体教学设计是以培养中华优秀传统文化的传承与传播者为目标主线,以国家导游职业资格标准为依据,以职业能力培养为核心,以中国古建筑与古典园林项目任务为载体,从职业岗位能力需求分析入手设置课程内容。

具体到本案例所挖掘的课程思政元素,分别围绕着现代治国理念的生态文明、两山理论以及中华优秀传统文化传承的文化自信、家园文化,它们对应融入的知识点分别是对现存最早的与园林起源有关的文物迷鼎中的铭文记述以及现存古代文献中所记载的最古老的园林周文王灵囿的解读。

②翻转课堂紧密衔接课前课中教学环节

课前要求学生自学课程教材及 MOOC 中的园林模块第一部分内容,对中国古典园林的发展历史形成初步认知。课中通过本案例的设计在该教学重点上考量与评价学生综合知识的掌握及应用能力。翻转课堂在这里起到了很好的衔接作用。

③分组讨论紧密结合学生多元学习特色

结合学情分析中的学生的知识基础和学习特点，设计了分小组讨论、派代表阐述的具体形式，充分体现了"以学生为中心"的教学理念。通过"可视化材料＋问题导向"，引导学生通过辩证分析、复合思维去寻找正确的答案；同时，通过组间 PK 提升学生的口头解说能力与思维凝练能力，检验团队合作效果。

④教师讲解深入浅出致力实现深度教学

掌握本案例所涉及的文物知识以及《诗经》、梁思成《中国建筑史》中与灵囿相关内容的背景知识，是对本次授课教师的基本要求；同时将这些知识与中国古典园林的源起进行有效的衔接和深入浅出的教学是非常重要的，能帮助学生在知晓关键知识点的基础上理解知识背后的深层次思政内涵，并能灵活运用到自己未来的职业工作之中，从而有助于实现真正的深度教学。

（2）反思与改进

学习古典园林的相关知识对学生的综合素质应用有较高的要求，尤其是本案例中对文学、历史方面的知识更需要灵活运用。然而，个别非文科背景的学生基础相对薄弱，对知识点的掌握也会较慢，需要教师对这部分学生薄弱环节给予关注。可以在课前对这部分学生有针对性地布置相关的预习作业，也可以在小组讨论过程中有针对性地再进行一定的指导，在分组时要注意组间同质、组内异质的基本原则，帮助每一位学生更顺利地参与到相关教学环节，最终能更好地体会教学内容与课程思政之间的融合，实现课程思政的教学目标。

6. 案例效果与反馈

（1）对园林源起的准确认知得以巩固

根据翻转课堂的设计，在课前自主学习的要求中，教师已发布让学生自学课程教材及 MOOC 中的园林模块第一部分的内容，其中的关键知识点之一就是"中国古典园林最初的形式为'囿'，如公元前 11 世纪，周文王的'灵囿'"。"囿"的本义指古代帝王养禽兽的园林，这一内容在前面的"一字入园"环节已经引导学生进行了探讨。但能否将该知识点灵活并准确地衔接到本案例中，做出正确的文物选择还是需要敏锐的思辨能力的。

从学生分组讨论的过程中可以看出大部分学生能结合自己的专业知识积累做出综合性的判断。分组讨论PK的形式作为课程"解读园林密码"趣味闯关竞赛活动的一部分引起了学生关注，课程气氛热烈活泼。教师层层深入、抽丝剥茧的深度教学使得学生注意力集中，紧跟教师节奏，对园林源起这一知识点的准确认知得以巩固和深化。

（2）对导游工作的职业认同得到提升

在分组讨论后的阐述中，虽然个别小组可能因为"停留于表面"而误入陷阱没能选中正确的答案，但即便如此，他们在阐述中还是清晰地说明了自己小组的理由，对导游所需的口语表达能力及讲解思路进行了一定的锻炼。更重要的是，在这一门专业性很强的拓展课程中，案例让学生感受到了作为一名导游人员，所肩负的责任和使命。

学生对将知识融会贯通，同时可以通过语言、图片、文字、视频等途径融合性地传递给游客，也有了直观的认知，对做好一名合格乃至优秀的现代导游的职业认同得到大幅提升。

（3）对中华文明的传播自信得到加强

"讲好中国故事，传播中国声音"是本校导游专业的课程思政总体建设目标，而领悟中国古建筑与古典园林中蕴含着的文化基因特质，提高传承中华优秀传统文化的职业意识与素养，增强对家园文化、家国情怀的心灵认同则是本课程思政目标的重要内容。

通过本案例的教学，逐步融入课程思政点，在学生的主动思考、练习以及教师的教授中无形深化，教学过程自然流畅，获得了学生的积极参与，课后交流中也得到了很好的正向反馈。学生开始学会如何通过一个小的知识点切口，如何胸有成竹、层层深入地进行讲解设计，如何灵活地个性化地融合多渠道多元化的材料资源，尤其是结合当代人的实际生活与精神追求实现中华优秀传统文化的有效传播与积极响应，最终将自身对古典园林这一中华文明重要组成部分，历经数千年发展传承的认知及民族自信，应用于自己的生活和未来的工作之中。

《中国古建筑与古典园林》课程思政教学设计样例

课程负责人：范平

课程名称	《中国古建筑与古典园林》	学时/学分	32学时/2学分
课程性质	☐专业基础课程 ☐专业核心课程 ☑专业拓展课程 ☐实践类课程	授课对象及专业	大二年级，导游专业
对应章节内容	第五章：梳理古典园林之发展脉络 第一节：中国古典园林的起源与发展		
教学内容	中国古典园林的起源与发展		
学情分析	【知识基础】 ①通过翻转课堂学习已对园林发展简史有一定的了解； ②70%以上都具有实地游览过至少一个"中国四大名园"的经验。 【学习特点】 ①理科背景学生对涉及历史朝代的内容有一定畏难情绪； ②平时喜欢看抖音等短视频，对分组自行制作短视频抱有兴趣和信心。		
教学目标	【知识目标】 ①了解中国古典园林的起源与发展； ②掌握不同类型园林的分类依据及其主要特色。 【能力目标】 ①能够简述不同阶段园林的发展演变及其主要特征； ②能够根据园林的特点大致判断园林所属类别； ③能够运用短视频制作软件完成园林相关作品的编辑与呈现。 【素养目标】 ①增强传承中国古典园林文化的职业意识； ②培养自主学习、团结合作的行为习惯。 【思政育人目标】 增强对古典园林作为中华文明重要组成部分历经数千年发展传承的认知及民族自信。		

续表

教学重点、难点	【教学重点】 ①中国古典园林的源起及重要发展阶段； ②按所处地理位置和占有者身份对古典园林的分类及现存代表园林。 【教学难点】 ①园林分类的依据； ②园林类型的辨别。
课程思政设计	课程思政元素：生态文明、两山理论、文明传承、文化自信、家园文化 融入知识点：中国古典园林的源起（迷鼎、灵囿）、不同阶段中国古典园林的发展演变及其主要特征

教学过程

课前（40分钟）

教学环节	活动内容	设计意图
自主学习： 1. 了解园林的概念与分类； 2. 了解中国古典园林的发展历史。	教师： 1.【资源准备】整理完成"'一字入园'——探讨园林的起源与发展"课件以及相关图片视频等教学资源； 2.【任务发布】通过职教云平台提前推送课前自主学习任务： ①在自学课程教材及MOOC中的园林模块第一部分内容后，在线完成课前测和关于古典园林学习基础的在线调研问卷，查看行业导师介绍资料； ②按典型园林类型完成分组分工，完成1分钟"秒懂园林"微视频制作（学生分3组共完成3个）和讲解准备，收集指定园林的高清图片各20张。 学生： 1.【课前测试】自学教材和MOOC相应部分后登录职教云完成课前测和调研问卷，查看行业导师背景资料，做好云组队准备； 2.【视频制作】分组分工，通过抖音、剪映、爱剪辑、小影、美篇、智能手机端直接拍摄加工等方式完成"秒懂园林"微视频制作和讲解准备。 3.【图片收集】借助百度等搜索引擎完成微视频及指定园林图片的素材收集。	1. 学生先行学习基础知识要点，能提升教学效率与效果； 2. 小组任务有利于加强团队成员间合作，促进协调沟通、共同进步； 3. 微视频、图片的制作与收集意在提升学生在解读信息后的遴选凝练与辨识审美能力； 4. 引入国内知名的金牌导游、金牌讲解员与学生组队，发挥专业榜样的引领作用，促进学生树立职业理想。

续表

课中（45分钟）		
教学环节	活动内容	设计意图
【任务导入】-3' 1.开启本模块学习模式：行业导师带队的趣味闯关；3支队伍分别为：北方园林组、江南园林组、岭南园林组； 2.掌握学生对园林概念、分类及中国古典园林发展史的初步认知情况。	教师： 1.【规则解读】揭开"解读园林密码"趣味闯关竞赛的序幕，解读赛制规则； 2.【组织组队】播放行业导师自我介绍短视频，组织学生完成与导师的3支队伍的云组队； | 姓名	年龄	学位	职业等级	主要荣誉 | |---|---|---|---|---| | ×× | 41 | 本科 | 高级导游（中文） | 全国旅游系统劳模、全国三八红旗手、全国优秀导游、文旅部万名旅游英才计划、市金牌导游 | | ×× | 43 | 硕士 | 高级导游（英语） | 省金牌导游、全国导游大赛银奖及最佳才学奖 | | ×× | 35 | 本科 | 高级导游（英语） | 市金牌讲解员 | 3.【基础分析】本次课的课前测与在线调研问卷分析，收集学生课前学习信息及主要弱项，补充调整本次课的重难点，进行弹性预设。 学生： 1.【聆听规则】聆听比赛规则； 2.【完成组队】再次了解行业导师的专业背景，完成与导师的组队，明确组队的目的与意义； 3.【对比分析】对比分析自己对课前布置学习任务的掌握程度，找准自己的知识弱项。	【动情】启用趣味闯关竞赛，激发学生全员全过程参与；与行业导师云组队更有仪式感和归属感，能提升团队的凝聚力和集体荣誉感。

续表

【子任务1】-7' ——"解园字" 1. 引导学生熟悉园林概念及其基本构成要素从"囿"到"园"的历史演变； 2. 学生通过自主探究逐步掌握园林的概念：在一定的地段范围内，利用并改造天然山水风貌或者人为开辟山水风貌、结合植物栽植和建筑的布置，从而构成一个供人们观赏、游憩、居住的环境。	教师： 1.【组织抢答】一字入园，通过从甲骨文、金文到篆书的字形演变分析，引入园林最初概念的起源和基本构成要素的探讨。    2.【明确概念】以教师引导辅助、学生阐述并记录要点的形式进行。 学生： 1.【思考抢答】结合教师给予的教学图片素材进行思考和抢答，发散性思维，大胆想象，勇敢发言，同时记录并记忆知识要点； 2.【阐述记录】尝试推理阐述，在教师引导下记录知识要点。	【动眼】可视化材料+问题导向，引导学生通过动眼、动脑提高综合分析能力，激发学习兴趣，加强对知识的理解和记忆。
【子任务2】-10' ——"猜源起" 1. 引导学生准确掌握中国古典园林的源起；介绍重要标志物：周代的迷鼎； 2. 明确园林起源伊始即体现出的人文理念与精神：先秦时期对山川林泽治理方面的高度重视，与当今"生态""两山"等部分治国理念遥相呼应； 3. 通过介绍最古老的"园林"（周文王灵囿），传递其昭示的意义：园林山水的真谛在于让老百姓真正感受到君王的力量，体会到时代的胸襟，还能看到自己对美好生活的真真切切的向往。	教师： 1.【组织讨论】通过"猜一猜，园林的起源跟哪件文物有关"这一问题及三张图片的选择，引入对中国古典园林的正式起源探讨，并从中延伸出先秦时期与当今在山川林泽治理方面的部分治国理念的呼应。   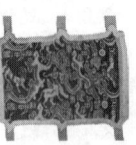 2.【介绍灵囿】 《诗·大雅·灵台》："王在灵囿，麀鹿攸伏。" 梁思成《中国建筑史》："文王于营国、筑室之余，且与民共台池鸟兽之乐，作灵囿，内有灵台、灵沼，为中国史传中最古之公园。" 学生： 1.【小组讨论】分小组对教师设置的问题进行分析讨论，达成小组统一意见后派代表进行阐述，尤其是理由的说明； 2.【聆听思考】在前人及今人的文献记述中理解最初的园林形态，在教师引导下真切感受其中传承着的人文精神。	1.【动眼】可视化材料+问题导向，尤其是引导学生通过辨证分析、复合思维去寻找正确的答案； 2.【动口】通过组间PK提升学生的口头解说能力与思维凝练能力，检验团队合作效果； 3.【动情】融入课程思政点，在学生的主动思考与教师的教授中无形深化。

续表

【子任务3】-10' ——"秒懂园林" 在学生将课前自主学习的成果进行课堂展示的过程中，引导学生掌握中国古典园林的六个重要发展阶段，尤其是各阶段的重要特征：自然山川林木到人工造园的先秦时期→造园大发展，园艺大提高的秦汉时期→寺观园林兴起的魏晋南北朝时期→宫苑竞奢，私园崛起，诗画园林兴盛的隋唐时期→堆山叠石艺术的高潮，宫苑南北争丽的宋、辽、金、元时期→园林晚期造园高峰的明清时期。	教师： 1.【组织PK】播放3个小组自制的"秒懂园林"微视频，依次请各组代表阐述制作思路与亮点，教师在云课堂手机端打分并进行评析； 2.【阐述特征】运用720°全景平台，结合各阶段的历史文化经济等时代背景，引领学生理解古典园林在该阶段的主要发展特征。 学生： 1.【视频解读】派出小组代表对本小组完成的微视频进行制作思路、亮点、分工、主要运用工具等的说明； 2.【思考研讨】在教师引导下思考时代背景与园林发展的相关性；深化对园林各发展阶段特征的理解。	1.【动手】在课前即通过小组合作运用现代化工具自制完成微视频，提升小组协作及创新能力； 2.【动眼】在各组微视频展示过程中，强化对园林知识的学习，并对比各自小组的优缺点； 3.【动口】通过微视频创作分享交流，提升学生的口头解说能力与思维凝练能力。
【子任务4】-10' ——"辨园林" 1.引导学生了解园林分类的常用标准（地理位置、占有者身份、艺术风格等）； 2.重点掌握按所处地理位置和占有者身份对古典园林的分类：按所处地理位置分为北方、江南、岭南三类；按占有者身份分为皇家、私家、寺观、风景名胜四类；	教师： 1.【分析分组】能使学生迅速判断出课程的3支小组是根据园林所处地理位置这一依据来对应划分，导师也分别来自这三种典型园林所在地； 2.【引导展示】引导学生能寻找出按地理位置划分的园林间的区别与特征； 3.【图片展示】展示按占有者身份划分的不同园林的图片，引导学生寻找按此依据划分的园林间的区别与特征； 4.【组织抢答】展示现存经典园林的图片，引导学生综合运用前述要点根据直观图片判断园林的所属类别。	1.【动眼】通过各小组及教师精心准备的园林图片来对园林特征形成初步的平面认知；

续表

3. 分析各类别核心特征，并指导学生能够根据园林的特征大致判断园林所属类别； 4. 能对各类别园林的现存代表性园林形成初步的归属认知	学生： 1.【分组判断】学生能辨别出班级分组的依据； 2.【图片展示】各小组展示提前收集好的图片，在教师引导下寻找按地理位置划分的园林间的区别与特征； 3.【图片分析】能在自己的仔细观察、比较与教师的引导下分析，按占有者身份划分的不同园林的区别与特征； 4.【参与抢答】根据前面总结的知识要点来对代表性园林根据其所处地理位置和占有者身份等做出较准确的类别判断	2.【动口】在动眼的同时，主动思考，并通过口头阐述提升语言表达能力与逻辑归纳能力
【子任务5】-5' ——"基因解码" 1. 明确对中国古典园林每次课程进行基因解码的意义与要求； 2. 引导学生能结合本次课程的主要内容以及本组所代表的园林类型，自行遴选园林起源、历史发展、分类依据等方面进行核心要点的归纳与阐述； 3. 在本次基因解码的过程中，重点让学生共情中国古典园林文化作为中国优秀传统文化的重要组成部分，其所承载的悠久历史传承与民族文化自信	教师： 1.【解码要求】阐明对中国古典园林每次课程的基因解码要求； 2.【教学总结】在各小组完成基因解码后，教师进行教学总结评价并布置课后任务 学生： 1.【基因解码】各小组讨论后派代表结合本组所代表园林类型及本次课程所学进行园林文化基因的第1次解码，并录像存档； 2.【聆听总结】聆听教师的总结评价，记录课后任务	1.【动口】各小组代表在2分钟内完成核心要点阐述，锻炼学生的归纳总结能力和语言表达能力； 2.【动情】通过对园林文化基因解码，进一步强化对古典园林作为中华文明重要组成部分历经数千年发展传承的认知，增强民族文化自信
	课后（30分钟）	

续表

	教师： 1.【行业导师】行业导师对本组的第 1 次园林文化基因解码进行评析，并指导团队改进微视频质量，完成能在学院乃至学校公众号上的发布版本并提交课程资源库网站； 2.【校内教师】整理课程资源，进行教学反思；与课程组其他教师一起选取优秀的改进后的"秒懂园林"微视频进行整体编辑，推送到学院甚至学校公众号进行发布。 学生： 1.【在线巩固】每位学生在课程职教云平台上完成在线学习任务，并能从园林发展史和园林特征等方面解答"中国园林为何被称为世界园林之母"这一问题； 2.【改进视频】在行业导师引领下改进"秒懂园林"微视频。	1.借助课程职教云平台完成课后任务，问题导向，回归教学目标，检验学生学习效果； 2.教师课后的课程资源整理是生成式教学的成果性步骤； 3.微视频在不同级别公众号上的发布，对学生既是督促，更是积极性与成就感的鼓励。
课后巩固提高： 1.结合行业导师要求进一步强化对本次课中学习内容的核心要点的梳理与凝练； 2.通过对最终融入文化基因解码后的"秒懂园林"作品的分享与学习，提升课程学习效果与影响力，提升对优秀旅游文案的认知。		

教学反思	
实施成效	1.学生对中国历史进程与园林文化发展脉络在秦汉、唐宋、明清几个关键节点上的融合有了较清晰的认识； 2.学生过往的实地游览经验有助于对园林所处位置的认知，对"中国四大园林""苏州四大园林"较为熟悉； 3."解读园林密码"趣味闯关竞赛活动引起学生关注，气氛热烈，赛事规则可形成文字，课后上传网络； 4.将优质的行业导师资源通过云组队有机地融入课程教学，增强了学生学习好课程的自信。
问题与改进	1.历史较薄弱的学生需要加强基础知识的学习； 2.学生对"岭南四大园林"及其他现存著名园林的知识基础薄弱； 3.要注意对学生搜索筛选整理的资料进行点评，增强对薄弱环节的关注； 4.后期需关注如何更有效地发挥出行业导师的榜样引领作用。

课程负责人：范平

日期：2023 年 7 月 20 日

匠心传承：如何择取新媒体平台
《旅游电子商务》课程思政典型教学案例

课程负责人：宋立

一、课程基本情况

课程名称	《旅游电子商务》		
课程性质	☐专业基础课程　☑专业核心课程 ☐专业拓展课程　☐实践类课程		
学　时	72	学　分	4
授课对象	高职大二学生	授课专业	电子商务专业、智慧旅游技术与应用专业
课程负责人	宋立	团队成员	李俊楼、叔文博、耿海

二、教学案例

1. 案例主题

匠心传承：如何择取新媒体平台

2. 出自教学章节

课程第六章：旅游新媒体营销实务

第三节：渠道择取与搭建

3. 案例选择与育人内涵

以文旅产业新媒体科技和职教信息化发展新技术共同驱动课堂革命，促进现代信息技术与教育教学深度融合。秉持产教深度融合理念与工作过程系统化思想，对接工作岗位，组织教学内容，突出循序渐进的学习规律与产教融合、课证融通的职教规律，持续强化学生职业技能，融合课程思政元素，形成"五流并进型：对接岗位流—解构任务流—构建教学流—涵养能力流—融合思政流"教学模式。

案例思政元素设计背景：唐代诗人罗隐的诗《绣》中写道：花随玉指添春色，鸟逐金针长羽毛。充分说明苏绣惟妙惟肖的表达。苏绣是我们的国粹，也是江苏的非遗代表，他道出了中华上下五千年的历史底蕴，绣出了文旅融合下我们江苏旅游地的水韵与内涵。本案例通过任务导入，分析苏绣行业新媒体传播现状，以此导出矩阵概念，从而思考矩阵平台择取的方法。"君诗妙处吾能识，正在山程水驿中。"诗篇和山水，正是文旅融合的具象呈现。让我们在充满中国风情的山程水驿中，感受更多的民族文化遗韵，涵养更强的文化自信。

案例思政元素设计逻辑：本案例依托《"十四五"文化和旅游发展规划》以及《关于进一步加强非物质文化遗产保护工作的实施意见》，聚焦模块三中的"任务六：旅游新媒体营销实务"，以"苏绣"为研究对象，以非遗的推广与传承为研究目标，通过视频素材搜集展现（感性认知）、平台数据挖掘（理性认知）分析非遗现状的问题。如何寻求突破营销困境的方法，即从"前台与后台：内容策划与制作""游客与粉丝：矩阵择取与搭建""市集与商业：短视频定位与策划"层层递进，使苏绣在新媒体平台得到更多的曝光量，扩大苏绣文化的传播，达到传播和传承的目的，增加产品的销量，解决目前行业"收藏从未停止，购买从未开始"的现象。课程正是"理实结合"地去证明"非遗保护是整个人群的一种传承，而不是局部的个体传承，苏绣需要内化成文化基因并能成为一种生活方式"，我们通过新媒体平台发声，呼唤工匠精神的回归，体现中国非遗文化的传承创新与新时代营销者的初心与使命。

案例设计的思政素质目标：（1）与时俱进，积极进取，不断学习运用新媒体技术，将新媒体技术和苏绣非遗传承工作中不畏艰难刻苦的精神相结合，培养文化自豪感、职业责任感和终身学习的意识。（2）通过小组任务设置，将非遗类企业新媒体矩阵搭建过程、矩阵分发流程、账号定位方法、用户运营步骤等模拟出来，培养学生情境任务分析能力，以及创新创业能力。（3）课堂互动采用"翻转课堂"模式，实施过程采用"问题导入—拓展题型延展—案例证明结论—提供巩固型复习资料"的分析方法，树立用辩证和发展的观点看问题，让学生抓住事物的本质特征，把握内在规律。

4. 案例内容与设计

（1）案例引入

同学们好，课间我给同学们播放了苏绣的两段视频（播放视频），是不是被咱们的非遗文化惊艳到了。"锦衣苏绣织女坊，吴侬软语传深巷"，苏绣彰显了水韵江苏的至柔隽美、凸显辛勤祖辈们的文化意蕴。我们通过新媒体矩阵发声，使苏绣内化成文化基因，成为每个华夏人的生活方式。

上节课我们在"职教云平台"布置了课后任务，让同学们搜寻非遗传承脉络，厘清传承人名单。择取某位传承人，追踪他在新媒体矩阵中的账号，试着让同学们通过账号数据分析新媒体平台的择取方法，以此构建较为合理的新媒体渠道。

基于同学们提交的作业，以及多渠道资料搜集，我们总结了3类账号：1.以姚建萍为代表的第一批国家级非物质文化遗产传承人，她在新媒体矩阵中分别拥有10个不同平台的账号；姚惠芬，另外一位国家级大师，在抖音、小红书等平台构建账号。2.地方代表性非遗传承人，如陈英华、姚林芬、王安芬等大师，微博、微信、抖音、小红书也是他们的主要新媒体传播渠道。3.以绣娘杨雪、绣郎张雪等为代表的苏绣派新生势力，他们也在多个平台进行起号、运营。

（提问）纵观三类典型传承人的账号数据，同学们发现账号数据中有哪些显性问题？

（2）案例详情

同学们，我们现在洞察问题的根源。基于前期分析，我们不难发现：大师多个新媒体平台起号，数据突出型账号不多，借助直播增加粉丝基数；知名绣娘：新媒体平台账号较少，运营数据不理想，粉丝黏性较低。新生势力：多个新媒体平台崛起，运营数据超过知名绣娘，多个账号数据齐平大师工匠主营账号，内容制作创新元素属于爬坡状态。

由此，我们通过网络调研，发现基于内容设计、账号定位、调性匹配的三类账号运营的共性问题。我们对平台的选择缺乏依据和方法，如何择取新媒体平台成为苏绣传播的当即问题。

（提问）首先，何为新媒体矩阵？按照运营内容类型来分，我们可以分为专业类、新闻类、公众类、资讯类等；按照新媒体属性，可分为：微视频、

APP 客户端、搜索平台等。多个不同平台的账号构建成横向矩阵，也叫外矩阵，一个平台下构建多个账号即为纵向矩阵，也叫内矩阵。比如，在微信平台可以布局订阅号、服务号、社群、个人号及小程序等。

（提问）我们为什么要选择矩阵账号呢？让我们听听行业专家的说法。（视频展示）

从视频我们可以得出，构建账号矩阵的目的在于精准引流和最大化曝光。（提问、实操）为了更好地理解矩阵的概念，现在，我们请一位同学上台操作，通过实训系统软件，我们把多个平台进行分类，巩固下前面讲的知识点。

到这里，我们可以进行下一步联想，（提问）新媒体平台的择取方法是什么呢？我们通过前期作业任务的头脑风暴，可用 6 个词概述：明确、厘清、匹配、布局、区分、提炼。

第一，我们要明确账号运营主体和所有主体，以新生势力杨雪账号为例，明确我们起号的类型到底是以"与卿渡掌柜小雪"为单独命名的个人 IP 号，或以品牌打造、内容整合为主的"工作室型"企业号，还是通过类似"奇人匠心"MCN 公司代运营的机构号。杨雪行业名声初起，但传播渠道和账号运营方式比较好，她的运营特点主要在于：通过自媒体放大才华。

第二，厘清渠道排序与平台红利期的关系。我们来理一理供求与红利的关系。当供小于求，产生红利；供大于求，没有红利。以微信为例，流量红利期属于"供小于求"，用户增长速度远高于公众号增长速度，用户已关注的公众号很少，公众号行业处于蓝海市场阶段，有利于账号的开发与创新。所以我们要进行渠道排序，先按流量大小。尽可能搜集有自己用户的各类渠道，按流量红利排序。大流量平台不一定有红利期，或者红利变小，要研究这个阶段谁的红利最大。

（提问）同学们，是不是流量越大的平台就是越好的选择？我们要看哪些因素呢？其实，我们主要观测这六大要素。日活跃用户数、平台停留时长、内容生产、用户需求、用户触达、新媒体应用场景等。

当然，我们在一些 app 上早就为了——做流量和提升活跃，沉淀了一部分特别精准的高质量用户，整体流量并不大，但未来会增长起来。比如拼多多、今日头条，做到一两个亿时才发现这是个大洼地。找到那种小众垂直的、还未被开发的渠道，它的用户与行业、产品非常匹配，虽然流量不大，但每次带来的流量都是精准的。

第三，匹配"产品调性"+"用户偏好"+"平台调性"。同学们可以用手机扫一下杨雪的抖音二维码，不难发现杨雪抖音作品主要围绕苏绣作品展示，作品评价主要围绕美的观感。而她的小红书账号主要基于理性评价，指导苏绣的传承技艺与方法。这种不同平台账号的定位正好符合我们的三要素匹配标准。

第四，布局账号运营周期内的不同策略。账号开创初期，我们要发力新平台，全方位布局矩阵，注重横向矩阵扩张。（在线视频问答）姚建萍账号也投放带货平台，看看线上学习的同学们是如何从四个方面去分析矩阵账号引流模式的。

第五，我们要区分矩阵内账号间的定位与选题。基于课前给同学们的模板，以及大家在职教平台的头脑风暴结果，我将同学们的作业成果做了总结。大家有没有成就感？这就是我们一起构建的苏绣新媒体矩阵。

（播放视频）苏绣传播需要创新元素，也需要时尚引领，这是年轻一代传承人的使命，我们受益于老一辈的刻苦，庆幸于华夏的担当。这是老一辈和新生代绣娘们的时尚创新。我们通过新媒体平台发声，呼唤工匠精神的回归，牢记并担当新时代营销者的初心与使命。

第六，通过今天所学的平台择取方法，也请同学们课后提炼苏绣类及其他非遗类爆款账号的内容运营。有理、有实地分析爆款账号的借鉴元素，设想如何构建四大自媒体平台在内的新媒体矩阵。请大家课后把完成好的方案提交至职教平台作业栏目。

（3）案例讨论（教师递进式、引导式提问）

教师提问1：依据同学们以小组为单位、在职教平台提交的作业，我们择取一组同学进行账号数据分析汇报，看看不同矩阵账号间的数据对比所反映的新媒体运营问题。

教师提问2：同学们思考一下，为啥会造成作品播放量高，但新增粉丝少的局面？

教师提问3：账号的垂直有几种形式呢？

教师提问4：我们再进一步思考，除了账号内容不垂直，还有什么原因会造成作品播放量高，但新增粉丝少的局面？

教师提问 5：团队能否再从直播维度上分析运营状况？

教师提问 6：如果自然流量占比没有问题，接下去要看的数据是什么？

教师提问 7：除了我们刚才讲的观看人次、流量占比、开播峰值、停留时间、点击率数据外，通过账号对比，还有什么区别？

教师提问 8：为啥直播平均停留时长不是很低，但平均销售额还是不高呢？

教师提问 9：为啥姚建萍账号低中高三个商品层都有了，但是销量和销售额还有待进一步提高呢？在商品的选择和直播内容上我们要注意哪些点呢？

教师总结：概括一下，就是要明确想做的产品是什么，品牌效应如何，找好分类收集客户反馈，分析直播内容并找到适合自己的路线。

教师提问 10：通过对账号直播数据、商品数据、粉丝成交内幕，以及直播粉丝画像分析，我想请一位同学谈一谈想法。

教师总结：唐代诗人罗隐的诗《绣》中写道：花随玉指添春色，鸟逐金针长羽毛。充分说明苏绣惟妙惟肖地表达。苏绣是我们的国粹，也是江苏的非遗代表，他道出了中华上下五千年的历史底蕴，绣出了文旅融合下我们江苏旅游地的水韵与内涵。基于同学们的分析总结，增长期间的矩阵账号可以从三方面入手，即"先做铺面、再做专精、后做专精＋铺面"。

（直播展示环节……）同学们，我们刚才通过辨析提出了各类账号运营问题，为了更好地提升苏绣的直播效果，同时基于课前任务要求，我们现场搭建了直播间。假设：端午节将至，主播方圆将如何以更为出色的营销技巧赢得更多人对苏绣香囊的关注及购买，我们现场让一位同学演示一下。同学们细听话术，对照我们之前讲过的 1+X 旅游新媒体营销考核要求，看看方圆的直播话术包含了哪些讲解要点？请同学们同时进入职教云平台讨论专区，进行要点风暴。

（4）案例升华

好，同学们，本节我们将通过任务导入，分析苏绣行业新媒体传播现状，以此导出矩阵概念，从而思考矩阵平台择取的方法。"君诗妙处吾能识，正在山程水驿中。"诗篇和山水，正是文旅融合的具象呈现。让我们在充满中国风情的山程水驿中，感受更多的民族文化遗韵，涵养更强的文化自信。

致非遗，敬匠心，颂传承。同学们，咱们一起努力。

5. 案例特色与反思

（1）依托文旅业态转型，构建七环节引导式课堂教学流程

课程顺应文化和旅游产业高质量发展趋势、认真执行江苏省《关于进一步加强非物质文化遗产保护工作的实施意见》的文件精神，运用问题切入和任务导向，去证明"苏绣需要内化成文化基因并能成为一种生活方式"，培养"文化自豪感、职业责任感和终身学习的意识"。以现代职业教育要求为指导，以"德技并修"为特色，借助新媒体手段解决新媒体营销问题，沿着先感性后理性、先知其然后知其所以然的改革主线，对高职课堂教学进行深入改革，形成"五围绕、三融合、七递进"型课堂教学流程。如图1所示。

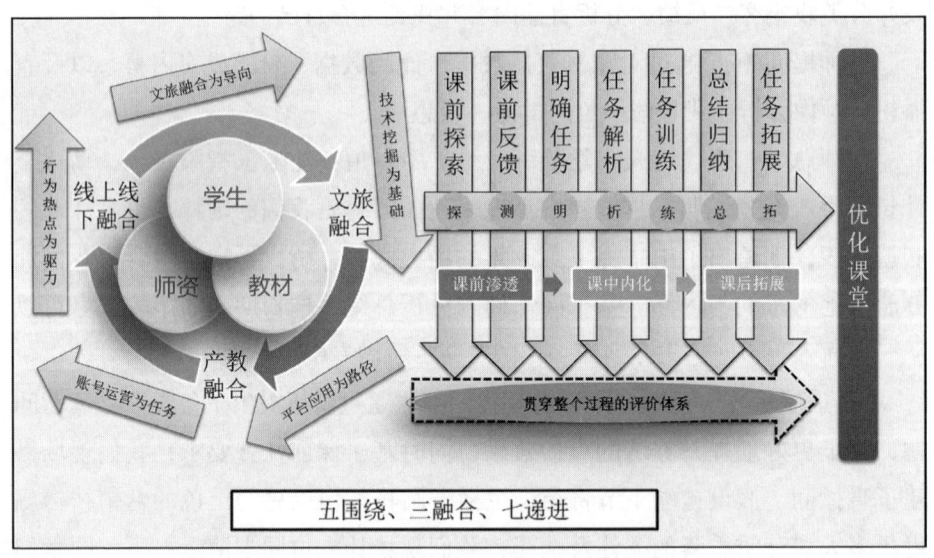

图1 "五围绕、三融合、七递进"型课堂教学模式

（2）发挥德技并修优势，实施精准进阶型课堂管理

教师课前创设问题情境，学生进入岗位状态后带着问题学习线上学习资源，并搜集资料。课中基于初级任务进行疑难点讨论和进阶级任务操作，教师根据讨论结果结合行业案例给予知识点归纳。"如何通过新媒体营销帮扶解决苏绣行业销量问题、将苏绣引入生活元素进而产品创新活用、扩大苏绣文化普遍传播和传承"已成为行业亟须解决的问题，也是课程四大任务板块在"问题挖掘—内容制作—渠道构建—短视频运营"操作过程中任务推进的逻辑

依据。通过教学互动反馈及时调整教学策略并进行个性化辅导，实现课堂精准管理，培养学生"求真务实、探索创新、精益求精"的工匠精神。如图2所示。

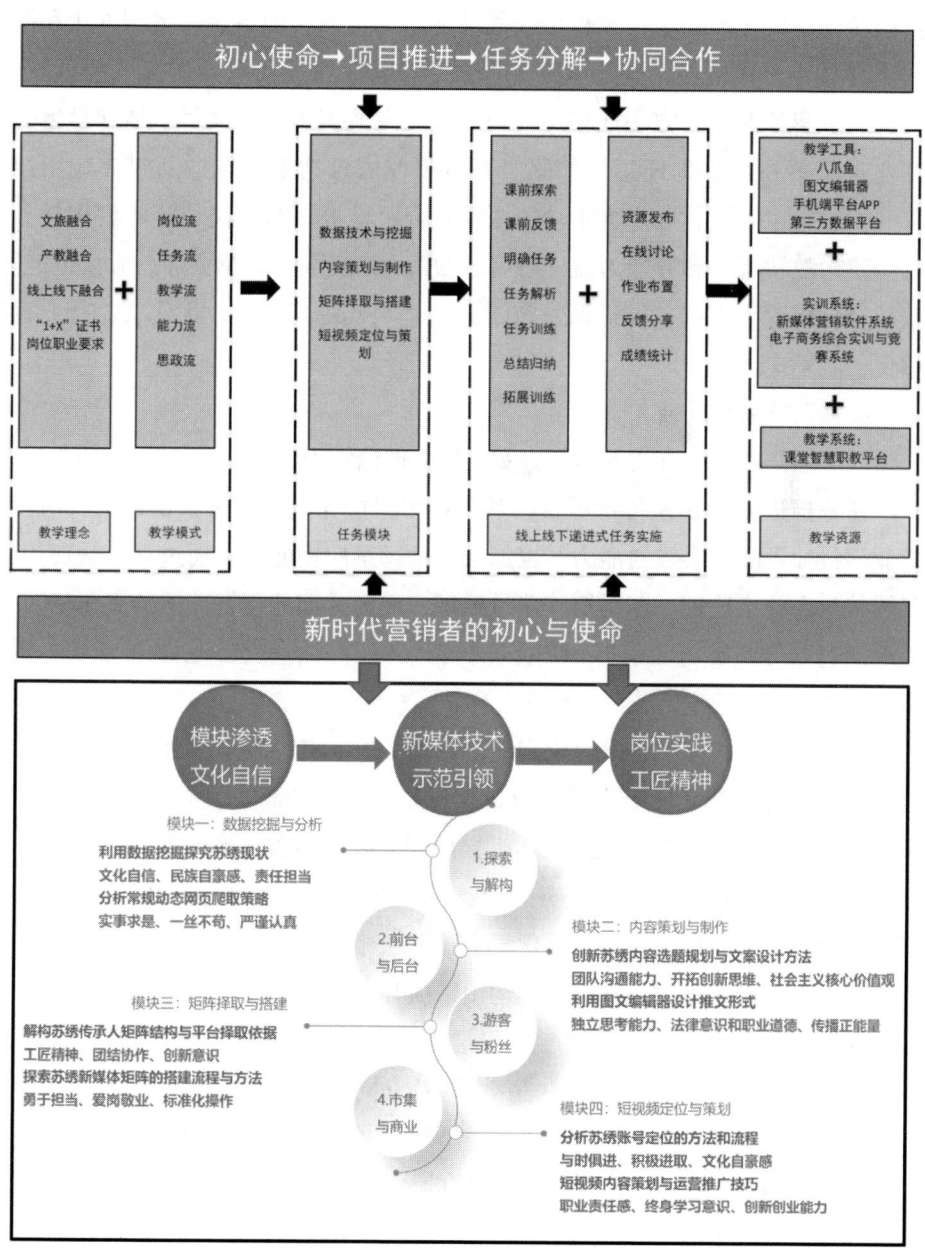

图2 "精准进阶型"课堂管理模式

(3）创新数字化技术应用，实践双驱五流型校企合作育人模式

遵循"三教改革"的靶向逻辑，课程设计鼓励师生共同对"非遗"领域的知识探索，通过苏绣行业实际问题分析运筹账号运营重点及开拓方向，加快创新创业型导师的培育过程。课程教材增加实务实训专题，案例方法和操作流程具备可移植性，既是电商专业教材，又是文旅类专业的工具型教材。教学通过实务推进和方法迁移，可培养文旅专业多个潜力账号，增加学生的专业自豪感和社会责任感。并驱"智慧职教信息技术"和"新媒体应用技术"，促进信息技术与旅游职教的深度融合；推进"对接岗位流—解构任务流—建构教学流—涵养能力流—融合思政流"，实践"双驱叠加、五流迸进"型校企合作育人模式，促进课堂教学与企业实践协同育人，优化文旅行业智慧化、内涵式建设。

6. 案例效果与反馈

（1）强化项目推进式教学，夯实了学生理论知识体系

任务推进围绕非遗传承项目，学生在习得操作流程和方法的同时，巩固商业学科知识的融会贯通能力，也加强技术场景应用能力。通过对苏绣现状、苏绣传承人脉络梳理、苏绣矩阵账号梳理，更为透彻地理解苏绣的文化基因，并能通过账号归类与元素拆解把握苏绣新媒体营销的重点，创新苏绣账号定位中的"普遍化、生活化、年轻化"印记。

（2）优化新媒体平台模块化实训，强化了学生实践操作能力

通过校企合作开发了新媒体营销软件系统、电子商务直播实训系统和电子商务综合实训与竞赛系统，让学生接到任务后通过实训平台进行仿真模拟，通过系统评分标准评价学生任务完成情况。同时，学生利用新媒体平台解决研究对象的新媒体运营问题，强化学生知识迁移能力和实践操作能力。

（3）内化课程思政元素场景化运用，提升了学生核心素养与内涵

课程项目的实施过程需要学生团结协作、案例创新和方法验证，正好培养学生"求真务实、探索创新、精益求精"的工匠精神。课程与"文旅"俱进、理实结合，运用"问题切入、任务导向"的教学方法，去验证"非遗保护是整个人群的一种传承，而不是局部的个体传承，苏绣需要内化成文化基因并能成为一种生活方式"，将新媒体传播和苏绣技艺传承中不畏艰难刻苦的精神相结合，培养"文化自豪感、职业责任感和终身学习的意识"。学生将课

程思政元素内化为专业素养，不断提升自身理论内涵和科学内涵。如图3和图4所示。

知识目标
掌握数据挖掘和分析、内容策划与制作、矩阵择取与搭建、短视频定位与策划。培养学生对理论框架的宏观把控能力、文旅行业现状梳理能力、渠道账号布局和搭建能力，以及图文和短视频策划编辑能力。

技能目标
通过视频素材搜集、数据挖掘实验、归纳苏绣行业现状、落实研究苏绣的目的和意义，培养学生行业剖析能力与数据追踪能力；通过图文设计、短视频策划和渠道择取，培养学生任务解构能力和知识贯通应用能力。

思政素质目标
结合新媒体传播和苏绣技艺传承中不畏艰难刻苦的精神，培养"文化自豪感、职业责任感和终生学习的意识"。课堂互动采用"翻转课堂"模式，学生团结协作，培养学生"求真务实、探索创新、精益求精"的工匠精神。

图3　学生知识目标、技能目标和思政素质目标

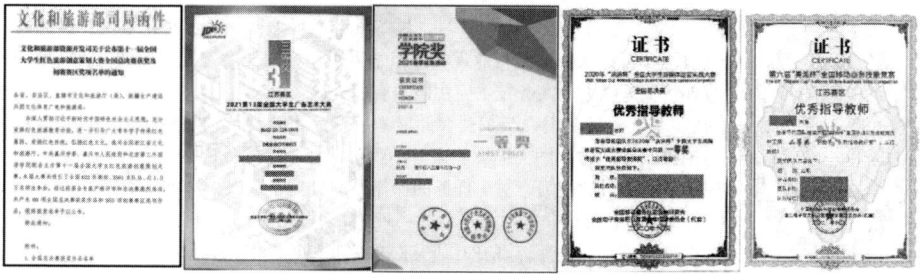

图4　学生实践操作能力、核心素养训练成效展示

《旅游电子商务》课程思政教学设计样例

课程负责人：宋立

课程名称	《旅游电子商务》	学时/学分	72学时/4学分
课程性质	□专业基础课程 ☑专业核心课程 □专业拓展课程 □实践类课程	授课对象及专业	高职大二学生；电子商务专业、智慧旅游技术与应用专业
对应章节内容	课程第六章：旅游新媒体营销实务；第三节：渠道择取与搭建		
教学内容	《匠心传承：如何择取新媒体平台》		
学情分析	【知识基础】通过专业课程学习，具备旅游新媒体营销相关理论基础；通过通识课程学习，认知文旅行业现状。但学生对理论框架的宏观把控能力、文旅行业现状梳理能力、实务技术应用能力有待提高 【技能基础】具备编程与数据存储能力、产品组合与活动策划能力，以及简单的拍摄制作能力和图文编辑能力。学生对课程分项任务的完成度较高，缺乏分项任务间的贯通能力，每个任务的操作目的分析不透，方法创新能力欠佳 【学习能力】初步拥有网络平台学习能力，但学习目标不够明确，创新意识和动手能力不足，主要体现在对研究对象（非遗苏绣）的探索和挖掘缺少寻找资料的思路、方法和渠道，学习过程缺少对学习方法的反思 【群体特征】通过课程学习、专业技能大赛、创新创业项目等任务推动，学生呈现积极探索文旅行业内涵、勇于承担新媒体营销职责、团结合作、不忘文化传承初心的精神面貌，适合探索文旅产业新媒体运营实务		
教学目标	【知识目标】掌握矩阵择取与搭建的方法，培养学生对理论框架的宏观把控能力、文旅行业现状梳理能力、渠道账号布局和搭建能力，以及图文和短视频策划编辑能力 【能力目标】通过视频素材搜集、数据挖掘实验，归纳苏绣行业现状，落实研究苏绣的目的和意义，培养学生行业剖析能力与数据追踪能力；通过图文设计、短视频策划和渠道择取，培养学生任务解构能力和知识贯通应用能力		

续表

教学目标	【素养目标】课程"理实结合"地证明"非遗保护是整个人群的一种传承,而不是局部的个体传承,苏绣需要内化成文化基因并能成为一种生活方式",我们通过新媒体平台发声,呼唤工匠精神的回归,体现中国非遗文化的传承创新与新时代营销者的初心与使命 【思政育人目标】结合新媒体传播和苏绣技艺传承中不畏艰难刻苦的精神,培养"文化自豪感、职业责任感和终身学习的意识"。课堂互动采用"翻转课堂"模式,学生团结协作,培养学生"求真务实、探索创新、精益求精"的工匠精神
教学重点、难点	新媒体营销的特色在于"新媒体平台既是研究对象,又是研究工具"。苏绣作为知名度较高的非遗项目,无论从行业本身,或传播途径,已有其根深蒂固的运作模式,但"收藏从未停止,购买从未开始""传承是局部人的传承,尚未内化为文化基因"的舆论声音层出不穷。"如何通过新媒体营销帮扶解决苏绣行业销量问题、将苏绣引入生活元素进而产品创新活用、扩大苏绣文化普遍传播和传承"已成为行业亟须解决的问题,也是课程任务研究的落脚点 矩阵择取与搭建的重难点在于:苏绣传承人的账号追溯、矩阵平台的择取依据与方法。策略在于:解构苏绣传承人类型和矩阵,通过账号数据对比提炼矩阵择取依据
课程思政设计	课程思政元素: 【1】与时俱进,积极进取,不断学习运用新媒体技术,将新媒体技术和苏绣非遗传承工作中不畏艰难刻苦的精神相结合,培养文化自豪感、职业责任感和终身学习的意识 【2】通过小组任务设置,将文旅类企业新媒体矩阵搭建过程、矩阵分发流程等模拟出来,培养学生情境任务分析能力、团结协作能力,以及创新创业能力,树立"求真务实、探索创新、精益求精"的工匠精神 【3】课堂互动采用"翻转课堂"模式,实施过程采用"问题导入—拓展题型延展—案例证明结论—提供巩固型复习资料"的分析方法,树立用辩证和发展的观点看问题,让学生抓住事物本质特征,把握内在规律 【4】课程"理实结合"地证明"非遗保护是整个人群的一种传承,而不是局部的个体传承,苏绣需要内化成文化基因并能成为一种生活方式",我们通过新媒体平台发声,呼唤工匠精神的回归,体现中国非遗文化的传承创新与新时代营销者的初心与使命 融入知识点: 【1】课程导入与总结 【2】苏绣行业现状分析 【3】横纵矩阵概念 【4】平台择取方法

续表

教学过程		
课前（5分钟）		
教学环节	活动内容	设计意图
播放苏绣的两段视频	学生通过观看视频，教师引出："锦衣苏绣织女坊，吴侬软语传深巷"，苏绣彰显了水韵江苏的至柔隽美、凸显辛勤祖辈们的文化意蕴。我们通过新媒体矩阵发声，使苏绣内化成文化基因，成为每个华夏人的生活方式	与时俱进，积极进取，不断学习运用新媒体技术，将新媒体技术和苏绣非遗传承工作中不畏艰难刻苦的精神相结合，培养文化自豪感、职业责任感和终身学习的意识
课中（40分钟）		
教学环节	活动内容	设计意图
课堂导入	教师点评并总结上节课"职教云平台"布置的预习任务	（1）基于同学们提交的作业，以及多渠道资料搜集，我们总结3类账号：第一，以姚建萍为代表的第一批国家级非物质文化遗产传承人；第二，地方代表性非遗传承人；第三，以绣娘杨雪、绣郎张雪等为代表的苏绣派新生势力。综观三类典型传承人的账号数据，引导同学们发现账号数据的显性问题并分析原因 （2）与时俱进，积极进取：不断学习运用新媒体技术，将新媒体技术和苏绣非遗传承工作中不畏艰难刻苦的精神相结合，培养文化自豪感、职业责任感和终身学习的意识

续表

洞察问题根源	教师进行课堂提问并分析总结： （1）大师工匠、知名绣娘、新生势力间的账号对比； 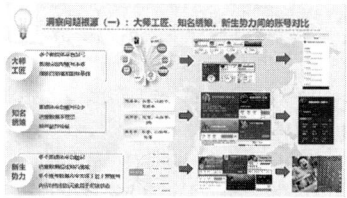 （2）大师工匠、知名绣娘、新生势力的账号运营共性问题 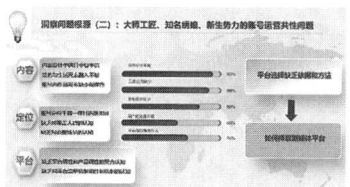	（1）实事求是，客观务实：通过网络调研，发现基于内容设计、账号定位、调性匹配的三类账号运营的共性问题。我们对平台的选择缺乏依据和方法，如何择取新媒体平台成为苏绣传播的当即问题 （2）提高学生自主搜集材料、分析问题的能力，准确获取学生学习反馈信息并及时做出评价 （3）学生数据资料多渠道收集，通过第三方数据平台分析行业现状，以任务为驱动，营造企业实际运营氛围
引出新媒体矩阵概念，以及选择矩阵账号的原因	（1）教师讲解新媒体矩阵概念。 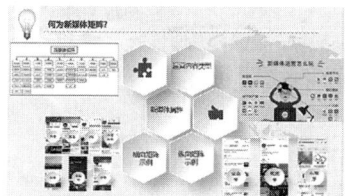 （2）邀请行业专家解析我们为什么要选择矩阵账号。（讲解视频展示） （3）请一位同学上台操作，通过实训系统软件，把我们多个平台进行分类，巩固下前面讲的知识点。	（1）与时俱进，辩证思维：充分利用多元化教学资源，新媒体平台即是学生研究的对象，就是研究的工具，培养学生辩证看问题、抓住问题主要矛盾的思维习惯。 （2）以文旅为导向：以文旅企业为切入点，解决文旅企业实际运营问题，符合国务院办公厅《关于进一步加强非物质文化遗产保护工作的意见》文件精神。 （3）翻转课堂思维：课堂互动采用"翻转课堂"模式，实施过程采用"问题导入—拓展题型延展—案例证明结论—提供巩固型复习资料"的分析方法，树立用辩证和发展的观点看问题，让学生抓住事物本质特征，把握内在规律。

续表

新媒体平台的择取方法（一）：明确账号运营主体和所有主体——以新生势力账号为例	（1）教师提出新媒体平台择取框架 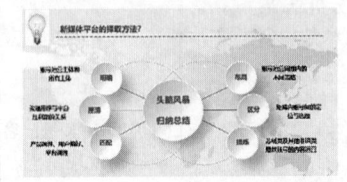 （2）提问并讲解如何明确账号运营主体和所有主体——以新生势力账号为例 	（1）善用归纳和总结、分类和筛选：明确我们起号的类型到底是以"与卿渡掌柜小雪"为单独命名的个人IP号，或以品牌打造、内容整合为主的"工作室型"企业号，还是通过类似"奇人匠心"MCN公司代运营的机构号 （2）实践出真知：杨雪行业名声初起，但传播渠道和账号运营方式比较好，她的运营特点主要在于：通过自媒体放大才华
新媒体平台的择取方法（二）：厘清渠道排序与平台红利期的关系	（1）教师讲解渠道排序与平台红利期的关系 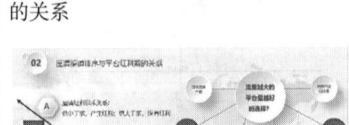 （2）提问：是不是流量越大的平台就是越好的选择？我们要看哪些因素呢？	（1）辩证的分析方法：大流量平台不一定有红利期，或者红利变小，要研究这个阶段谁的红利最大 （2）通过线上线下的调研方法和教学信息平台的运用增加学生学习的主动性和自主性
新媒体平台的择取方法（三）：匹配"产品调性"+"用户偏好"+"平台调性"	（1）学生用手机扫描新生势力苏绣名人杨雪的抖音账号和小红书账号，进行账号间的调性对比 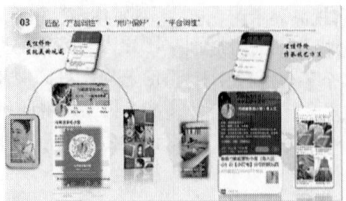 （2）教师总结并讲解如何匹配三元素	（1）抓住事物本质特征，把握内在规律。明确不同平台账号的定位，要精准符合我们的三要素匹配标准 （2）搜集获取信息，培养主动学习的意识。运用新媒体技术，将新媒体技术和苏绣非遗传承工作中不畏艰难刻苦的精神相结合，培养文化自豪感、职业责任感和终身学习的意识

续表

新媒体平台的择取方法（四）：布局账号运营周期内的不同策略（实训环节）	（1）教师举例说明：账号开创初期，我们要发力新平台，全方位布局矩阵，注重横向矩阵扩张（2）姚建萍账号也投放带货平台，看看线上学习的同学们是如何从四个方面去分析矩阵账号引流模式的。（在线连线学生）（3）择取一组同学进行账号数据分析汇报，看看不同矩阵账号间的数据对比所反映的新媒体运营问题。（学生课堂实训，翻转课堂模式）（4）教师课堂任务布置：刚才通过辨析提出了各类账号运营问题，为了更好地提升苏绣的直播效果，同时基于课前任务要求，我们现场搭建了直播间。假设：端午节将至，主播方圆将如何以更为出色的营销技巧赢得更多人对苏绣香囊的关注及购买，我们现场让一位同学演示一下。同学们细听话术，对照我们之前讲过的1+X旅游新媒体营销考核要求，看看方圆的直播话术包含了哪些讲解要点？请同学们同时进入职教云平台讨论专区，进行要点风暴	（1）理论联系实际，以新媒体渠道统计数据为依据，分析姚建萍账号在开创初期投放各种种草平台，微信公众号、B站、小红书就是她的宣传媒介（2）树立协调发展理念和可持续发展理念，开展团队合作，进行任务分工，培养合作意识，注重线上线下结合型教学模式（3）培养创新思维、创新意识和创新能力。小组汇报时会有学生质疑和举手，教师递进式地进行提问并进行实时总结（4）课堂互动采用"翻转课堂"模式，树立用辩证和发展的观点看问题，让学生抓住事物本质特征，把握内在规律（5）小组汇报讨论环节后，学生自行进行总结，认为通过新媒体学习可以为非遗事业做出一份贡献，增强文化自信和专业自信（6）教师进行文化升华和方法凝练：唐代诗人罗隐的诗《绣》中写道：花随玉指添春色，鸟逐金针长羽毛。充分说明苏绣惟妙惟肖地表达。苏绣是我们的国粹，也是江苏的非遗代表，他道出了中华上下五千年的历史底蕴，绣出了文旅融合下我们江苏旅游地的水韵与内涵。基于同学们的分析总结，增长期间的矩阵账号可以从三方面入手，即"先做铺面、再做专精、后做专精+铺面"

续表

新媒体平台的择取方法（四）：布局账号运营周期内的不同策略（实训环节）		（7）通过直播演练讲解苏绣文化，形成系统、完整、条理清晰的产品推广理念，也坚定了同学们的学习精神和文化自信。践行知行合一，学以致用，提出创意观点，提高表达能力、创新能力和执行能力
新媒体平台的择取方法（五）：区分矩阵内账号间的定位与选题（课堂互动环节）	（1）教师引出：我们要区分矩阵内账号间的定位与选题。基于课前给同学们的模板，以及大家在职教平台的头脑风暴结果，我将同学们的作业成果做了总结。大家有没有成就感？这就是我们一起构建的苏绣新媒体矩阵 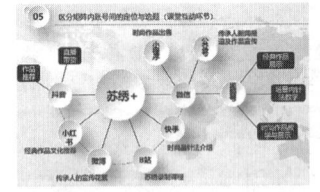 （2）（播放视频）播放工匠们的创作心声。苏绣传播需要创新元素，也需要时尚引领，这是年轻一代传承人的使命，我们受益于老一辈的刻苦，庆幸于华夏的担当 	（1）通过头脑风暴进行分析概括，培养学生精准严密的治学态度和系统的科学手段 （2）教师通过同学们的作业进行概括并形成框架，培养坚持两点论和重点论的统一，善于寻找和解决新媒体营销主要问题的意识，同时也增加了同学们的任务成就感，增强了进一步学习的动力 （3）通过小组任务设置，将文旅类企业新媒体矩阵搭建过程、矩阵分发流程等模拟出来，培养学生情境任务分析能力、团结协作能力，以及创新创业能力，树立"求真务实、探索创新、精益求精"的工匠精神

续表

新媒体平台的择取方法（六）：提炼苏绣类及其他非遗类爆款账号的内容运营（任务布置）	教师任务布置：通过今天所学的平台择取方法，也请同学们课后提炼苏绣类及其他非遗类爆款账号的内容运营。有理、有实地分析爆款账号的借鉴元素，设想如何构建四大自媒体平台在内的新媒体矩阵。请大家课后把完成好的方案提交至职教平台作业栏目 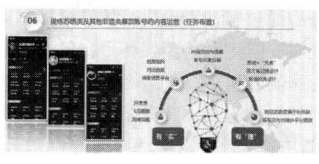	（1）提炼苏绣类及其他非遗类爆款账号的内容运营，有助于抓住事物本质特征，把握内在规律 （2）培养学生创新思维、创新意识和创新能力，树立我国文旅市场蓬勃发展的信心 （3）树立诚信品格，主动挑起社会责任，主动搜集获取信息，持续增强学习的意识，提升职业精神与职业道德
	课后（5分钟）	
教师总结与内容升华	（1）教师总结：同学们，本节课我们通过任务导入，分析苏绣行业新媒体传播现状，以此导出矩阵概念，从而思考矩阵平台择取的方法 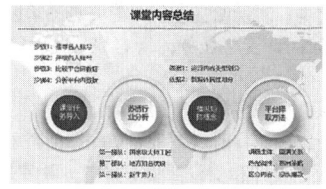 （2）（视频播放）播放国家级工匠姚建萍的采访视频，展示匠人们对非遗文化的敬重与文化传承的决心 	（1）"君诗妙处吾能识，正在山程水驿中。"诗篇和山水，正是文旅融合的具象呈现。让我们在充满中国风情的山程水驿中，感受更多的民族文化遗韵，涵养更强的文化自信 （2）课程"理实结合"地证明"非遗保护是整个人群的一种传承，而不是局部的个体传承，苏绣需要内化成文化基因并能成为一种生活方式"，我们通过新媒体平台发声，呼唤工匠精神的回归，体现中国非遗文化的传承创新与新时代营销者的初心与使命 （3）引出课程核心，为匠心传承而不断奋斗：致非遗，敬匠心，颂传承。同学们，咱们一起努力
	教学反思	

续表

实施成效	（1）强化项目推进式教学，夯实了学生理论知识体系。任务推进围绕非遗传承项目，学生在习得操作流程和方法的同时，既巩固了商业学科知识的融会贯通能力，也加强了技术场景应用能力。通过对苏绣现状、苏绣传承人脉络梳理、苏绣矩阵账号梳理，更为透彻地理解苏绣的文化基因，并能通过账号归类与元素拆解把握苏绣新媒体营销的重点，创新苏绣账号定位中的"普遍化、生活化、年轻化"印记。 （2）优化新媒体平台模块化实训，强化了学生实践操作能力。通过校企合作开发了新媒体营销软件系统、电子商务直播实训系统和电子商务综合实训与竞赛系统，让学生接受任务后通过实训平台进行仿真模拟，通过系统评分标准评价学生任务完成情况。同时，学生利用新媒体平台解决研究对象的新媒体运营问题，强化学生的知识迁移能力和实践操作能力。 （3）内化课程思政元素场景化运用，提升了学生核心素养与内涵。课程项目的实施过程需要学生团结协作、案例创新和方法验证，正好培养学生"求真务实、探索创新、精益求精"的工匠精神。课程与"文旅"俱进、理实结合，运用"问题切入、任务导向"的教学方法，去验证"非遗保护是整个人群的一种传承，而不是局部的个体传承，苏绣需要内化成文化基因并能成为一种生活方式"，将新媒体传播和苏绣技艺传承中不畏艰难刻苦的精神相结合，培养"文化自豪感、职业责任感和终身学习的意识"。学生将课程思政元素内化为专业素养，不断提升自身理论内涵和科学内涵。
问题与改进	（1）拓深实践教学方法，引入多维度实验任务。 存在问题：实验过程中目标明确，学生清楚自己的实验内容，但是代码出错率较高，动手能力稍显薄弱；对所给参考代码能够熟悉掌握，但创新度不够。 改进设想：可适当增加课外实验任务，培养编写代码能力及技术创新应用能力。 （2）拓宽校企合作领域，模拟多场景应用案例。 存在问题：学生在进行内容制作时文案策划功底和创新思维能力有待提升。 改进设想：在今后的教学设计和实践活动安排中，可多布置课外阅读任务，鼓励学生参加创新创业类赛项。联合多家校企合作单位共同开展多场景的技术应用案例，促进学生对真实情境模拟的效果，以达到更好的教学效果。

课程负责人：宋立

日期：2023年7月25日

与人工智能同行，不断向前——人工智能的发展与应用
《人工智能基础》课程思政典型教学案例

课程负责人：王碧薇

一、课程基本情况

课程名称	《人工智能基础》		
课程性质	☑专业基础课程　□专业核心课程 □专业拓展课程　□实践类课程		
学　时	32	学　分	2
授课对象	大学一年级	授课专业	智慧旅游技术应用专业
课程负责人	王碧薇	团队成员	王碧薇

二、教学案例

1. 案例主题

基于"职业教育要加快培养复合型技术技能人才"的指导思想，本案例以学生为中心，以项目为导向，以实践为主，帮助学生自主解决人工智能是什么、能干什么、为什么学习这三个问题，从而建立问题+兴趣驱动的沉浸式教学模式。

2. 出自教学章节

案例出自课程第一章：绪论；

第一节：人工智能的发展与应用

3. 案例选择与育人内涵

案例选择：

该案例在整门课程中起着开篇的作用，不仅是课程内容上的宏观体现，更是吸引学生课程兴趣的关键一课，案例围绕的三个问题均是以学生为主体设计的，反映的是学生最想要了解的，本案例的顺利开展将会为整门课程的教学工作埋下一颗希望的种子。

育人内涵：

人工智能是人类智慧的结晶。人工智能的发展是一次次创新的过程，一直以来由外国人主导，但这个过程中不乏有中华儿女在人工智能发展的长河中熠熠生辉，全面地认识人工智能及其发展，可激发学生们的爱国情怀，这是个人发展的根基，同时坚定"创新是第一动力"的发展观。

人工智能可解决问题也会制造问题。人工智能已应用于各行各业，极大的提高了工作效率，方便了日常生活，同时，也带来了不可忽视的安全和伦理问题。辩证地看待人工智能与社会发展，可以帮助学生了解自然界和科学技术发展的一般规律，树立正确的自然观、科学观。

与人工智能同行是未来的必然。人工智能的发展是不可逆转的，也是不可阻挡的，未来一定是人工智能和人类智能互补互存共同前行。掌握人工智能产品的使用技能，终身学习是个人发展的不竭动力。

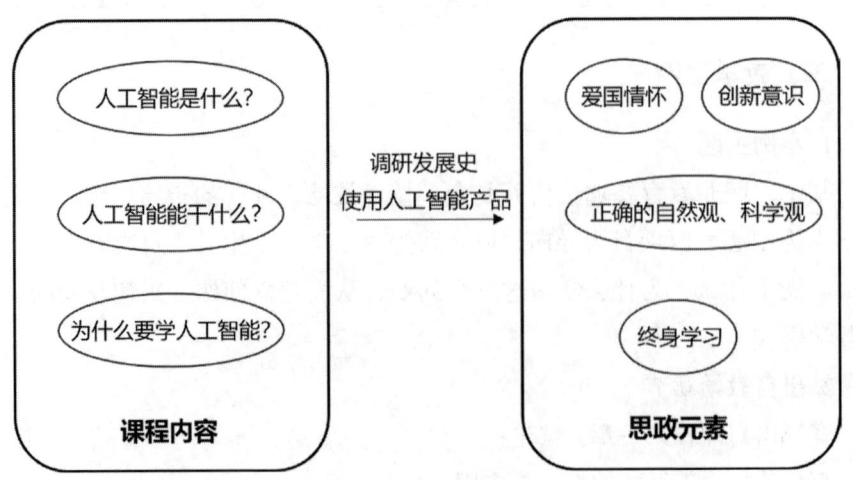

图1　育人内涵

4. 案例内容与设计

（1）案例引入

通过与课程相关、与人关系密切、及时的消息的分享，引入课程案例的教学。具体如下：

2022年11月30日，OpenAI推出AI聊天机器人ChatGPT，两个月后，ChatGPT月活跃用户破亿，刷新了App应用用户过亿的最快纪录。OpenAI首席科学家伊利亚·苏茨克维形容ChatGPT的诞生是"倾盆大雨前的一场雨，是一个分水岭"。这是因为以ChatGPT为代表的大模型向世人展露出了前所未有的能力，机器可以像人一样在一切领域里无差别地学习和与人类交互。在此之后的一两年里，人工智能领域发生的事件比前十年加起来还要多，各国对AI的开发和投资持续加码，AI大模型在全世界范围遍地开花，百花齐放。

那么，同学们这时会想要了解：人工智能是什么？它能干什么？以及为什么学习人工智能？这三个问题。让我们在实践中共同探寻答案。

图2　2023年度字词（来源：新华社）

（2）案例详情

以学生为中心，以项目为导向，以实践为主，帮助学生自主解决案例的三个问题，实现问题+兴趣驱动的沉浸式学习。具体如下：

项目一：人工智能的发展史调研

课前发布调研任务：以小组为单位，进行人工智能的发展史调研。旨在让学生对人工智能是什么、为什么要学习人工智能这两个问题有自主的、初步的认识。

课中调研小组分享：每组8分钟，师生讨论5分钟；总结15分钟。旨在通过师生交流、教师引导对人工智能是什么、为什么要学习人工智能这两个问题有更多元的、深入的认识。

课后撰写调研报告：以小组为单位，撰写一份不少于2000字的调研报告。旨在通过自我总结，进一步强化对人工智能是什么、为什么要学习人工智能这两个问题的认识。

图3 人工智能发展史调研小组分享

项目二：使用人工智能产品进行目标分割

课前发布调研任务：了解目标分割，提出一个可使用目标分割解决的校园问题，并拍摄 10 张用于目标分割的校园照片。

课中使用人工智能产品进行目标检测：在教师的指导下，每位同学上机使用人工智能产品，表达需求，生成目标分割的代码，并解决提出的校园问题。旨在通过动手实践，切身认识人工智能能干什么以及为什么学人工智能这两个问题。

课后微信群分享讨论：将个人使用人工智能产品解决实际问题的结果与心得发在课程群里，师生讨论。旨在通过自我总结，对人工智能能干什么以及为什么学人工智能这两个问题有更辩证的认识。

图 4　使用人工智能产品进行目标分割

（3）案例讨论

在以任务为导向进行实践以解决案例三个问题的基础上，进行师生间相对平等的交流和讨论，交流和讨论的过程中自动触发学生的思政元素思考。通过任务一，了解到人工智能的发展是一个持续的、起起伏伏的创新过程，一直以来，由西方主导，但不乏有中华儿女取得令人瞩目的成就，未来人类会与人工智能同行，进而触发对爱国、创新、学习的思考；通过任务二，了解到人工智能对于我们的意义，可帮助我们解决问题，同时也会带来问题，进而触发对辩证唯物主义、学习的思考。

（4）案例升华

通过师生的讨论与该过程中自动触发的学生的思政思考，教师进行总结并给予及时的反馈，学生进而可以形成正确的思政元素思考，并将思政元素根植于心。通过任务一，学生们可以认识到需要理性爱国，同时坚定"创新是第一动力"和终身学习的发展观。通过任务二，学生们可以辩证地看待人工智能与社会发展，树立正确的自然观、科学观，同时坚定终身学习的个人发展观。

5. 案例特色与反思

案例特色：

以学生为中心，设计教学脉络和思政融入点。从学情出发，设计学生最感兴趣、最想了解的案例内容，以问题的形式分模块展开教学，教学过程中思政的融入离不开理性、辩证的思维，这种思维是学生们目前需要建立的，将更大的世界、事情的全貌展现给学生，有助于这种思维的建立，这也是思政融入时的总体原则，授学生以渔。

以项目为导向，在实践和交流中学习和思考。学生在动手实践、达成任务的过程中，发现问题并解决问题，这种问题+兴趣的驱动学习是一种效果更好也更长久的教学方式。另外，师生在此基础上的交流，是平等的、有内容的、有效的交流，对于学生感兴趣的部分，做适当的内容延伸，对于学生不感兴趣的部分，引用身边的例子以激发其兴趣，这种交流可以自动触发学生对于思政元素的思考。

适时、适当地点明课程思政元素。思政元素大多是以融入在课程内容中的形式出现，有时学生难以接收到这些信息，因此教师在交流中或交流后要点出、明示该课程思政元素有利于学生对课程思政元素的认识和思考。另外，学生尚处于三观的养成期，思想尚未成熟，导致其对思政元素的理解可能存在偏差，因此教师对学生的思政思考进行总结并给予及时的反馈，可给予学生正确的引导。

课程思政元素在不断复现中延续。通过在课前、课中和课后三个阶段，以不同的形式，让课程思政元素不断地复现，才能将思政元素根植于学生内心，同时，由于课程思政元素的延续，思政元素对学生的影响可从短时作用转化为长期作用，课程思政元素中的品质，也从空洞的文字转化为实实在在的内容，成为学生内在的品质。

反思：

思政元素融入专业课堂首先需要的是一个拥有健全三观的教师，这样会对学生的思政教育起到潜移默化且持续的正向影响，因此作为教师，还需在日常中有意识地锤炼自己的三观。此外，思政育人不是一蹴而就的事情，不要求一节课、一次课就要接受所有的思政元素，应该在整个教学过程中不断地让思政元素复现，同时在不同的任务中检验思政育人的效果。

6. 案例效果与反馈

该教学案例以学生为中心提出三个问题，并通过实践和交流的方式，让学生自主探寻问题的答案，以帮助学生认识人工智能的发展及应用。并且，在此过程中通过交流、讨论和总结的方式触发学生对课程思政元素的思考和认识，三维教学目标达成度较好，其中价值目标层面，学生们认识到需要理性爱国，同时坚定了"创新是第一动力"和终身学习的发展观，树立了正确的自然观、科学观。

案例教学中，多位学生主动分享了自己对于人工智能的看法，并呈现出辩证的思考，如既有对人工智能发展改变生活的信心和期待，又有对人工智能发展存在的法律、伦理等方面的考虑，课后提交的调研报告中可以看出学生独立辩证的思考、爱国情怀和创新的意识，调研报告节选如下：

"现阶段就跟当年美苏比谁抢先登月一样，各国都在大力发展 AI，比谁的 AI 技术更好，更发达。在面对全面 AI 化时代前，人们需要完善各项法律，规定好各种规定，以防出现混乱的局面。就像在原始森林里猿人举起石头，砸向地面，砸出来石器时代，如今的人类也将用 AI 开拓出新的时代，让我们一起迎接 AI 时代的到来。"

"总的来说，文心一言的整体使用效果要逊色于 ChatGPT。无论从提示问题的理解程度、返回结果的质量，还是到细节的处理上，ChatGPT 都要看起来更加'聪明'。在国内，百度 NLP 确实处于技术领先地位，这么多年来，一直持续做着 AI 相关技术的积累和跟进，从深度学习框架到大模型以及相关的应用，都有布局。能在这么短时间推出类 ChatGPT 产品，值得尊敬，毫无疑问这与之前的持续积累有关。但根据实际评测结果来看，文心一言整体效果上和 ChatGPT 的差距还是有的，加上 GPT4.0 的出现，依然有很长的一段路要走。"

学生在期末的教学质量评价中给出了 94.57（满分 100）的评分，评价良好。此外，有同学从开始的不积极、不主动参加班级事务，到新学期主动承担课代表的责任，变得积极主动，案例教学的效果和反馈仍在继续。

《人工智能基础》课程思政教学设计样例

课程负责人：王碧薇

课程名称	《人工智能基础》	学时/学分	32学时/2学分
课程性质	☑ 专业基础课程 ☐ 专业核心课程 ☐ 专业拓展课程 ☐ 实践类课程	授课对象及专业	大学一年级/智慧旅游技术应用
对应章节内容	第一章 绪论，第一节 人工智能的发展与应用，第一课时		
教学内容	什么是人工智能 概念、发展史、学派、流程和本质、基本要素		
学情分析	学生获取信息的途径多，知识面广，但思想不成熟，三观处于养成期		
教学目标	【知识目标】清晰人工智能的发展脉络、应用场景 【能力目标】自主查询并厘清人工智能行业的发展情况 【思政育人目标】拥有爱国情怀、创新思维、终身学习的品质		
教学重点、难点	教学重、难点：对于什么是人工智能的理解		
课程思政设计	课程思政元素：爱国情怀、创新思维、终身学习的品质 融入知识点：人工智能的发展史		
教学过程			
课前（10分钟）			
教学环节	活动内容	设计意图	
课程导入	通过新闻、视频、师生互动等方式进行课程导入： ①爆火的ChatGPT是什么，能干什么？ ②目前有类似于ChatGPT的产品吗？如有，有哪些？	激发学生的学习兴趣，并通过引导的方式，让学生自主体会爱国情怀的涌动以及创新的重要性。	

续表

课中（20分钟）		
教学环节	活动内容	设计意图
新知识传授	问题：人工智能的发展史是什么？从问题出发，学生以小组为单位，进行人工智能发展史的调研分享，并进行师生交流、总结。	通过问题+兴趣驱动的沉浸式教学模式，引导学生自主探寻课程重、难点内容的答案，同时，该部分内容的课程思政元素是课程引入部分课程思政元素的第一次复现，强化了对学生的思政育人。
课后（15分钟）		
小结	教师对本课时的内容进行梳理、补充和总结，并强调教学重点和难点，学生自主绘制本课时内容的思维导图。	完整、完善课程内容，并实现课程内容的回顾，同时，复现课程内容以再次复现课程思政元素，再次强化对学生的思政育人。
教学反思		
实施成效	将思政元素融入专业课程中，三维教学目标达成度较好，其中价值目标层面，激发了学生的学习兴趣、爱国情怀，坚定了创新和终身学习的发展观。多位学生主动分享了自己对于人工智能的看法，并呈现出辩证的思考。	
问题与改进	思政元素融入专业课堂首先需要的是一个拥有健全三观的教师，这样会对学生的思政教育起到潜移默化且持续的正向影响，因此作为教师，还需在日常中有意识地锤炼自己的三观。此外，思政育人不是一蹴而就的事情，不要求一节课、一次课就要接受所有的思政元素，应该在整个教学过程中不断地让思政元素复现，同时在不同的任务中检验思政育人的效果。	

课程负责人：王碧薇

日期：2023年7月22日

中国结：传承与创新
《创意思维训练》课程思政典型教学案例

课程负责人：周奕珺

一、课程基本情况

课程名称	《创意思维训练》		
课程性质	☑专业基础课程　□专业核心课程 □专业拓展课程　□实践类课程		
学　时	32	学　分	2
授课对象	文化创意与策划专业一年级学生	授课专业	文化创意与策划专业
课程负责人	周奕珺	团队成员	—

二、教学案例

1. 案例主题

中国结：传承与创新

2. 出自教学章节

课程第三章：感受你的创意思维；

第二节：设计中的创意思维

3. 案例选择与育人内涵

《中国结：传承与创新》这一案例主要讲述的是如何让中国结这一传统文化元素在现代设计中得到传承、更新与发扬光大。案例从中国结的历史与文化传承出发，引导学生们讨论如何在现代社会（商业、文化、艺术）情境中融入中国结设计元素。案例有意识地融合中国结蕴含的传统文化与民族精神，希望能培养学生对传统文化的热爱与自豪感，同时提升创新思维和艺术设计能力。

案例的育人内涵体现在以下几个方面：

（一）崇尚文化传承：通过将传统文化元素融入现代设计，可以让学生更好地理解和欣赏民族文化，增强文化自知之明和文化自信；

（二）提升创新意识和能力：这种融合过程实际上是一种创新过程，可以培养学生的创新思维和实践能力，鼓励他们打破常规，敢于尝试；

（三）培育全球化视野：在全球化大背景下，对于本民族文化的保护和现代设计的创新都需要具有全球视野，这有助于培养学生的国际意识和跨文化交流能力；

（四）提升审美能力：通过学习和实践，学生可以提升对于色彩、格局、细节等设计元素的感知和理解，从而提高自身的审美能力和艺术鉴赏能力；

（五）提高设计实践能力：案例中的设计实践环节可以提高学生的设计能力，使他们在实践中理解并运用所学知识，提高解决问题的能力；

（六）提高综合素质：这种融入传统文化元素的现代设计课程，不仅要求学生具备艺术设计的技巧，同时也需要他们理解和尊重传统文化，这无疑会对学生的综合素质进行全方位的提升。

4. 案例内容与设计

（1）案例引入

要了解如何将中国结元素融入现代设计，首先我们需要理解中国结和现代设计的概念。中国结是一种古老而复杂的艺术品种，向来被赞誉为"国粹"，它一直与中国人的日常生活、仪式紧密相连。现代设计则强调功能上的效率和实用性，并尽可能地简化形式。而将这两者结合在一起，会产生什么样的火花呢？让我们通过以下案例展开探索。

（2）案例开展

首先是对中国结的历史、文化和编织方法的简单介绍。在这一环节中将以问题"你看到中国结，有什么感受？"为导向，通过对中国结的历史渊源和文化寓意追溯，让同学能够理解中国结的丰富内涵并感受到其中蕴含的中华传统美学。作为一种手工编织工艺品，中国结不仅造型优美、色彩多样，它还代表着团结、幸福、平安等美好寓意。追溯到上古时期，当时的绳结不仅是人们日常生活中的必备用具,如缝衣打结等,同时还具有记载历史的重要作用。随着历史的推移,绳结的用途逐渐扩展。在周朝时期,人们开始将绳结作为装饰物佩戴在身上。到了战国时代,绳结图案已经出现在铜器等物品上。而到了清朝时期,中国结才真正成为一种盛传于民间的艺术。如今,中国结已经不仅仅是一种实用的绳结技艺,更成了一种具有装饰性和象征意义的艺术品。它被广泛用于室内装饰、亲友间的馈赠礼物以及个人的随身饰物等。

其次是要求同学将中国结的元素融入手包的设计。在这一环节中,同学以小组为单位,设计一款吸引年轻消费者的手包。首先他们需要分析目标消费者群体的消费习惯与时尚品位。通常年轻群体很喜欢富有创新性和个性化元素的设计,同时也享受向传统文化致敬的独特体验。因此在手包中融入中国结元素是一个富有创意的想法。但是对同学提出的挑战是,他们需要掌握如何用线弯曲、交织和色彩丰富的材料来制作中国结。这一过程需老师在课堂上提供多种中国结的实物样品,为学生提供思路和启发。但更重要的步骤是同学自己在网上寻找中国结的图案样式变化以及材料。最终,同学以草稿图呈现设计出以中国结作为主题的手包,要求是:整个包袋设计融入中国结元素;富有设计美感;设计新颖合理。

在课程的实施中,同时教师也为学生提供以下数字化辅助工具:

①使用在线协作工具 Microsoft Teams 或其他教育协作平台,让学生在线上进行团队合作,共同完成关于中国结的研究项目或设计任务。这些工具不

仅支持多人同时编辑文档，还能进行实时沟通和反馈，有效提高学生的协作能力和团队意识。

②在设计评价中，通过数字化的匿名评估系统来评价学生的设计作品，给出公正、客观的最终分数。

③建立在线学习资源库，为学生提供丰富的学习材料，包括视频教程、电子书籍、创意设计案例等。这些资源可以随时随地访问，方便学生进行自主学习和拓展。

（3）案例讨论

完成手包的设计后，小组将对自己的设计过程进行一个简单的总结汇报。汇报内容包含他们对中国结的理解、将中国结融入现代设计中的思路、实施过程、小组分工等方面。在全部小组作品设计完毕和汇报结束后，对各组的成果进行投票和评比，选出课堂上最佳作品。

同学的反馈是，通过课程学习，他们理解了中国结在设计中并不只是装饰元素，而是用来传达某种深意和寓意的工具。也明白了在运用一种文化元素时，必须要有尊重并理解那种文化的态度。通过对中国结在手包设计上的应用，他们不仅需要掌握其象征意义和技术细节，还能够将其与现代设计元素融为一体，创造出一款既具有市场吸引力又饱含文化内涵的产品。

（4）案例升华

我们可以从这个课程案例中得到启示，有效地将传统文化元素融入现代设计，需要具有开阔的视野、敏锐的创新意识以及对传统文化的尊重和理解。而成功的设计并非只是形式上的融合，更重要的是在思想上的理解和洞察，从中挖掘出符合现代审美的设计灵感。

在课程的实施中，需要同学思考：什么是独特的设计？如何找到在尊重传统与追求现代之间的平衡？具体来说，我们如何将现代设计元素融入中国结的设计中，既保持原有的文化特征又赋予其新的艺术形式？以及让同学动手，以中国结元素为核心，进行现代产品设计。

中国结是一种具有深厚文化底蕴的民族工艺，每个结都承载着特定的象征寓意，如团结、和谐、长寿、幸运等，这些在中华文化中有着深远意义的价值观念，以中国结的形式表达和传承。同时，中国结的制作技法也是中国传统手工艺的重要部分，代代相传，其中蕴含的精神和智慧是连接过去和未来的重要纽带。同学们通过对本案例的学习，能够对中国结富含的文化内涵和象征意义有了清晰认识，进一步理解和感受中华文化的魅力，从而增强自身的文化认同感。同时，学生尝试在自己的作品或项目中融入中国结元素，这种创新过程是他们以自己的方式，对中华民族的文化和审美进行传承和发扬。

5. 案例特色与反思

《中国结：传承与创新》的案例设计是充满智慧和感人的。课程旨在通过深入的案例分析，探索中国特色的传统元素，中国结如何通过创新的方式得以传承和发扬。我们期望通过这种方式，学生能认识到，尽管时代在变化，科技在发展，但保持并传承我们的文化传统是至关重要的。

本案例的特色在于，首先从学习中国结的历史和文化意义开始，使学生能了解这种精美工艺的艺术价值和感人内涵。其中寓含的祝福、吉祥、团团圆圆的心意，引导学生深化对中华文化深厚底蕴的理解。这样的传统，是我们对前辈智慧最美的赞礼，是我们民族的骄傲，也是我们今天在世界上独一无二的一份名片。对此，我们希望每一位学生都能有自豪感。

随后，课程开始设计创新部分。利用现代设计思想，让学生观察并分析今日的中国结怎样与现代生活相融合。以手包设计融入中国结元素为切入点，抛砖引玉，引导学生们探索很多新的、鲜活的中国结设计。例如，将中国结设计成各种形状、颜色、设计的手链、项链、耳环等首饰，或者是手机链、书签、挂饰等。这些新式的中国结既保留了传统元素，同时也展现了当代审美和实用的特性。通过实践创新，学生们可以深入理解，在尊重传统的同时，我们可以将其植入创新的内涵与思维。

创新并不是脱离传统，忘本的。相反，我们尊重传统，正是因为我们知道，这是我们的根，是我们的灵魂。只有深深扎根，才能枝繁叶茂。这也是我们的传承意识，借古人之智，塑今人之我，创未来之道。在我们为传承和创新中国结而忙碌时，我们也在感受和传递那种不断前进、永不停步的精神。

通过这样的课程设计，希望提升学生对中国传统文化的认识和热爱的同时，塑造其创新思维和手工艺能力。他们将发现，传统的东西并非过时的，只要我们用创新的思维方法去打开，它就能变得活力盎然，充满惊喜。

6. 案例效果与反馈

课程案例实施后的效果来自于学生与老师两方面：

学生的评教反馈主要集中在以下几方面：

（一）提高了创意创新能力。学生在课程中学习了如何在设计中融合并创新中国结元素。这提高了他们的思考和解决问题的能力，增强了他们的创新能力和艺术修养。

（二）增强了文化自豪感。学生对中国结的深入理解和研究，使他们更加了解中华传统文化，增强了他们的民族自豪感和文化自信。

（三）培养了审美观。课程中的实践操作，使学生在观察、理解和创作过程中，提升了他们的审美能力和艺术感知力。

（四）提升了团队协作与数字化工具的使用。在手包设计项目过程中，团队成员需要密切合作，共同完成任务。同时学会如何使用线上合作软件来实现高效团队合作。

（五）扩大了视野。课程的开展使学生在中国结的学习过程中，将传统与现代、东方与西方的文化元素融会贯通，开阔了他们的眼界，也为他们的全人类发展和未来学术研究提供了宽广的视野。

来自教研室教师同人的反馈：

对课程给予了积极的评价，他们在课堂上看到了学生们在理解和创新中国结艺术方面的兴趣和热情，并认为该课程在提升学生的创新思维和解决问题能力方面发挥了积极作用。

《创意思维训练》课程思政教学设计样例

课程负责人：周奕珺

课程名称	《创意思维训练》	学时/学分	32学时/2学分
课程性质	☐专业基础课程 ☑专业核心课程 ☐专业拓展课程 ☐实践类课程	授课对象及专业	文化与创意专业一年级学生
对应章节内容	第三章：感受你的创意思维；第二节：设计中的创意思维		
教学内容	《中国结：传承与创新》如何将中国结元素融入现代产品设计		
学情分析	本节课程是为文化与创意专业一年级学生开设。这一群体同学大多是高中毕业生，只有高中知识背景，因此他们在专业知识方面可能还比较薄弱。关于历史传统文化的学习，不能仅在书面知识的层次进行，而是需要结合同学平时关心的、喜欢的、发生在身边的内容和事件入手，深入浅出地剖析中国结的历史文化背景和传统工艺。 在创新思维上，一年级新生通常具有极高的探索欲和好奇心，他们对新事物热衷于尝试。这是他们的优势，但也存在着好高骛远，无法脚踏实地进行规范性的创新知识积累和创新技术学习的问题。因此在教学过程中需要循序渐进，反复实践，采取小步子策略法，以问题引领、小组协作为导向进行教学推进。 文化创意专业对学生的实践与设计能力要求较高，毕竟创新需要付诸实践才能够形成具体的创作。对于新生来说，他们可能还未具备强大的实践能力和经验。此外，大学的学习方式与高中有所不同，更加注重自主学习和探索能力。新生可能需要一些时间来适应这种转变，学习如何更有效地进行知识的获取和应用。		
教学目标	【知识目标】 系统地理解中国结代表的历史文化和民族精神。理解中国结的制作工艺和基础的打结技巧以及现代产品的创意设计理念。 【能力目标】 培养学生的创新思维和实践能力。学生将他们学到的理论知识应用到实践中去，创新设计并自己制作出含有中国结元素的作品。此外课程旨在提升学生的审美能力、艺术鉴赏能力以及团队合作精神。		

续表

教学目标	【素养目标】 鼓励学生尊重并欣赏中国的传统文化，增强文化自信和民族自豪感。在学习过程中培养学生对传统文化的尊重和热爱，从而促进他们的精神成长。 【思政育人目标】 通过学习《中国结：传承与创新》课程案例，学生能更好地理解中国的历史和文化，并对中国的传统艺术和手工艺有更深入的领会。帮助学生形成健康积极的人生观、价值观。在理解和珍爱中华传统文化的基础上，增强文化自觉和民族自尊。同时，使学生理解到传承和创新并行不悖，培养他们的创新精神和民族自豪感。
教学重点、难点	【重点】 理解中国结的历史演变过程以及文化内涵。 掌握各种中国结的打法并了解其背后的含义。 通过实践操作，掌握并能独立完成中国结的制作。 学习如何将传统的中国结技术与现代元素相结合，实现创新。 【难点】 对于缺乏手工艺技能的学生，学习和理解复杂的中国结打法可能会有一定困难。 中国结的文化内涵需要在理论学习和实践操作中并行理解，这对于一些学生来说可能较难把握。 中国结的创新设计需要学生有一定的审美能力和设计天赋，但并非所有学生都具备。 将传统与创新结合，既保留中国结的传统韵味，又能添加现代化元素，这对于设计思维和审美能力提出了更高要求。
课程思政设计	课程思政元素：以中国结为载体的中华民族情感表达与文化传承。强调创新并不是脱离传统而忘本的。相反，我们尊重传统，正是因为我们知道，这是我们的根，是我们的灵魂。只有深深扎根，才能枝繁叶茂。这也是我们的传承意识，借古人之智，塑今人之我，创未来之道。在我们为传承和创新中国结而忙碌时，我们也在感受和传递那种不断前进、永不停步的精神。 融入知识点：将中国结元素融入现代产品设计，既保留了传统元素，同时也展现了当代审美和实用的特性。

教学过程

课前（60分钟）

教学环节	活动内容	设计意图
课前预习视频观看	让学生预习关于中国结的基本知识和历史背景，并观看指定视频。学生可以通过阅读相关的教材或者网络资源来了解中国结的历史发展与文化意蕴。	旨在引发学生对中国结的初步认知和兴趣，预先了解一些基本知识，为课堂教学打下基础。

续表

	课中（90分钟）	
教学环节	活动内容	设计意图
知识讲授 小组讨论 小组实践	教师将介绍中国结的历史、文化内涵以及各种打结技巧，并让学生简单动手实践。然后结合案例引导学生进行小组讨论，在线协作工具 Microsoft Teams 开展自己小组的创意设计。学生以小组为单位总结汇报如何将中国结传统元素融入进手包的设计。	帮助学生更深入地理解中国结的文化和技艺；通过小组讨论启发学生的创意思维；最后通过设计创意环节，培养学生的创意创新能力。
	课后（120分钟）	
小组作业 反思讨论	以小组为单位写一份关于自己认识和理解中国结设计的感悟报告。	写感悟报告则能进一步加深他们对中国结文化的理解，并能促使他们思考如何将传统文化创新地传承下去。
	教学反思	
实施成效	学生对中国结以及相关的历史和文化有了深入的理解，增强了对中国传统文化的认知和欣赏能力。 学生通过实践操作，学习到了中国结的基本制作技巧，提高了他们的动手能力和创新思维。 学生通过自己的设计和制作，逐步形成了结合传统和现代元素的审美观点和设计理念。	
问题与改进	学生在制作过程中，可能会遇到技术性挑战，例如中国结的编织技术。为了应对这个问题，教师需要提供充足的指导，甚至在课前提供一些基础的编织教程供学生预习和参考。 对于创新设计方面的任务，针对这个环节，最理想的方法是能够使用仿真软件进行设计，而目前的客观条件无法支持。 课程实施过程中存在着某些学生可能对中国结的历史和文化知识感到枯燥，为了提高学生的学习兴趣，教师可以趣味性方式讲述，如故事、视频，使得知识点变得生动有趣。	

课程负责人：周奕珺

日期：2023年6月30日

诚信为本，操守为重
《财务会计》课程思政典型教学案例

课程负责人：张慧娟

一、课程基本情况

课程名称	《财务会计》		
课程性质	□专业基础课程　☑专业核心课程 □专业拓展课程　□实践类课程		
学　时	64	学　分	4
授课对象	一年级	授课专业	大数据与财务管理
课程负责人	张慧娟	团队成员	

二、教学案例

1. 案例主题

诚信为本，操守为重

2. 出自教学章节

课程第三章第一节：货币资金

3. 案例选择与育人内涵

　　康美药业案例具有时效性、代表性，代入感强，易于被学生所理解和接受，能够提高思政授课效果。康美药业财务造假事件给相关方面及人员造成了巨大的损失，通过本次案例思政教学，让学生进行分析和思考，让学生明白职业道德和价值观的缺失会给一个公司、一个行业甚至于一个国家带来严重的后果。用身边发生的案例给学生上了一次生动的思政课，既让学生学会如何践行社会主义核心价值观又为学生树立了正确的三观。

4. 案例内容与设计

（1）案例导入

康美药业股份有限公司在2016—2019年通过虚增收入、虚增资产美化财务报表的事实，警醒同学要有敬畏之心，恪守职业道德，并提问"假如你是康美药业的会计人员，你会参与公司财务造假吗？"使学生深入思考未来职业生涯中如何坚守底线，如何不受利益诱惑以及外在压力去做有违会计诚信、违法犯罪的事情。作为社会经济活动的监督者，牢记初心与使命，回归社会责任本源，坚守职业道德底线，重视专业能力建设，严格报表的质量是会计人员的重要职责。然而，近年来频频出现的财务造假事件使得资本市场面临史无前例的信任危机，社会责任缺失等现象也向高校的德育教育敲响警钟。高校如何在会计人才培养的过程中实现"知识传授"和"价值引领"的有机统一，加强学生在校学习期间的职业道德建设和社会责任意识，成为会计学课程教学中亟须解决的问题。

（2）案例详情

证监会5月14日对康美药业违法违规案做出行政处罚及市场禁入决定，决定对康美药业责令改正，给予警告，并处以60万元罚款，对21名责任人员处以10万元至90万元不等罚款，对6名主要责任人采取10年至终身证券市场禁入措施。相关中介机构涉嫌违法违规行为正在行政调查审理程序中。同时，证监会已将康美药业及相关人员涉嫌犯罪行为移送司法机关。

经调查，2018年年报中，康美药业将六个不符合会计确认标准的工程项目纳入表内，一次虚增固定资产11.89亿元、在建工程4.01亿元、投资性房地产20.15亿元。2016—2018年上半年，康美药业合计虚增收入299亿元，虚增营业收入275.15亿元，占同期公告营业收入40%以上，虚增营业利润39.36亿元，占同期公告营业利润的三分之一。

（3）案例讨论

要求同学们结合所讲案例内容，讨论康美药业银行存款为什么能虚增299亿元？采用什么手段？背后有怎样的目的？企业应该怎样加强银行存款的管理？怎样进行银行存款的核对以避免差错？

（4）案例升华

通过康美药业虚增20.15亿元的投资性房地产的案例，培养学生不能因眼前利益，就违法乱纪，应当脚踏实地，以诚信守法为荣，以失信违法为耻。财务造假，严重偏离了"依法诚信"的基本底线，终将会受到法律的严惩。财政部《关于加强会计人员诚信建设的指导意见》中指出，会计人员要坚持客观公正、诚实守信、廉洁自律、不做假账，不断提高职业操守，使会计诚信内化于心，外化于行，成为会计人员的自觉行动。

5. 案例特色与反思

（1）案例特色

①思政内容有情感、有深度、有广度、有温度，易产生协同效应。

康美药业造假案例给资本市场带来了很大影响。事务所没有保持审计的独立、客观、公正、诚信等职业道德要求，最终自食其果。本案例内容涉及到了关系、利益、股市影响等方方面面，体现了案例的深度和广度，提升了学生的学习兴趣。

②案例具有时效性、代表性，代入感强，易于学生理解和接受，提高思政授课效果。

选择资本市场最新发生的影响较大的审计失败案例进行分析更具有时效性及代表性，体现了审计实务的最新变化，易于学生把握、吸收，不牵强、不死板、不生硬，代入感强，易产生共鸣。

（2）案例反思

虽然本课程思政取得了良好的成果，但是还有很多地方需要持续改进，不断迭代更新。比如说《财务会计》的课程思政如何与其他财务、会计课程的课程思政完成传承与深化，如何更加直观快速地了解学生的价值取向、思想动向，如何更好帮助学生从知道"思政元素"到践行与内化思政元素，如何更客观有效地评价学生的思政表现，课程结束后如何持续巩固学生的思政素养等等。课程思政看似面向学生的价值观养成，实则要求教师不断地严于律己，身教的力量远大于言传，教师平日的一言一行、教学能力、科研素养、待人接物都是给学生最好的思政教育。

6. 案例效果与反馈

（1）案例效果

康美药业财务造假事件给相关方面及人员造成了巨大损失。通过本次案例思政教学，让学生进行分析和思考，找出他们认为错误的行为，让学生明白职业道德和价值观的缺失会给一个公司、一个行业甚至于一个国家带来严重的后果。用身边发生的案例给学生上了一次生动的思政课,既让学生学会了如何践行社会主义核心价值观,又为学生树立了正确的三观。

（2）案例反馈

学生在课后对该门课程的教学有积极的反馈:"在这门课的学习中,我不仅学习到了有关的知识,还有一种油然而生的使命感,因为我们以后要从事的财务工作对企业甚至整个社会的发展至关重要。康美药业在财务造假事件中,不仅损害了投资者的利益,也影响了行业声誉和社会信任,这是企业诚信经营的反面教材。企业应该把诚信放在经营的首要位置,坚持真实透明、公平公正的原则,才能赢得市场的信任和长期发展。"

作为教师,不仅应该传授专业知识,还应该帮助学生树立正确的价值观,促进"学理"和"真理"都能深入学生的心中。专业教育与思政教育本身就是相辅相成的,教学应当是在润物细无声中加快培养担当民族复兴大任的时代新人。

《财务会计》课程思政教学设计样例

课程负责人:张慧娟

课程名称	《财务会计》	学时/学分	64学时/4学分
课程性质	☐专业基础课程 ☑专业核心课程 ☐专业拓展课程 ☐实践类课程	授课对象及专业	一年级/大数据与财务管理
对应章节内容	第三章 第一节 货币资金		
教学内容	银行存款的清查		
学情分析	1.通过前面章节的学习,学生已基本掌握财产清查的基础,只是财产物资实物清查方法和库存现金清查方法等方面的基础知识。 2.学生已初步学会银行存款收付业务的日常解决,但由于学生对银行存款的清查缺少感性的认识,故准备以案例贯穿教学全过程,通过创设情境让学生感受实际工作岗位中银行存款清查业务的解决过程,并初步学会基本操作要领		
教学目标	【知识目标】了解银行存款清查的方法和程序;理解未达账项产生的原因和种类;掌握银行存款余额调节表的编制。 【能力目标】具有一定的表格编制能力;具有分析问题、解决问题的能力。 【素养目标】养成严谨细致的工作作风;具有科学的质疑精神。 【思政育人目标】培养诚信为本、操守为重、坚持准则、不做假账的会计职业道德		
教学重点、难点	难点:未达账项的理解;四类未达账项调增还是调减的判断。 重点:银行存款余额调节表的编制		
课程思政设计	课程思政元素:严谨细致;诚信廉洁		
	融入知识点:银行存款的逐日逐笔核对;银行存款总分类账和日记账的编制		

续表

教学过程		
课前（20分钟）		
教学环节	活动内容	设计意图
课前预习	1. 下载学习通平台 PPT 进行预习，并观看导入案例视频。 2. 问题探讨： "诚信"不仅是对会计人员职业道德的要求，更是做人做事的基本原则，结合自身情况，谈谈你是怎样做一个诚信的人的	课前通过对 PPT 的预习，使学生对整节课的内容有一个整体的把握；通过课前问题探讨的方式使学生加深对"诚信"的认识和理解
课中（45分钟）		
教学环节	活动内容	设计意图
案例导入 （5分钟）	播放视频《康美之恋》，提问学生：为什么这首歌的歌名叫康美之恋？激发学生的好奇，引出康美药业这家企业。 问题导入：康美药业为什么银行存款能虚增299亿元？采用什么手段？背后又有怎样的目的？企业应该怎么加强对银行存款的管理？怎样进行对银行存款的核对以避免差错	通过案例导入的方式，引发学生思考康美药业为什么能够虚增金额如此之大的银行存款，思考企业应如何加强银行存款的管理，企业应如何避免银行存款核对的差错
讲授新课 （18分钟）	1. 复习上节课库存现金清查的内容； 2. 向学生讲授银行存款清查的形式、步骤和要求（PPT 展示）；（4分钟） 3. 讲授双重性质账户"待处理财产损溢"登记方法（PPT 展示）；（4分钟） 4. 讲授清查结果为现金盘亏或盘盈对应的账务处理（黑板板书）。（6分钟）	1. 复习上节课知识，使学生明确财产清查的一般情况； 2. 用 PPT 和黑板板书展示知识点，使学生明确所需要重点学习的地方

续表

巩固练习 （15分钟）	1.安排小组任务：要求学生以小组为单位讨论并完成之前准备好的2个案例（1、2组练习案例1，3、4组练习案例2） （1、2小组）案例1：志达公司在财产清查中，发现银行存款盘盈10000元。经反复核查，该银行存款长款无法查明原因，如何做账务处理？若查明后是属于少支付给A公司的，又该如何做账务处理？ （3、4小组）案例2：志达公司在财产清查中，发现银行存款盘亏6000元。经查，该银行存款盘亏应由保险公司赔偿2000元，多余款项无法查明原因，如何做账务处理？ 2.完成任务后小组逐个展示各自的成果； 3.公布答案，根据各个小组的表现，给出评价。	1.使学生在完成任务中突破了重点、难点，从而达到了本节课的教学目标； 2.两个案例对比学习，使学生掌握的知识更牢固； 3.各组汇报能够在全班范围内相互学习，提升学生能力； 4.教师的评价肯定学生的学习成果，使学生更主动积极地学习。
归纳小结 （5分钟）	提炼关键字，总结课程 审批前： 银行存款盘盈，借记"银行存款"，贷记"待处理财产损溢"；盘亏则相反。 审批后： 银行存款盘盈： 无法查明原因→营业外收入 应付给某单位或个人→其他应付款 银行存款盘亏：无法查明原因→管理费用 属于责任人责任→其他应收款 还要记得转销"待处理财产损溢"	用关键字总结课程，学生容易记忆，再次突出课堂的知识点，强化重点和难点。
作业安排 （2分钟）	PPT展示作业： 1.必做题：课后银行存款清查的练习； 2.选做题：通过上网、图书馆等途径查阅企业银行存款的管理制度。	必做题与选做题结合，必做题使学生巩固本节知识，内化自己拥有的技能；选做题强化自主探究学习的能力，学会理论知识与实际相结合。
课后（10分钟）		
强化课后巩固	完成学习通推送的作业，系统巩固课程所学内容。此外，针对课程重难点，采用微信"群接龙"方式提交课后辅助作业，提交时间设定为本次课结束至下次课前。	采用学习通和"群接龙"的方式，教师能够及时查看作业完成情况，并一对一点评，促进疑难点及时反馈、及时解决。

续表

	教学反思
实施成效	1. 以案例、视频、讲解相结合的方式，教授银行存款的清查，帮助学生厘清银行存款清查各个环节之间的逻辑关系，形成条理清晰的知识结构。 2. 结合银行存款的清查，融入思政元素，从严谨细致、诚信为本、操守为重几个维度帮助学生提升认同意识，实现"知识传授"与"价值引领"相统一。
问题与改进	问题： 1. 教学内容比较单一、固化，思政教育也重在灌输教育，忽略了培养学生的创新思维、批判精神等能力。 2. 在实施课程思政中，可能存在未充分利用现代科技手段进行教学，导致课程的单调性和教育效果的不彰。 改进： 1. 为解决课程内容单一、固化的问题，在指定思政课程时应充分考虑学生培养目标，并结合现实社会要求和科技发展趋势，引入多样化案例、互动式授课方式和讨论式课堂等形式，激发学生兴趣，并促使他们主动思考与实践。 2. 以适应现代社会发展需求为出发点，利用现代科技手段提升思政教学效果，通过建立在线教学平台，推出电子书籍、网络视频等多媒体教材，为学生提供更加便捷和个性化的学习经验。

课程负责人：张慧娟

日期：2023 年 11 月 8 日

豆沙面包的制作
《西式面点制作》课程思政典型教学案例

课程负责人：陈萍

一、课程基本情况

课程名称	《西式面点制作》		
课程性质	☐专业基础课程　☑专业核心课程 ☐专业拓展课程　☐实践类课程		
学　时	144	学　分	8
授课对象	中职三年级	授课专业	中西面点
课程负责人	陈萍	团队成员	胡玉娟、陈艾娜、沙政

二、教学案例

（一）基本信息

1. 案例主题

豆沙面包的制作

2. 出自教学章节

课程项目三：软面包——任务三：豆沙面包的制作

（二）研究背景

近几年国家对职业教育与思政教育在课程与课堂中的落实提出新的要求，教育部印发的《职业教育提质培优行动计划（2020—2023年）》文件精神，要求全面推动职业院校积极构建"思政课程+课程思政"大格局，推进全员全过程全方位"三全育人"，专业课教学与思想政治理论课教学紧密结合、同向同行。

与此同时，教育部关于融合"岗课赛证"综合育人模式，高质量提升职业学校的办学质量也颁布相关政策并提出了相关要求；《关于推动现代职业教育高质量发展的意见》强调了"岗课赛证"的综合育人机制，要根据岗位需求设计开发课程，思考职业素养对于专业人才培养的活动设计。这为职业教育在"岗课赛证"育人机制背景下构建新教学课堂生态的探索研究提出了新的要求。

教学中的常见问题：面点的制作过程规范操作不稳定，对细节要求精细度把握不够，对于精致作品的质量提升产生畏难情绪，此外，通过课堂教学培养学生的职业素养成效不足，是单练反复练，缺乏形式内涵要素的渗透，忽略职业素养的综合育人。

故本次研究将以思政浸润课堂为驱动，以提升学生岗位职业能力为要点，探究中职《西式面点制作》课程教学新生态的构建与实践，为中职面点专业实训教学的新图景注入新的思考与启发。

（三）《西式面点制作》课程思政主体框架设计思路

1. 课程思政主体框架设计的理论基础

思政是新时代职业教育高质量发展的必然。探究一种"专业+思政"互融的教学模式能十分有力地解决职业能力不达标、专业精神不凸、思政元素孤立不落地等现实困境。基于"岗课赛证"与"德艺专"综合育人模式，以"国家—社会—个人"思政主线为驱动，设计相融思政元素于课堂的"三练五心"教学新流程、新图景、新生态。遵循学生学习规律，分段"三练"，让学生感悟思政引领课堂提升"五心"职业素养，即定心、信心、专心、匠心、责任心，体悟"试—练—艺"的"三练"中的精益求精的工匠精神与劳动精神，延伸课前与课后的孝亲敬老、服务社会的家国情怀提升。实践验证，学生的成品质量与学生职业规范认知度显著提升，"五心"职业素养逐步养成。

2.《西式面点制作》课程"国家—社会—个人"思政主体框架设计

本次教学思政目标设计则围绕岗位工作过程挖掘其中的思政点，从国家层面、文化层面、个人层面出发，设计一条"家国情怀—文化传承—工匠精神—劳动精神"的思政主线，设计课堂不同形式活动，落实思政元素，充实职业技能课堂学习内涵。具体思政主线与思政载体落实如下：

表1 关联思政元素、知识点落实表

层面	思政主线	思政元素	思政载体	活动场景顺序
国家层面	家国情怀	爱国爱民	结合世赛、国赛等项目的优秀作品,彰显榜样力量,国家情怀,在不断熟练技法的过程中,强化技法的传承使命担当	场景3:精练提质量、榜样显力量
		服务社会	运用所学技法,食堂帮厨,社区志愿服务,职业体验,回馈社会	场景6:课后帮厨、服务社会
社会层面	文化传承	创新精神	在学习豆沙面包制作过程中,挖掘中式文化要素,推动技术创新以及探索作品的艺术之美,提升对作品斟酌的重视度	场景4:拓展技术创新
个人层面	工匠精神	精益求精	观摩大师面包示范、制作点评、分享自身故事,提升学生对品质的追求,不断精进的意识	场景2:开场、试练与二练
	劳动精神	节约环保职业规范	要求学生规避损害原料中的养分,充分有效利用食材,不浪费食材	场景1:课前准备、强化意识
		孝亲敬老	将所学技法分享给家人,为家人制作面包,锤炼学生运用所学回馈亲人的感恩意识	场景5:课后技法分享、孝亲敬老

(四)案例选择与育人内涵

1."岗课赛证"融合育人,提升职业能力

践行"岗课赛证"融合育人模式,对标面包师实际岗位需求、对接世界技能大赛烘焙项目、围绕专业能力证书、优化课程内容、强化制作面包能力的培养。在教学过程中,不断渗透企业的生产工艺流程、操作规范、岗位要求,培养学生的职业归属感,将企业不断创新的职业素养融入课堂。

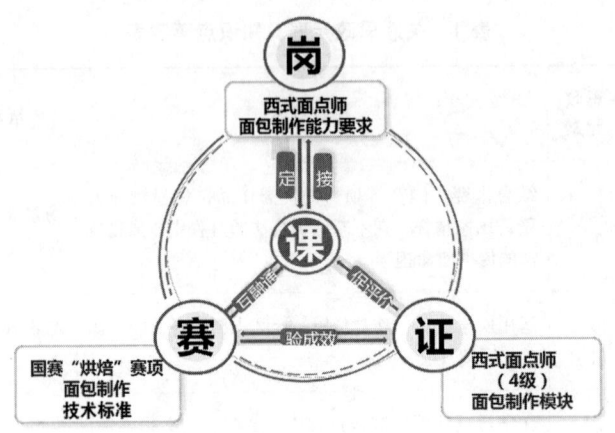

图 1 岗课赛证

2. "德艺专"融通育人,锻造匠心匠艺

结合"德艺专"融通育人模式,在教学环节中,先试练、后二练、再精练,反复训练学生掌握操作技法;在制作的同时,展示面包大师作品,让学生感悟职业精神、夯实技法、培养精益求精的工匠精神。要求学生不仅能将原料加工成型,更要加工成艺术品。通过修厨德、练厨技、慧厨心的育人举措,借助信息化手段,培育新时代有文化、有技能、有素质、有创新的西点师。

图 2 德艺专

（五）案例内容与设计

本次教学案例依托"智慧厨房""西点技艺资源库""学习平台"，对接企业工作流程，采用任务驱动法，形成课前习新知（预习—搜集—准备），课中学制作（试练—二练—精练），课后用技能（巩固—提升—创新）的教学流程。在课堂中借助西点技艺资源库、实况云录播系统、智慧职教学习平台等信息化教学资源，解决了关键技术难突破、加工过程难追溯、过程评价不精准等问题。在教学中渗透企业标准，同时注重学生职业素养的培养。

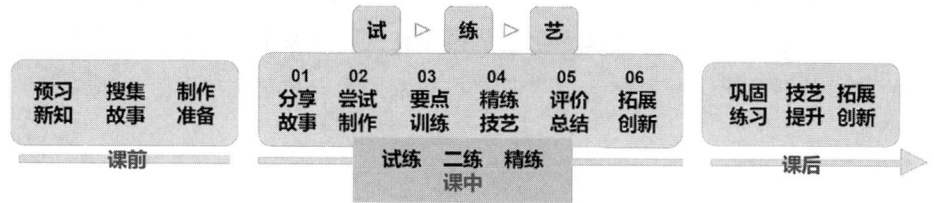

图3 本次教学案例实施主线设计

本案例的内容设计主要包括：案例引入、案例详情、案例讨论、案例升华。

1. 案例引入

场景1：课前准备、强化意识

> 课前运用学习通发布任务，准备原料与使用设施设备，准备工作到位。要求学生对于原料的准备做到不浪费，并学会核算成本，有利于豆沙面包制作成品后的原料管理，增强节约食材意识和成本意识。
> 组织学生课前对于设施设备检查，增强岗位前规范意识。

场景2：开场、试练与二练

> 规范服装，穿戴整洁，营造工作氛围。设计观看《上海工匠》的视频，培养学生养成静心专注的"定心"；安排尝试制作，帮助学生提升敢于承担的"信心"；设置观摩老师示范，要求学生达到关注细节的"专心"；在二练环节中，锤炼学生感悟认真执着的"匠心"；在评价总结时，引导学生感受保质保量的"责任心"。造就"五心"，练就"精益求精"。

场景3：精练提质量、榜样显力量

结合学生参加的国赛与世赛作品，以及历届优秀作品，彰显榜样力量，老师以提升质量为目标，强化学生练步骤、评原料配比、析操作标准；夯要领、评操作过程、习操作技法；提质量、析问题所在、固关键技法。筑构家国情怀。

场景4：拓展技术创新

课中多余时间与课后请学生创新操作技法，作品形态创新，培养学生的技术创新意识，鼓励学生探索与挖掘艺术元素与中国文化元素融入作品制作。

场景5：课后技法分享、孝亲敬老

老师课后发布线上任务，将所学技法分享给家人，将作品献给亲人，增强爱亲人、爱长辈的感恩意识，上传制作过程与照片在平台。

场景6：课后帮厨、服务社会

专业组定期组织学生到学校食堂帮厨，巩固所学技法，增强职业体验，回馈社会，服务社会，提升爱国爱社会的情怀意识。

2. 案例详情

本次案例课堂则围绕上述6个思政场景，结合"三练"和"五心"，实施案例教学，具体则以课前—课中—课后为教学主线展开，如下：

表2 岗课赛证教学模式——"豆沙面包的制作"教学过程设计

教学过程——课前			
教学环节	教学活动	思政元素	能力要求
预习新知	领取任务	认真态度	能正确理解本堂课的学习目标和任务
	观看视频　搜集故事	专注精神 认真态度	自主学习能力 信息化素养和信息搜集自主查找的能力
制作准备	原料准备　设施设备	尊重食材 安全卫生 意识	对原料成本核算的认知与应用能力 对使用设施设备的能力	场景1：课前准备、强化意识

教学过程——课中			
教学环节	教学活动	思政元素	能力要求
预备时间	衣着穿戴要整洁、工具摆放要规范、卫生安全要牢记	职业习惯 专业规范	职业礼仪 规范能力	场景2：开场、试练与二练

续表

分享故事	A同学　　　B同学	学会分享：感悟面包文化，增强文化自信心	良好的语言表达能力	场景2：开场、试练与二练
试练	观看《上海工匠》视频，引入大师示范，引导学生精细操作过程。学生尝试制作豆沙面包（呈现练习步骤，操作标准等），借助"智慧厨房"录播系统与评分系统生成个性化实训报告，辅助分析问题	静心专注，不散乱烦躁——"定心"勇于承担、不退缩——"信心"	良好的理解能力、自主学习能力	
二练	借助"智慧厨房"归纳的操作要领技法，突出教学重点，组织二次练习。针对卫生、安全、环保、技能、质量五个方面完成自评互评，分析实操优劣	关注细节，不疏忽大意——一丝不苟的工匠精神"专心"	良好的职业规范岗位能力，问题分析能力	
精练	对比世赛和国赛优秀作品，形成榜样激励，老师协助学生运用"智慧厨房"精准纠错，示范提炼口诀，达成"三练"塑造型，巩固关键技法目标	精益求精的工作态度，持之以恒的专注精神——"匠心"节约环保	竞技能力分析能力审美能力	场景3：精练提质量、榜样显力量——家国情怀
评价	教师点评学生学习成果，根据评价数据选出技能之星，同时邀请"技能之星"进行交流	达标保质，不随心所欲——"责任心"竞争意识，审美意识	竞技能力分析能力审美能力	
拓展	教师引导学生在技法上创新，挖掘中国艺术元素，融合创新作品	创新精神文化自信	创新能力审美能力	场景4：拓展技术创新
总结	教师总结梳理制作方法，强调"三规范"要求	良好的劳动习惯	规范实训室布置 规范工位整理 规范工具摆放	

续表

教学过程——课后			
教学环节	教学活动	思政元素	能力要求
巩固	反复练习制作豆沙面包，为家人制作	劳动教育 感恩教育	孝亲敬老	场景5：课后技法分享、孝亲敬老——家国情怀
拓展	创新作品	勇于创新 职业情怀 工匠精神的延续	创新能力	场景6：课后帮厨、服务社会——家国情怀

3. 案例讨论

本案例课堂的教学设计基于原有教学的困惑设计相关策略。主要如下：

➢ 困惑：豆沙面包的制作过程对细节要求较多，学生往往难以掌握，产生倦怠。

➢ 策略：化繁为简，拆整为零。

➢ 方法：循规律，分段学。全课将学习过程分为试练、二练、精练三步。确保每一步的学习行为有重点有方向，让学生学得明白。

➢ 效果：学生分段学，明理实践、循序渐进、巩固提升、知行同步。

➢ 对应思政：职业规范、精益求精。

表3 循规律、分段学课堂过程设计

活动名称	试练	二练	精练
难度	会做	达标	美观
数量	1个	1个	2个
时限	无	无	有
素养	信心	专心	匠心

➢ 方法：拆流程，分段教。将教师讲授过程分为两段：第一段重原理解析，让学生明确原理和成因。第二段重示范操作，让学生重视手法与技巧。

表 4　拆流程、分段教授课堂教学过程设计

分段教授	第一段：原理解析	第二段：示范操作
侧重点	原理和成因	手法与技巧
设计点	动图解说、工序比对	实况录播、口诀记诵

➢ 效果：教师分段教，凸显重难点，层层深入。
➢ 对应思政：职业规范、精益求精、节约环保。

4. 案例升华

第一，"知行合一"引领整个教学过程，以"引"推进学习任务。通过三练策略层层递进，成品质量显著提升。从测、试、思、习、固、用这六个字来落实教学重点。那么如何突破难点：示范过程中推出口诀，关联要求。学生结合口诀进行精练，作品质量有明显进步，突破了教学难点。

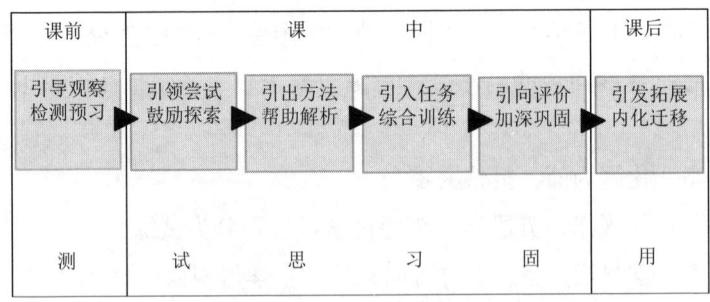

图 4　"知行合一"推进学习任务过程

第二，"素养融合"贯穿整个教学过程，以"心"强调职业素养。尤其在课中：设计观看微课，培养学生养成静心专注的"定心"；安排尝试制作，帮助学生提升敢于承担的"信心"；设置观摩示范，要求学生达到关注细节的"专心"；通过二练精练，锤炼学生感悟认真执着的"匠心"；在评价总结时，引导学生感受保质保量的"责任心"。

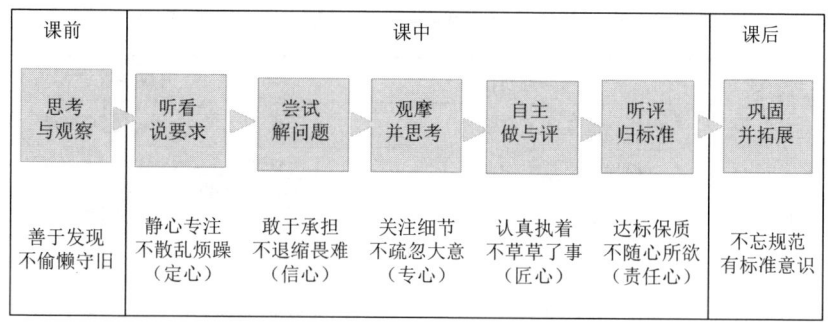

图 5 "素养融合"贯穿课堂培养"五心"思路

第三,实施"结果—增值—过程"多元多维度评价。结合工作岗位中关于职业素养的要求,参考等级工考证评价指标,融入世界技能大赛评分标准,关注 HSE 指标,结合校园特色"德艺专"融通理念,构建多个维度、多个指标的教学评价指标体系,丰富了以往教学评价模式中各维度的指标密度,从简单维度向多维度评价转变,同时形成"结果—增值—过程化"的评价方式,着重从学生的技能评价转向技能素养并重的评价内容。基于数字平台的"机器评、老师评、大师评、学生评"采集的数据,精准分析"三练"中存在的问题,实现个性化诊断与优化提升。

(六)案例特色与反思

1. 特色

第一,三练策略层层递进,成品质量显著提升(技艺)。通过"试练、二练、精练"91.6% 的同学都可以达到成品间距均匀、深浅一致、成品美观。通过三练还取得出乎意料的效果——试练:共享从"看懂"到"会做"的学习平台;二练:提供从"理解"到"达标"的操练空间;精练:培养从"对标"到"美观"的匠心匠艺。

第二,HSE 全过程评价,职业素养逐步养成(素养)。依托 HSE 评价指标,细化素养评价内容,强化操作全过程的安全意识,职业素养逐步养成。

表5 岗课赛证教学模式——"豆沙面包的制作"评价

维　度	评价细则	完成情况	
H健康	全程规范穿戴工作服	□是	□否
	全程规范穿戴工作帽	□是	□否
	全程规范穿好防护鞋	□是	□否
	全程规范清洁手部	□是	□否
	全程规范佩戴食品口罩	□是	□否
S安全	任务前操作环境安全检查	□是	□否
	任务中用刀安全	□是	□否
	任务中安全使用搅拌器	□是	□否
	任务中正确使用醒箱	□是	□否
	任务中正确使用烤箱	□是	□否
E环境	边角料的处理	□是	□否
	任务完成后工具清洁	□是	□否
	任务完成后工位清洁	□是	□否
	任务完成后设备关闭	□是	□否
	任务完成后清洁地面，洁净无积水	□是	□否
操作准备	任务前原料准备，任务完成后设备是否关闭	□是	□否
	任务前设备准备，洁净无积水	□是	□否
成品质量	深度：深度为面胚厚度的三分之二	□是	□否
	角度：刀与面胚的夹角30度	□是	□否
	间距：0.5厘米	□是	□否

第三，传承饮食文化，培育工匠精神，践行劳动教育（思政）。通过故事分享，感悟传统饮食文化，增强文化自信。通过观摩大师制作豆沙面包的视频，激励学生以大师为标准看齐，培养精益求精的工匠精神。在家中，学生主动为家人制作点心，既巩固所学、提升技能，又孝敬父母。

2. 反思

第一，本次教学案例，始终不脱离"德"，即职业教育的本质应当是立德树人、德技双修。在这个教育规模化教育高质量的现代教育背景下，工匠精神、职业素养以及行业标准在教学的渗透显得更为重要。所以本次教学案例突破常规教学单纯加入工匠活动的研究，而是从工匠精神内涵源头进行理论层面的研究，获得关于工匠精神的模型描述，工匠技艺、工匠品德、工匠心性撑起工匠精神的三个维度，分别对应相关子指标。工匠技艺包括注重质量、专业性、实践力、精益求精、严谨性；工匠品德包括职业素养、持续学习、尽职尽责、主动性、耐心、培养力、坚持性；工匠心包括精益求精、创新力。由此，通过一系列要素表征，把握相关的概念与行动方针，坚持把工匠精神融入课堂，培养学生精益求精，尽善尽美，德技双修的职业高度，为本次教学案例课堂教学真正实现融入思政元素做有力支撑，也是常规教学研究的突破之举。

第二，信息技术深度钻研突破短缺领域。在本次教学案例中，本着工匠精神，潜心深度钻研信息化教学手段，突破原有PPT和微视频播放的授课模式，积累"学习通"与"智慧厨房"两款软件的实用功能，恰到好处地设计课堂任务提出—任务分析—任务实施—任务评价等环节的活动，并且运用对比研究法把"学习通"与"智慧厨房"两款教学软件做多维度分析比较，为课堂后续教学做有力的参考与借鉴。信息技术的深度钻研让本次教学案例思政元素的落实有了显著的成效，突破了原有的教学局限与短缺领域，丰富了教学手段。

（七）案例效果与反馈

通过本次思政案例设计，能从以下四个方面实现职业能力的提升。

首先，运用智慧职教学习平台，学生可以主动学、随时学，学习参与度达到100%，自主学习能力显著提升。

图6　学生使用智慧职教学习平台参与度统计

其次，借助"智慧厨房"跟踪学习全轨迹，对比分析，自我纠正，反复训练，成品质量显著提升。92.8%的同学能够做到成品美观，考证通过率达100%。

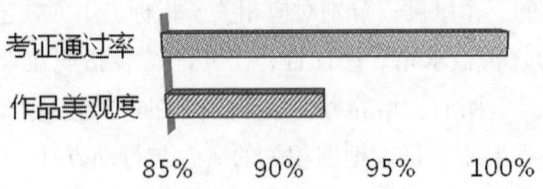

图7　学生使用"智慧厨房"跟踪学习成效统计

再次，借助创意设计仿真软件，拓宽了思路，提高了效率，创意设计能力显著提升。

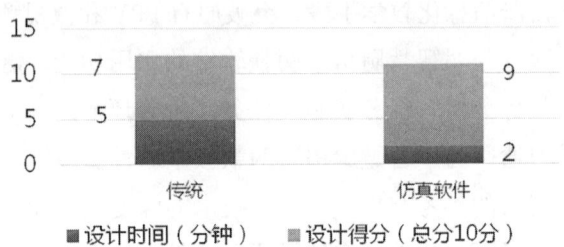

图8　学生使用仿真设计软件后设计能力提升情况统计

最后，通过穿戴的规范、工具摆放、场景布置、品鉴大师技艺等课堂活动，感悟丰富多彩的匠人厨艺熏陶文化，职业素养逐步养成。

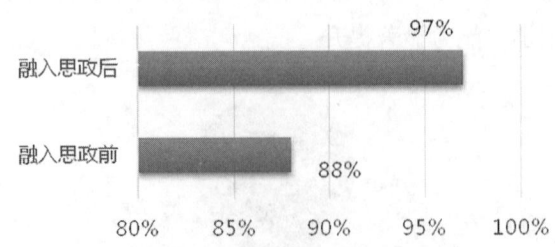

图9　融入思政前后的课堂中学生职业规范认知度统计

（八）结语

结合"岗课赛证""德艺专"融通育人模式，在教学环节中，先试练、后二练、再精练的教学过程，为学生的职业能力提升打下坚实基础。与此同时，从国家层面、文化层面、个人层面出发,设计的"家国情怀—文化传承—工匠精神—劳动精神"的思政主线,在实际课堂落实中,为学生打开一个新的学习视角,结合信息化手段,显著提升课堂教学效率,该案例的设计与实践为同类其他课程的辐射提供有力的参考。

《西式面点制作》课程思政教学设计样例

课程负责人：陈萍

课程名称	《西式面点制作》	学时/学分	144学时/8学分
课程性质	☐专业基础课程 ☑专业核心课程 ☐专业拓展课程 ☐实践类课程	授课对象及专业	中职三年级学生，中西面点专业
对应章节内容	课程项目三：软面包——任务三：豆沙面包的制作		
教学内容	本课程将带领学生学习豆沙面包的制作，了解制作要领、操作步骤、操作技法、刀法口诀等，通过真实工作岗位的工作过程引领学生学习。		
学情分析	本课授课对象为中西面点专业三年级的学生，学生已熟悉了面包生产的基本流程，擅长上网搜索信息，对信息化技术感兴趣，但深入思考和逻辑分析能力较弱。学生还具备了运用面包面团的基本成型手法的能力，但学生在动作的标准、知识的延伸、职业习惯的养成方面还存在一定问题。因此在本节课的教学中，教师借助信息化技术手段，助力学生理论知识学习，强化学生专业技能训练，培养学生良好职业习惯。		
教学目标	【知识目标】能说出豆沙面包制作的操作步骤、刀法口诀、操作技法、操作要领。 【能力目标】能运用包、擀、划、卷等技法及刀法口诀制作出豆沙面包。 【素养目标】1.合理使用原料，树立原料成本意识；2.养成规范的工具摆放、规范的操作流程及良好的卫生习惯。 【思政育人目标】1.结合大师制作视频在反复练习的过程中，培养精益求精的工匠精神，帮助学生树立专业的正确认知；2.在整个教学过程中培养工匠元素的认知、知行合一的工作理念、德艺兼修的职业信仰、持之以恒的专注精神、精益求精的工作态度、勇于创新一丝不苟的制造精神，渗透职业情怀。		
教学重点、难点	重点：能够制作出达标的豆沙面包。 难点：能控制划刀时深度、角度和间距，制作出美观的豆沙面包。		

续表

课程思政设计	课程思政元素：爱国爱民、服务社会、创新精神、精益求精、尊重食材、职业规范、孝亲敬老。
	融入知识点：1.结合世赛、国赛等项目的优秀作品，彰显榜样力量，国家情怀，在不断熟练技法的过程中，强化技法的传承使命担当。2.运用所学技法，食堂帮厨，社区志愿服务，职业体验，回馈社会。3.在学习豆沙面包制作过程中，挖掘中式文化要素，推动技术创新以及探索作品的艺术之美，提升对作品斟酌的重视度。4.观摩大师面包示范、制作点评、分享自身故事，提升学生对品质的追求不断精进的意识。5.要求学生规避损害原料中的养分，充分有效利用食材，不浪费食材。6.将所学技法分享给家人，为家人制作面包，锤炼学生运用所学回馈亲人的感恩意识。

教学过程

课前（30分钟）

教学环节	活动内容	设计意图
预习新知	领取任务	能正确理解本堂课的学习目标和任务
预习新知	观看视频	能提升学生自主学习能力
	搜集故事	能提高学生信息化素养和信息搜集自主查找的能力

续表

制作准备	原料准备	能提升学生对原料成本核算的认知与应用能力
	设施设备	能学会并掌握对设施设备的使用

课中（40分钟）		
教学环节	活动内容	设计意图
预备时间	衣着穿戴要整洁、工具摆放要规范、卫生安全要牢记	树立良好的职业礼仪规范
分享故事	A同学 B同学	培养学生自身良好的语言表达能力

续表

教学环节	活动内容	设计意图
试练	观看《上海工匠》视频，并引入大师示范，引导学生精细操作过程。学生尝试制作豆沙包（呈现练习步骤，操作标准等），借助"智慧厨房"录播系统与评分系统生成个性化实训报告，辅助分析问题	● 通过观看视频，提升学生对于工匠的深刻理解，并引导其精益求精的意识 ● 借助信息化手段提升学生自主学习能力 ● 初步了解豆沙面包制作的操作步骤
二练	借助"智慧厨房"归纳的操作要领技法，突出教学重点，组织二次练习。针对卫生、安全、环保、技能、质量五个方面完成自评互评，分析实操优劣	● 树立良好的职业规范意识 ● 逐步清晰掌握豆沙面包制作的操作步骤，刀法口诀，操作技法和操作要领，明确真实岗位的能力 ● 借助信息化进一步引导学生自主地对问题分析，提升自主学习能力
精练	对比世赛和国赛优秀作品，形成榜样激励，老师协助学生运用"智慧厨房"精准纠错，示范提炼口诀，达成"三练"塑造型，巩固关键技法目标	● 经过精练，学会应用刀法口诀，运用好操作技法和操作要领，能成型 ● 通过榜样示范，提升学生的竞技能力，以及深化对工匠精神精髓的理解 ● 学生能从作品鉴赏角度，培养其分析能力和审美能力
评价	教师点评学生学习成果，根据评价数据选出技能之星，同时邀请"技能之星"进行交流	● 提升学生的学习的竞技氛围，积极进步的意识，团队意识的提升 ● 学生在评价中能收获主人翁意识以及自豪感，互评则激发对制作豆沙包的操作要领与刀法口诀的进一步理解
拓展	教师引导学生在技法上创新，挖掘中国艺术元素融合创新作品	● 提升学生应用豆沙面包制作的基础技法，鼓励学生激发学生的创新能力 ● 老师引导挖掘中国元素提升对作品的审美能力
总结	教师总结梳理制作方法，强调"三规范"要求	强化"三规范"意识，包括规范实训室布置、规范工位整理、规范工具摆放

课后（60分钟）

教学环节	活动内容	设计意图

续表

巩固	反复练习制作豆沙面包，为家人制作	通过课后为家人制作豆沙面包，树立孝亲敬老的意识，学会爱家爱国
拓展	创新作品	运用所学知识课后自主创新作品，提升学生的创新能力
教学反思		
实施成效	通过本次思政案例设计，能从以下四个方面实现职业能力的提升。第一，运用智慧职教学习平台，学生可以主动学、随时学，学习参与度达到100%，自主学习能力显著提升。第二，借助"智慧厨房"跟踪学习全轨迹，对比分析，自我纠正，反复训练，成品质量显著提升。92.8%的同学能够做到成品美观，考证通过率达100%。第三，借助创意设计仿真软件，拓宽了思路，提高了效率，创意设计能力显著提升。第四，通过穿戴的规范、工具摆放、场景布置、品鉴大师技艺等课堂活动，感悟丰富多元的匠人厨艺熏陶文化，职业素养逐步养成。	
问题与改进	1.企业越来越重视技术技能人才的规范意识、标准意识、质量意识。然而，良好的职业素养并非一朝一夕能形成的，在后续的教学过程中，还需不断强化、逐步提升。2.学生在学习过程和方法上对于网络资源有一定的依赖性，独立思维能力较弱。因此在教学过程中，需要教师帮助学生养成主动思索和探究的好习惯。	

课程负责人：陈萍
日期：2023年8月20日

政务摄影中的技术与艺术
《摄影技术与艺术》课程思政典型教学案例

课程负责人：程琪

一、课程基本情况

课程名称	《摄影技术与艺术》		
课程性质	☑专业基础课程　□专业核心课程 □专业拓展课程　□实践类课程		
学　时	32	学　分	2
授课对象	大一、大二学生	授课专业	全媒体广告营销与策划
课程负责人	程琪	团队成员	王红国、武骏、孟繁东

二、教学案例

1. 案例主题

政务摄影将系统性讲授摄影技术基础理论，做好知识更新工作，课程内容及案例均来自行业一线实践，对媒体营销实际工作起到指导性作用。

2. 出自教学章节

课程第二章，第八节。

3. 案例选择与育人内涵

本课程为全媒体广告策划与营销专业的专业基础课程，是一系列专业实践类课程如"新媒体广告制作""视频非线性编辑""直播营销实践"等课程的先修课程。课程将系统性讲授摄影技术基础理论，做好知识更新工作，课程内容及案例均来自行业一线实践，对媒体营销实际工作起到指导性作用。重点强化了旅游风光摄影、自然光照环境下人物摄影、团体合影人物造型等旅游相关摄影知识的讲授，通过对经典作品的赏析，提升学生摄影审美能力与摄影作品评价能力，在陶冶情操提升自身素质的同时指导未来工作发展。

本章节强调了政务摄影，特别是配合新闻通讯稿发布的相关摄影应掌握的政治宣传内涵，如何强调画面主旨，如何规避政务摄影误区，如何突出画面中心手段，并在现今强调大国形象的宏观叙事中，如何用镜头语言灵活、贴近地展现大国形象、讲好中国故事提供思考和分析。

4. 案例内容与设计

（1）案例引入

习近平总书记强调："企业的品牌信誉非常重要，是一个不断积累的过程，既要有高标准，又要每一步都脚踏实地"。

脚踏实地推进品牌建设（今日谈）

崔妍

2023年05月10日05:47 ｜ 来源：人民网 - 人民日报　　小字号

　　5月10日，2023年中国品牌日活动将在上海世博展览馆启动。从人民日报"美好博物馆"快闪店，到中国空间站1∶10模型，从"雪域先锋号"盾构机模拟驾驶舱，到电影《流浪地球2》里的工程机械设备……亮点纷呈的展览和活动，立体展示中国品牌的新成果新形象，擦亮经济大国的"金字招牌"。

　　质量是品牌的基础，品牌是高质量发展的重要象征，加强品牌建设是满足人民美好生活需要的重要途径。近年来，越来越多中国企业增强品牌意识，把握发展机遇，打造出一批知名度高、美誉度强、影响力大的优秀品牌。这既更好满足了人民群众对美好生活的向往，也积蓄了推动高质量发展的新动力、新势能。

　　习近平总书记强调："企业的品牌信誉非常重要，是一个不断积累的过程，既要有高标准，又要每一步都脚踏实地"。品牌建设是一项长期任务。以恒心办恒业，以品质树品牌，才能赢得市场认可，成就更多"百年老店"。我们相信，随着品质卓越、特色鲜明的品牌领军企业持续涌现，中国品牌定能为推动高质量发展和创造高品质生活提供有力支撑。

《 人民日报 》（ 2023年05月10日 01 版)

　　公务摄影是记录组织公务活动为主要内容的一种纪实摄影。公务摄影的主要任务是：表现重大事件，反映现实风貌，记录历史变迁。

互动思考题：请同学们搜集一周内的新闻中，你认为符合政务摄影规范的好的照片，并尝试说明原因。

（2）案例详情

政务摄影的技巧包括：

①政务摄影的人物拍摄角度：在拍摄前，需要先确定拍摄角度。一般来说，行政摄影需要拍摄全景、近景、特写等多种角度的照片。全景照片可以展现整个场景，近景照片可以突出重点，特写照片可以表现细节。在确定拍摄角度时，需要考虑光线、背景、构图等因素。

②把握光线：光线是摄影的灵魂，行政摄影也不例外。在拍摄时，需要把握好光线的方向和强度。一般来说，光线越柔和越均匀，照片的效果就越好。如果光线太强或太暗，会影响照片的质量。此外，还需要注意光线的颜色，避免出现色偏。

③政务摄影的人物构图要点：构图是政务摄影中非常重要的一环，要尽可能地将画面中的元素安排在合适的位置。一般来说，构图可以通过三个方面来实现：首先是前景和背景的选择，可以选择一些有代表性的景物作为前景和背景，以突出政务活动的主题；其次是主题人物的位置，应该将主题人物安排在画面的中心位置，以突出其主体地位；最后是画面的平衡感，应该通过合理的构图和拍摄角度来平衡画面的视觉效果。

④合理使用景深：景深是政务摄影中非常重要的一个因素，它可以突出主题人物，同时也可以让背景更加虚化。在使用景深时，应该根据实际情况来选择合适的焦距和光圈大小。一般来说，较长的焦距和较大的光圈可以产生较浅的景深，而较短的焦距和较小的光圈则可以产生较深的景深。

⑤捕捉细节：政务摄影中，细节的捕捉也是非常重要的。通过对细节的捕捉，可以让照片更加生动、形象、具有说服力。例如，可以捕捉到主题人物的表情、动作等细节，也可以捕捉到背景中的细节和环境氛围等。

⑥注意后期处理：政务摄影中，后期处理也是非常重要的一环。通过对照片的后期处理，可以让照片更加美观、清晰、具有表现力。例如，可以通过调整亮度和对比度来增强照片的视觉效果，可以通过裁剪和调整构图来优化照片的构图和视觉效果等。

我们需要牢记，政务摄影需要遵循一定的技巧和方法，通过合理的构图、光线、景深等方面的把握和处理,可以让照片更加生动、形象、具有说服力。同时,也需要注意一些细节问题,如画面整洁、清晰度高等方面的问题。只有做好这些方面的工作,才能拍摄出优秀的政务照片。

(3)案例讨论

思考:什么是政务摄影的必拍角度?(提示:会议现场的大场景、主要讲话领导、群众座区、主席台、参会领导照片、代表性的标志、流程环节中的人或物等)

①光线运用:摄影是光的艺术,学生们可能会讨论不同光线条件下的拍摄技巧,比如顺光、逆光、侧光、强光和弱光等。此外,他们也会探讨如何运用光线来营造出特定的氛围或效果,比如使用柔光板改变光线的硬度,或者通过滤镜来调整颜色和对比度等。

②镜头运用:学生们可能会讨论不同类型的镜头及其特点,如广角镜头、标准镜头和长焦镜头。他们可能会分享在使用不同镜头时遇到的问题和解决方案,比如广角镜头可能会产生畸变,而长焦镜头则可能难以实现对焦。

③构图技巧:摄影构图是摄影艺术的重要组成部分,学生们可能会讨论各种构图技巧,如三分法、黄金分割、对称、重复等。他们可能会分享如何运用这些技巧来提高照片的美感和吸引力。

④色彩运用:色彩是摄影中至关重要的一环,学生们可能会讨论如何运用色彩理论来选择合适的颜色和色彩组合,以及如何通过后期处理来调整色彩平衡和对比度等。

⑤拍摄实践:学生们可能会分享自己的拍摄经历和作品,并讨论在拍摄过程中遇到的问题和解决方案。他们可能会分享自己在不同场景下的拍摄经验,如人像、风景、微距、夜景等。

⑥后期处理技巧:随着数字摄影的普及,后期处理已经成为摄影中不可或缺的一部分。学生们可能会讨论各种后期处理技巧,如调整色彩、裁剪、滤镜效果等。他们可能会分享自己使用的后期处理软件和工具,并分享一些实用的技巧和快捷键。

⑦创意与灵感:创意和灵感是摄影艺术的核心。学生们可能会分享一些自己的创意和灵感来源,如通过观察生活、阅读书籍、欣赏其他摄影师的作品等来激发自己的创作灵感。他们也可能会讨论如何在拍摄过程中发挥自己

的创意和想象力，以创造出更具个性和吸引力的作品。

这些观点并不是孤立的，而是相互交织、相互影响的。通过交流和分享，学生们可以相互学习、共同进步，从而提高自己的摄影技巧和创作水平。

（4）案例升华

同学互动：

小型会议（10人以内，小型会议室）——人是重点。

中型会议（10-30人以内，中型会议室）——议程要提前知晓。

大型会议（100人以上，大型会议室）——场景是重点。

政务摄影的授课需要注意以下几个点：

①明确目标：在开始授课前，需要明确教学目标和预期结果。这包括了解学员的需求、目标和背景，以及他们对于政务摄影的理解和掌握程度。

②注重实用性和实效性：政务摄影的目的是记录和宣传政务活动，因此需要注重实用性和实效性。在授课过程中，需要重点讲解如何拍摄符合政务宣传需求的照片，包括拍摄技巧、构图、光线、焦点等方面。

③结合案例教学：通过结合实际的案例，可以让学员更加直观地理解政务摄影的技巧和方法。可以准备一些优秀的政务摄影作品，进行分析和讲解，让学员了解如何捕捉政务活动的关键瞬间，如何突出主题，如何运用光线和构图等技巧。

④培养观察力和预判能力：政务摄影需要摄影师具备敏锐的观察力和预判能力，能够捕捉到政务活动的关键瞬间。在授课过程中，需要注重培养学员的观察力和预判能力，让他们学会如何在短暂的时间内捕捉到政务活动的精彩瞬间。

⑤掌握器材使用：政务摄影需要使用专业的摄影器材，因此学员需要掌握相机的使用方法、镜头选择、光圈、快门速度等基本知识。在授课过程中，需要教授学员如何正确使用相机和镜头，以及如何调整参数等。

⑥强调职业道德：政务摄影需要遵守一定的职业道德规范，包括尊重他人、保护隐私、遵守规定等。在授课过程中，需要强调职业道德的重要性，让学员了解如何在拍摄过程中遵守相关规定和规范。

⑦进行实践操作：理论知识的掌握是基础，但实践操作才是关键。在授课过程中，需要给学员提供实践操作的机会，让他们亲自动手拍摄政务活动

照片,从而更好地掌握政务摄影的技巧和方法。

⑧后期制作和编辑:政务摄影的后期制作和编辑也是非常重要的环节。在授课过程中,可以教授学员一些基本的后期制作技巧,如调整色彩、裁剪、拼接等,以及如何进行图片编辑和排版。

⑨激发学员兴趣和热情:让学员对政务摄影产生兴趣和热情是授课的重要目标之一。可以通过展示优秀的政务摄影作品、分享拍摄经验和技巧、讨论实际案例等方式来激发学员的兴趣和热情。

⑩持续学习和改进:政务摄影是一个不断发展和变化的过程,因此需要不断学习和改进。在授课过程中,可以鼓励学员持续学习和探索新的技巧和方法,同时也可以组织一些交流和分享活动,让学员之间进行互相学习和借鉴。

政务摄影的授课需要注重实用性和实效性,结合案例教学和实践操作,培养学员的观察力和预判能力,掌握器材使用,强调职业道德,进行后期制作和编辑,激发学员兴趣和热情,以及持续学习和改进。

5. 案例特色与反思

本节政务摄影技术与艺术的优点主要包括:

(1)提升摄影技能:政务摄影需要一定的专业知识和技能,通过授课可以提升学员的摄影技能,包括拍摄角度、光线和构图等方面。

(2)增强宣传效果:政务摄影是宣传政府形象和活动的重要手段,通过授课可以增强学员的宣传意识和能力,强化宣传效果。

(3)培养公务摄影人才:政务摄影是公务活动中重要组成部分,通过授课可以培养公务摄影人才,提高公务摄影的水平。

政务摄影授课的缺点主要包括:

(1)时间和地点限制:政务摄影授课需要固定的时间和地点,可能存在时间和地点限制,不够灵活。

(2)费用较高:政务摄影授课需要一定的费用,包括学费、材料费等,相对较高。

(3)受众有限:政务摄影授课的受众相对有限,主要是公务人员和政府宣传部门的人员,不够普及。

同时,政务摄影授课也存在以下仍待改进的部分:

（1）专业技能要求高：政务摄影需要较高的专业技能和经验，如果授课教师不具备相应的水平和经验，就难以保证授课的质量和效果。

（2）缺乏实践机会：政务摄影需要实践经验，仅仅依靠授课是不够的。如果学员缺乏实践机会，就难以将所学知识应用到实际工作中。

（3）难以满足个性化需求：政务摄影涉及的领域和主题较为广泛，不同的学员有不同的需求和偏好。如果授课内容过于单一或缺乏个性化指导，就难以满足学员的需求和期望。

因此，在选择政务摄影授课时，需要根据自身情况和需求进行综合考虑。

6. 案例效果与反馈

（1）认知方面：通过政务摄影教学，学生能够更好地理解政府工作，掌握政务活动的摄影技巧和方法。通过学习，他们能够更加熟练地运用摄影设备，更加准确地掌握拍摄角度、光线、构图等元素，从而更好地记录和呈现政务活动。

（2）情感方面：政务摄影教学不仅让学生学会如何拍摄政务活动，还培养了他们对政府工作的热爱和尊重。通过参与政务摄影活动，学生能够更加深入地了解政府工作的意义和价值，从而更加关注和重视政府工作。此外，政务摄影教学还培养了学生的责任感和使命感，让他们意识到自己在记录历史和传承文化方面所承担的重要责任。

（3）价值观方面：政务摄影教学有助于培养学生的价值观，尤其是社会主义核心价值观。通过拍摄政务活动，学生能够更加深刻地理解社会主义核心价值观的内涵和意义，从而更加自觉地践行这些价值观。此外，政务摄影教学还倡导诚信、公正、法治等价值观念，这些观念对于学生未来的职业发展和人生道路都具有重要的指导意义。

针对以上方面的效果和反馈，我们可以采取以下措施进一步提高政务摄影教学的质量。

（1）加强实践操作：通过更多的实践操作机会，让学生更加熟练地掌握政务摄影技巧和方法。可以组织学生参加各种政务活动，让他们在实践中不断提高自己的技能水平。

（2）拓展教学内容：除了基本的摄影技巧和方法，还可以拓展教学内容，例如加入新闻摄影、纪实摄影等方面的内容。这些内容可以帮助学生更好地理解社会现象和问题,培养他们的社会责任感和人文关怀精神。

(3)培养学生的独立思考能力:在政务摄影教学过程中,要鼓励学生发挥自己的创造力和想象力,培养他们的独立思考能力。可以组织学生进行讨论和交流,让他们分享自己的拍摄经验和想法,从而更好地激发学生的创造性思维。

(4)加强德育教育:在政务摄影教学过程中,要注重培养学生的德育素质。通过教育学生树立正确的世界观、人生观和价值观,让他们更加关注社会发展和民生问题,从而更好地为社会发展作出贡献。

《摄影技术与艺术》课程思政教学设计样例

课程负责人：程琪

课程名称	《摄影技术与艺术》	学时/学分	32学时/2学分
课程性质	☑专业基础课程 □专业核心课程 □专业拓展课程 □实践类课程	授课对象及专业	全媒体广告营销与策划大一、大二学生
对应章节内容	第二章 第八节 政务摄影		
教学内容	政务摄影是摄影领域中的一个重要分支，主要涵盖了会议摄影、活动跟拍、手机摄影、单反摄影、摄影构图、短视频拍摄与剪辑、图片编辑等内容。这些内容都是为了更好地记录政务活动，为新闻宣传工作奠定良好的基础。在会议摄影方面，拍摄内容包括会场全景、中景和近景。拍摄角度根据会议的类型和规模来决定，需要捕捉到参会人员的神态和发言人的表情。拍摄时机也很重要，需要在会议过程中抓住领导发言等关键时刻。政务摄影还需要对摄影构图、光线和色彩等方面有一定的了解和掌握，以保证拍摄出的照片能够真实地还原会议现场，并且具有视觉上的美感。		
学情分析	1. 目的和意义：政务摄影旨在通过视觉手段传达政府机构或公务员的意图、形象和信息，提高公众对政府工作的了解和认识，增强政府公信力。对于学习者来说，掌握政务摄影技能有助于提高宣传和沟通能力，更好地履行职责。 2. 学习对象：政务摄影的学习对象包括政府机构工作人员、公务员、公共关系工作者、媒体从业者等。不同岗位的学习者需求和目标可能有所不同，但都需要掌握基本的政务摄影技能。 3. 学习内容：政务摄影的学习内容包括摄影基础、新闻摄影、人物摄影、场景摄影、宣传摄影等。具体包括摄影器材的选择与使用、光线与构图、拍摄角度与构图、后期处理等方面的知识。此外，还需要了解政府宣传和公共关系工作的需求和特点，以及媒体报道的规范和要求。 4. 学习效果评估：评估政务摄影学习效果的方法包括考试、作品评价、实际项目评估等。评估标准包括技能水平、作品质量、创意性、实用性等。通过评估，学习者可以了解自己的学习进展和不足之处，及时进行调整和改进。 总之，政务摄影学情分析有助于学习者了解学习目的、内容和方法，提高学习效果和质量。		

续表

| 教学目标 | 【知识目标】本课程内容分为摄影基础理论、旅游摄影应用、摄影应用实践三个部分。主要内容包括：摄影概述；照相机及其配件；摄影曝光；摄影用光；摄影构图；摄影技术基础知识考核；风光摄影；人物摄影；静物摄影；摄影作品后期处理；旅游摄影应用；会议活动摄影；美食摄影与旅拍；课程思政综合实训作品展示等核心内容。
【能力目标】政务摄影教学能力目标主要包括以下几点：
1. 掌握摄影基本原理和技巧，包括光线、构图、色彩等方面的知识。
2. 理解政务摄影在公务政务活动中的重要性，以及如何通过摄影来提升新闻宣传工作的效果。
3. 掌握在公务政务活动中拍摄的基本规范和要求，包括拍摄前的准备、拍摄过程中的注意事项、拍摄后的整理等。
4. 提升在公务政务活动会议中拍摄、跟拍的技能，包括如何选取角度、如何运用光线、如何抓住关键瞬间等。
5. 掌握政务摄影的常见题材和拍摄方法，包括领导活动、会议场景、文化交流活动等。
6. 提升对于政务摄影作品的后期处理能力，包括调整色彩、裁剪、合成等。
7. 培养学生的审美能力和创意思维，使其能够根据不同的政务活动和宣传需求，创作出具有吸引力和感染力的政务摄影作品。
8. 培养学生的团队协作能力，使其能够在政务摄影工作中与同事和领导进行有效的沟通和协作。
9. 提高学生的综合素质，包括政治素养、职业道德素养等，使其能够更好地服务于公务政务活动。
【素养目标】
1. 培养学生的观察力和预判能力，使其能够敏锐地捕捉到政务活动中的重要瞬间和细节，并能够预测并准备拍摄所需的设备和角度。
2. 培养学生的自我管理和自我学习能力，使其能够在繁忙的政务活动中有效地安排时间和任务，并能够自觉地学习和提升自己的摄影技能。
3. 培养学生的批判思维和反思能力，使其能够对自身的作品进行客观的评价和分析，并能够从中发现问题并进行改进。
4. 培养学生的团队合作和沟通能力，使其能够在团队中发挥积极作用，与同事共同完成复杂的拍摄任务，并能够有效地与被拍摄对象、上级和同事进行沟通和协调。
5. 培养学生的职业道德和保密意识，使其能够严格遵守保密规定，确保政务活动的信息和照片不泄露或不被滥用。
通过以上能力目标的培养，政务摄影教学将帮助学生成为更加优秀的政务摄影从业者，为公务政务活动提供更高质量、更具有新闻宣传效果的照片和影像资料。
【思政育人目标】
1. 增强政治意识：通过拍摄官方机构的照片，向公众传递政府的政治意图和政策导向，增强公众的政治意识和政策认同感。
2. 弘扬社会主义核心价值观：政务摄影可以弘扬社会主义核心价值观，通过拍摄官方机构的正面照片，展现社会主义核心价值观在实践中的具体体现和落实情况。 |

续表

教学目标	3. 提高公民素质：政务摄影可以通过宣传政府形象、展示工作成果等途径，提高公民的素质和认识水平，促进公民对政府工作的理解和支持。 4. 培养社会责任感：政务摄影可以培养社会责任感，通过拍摄官方机构的工作和生活场景，让公众了解政府工作的艰辛和付出，激发公众对社会的责任感和使命感。 5. 推动社会进步：政务摄影可以通过记录历史时刻、展示工作成果等途径，推动社会的进步和发展，促进社会文明程度的提高。
教学重点、难点	教学重点 政务摄影的基本原则 政治敏锐性：强调政务摄影必须严格遵守政治纪律和规定，确保所拍摄的内容符合党的路线、方针、政策和国家法律法规。 新闻性：政务摄影应具有新闻价值，能够真实、客观地反映政务活动的主题和重点，及时传递政务信息。 艺术性：在保证政治正确和新闻性的基础上，政务摄影还应注重艺术表现，通过构图、光线、色彩等元素提升照片的审美价值。 器材选择与使用：介绍政务摄影常用的器材，包括智能手机、相机等，以及如何选择适合的镜头和配件。 参数调整：针对室内、外景等不同环境，讲解如何调整相机参数以获得最佳拍摄效果。 拍摄技巧：包括明确的主题、主体突出的技巧、画面简洁的原则，以及如何利用光线、选择拍摄角度等。 教学难点 1. 政治敏锐性的把握 政务摄影涉及政治内容，如何在保证新闻性的同时，准确把握政治敏锐性，避免出现政治错误或误导公众，是教学的一大难点。 2. 艺术性与新闻性的平衡 如何在保证政务摄影新闻性的基础上，融入艺术元素，提升照片的审美价值，同时又不至于过于追求艺术效果而忽略新闻本质，是教学中需要重点解决的问题。 3. 现场应变与抓拍能力 政务活动现场情况多变，如何快速适应不同环境，捕捉到稍纵即逝的精彩瞬间，需要摄影师具备较强的现场应变能力和抓拍能力。 4. 后期处理的适度性 后期处理是提升照片质量的重要手段，但过度处理可能会导致照片失真或失去原有意图。因此，在教学中需要引导学生掌握后期处理的适度性，确保处理后的照片既符合审美要求，又不失真
课程思政设计	课程思政元素：通过政务摄影解读培养增强"四个意识"和坚定"四个自信"
	融入知识点："四个意识""四个自信"
教学过程	

续表

	课前（5分钟）	
教学环节	活动内容	设计意图
摄影机器的上手与调试	1. 聚焦的调整：为了确保摄像机在变焦过程中，从广角到摄远之间，均能使景物的图像清晰，需要对镜头的焦点进行调整。 2. 调整红外线灯：夜间通过成像设备（如监视器等）调整红外光束照明位置，可以有效调整镜头光圈的设置。注意红外线灯不可直接面对摄像机，摄像机所见的红外光线如同人类看到的日光一样，会使影像出现反白现象。	让学生对于摄影设备有充分的爱护和使用热情，迅速融入本课内容。

	课中（45分钟）	
教学环节	活动内容	设计意图
政务摄影案例模仿	以二十大提案会场优秀摄影照片为例： 1. 观察照片：首先仔细观察要模仿的照片，包括其构图、光线、色调、背景等元素。这些元素对于照片的整体效果非常重要，因此需要特别关注。 2. 选择相似环境：找到一个与要模仿照片类似的环境，以尽可能地模拟照片中的元素。这可能包括选择相同类型的背景、光线和拍摄角度等。 3. 准备器材：根据要模仿的照片，选择合适的摄影器材，例如相机、镜头、灯光等。这些器材的选择将直接影响照片的效果。 4. 设置相机：在相机设置中，需要关注一些关键参数，例如光圈、快门速度、ISO等。这些参数将直接影响照片的曝光和景深效果。 5. 布置光线：根据要模仿的照片，布置合适的光线。如果可能的话，可以使用与原照片相同的光源或灯具。如果无法完全相同，可以尝试使用类似的光源或灯具来模拟所需的光照效果。	在学习课程内容之余，还能够传播政策信息：政务摄影作为政府宣传工作的一部分，通过拍摄政府官员的会议、演讲和活动照片，向公众传达政策信息和政府的工作重点。这些照片有助于提高学生对政府工作的了解和支持。 同时增强学生的公众参与感：政务摄影不仅记录了政府的工作，还通过展示政府官员和公民代表的互动，增强了公众对政府工作的参与感。这些照片能让学生感受到自己也是政府工作的一部分，提高了他们的归属感和满意度。

续表

政务摄影案例模仿	6. 拍摄照片：在准备好所有元素后，可以开始拍摄照片。在拍摄过程中，要尽量保持稳定，以避免模糊或抖动影响照片效果。同时，要随时观察拍摄效果，并进行调整以达到最佳效果。	
课后（10 分钟）		
布置拍摄作业	作业要求： 1. 主题：这组照片的主题应为政务工作，例如政府会议、政策发布会、社区服务活动等。你需要捕捉到政务工作的特点和精神。 2. 拍摄：照片应清晰、明亮，能反映出政务工作的实际状态。请注意捕捉到重要的细节，例如会议的议程、活动的流程等。 3. 编辑：对照片进行适当的后期处理，例如调整亮度和对比度，增加锐度等。确保照片的质量和专业性。 4. 提交：将你的照片以一个压缩包的形式提交，包括原始照片和编辑后的照片。同时提供简短的文字描述，解释每张照片的内容和背后的故事。	强化学生对于技术的掌握和艺术表达能力的训练，结合思政教学内容，加强对于当下政务信息的搜集与学习，以达到强化政务信息学习的效果。
教学反思		
实施成效	通过政务摄影课程，学生可以学习到如何使用相机、如何构图、如何调整光线和色彩等基本的摄影技能，从而提高他们的摄影水平。政务摄影作为政治宣传和舆论引导的重要手段，需要学生具备高度的责任感和使命感。通过课程学习，学生可以更加深入地了解政务活动的重要性和意义，从而增强他们的责任感和使命感。政务摄影不仅需要摄影技能和理论知识，还需要学生具备政治素养、文化素养、心理素质等多种素质。通过课程学习，学生可以提高自身的综合素质，为未来的职业发展打下坚实的基础。	
问题与改进	政务摄影课的教学内容可能比较单一，只关注基本的摄影技能和理论知识，缺乏实际操作和实践应用。这可能导致学生缺乏实践经验和创新能力。针对这一问题，可以增加实践操作和案例分析的比重，提供更多的实践机会，加强与实际应用的联系，提高学生的实践能力和创新能力。	

课程负责人：程琪

日期：2023 年 11 月 8 日

让生活更美好——旅游助力云南阿者科村脱贫致富

《旅游概论》课程思政典型教学案例

课程负责人：李淼

一、课程基本情况

课程名称	《旅游概论》		
课程性质	☑专业基础课程　□专业核心课程 □专业拓展课程　□实践类课程		
学　时	48	学　分	3
授课对象	专科一年级新生	授课专业	旅游管理
课程负责人	李淼	团队成员	王红国、关旭、张萍、龙睿、陈思、陈玲玲、陈岑、刘荣、向微、王朋薇、陈享尔

二、教学案例

1. 案例主题

让生活更美好——旅游助力云南阿者科村脱贫致富

2. 出自教学章节

课程专题三：旅游的外部影响　模块一：旅游三大外部影响

3. 案例选择与育人内涵

本节课教学内容为《旅游概论》课程专题三"旅游的外部影响"中的第一模块"旅游三大外部影响"。通过本章节的学习，学生需掌握旅游外部影响涉及经济、社会和环境三个方面，以及每个方面具体涉及的积极影响和消极影响。教学难点在于学生能否对现实案例分析并归纳出旅游的具体影响。思政难点在于课程教学素材能否紧贴时代脉搏，既能够涵盖旅游三大外部影响，又能够体现思政要素，对接思政目标。

教学团队通过梳理本节课教学知识点发现，旅游发展过程中所产生的经济、社会文化和环境方面的积极影响与我国当前旅游促进乡村振兴、帮助农民脱贫致富、建设美好家园等正在开展的实践活动有着天然的契合度。中国大地上涌现出来的一个个鲜活案例就是最好的教学素材。因此，本节课采用案例教学法，选取最具代表性和示范作用的"云南阿者科计划"案例，秉持"隐形思政"的教学理念，让学生通过案例与现实建立关联，并借助不同媒体加强对案例内容的立体化感知，让学生的情感和思想在课堂涌动，春风化雨般地与脱贫攻坚、文化自信、生态保护、职业信心等思政要点结合在一起。

图1 挖掘思政要素，隐形融入教学内容

4. 案例内容与设计

（1）案例引入

①课前内容预习与熟悉案例资料

课前通过智慧树教学平台发布要求，提醒学生课前完成线上教学视频的学习，并阅读"云南阿者科计划"教学案例文本，让学生提前熟悉案例内容，为课程讨论做准备。

②课中案例导入

引导介绍：教师首先对本节课所学内容进行介绍，播放学生在课前已经阅读过的"云南阿者科计划"案例的相关视频作为文本阅读的补充，唤起课前学习记忆，对案例进行多媒体有形展示。

（2）案例详情

云南阿者科村地处云南红河哈尼梯田世界文化遗产核心区，2018年人均年收入不足3000元，中山大学旅游学院积极响应国家脱贫攻坚战斗号召，发挥旅游学科优势，发起"阿者科计划"。通过盈利分红机制与村落保护细则的绑定，鼓励村民保护蘑菇房传统民居，保育阿者科村核心旅游吸引物；鼓励村民继续耕种，保护梯田景观；鼓励村民继续居住村中，保留阿者科原住民核心人文景观；鼓励村民保留村籍，为村集体事务出钱出力。这让村民们实实在在看到了保护村落带来的效益，从而促使保护理念与细则内化，进一步激发村民主动保护文化遗产和旅游产业助推脱贫攻坚与乡村振兴融合发展。

通过课前文本资料学习和课上视频资料观看，学生从多角度感受到阿者科村的面貌变化，如居住环境、生态环境的改善；体会到发展旅游后当地居民生活发生的巨变，如居民收入的显著增加、居民对自身文化传统的认同感、自信心提升。多渠道、多感官的资料学习，细节化的信息呈现，能够强化学生与阿者科村之间的情感联结，深化对旅游积极影响的多方位理解。此外，当学生看到视频中旅游管理专业的学生志愿者驻守阿者科村，利用所学帮助村民过上美好生活，会让他们直观感受到专业知识的力量，提升职业荣誉感和使命感。

（3）案例讨论

以小组为单位讨论"旅游给阿者科村带来的积极影响"，请各小组同学梳理出旅游给阿者科村带来了哪些方面的积极改变，通过小组讨论的方式，给学生提供表达感受、碰撞思想的互动途径。各小组将讨论结果提交到教学平台，教师现场投屏分享各组讨论结果并请各小组介绍讨论结果。

（4）案例升华

教师对各组讨论结果亮点进行点评总结，总结旅游积极影响的相关知识点。结合案例内容和学生讨论结果强调脱贫攻坚、文化自信、生态保护、职业信心四个思政要点的重要性。

5. 案例特色与反思

教学团队遵循本课程"体验先行—理论内化—实践提升"的整体教学模式，结合本节课教学内容，采用案例教学法和小组讨论法以增强生生、师生互动，使"思政"元素入耳、入脑、入心。

（1）案例特色

① 选取具有鲜活时代特色的教学案例

本节课选取"阿者科计划"作为主要教学案例，该计划是中山大学旅游学院积极响应国家脱贫攻坚战斗号召，发挥旅游专业优势，科学规划、精准实施、务实推进的实践典范，是对习近平总书记"绿水青山就是金山银山"发展理念的深度解读，被列入世界旅游减贫案例名单，为教师讲好中国故事提供了鲜活素材。学生通过案例视频直观地感受到旅游给阿者科村带来的变化，并通过阅读案例文本归纳出旅游的积极影响，从而在教师的引导下完成知识点的主动输入。案例中旅游计划实施前后的数字对比、志愿者与当地村民的亲口讲述以及村民工作生活真实场景的展示，将课本中的知识点鲜活生动地呈现给学生，让学生真切地感受到所学的知识点。

② 采用"隐形思政"提升职业信心、培育职业精神

旅游管理专业一直以来都被视为门槛低的行业，近年来受疫情冲击，整个行业发展前景并不乐观，很多学生专业认同感低、从事旅游职业的信心不足。针对这一困境，教师如果单纯地进行说教是没有任何说服力的，反而会让学生产生抵触情绪。而"阿者科计划"让学生看到旅游管理专业学到的知识并非是花架子，学生志愿者们提出的盈利分红机制，倡导的保护蘑菇房传统民居，保留传统耕种方式，保护梯田景观等措施，使阿者科村脱贫致富，村民的生活越来越好。这让学生在学习专业的知识的同时，潜移默化地增强了作为"旅游人"的职业信心，这种"隐形思政"有助于树立职业使命感，激发

担当意识和家国情怀。

（2）案例反思

不断丰富课程思政资源，加大课程思政资源更新力度，在今后的教学中可继续丰富思政教学案例库，提升案例的时效性，比如在脱贫攻坚全面胜利之后，寻找更多乡村振兴、乡村共富的案例，让案例与时俱进。加大对学生的认知规律和接受特点的研究，继续发挥学生主体性作用；强化启发式教育，引导学生发现问题、分析问题、思考问题；继续深度挖掘专业知识中蕴含的思政资源，实现全员全程全方位育人。

6. 案例效果与反馈

通过本案例的学习，学生的学习效果体现在以下四方面：

第一，在学习内容掌握上，通过本案例，学生能够比较深刻地理解旅游的经济、社会和环境三方面的积极影响，能产生切身体会、感同身受。

第二，在思想意识上，学生认识到旅游对中国打赢脱贫攻坚战发挥了重要作用，还认识到旅游对传统文化复兴、生态环境保护也起到积极推动作用。

图2　课堂讨论气氛活跃

图3　学生积极参与线上话题讨论

第三，在课堂气氛方面，学习氛围浓厚，课堂活跃，教学案例充分调动了学生的参与热情，课堂讨论气氛热烈，学生不仅加深了对旅游外部影响的认识和理解，也锻炼了自身的表达能力。

第四，在激发学生兴趣方面，课后线上讨论热烈，鲜活的案例给学生带来更深刻的启发和反思，课后同学们在智慧树教学平台进行主题讨论、发表观点，对旅游外部影响的认识不断深入。

《旅游概论》课程思政教学设计样例

课程负责人：李淼

课程名称	《旅游概论》	学时/学分	48学时/3学分
课程性质	☑专业基础课程 □专业核心课程 □专业拓展课程 □实践类课程	授课对象及专业	专科一年级 旅游管理专业
对应章节内容	课程专题三：旅游的外部影响　模块一：旅游的三大外部影响		
教学内容	本节课的教学内容是《旅游概论》课程专题三中模块一——旅游的三大外部影响。该模块围绕课程教学内容的两大主线之一——旅游的外部效应展开，是学生在对前述学习内容综合理解基础上的理论知识的进一步升华和分析能力的进一步提升。该模块内容主要让同学通过课前线上学习实现基础知识的预习和识记，通过线下课程典型案例讲述实现所学内容的理解和深化，最后通过实践参观实现学生对所学内容的应用，分步实施、逐步深化教学目标。由于在本门课中，实践教学是独立的教学项目，本教学设计仅针对该模块内容进行线上和线下课堂教学进行设计。		
学情分析	（一）教学对象 《旅游概论》课程面向上海旅游高等专科学校21个专业的新生开设，教学设计以旅游管理专业一年级学生为例展开。学生通过前面专题的学习，已经对旅游这一现象有了更为专业的认识，了解到旅游已经是当今社会越来越重要且普遍出现的人类活动。本节课前，学生通过线上教学平台已经学习了旅游对目的地产生经济、社会文化和环境影响的归因理论支撑，但从小测验的结果来看，学生对于旅游三大影响具体内容的理解还不够深刻，需要进一步通过典型案例进行辅助学习。 （二）教学对象的认知特点 大一新生理论学习能力有限，对于抽象理论的学习，比较适合采用先感性再理性、由具体案例入手总结提炼出理论的归纳式思维方法；他们对于旅游现象有一定关注，但远未达到专业认知的程度，需要引导学生培养专业思维，提高专业敏感度。此外，对于初入大学校园的新生而言，学习氛围对学生学习态度和投入程度会产生较大影响，宜采用小组学习方式，增加学生的交流机会和学习兴趣，同时鼓励学习小组间的竞争，提升学习氛围。		

续表

学情分析	（三）教材分析 课程使用的教材之一《旅游概论》是在任课教师团队共同编写的教学讲义的基础上，经过多年不断更新、补充、完善，最终于2020年公开出版的教材，并于2024年入选上海市首批"十四五"职业教育规划教材书目。该教材是团队教师结合学校人才培养定位、专业办学理念和人才培养目标编写而成，符合本校师生的实际情况，也与学校的教学环境、教学资源相匹配。教师们对教材的知识结构、理论体系非常熟悉，成为该课程的主要教材之一。另外，本门课程还使用了"十三五"规划教材《旅游学》(第四版)。 本次课教师将阿者科旅游开发的相关信息整理成案例辅助图文资料，突出现实案例中与本次课重点内容相关的信息，在课前分发给学生，供学生提前了解案例，也激发学生对本次课的兴趣。
教学目标	【知识目标】 1.能够说出旅游的经济、社会文化和环境影响； 2.可以理解旅游影响产生的理论依据。 【能力目标】 1.能够具有辩证思维，认识到事物具有两面性； 2.能够辨别哪些是积极影响，哪些是消极影响； 3.能够对经济、社会文化和环境影响进行区分。 【素养目标】 1.使学生认识到旅游是实现美好生活的重要手段； 2.进一步提升学生的专业自信心和职业认同感。 【思政育人目标】 1.培育"可持续发展"理念，坚守生态文明； 2.激发爱党爱国情怀、增强文化自信； 3.树立"创造幸福"的职业理念，培育创新思维。
教学重点、难点	重点：旅游三大影响的具体表现。 难点：借助典型现实案例发现并分析旅游的积极和消极影响。
课程思政设计	课程思政元素："两山"理论、文化自信、脱贫攻坚、旅游职业信心。 融入知识点：旅游的经济影响、社会文化影响、环境影响。

教学过程

课前（20分钟）

教学环节	活动内容	设计意图

课前导学	✓ 学生课前在智慧树学习平台自学《旅游概论》专题三模块一教学视频，并完成小测验。 ✓ 利用学习平台教学工具将云南阿者科村的教学案例文字资料分发给学生进行课前预习。 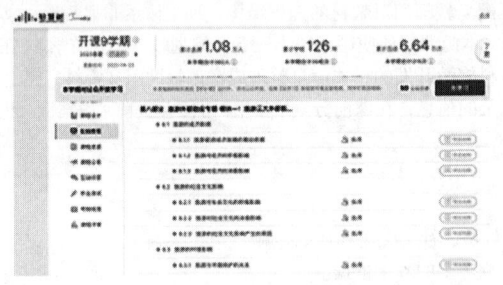	◇ 以线上测验的方式督促学生自学，掌握需要识记的知识。 ◇ 让学生提前熟悉阿者科案例内容，为课堂教学做准备。

课中（45分钟）

教学环节	活动内容	设计意图
第一阶段 导入 （3min）	✓ 在课前线上学习和案例图文资料学习的基础上，通过播放2分钟的案例视频加深学生对阿者科村案例的记忆，通过视频画面使其看到阿者科村当地居民真实的生活环境和精神面貌，调动学生情感，使其感受到旅游扶贫项目实施前后阿者科村发生的变化，从而体会到旅游对当地经济、社会和文化领域产生的重要影响。	◇ 引导学生进入学习状态，激发各学习小组间的竞争。

第一阶段小组讨论（7min）	✓ 让同学们一起发现旅游给阿者科村带来的变化有哪些，并通过网络教学平台展示小组讨论结果。	◇ 引导学生独立思考、交流分享。
第一阶段问答式讲授（8min）	✓ 通过分析每个小组的答案，教师进行引导式问答，讲授旅游发展对于阿者科村带来的经济社会文化和环境的积极影响。	◇ 通过提问引出本节课的教学重点； ◇ 实现学习小组知识互补。
第一阶段总结（2min）	✓ 教师对阿者科村的案例进行总结，旅游是一项幸福产业，旅游的发展使阿者科村的村民脱贫致富，过上了幸福美好的生活，传承了当地的文化，还改善了居住环境，这些就是旅游发展对于目的地的经济、社会文化和环境的积极影响。 ✓ 由于旅游的这些积极影响，旅游业的发展获得国家和目的地的支持，具有广阔的发展前景。	◇ 强化学生对于教学重点的理解和识记； ◇ 让同学们更好地了解国家的乡村振兴战略以及打赢脱贫攻坚战的决心和信心； ◇ 增强学生的职业自信心和职业认同感。

续表

第二阶段 导入 （3min）	✓ 在第一阶段学习的基础上，引导学生用辩证的思维方式看待问题。任何事物都有两面性，既然有积极的影响，也会有消极的影响。让同学们阅读"热闹"的古镇、三亚天价海鲜、消失的"人字瀑"等微案例资料，以小组为单位讨论以往旅游经历中发现的旅游消极影响。引导学生绘制消极影响思维导图。	◇ 锻炼学生的辩证思维方式； ◇ 引导学生全面看问题。
小组探究 学习 （17min）	✓ 投屏展示各小组思维导图成果； ✓ 各小组向其他小组阐释说明答案的依据，彼此对比，取长补短，完善自己小组的思维导图； ✓ 教师总结点评，强调旅游的发展也会对目的地的经济、社会文化和环境带来消极影响，我们要做的是将这些影响的程度降到最低。	◇ 激发学习小组竞争； ◇ 检验学生是否能判断哪些现象属于旅游的消极影响以及是否可以区分不同方面的消极影响； ◇ 重点讨论有争议的现象，教师引导学生降低消极影响，实现旅游的可持续发展。

续表

本次课小结（5min）	✓ 总结本次课要点内容并强调三个思政要点：1. 中国打赢脱贫攻坚战是人类历史上的一大壮举，这其中旅游功不可没。旅游管理的同学可以利用所学专业知识创造美好生活，进而提升学生的职业荣誉感和使命感。2. 旅游对传统文化复兴起到积极推动作用，要坚定文化自信，做传统文化的传承者和弘扬者。3. 旅游发展要注重生态保护，坚持科学发展观，树立尊重自然、顺应自然、保护自然的生态文明理念，处理好资源开发与经济社会发展、生态保护之间的关系。 ✓ 布置课后作业。	◇ 强化学生对本次课内容的记忆和理解。
课后（10分钟）		
课后作业	✓ 每位同学上网搜索阿者科村最新旅游相关信息，并在学习平台的讨论区回复教师发布的讨论问题——"说一说你知道的旅游影响并给出依据"。	◇ 综合训练本次课的重点内容。
教学反思		
实施成效	授课过程中改变推理演绎的理论讲授方法，从典型案例入手，引导学生自主探究，在以往经验基础上进行理论归纳，让学生参与到理论探索之中，课堂理论学习与实践内容相辅相成，使专科学生不仅能操作，而且有理论储备，实现"知其然亦知其所以然"。探索专科生理论教学的新方式。 学生对于理论学习的抵触情绪消失。他们通过小组探究层层剖析现实现象，最终提炼出抽象结论。虽然本节课以理论内容为主，但整体上学生对于课程的学习兴趣较高。通过小组讨论，学生对理论的应用初步掌握，达到教学目标。	
问题与改进	第一，课程中发现学生对旅游业发展的意义认识还不够深入，需要综合课程后期内容和课外实践活动来继续培养其积极的旅游价值观及职业观，培育旅游管理专业应有的为他人创造幸福的职业理念。 第二，学生对理论的应用还处于非常初级的阶段，还需在后续课程内容和实践学习中进一步深化对旅游影响理论的掌握和应用。本次课中教师需要关注、准备更多新鲜、即时的旅游案例和数据，以抓住学生的兴趣点。	

声明：文中所有图片版权归上海旅游高等专科学校所有

课程负责人：李淼

日期：2024 年 3 月 14 日

基于课程思政 BEACON 模式的《大学英语》教学改革实践——以"Unit 2 Food 美食有力量"为例

《大学英语》课程思政典型教学案例

课程负责人：陆亚妮

一、课程基本情况

课程名称	《大学英语》		
课程性质	☑专业基础课程　□专业核心课程 □专业拓展课程　□实践类课程		
学　时	144	学　分	4
授课对象	大一学生	授课专业	烹饪工艺与营养
课程负责人	陆亚妮	团队成员	霍翠平

二、教学案例

1. 案例主题

"品味"名肴佳馔，感悟人生哲理，传扬美食文化——基于课程思政 BEACON 模式，将中国传统饮食文化融入英语语言教学实践。

2. 出自教学章节

课程第二单元"Food"，阅读及拓展。

3. 案例选择与育人内涵

本单元主题围绕美食展开。"民以食为天"——中国传统饮食文化博大精深，通过挖掘其课程思政切入点，融入英语语言教学实践，既赋予了传统的思政教育以鲜活的生命力，又能丰富英语课程本身的内涵。本案例基于课程思政 BEACON 模式（Broaden 拓展、Extract 挖掘、Associate 关联、Construct 架构、Optimize 优化、Nourish 培育），结合产出导向法（Production-Oriented Approach）中的"驱动（motivating）""促成（enabling）""评价（assessing）"三个环节，通过知识与语言融合的教学设计，依托教材单元主题内容及拓展语料，将"教育语言"转为"语言教育"，让学生探讨美食与地域文化，体会美食与人生价值，感受美食背后的故事，知晓中华美食文化的多样性和丰富性，能够加强学生对中国传统菜肴丰富文化内涵的认识，厚植文化传承与民族认同感，通过文思豆腐感悟苔花精神，于平凡中见不平凡的人生哲理，提升用英语介绍中国传统美食的意识和能力，感受到自身作为中国人的文化传播责任和使命，从而达到春风化雨、润物无声、如盐在水的育人效果。

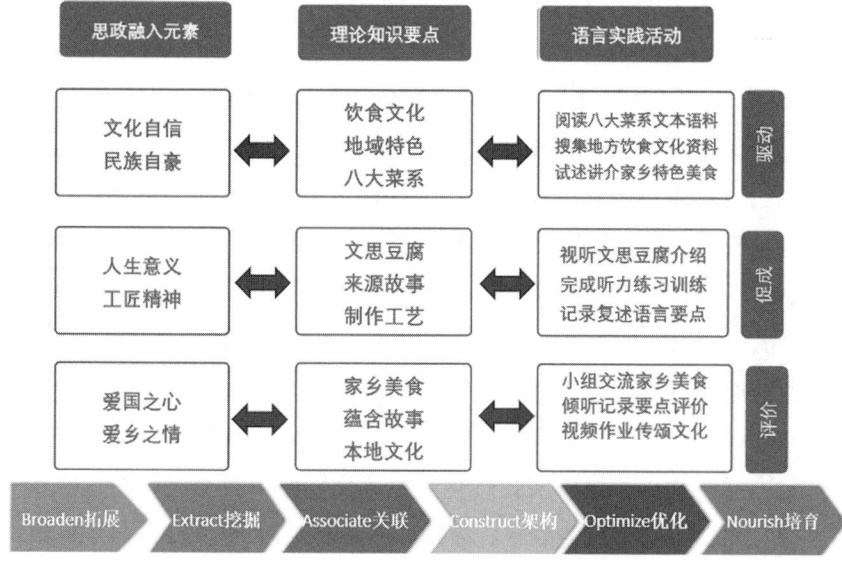

4. 案例内容与设计

4.1 教学内容

本模块的教学内容聚焦于中国饮食文化。基于教材阅读内容"八大菜系特色菜介绍"，补充淮扬代表菜之一"文思豆腐"素材作为教学材料。以一道名菜为基点，思政元素为藤蔓，重构了"语言＋文化"的语料树，通过对文章素材的阅读解构，了解八大菜系特点，尤其是淮扬菜特色的英文表述，以拓展学生对于中国饮食文化的了解；通过视听练习，了解文思豆腐寓意及独特的匠心技艺，学习相关的词汇、句型及表达，教师启发学生思考美食传递的人生内涵价值，并讨论美食背后蕴含的文化，通过小组讨论、活动，学生用英语讲述一道家乡美食及背后的故事，教师点评、学生互评，并完成课后拓展任务。激发学生对中国美食的热爱，对积极人生的思考，构建学生爱国爱乡爱自己的情感链接。

4.2 教学方法

本环节为阅读及知识拓展课，主要采用 POA 产出导向教学方式，创建线上和线下混合式语言教学新生态，融合翻转课堂、问题导入、师生共研、实践操练、小组讨论的教学方法，使语言技能训练从单一转向多维因素，遵循听、说、读、写、译并重和"边学边用、学用结合"的原则，以学生为中心，巧妙结合课程思政 BEACON 模式开展课程教学。

4.3 教学设计及实施

一）树立思政目标，拓展挖掘思政教学语料与课前设计

课前教师利用 iSmart 在线教学平台，设计学生自主学习活动，达到"三个发布，三个明确"：1）发布有关中国饮食文化及八大菜系特点介绍的中英文阅读材料任务书，让学生明确本次课教学目标和教学重难点；2）发布规范的学习语料，学生可以进行自主个性化学习，明确自己的知识漏洞；3）发布课堂小组汇报活动设计要求，提高课堂效率，让学生明确教学过程。

在课前准备过程中，教师进行了学情分析，结合教学材料内容，挖掘语言学习和思政教育结合点，确立思政教育目标——加强学生对中国传统菜肴丰富文化内涵的认识，厚植文化传承与民族认同感及自豪感，挖掘家乡美食及蕴含的文化，讲好背后的故事。教师在平台补充发布了 China Daily 八大菜系特点的文章，淮扬名肴文思豆腐的故事及寓意，引导学生结合菜肴，思考饮食对于人生的意义，帮助学生树立积极的人生态度。根据菜肴特色、地域、文化特征进行尝试产出：My favorite local dish and its story.（我喜爱的家乡佳肴和它背后的故事）——完成驱动任务。

Pre-class tasks

二）融入思政教学，关联架构多元课堂教学讲练与活动

根据语言学科特点和课程特质，将语言知识的表层符号和内在结构中的价值元素与学生的个人经验、生命体验深层关联，科学设计方案、有序实施教学，以达到学习成果的"促成"。

活动一：探索新知，"品"名肴佳馔。学生在教师的组织引导下通过教师PPT讲解，运用智慧教学平台进行填词游戏、段落填空、八大菜系代表菜的中英文匹配练习，强化相关主题的英文材料学习，了解中国饮食文化知识。

活动二：分析讨论，"思"家乡美味。学生视听"文思豆腐"相关内容，听教师示范讲解其文化渊源，留意讲解结构、中英文使用的方法与比例、可套用的句式等。小组讨论，思考：匠心技艺，于平凡中见不平凡的文思豆腐带给我们的人生启发：苔花如米小，也学牡丹开。

由此举一反三，学生思考自己的家乡美食，模拟讲解介绍，采用结对子采访的活动形式，口语输出交流，记录对方语言要点，为后续评价及小组推荐做好准备。

活动三：关联输出，"颂"文化故事。学生以小组为单位，讨论在上一环节采访过程中的心得，推荐小组成员作为"一道名肴，一个故事"的讲述人，小组成员合作讨论，对讲述人的内容进行集体加工修改，最后讲述人代表小组进行班级汇报，学生自评、小组互评、教师点评、投票。

在此过程中，教师也完成了对教学内容的合理构架，尊重学生认知规律、进行资源整理和形式创新。围绕立德树人根本任务，完成了知识、能力、情感、价值的课程思政构建。

三）检验思政效果，优化涵育实现思政目标与价值

在优化环节，教师要注重课程思政的自我评估和效果评价反馈，通过课后任务，延伸课堂，把课堂"即时评价"与"延时评价"相结合，提升教育效能。课堂活动即时进行师生合作评价，教师就词汇、语法、句式及结构层面点评各组讲解具有普遍性和典型性的优点和不足；进行补救性教学。小组可于在线教学平台针对语言能力、交际技巧等进行互相评价，客观打分并录入点评意见。学生课后根据师生点评，将文本修改润色上传 iSmart 教学平台，以评促学。

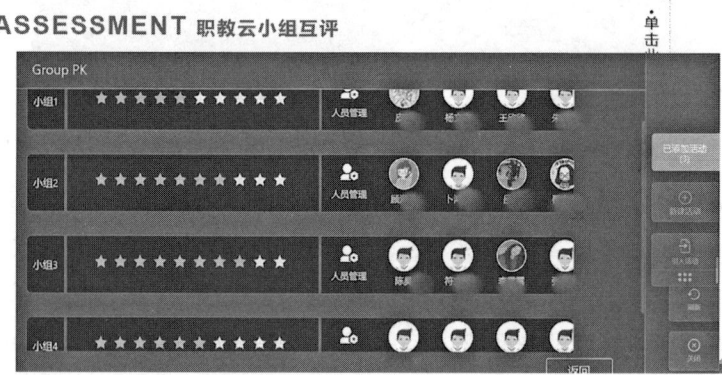

教师通过进一步拓展课后任务,使思政价值外化。1)观看视频片段"外国人看《舌尖上的中国》"第一季评论,选取一些句子进行翻译,模拟英文跟帖评论,文化输出,传扬中国传统饮食文化,上传到教学平台。2)阅读China Daily "Cultural export"内容,拍摄一段短视频,介绍家乡菜肴菜谱及家乡菜肴背后的故事,上传到自己的社交平台。后续任务引导学生思考饮食与人生的关系,培养其解决实际问题的能力,加深对家乡风土人情的了解,增强民族自豪感、文化自信并培养讲好中国故事的能力。

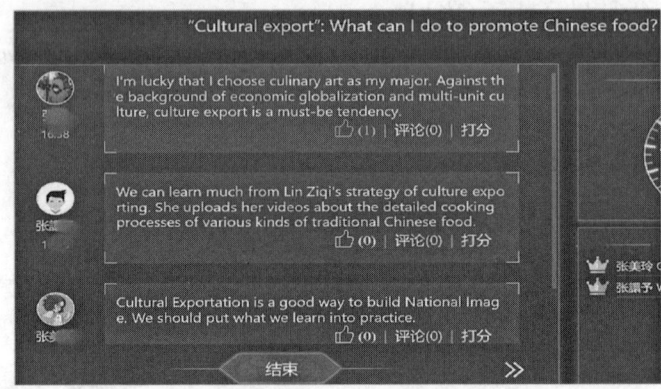

5. 案例特色与反思

此案例课程以"Unit 2 Food 美食有力量"为例，结合课程思政BEACON模式，辅以POA产出导向法，通过重构了"语言+文化"的教学学习语料，线上和线下混合式语言教学新生态，教学设计环节的层层实施，激活了课程的价值属性，产出的评价对学生的价值观产生了正向反馈，也涵育了学生的精神世界，同时将课程中蕴含的价值理念外化为师生教与学的行为表现和实践，完成了课程思政元素与语言技能相融合的教学实践。如图所示：

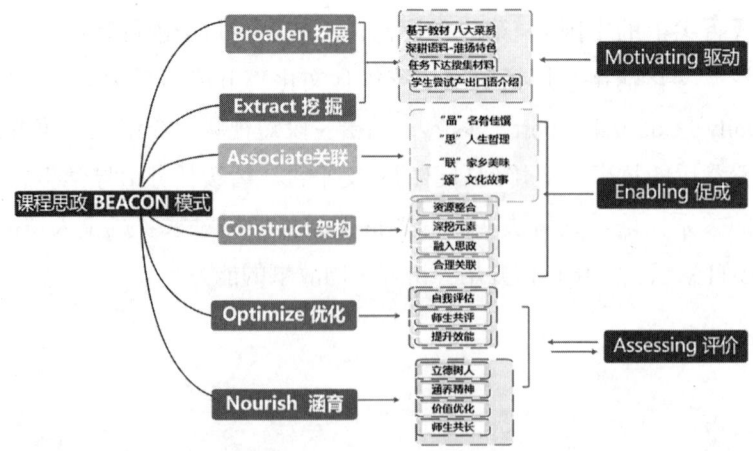

反思：

优点：

（1）美食主题为线，融入式、嵌入式、渗入式融合落实课程思政。

贯彻教师、教材、教法"三教"改革精神，落实课程思政，培养人文素养、增强文化自信。

（2）混合式智慧教学模式显著提高教学成效。

混合式线上线下教学模式构建以学生为中心的教学生态，全程数据信息跟踪，定量评价，大大提高了教学实效。

不足：

（1）课程思政效果难以量化，需注重动态化调整，有效提升教育效果评价的实效。

课程思政建设需要将教学质量评估和教育效果评价不断向人文素养、社会责任感等多维度延伸。英语教学融合课程思政改革是动态长期的过程，要结合时代和职业发展需求，以立德树人为根本，构建"建""评""改"一体化的完整教学效果评价系统体系，实现动态化、常态化、滚动化的评价。

（2）学生课前课后自主学习能力效果薄弱，需加强学生自主学习的监控与自我调节学习策略训练。

信息化教学手段为学生提供了更深入和广泛的学习体验，但是学生的自主学习能力和自我调节学习策略要进行更细致深入的指导和监管。

6. 案例效果与反馈

通过线上＋线下交互式思政教学改革实施，教学成效显著。学生积极主动参与课前尝试、课中讨论、课后拓展，通过介绍美食的起源、内涵故事、发展历程和地域特色，学生对中华美食文化产生认同感和自豪感；了解美食背后的文化内涵和人生哲理，激发了学生的情感共鸣以及对传统文化与时代精神的理解与思考。教学平台评价评分显示学生对课程反馈满意度较高，该课程综合加成平均分为 99.76 分。

通过将课程思政融入中华美食文化教学，更加贴近学生的专业特色与实际需求，增强了教育的思想性和感召力，促进学生的全面发展与成长，学生在专业技能大赛中屡获佳绩。我院烹饪专业学生在 2023 年全国职业院校技能大赛烹饪赛项（高职组）中荣获团体一等奖，其获奖作品"东坡雅宴"创作灵感就来自家乡特色菜东坡肉的启发。学生通过比赛，不仅传承了经典烹饪工艺；也提升了对中华美食文化内涵的理解，增强了文化和个人自信，提升了团队合作意识，用实际行动践行了对中华美食文化内涵的理解和工匠精神。

评价达标	单项均值	满意度	权重	理论/实验	优秀	良好
我对本课程有系统、整体的印象，基本知识和技能都能够基本掌握。	99.40	99.400	0.33	讲课	96	4
学习本课程后，我能分析和解决一些实际问题，自学能力有所提高。	99.25	99.250	0.33	讲课	95	5
通过教师的教学，我对该课程的兴趣极高。	99.40	99.400	0.34	讲课	96	4

（上图截图数据来源于学校教学评价网站对本门课程的测评）

《东坡雅宴》宴席展台

学生获奖证书及作品

《大学英语》课程思政教学设计样例

课程负责人：陆亚妮

课程名称	大学英语	学时/学分	144学时/4学分
课程性质	☑专业基础课程 □专业核心课程 □专业拓展课程 □实践类课程	授课对象及专业	大一烹饪工艺与营养学生
对应章节内容	Unit2 Food 第四模块"阅读及拓展"		
教学内容	本模块的教学内容聚焦于饮食文化。基于教材阅读内容"八大菜系特色菜介绍"，补充淮扬代表菜之一"文思豆腐"素材作为教学材料。通过对文章素材的阅读解构，了解八大菜系特点，尤其是淮扬菜特色的英文表述，通过视听练习，了解文思豆腐独特的匠心技艺，学习相关的词汇、句型及表达，教师启发学生思考并讨论美食背后蕴含的文化，通过小组讨论、活动，学生用英语讲述一道家乡美食及背后的故事，教师点评、学生互评，并完成课后拓展任务。		
学情分析	1. 知识储备：学生在前导课程中学习了部分烹饪及饮食相关的词汇及短语，掌握了菜名的翻译方法和技巧，对中国饮食文化基础常识有一定储备。 2. 技能基础：能够使用基本的菜品相关词汇，能够正确使用职教云、Quizlet、iSmart线下学习平台进行自主学习，缺乏阅读技巧和对于篇章结构和语言特点的分析能力，口语表达能力薄弱。 3. 学习特点：饮食主题跟生活关联度高，贴近实际、贴近学生专业，能激发学生的热情、学习兴趣及民族自豪感，学生希望借助已有知识积累较好地完成任务，但对英语口语表达有一定畏难心理。		

续表

教学目标	【知识目标】 掌握菜肴介绍、评价的重点词汇、短语和常用表达；了解淮扬菜特色，文思豆腐的制作工艺及故事；感悟中国饮食文化的内涵和育人之道。 【能力目标】 能运用信息技术获取学习资源和完成学习任务；能运用略读、扫读等阅读技巧读懂文章的概要和细节；能用习得的饮食文化等高频词句口头介绍家乡代表菜，提升用英语传扬中国文化的能力。 【素养目标】 具有良好的英语跨文化传播意识；自强自信热爱生活的态度；爱国爱家乡的民族自豪感和人文情怀。 【思政育人目标】 认同我国饮食文化，形成正确的饮食文化学习态度，增强文化自信和民族自豪感；思考菜肴制作和人生的关联，树立积极的人生态度和价值观；具有用英语传扬中国传统文化的意识，感受作为中国人的文化传播责任和使命。
教学重点、难点	重点：中国饮食文化概况、八大菜系及代表菜的英语表述。 难点：用英语介绍家乡菜的表达方法、技巧。
课程思政设计	●带领学生学习饮食文化的地域特征特色，增强文化自信以及传承优秀文化的意识。 ●引导反思菜肴制作和人生的联系，于朴素平凡中见不平凡的人生意义，帮助学生树立积极的人生态度。 ●引导学生思考家乡菜背后的故事，加深对家乡风土人情的了解，增强爱国爱乡情怀。 ●帮助学生练习介绍家乡菜肴及其文化内涵，培养讲好中国故事的能力，让优秀传统文化"走出去"。 融入知识点：中国八大菜系的特征、淮扬菜特点特色、文思豆腐制作匠心及寓意、用英语介绍家乡菜的表达方法。

教学过程

课前

教学环节	活动内容	设计意图
自主探究 尝试产出	[1] 阅读中国饮食文化相关的中英文阅读素材，文思豆腐相关文章。 [2] 预习与中国饮食文化概况和八大菜系及其代表菜的高频词句：	利用在线教学平台，发布资源。 学生预习中国饮食文化相关高频词汇，熟悉内容，扫清词汇障碍。

续表

自主探究 尝试产出	cuisine, dine, cold dish, main course, staple food, snack, dessert, chopstick, lazy Susan, toast, specialty, sour, sweet, bitter, spicy, salty, Jiangsu cuisine, tea ceremony, … The characteristics of Jiangsu Cuisine are … and the typical dishes are …. [3] 讨论最喜欢的中式菜肴，思考推荐特色家乡菜肴。 [4] 预习过程中的疑难解答和完成情况分析。	线下交流，头脑风暴，产生火花。 实施翻转课堂模式，学生自主学习素材并思考，介绍家乡代表菜，准备课堂上汇报交流。 教师运用平台在线实时答疑，分析学生课前自主学习数据，及时调整课中教学设计和实施。

课中（50分钟）

教学环节	活动内容	设计意图
词句巩固 消除疑难 探索新知 "品"名 肴佳馔	[任务1] 词汇知多少——预习小测试 运用智慧教学平台进行填词游戏、段落填空、八大菜系代表菜的中英文匹配练习。 [任务2] 阅读ABC——新知共探索 1. Asking and Answering 提问与课文相关的T/F问题； 2. By Skimming and Scanning 略读扫读，了解文章概要和细节； 3. Comprehension 反馈讲解八大菜肴文本词句难点； 巩固强化掌握与课文相关的词句。	考查学生课前自主学习效果，根据测试结果进行难点梳理，使用Quiz-let及在线词典带着学生一起拼写查找疑难单词、跟读、巩固记忆基本用法。 任务型输入性学习，培养略读扫读技巧，提高文本阅读能力，了解文章概要和细节，阅读成效可视化，强化了相关主题的英文材料学习，了解中国饮食文化知识，掌握相关英文表达。

续表

知识拓展 分析讨论 关联输出 "思"家乡美味 "颂"文化故事	[任务3] 视听新输入——话题深延续 引入淮扬菜经典——文思豆腐英语视频视听填空练习 小组讨论，思考： 匠心技艺，于平凡中见不平凡 What can you learn from tofu? [任务4] 口语践输出——文化走出去 教师示范讲解文思豆腐文化渊源寓意，学生思考家乡美味，模拟讲解介绍，小组内逐个交流，记录对方语言要点，小组间代表发言，组间互评教师点评。	通过拓展材料进行视听说训练，引发思考，落实课程思政；为下一环节讨论菜肴寓意、饮食文化传承、创新与传播进一步奠定知识基础。 激发学生关联自我，思考一道菜背后的寓意。 启发学生关联个人思想及生活，延伸主题； 通过美食，思考内涵，同时传播文化，及时评析反馈，深化理解，师生互评、生生互评，激励学习、教学相长，提高自我效能感。
总结回顾 布置作业	总结归纳本次课知识点，布置课后巩固作业，预告下次课准备作业。	电子板书总结点评，布置复习任务，为下一节课做好铺垫。
课后		
观看视频 拓展训练	[1]观看视频片段"外国人看《舌尖上的中国》"第一季评论，选取一些句子进行翻译，模拟英文跟帖评论，上传到教学平台。 [2]阅读 China Daily "Cultural export" 内容，拍摄一段短视频，介绍家乡菜肴菜谱及家乡菜肴背后的故事，上传到自己的社交平台。	文化输出，传扬中国传统饮食文化。 后续任务引导学生思考饮食与人生的关联，培养其解决实际问题的能力，加深对家乡风土人情的了解，增强了民族自豪感、文化自信并培养讲好中国故事的能力。
教学反思		

续表

实施成效	1. 应用翻转课堂模式，结合课前在线自学自测，反复练习，课中教师精讲，学生互学，情境模拟，课后输出练习等形式学生掌握了菜肴介绍、评价的重点词汇、短语和常用表达。 2. 通过阅读技巧训练，学生掌握了一定的阅读技巧，了解淮扬菜特色，文思豆腐的制作工艺及故事；感悟中国饮食文化的内涵和育人之道。 3. 采用自主学习、小组合作探索、互评反馈等形式，学生敢于用英语口头推介家乡特色菜。 4. 应用产出导向法，通过视频和新闻积累中国饮食文化知识和输出方式，激发学生思考美食中的文化元素、人生内涵等，培养学生热爱烹饪专业，自强自信热爱生活的态度；爱国爱乡的民族自豪感和人文情怀。
问题与改进	存在的主要问题： 1. 学生活动主要以小组为单位，很难兼顾每一位学生； 2. 学生口头英文表述积累不足，遣词造句还不尽如人意。 改进措施： 1. 教学活动的安排根据内容的不同尽可能采用小组和个人相结合的方式进行； 2. 丰富课后第二课堂活动，使学生有更多机会锻炼口语，提升传播中国传统文化的能力。

课程负责人：陆亚妮

日期：2023年8月9日

让我为您导航——客舱盲人旅客服务
《民航客舱服务与管理》课程思政典型教学案例

课程负责人：马丽

一、课程基本情况

课程名称	《民航客舱服务与管理》		
课程性质	☐专业基础课程　☑专业核心课程 ☐专业拓展课程　☐实践类课程		
学　时	64	学　分	4
授课对象	学生	授课专业	空中乘务
课程负责人	马丽	团队成员	无

二、教学案例

1. 案例主题

让我为您导航——客舱盲人旅客服务

2. 出自教学章节

课程第六章：特殊旅客服务及管理；第一节：病残旅客——客舱盲人旅客服务

3. 案例选择与育人内涵

受习近平总书记关于四川航空"中国民航英雄机组"的启示，选择了"让我为您导航——客舱盲人旅客服务"案例。此案例完美诠释了习近平总书记所说的"平凡工作做好就是不平凡"的理念。客舱盲人旅客服务，看似日常，却展现了民航职工无微不至的关怀和高度的责任心。这不仅是对盲人的服务，更是对人性的尊重和对生命的珍视。

案例中的育人内涵引人深思。每一次为盲人导航都传递了一个核心信息：只要全心全意，每个人都能对社会和人民作出贡献。这是"旅客至上、真情服务"的体现，也恰是习近平总书记所强调的对人民生命的高度负责。此外，案例揭示了民航行业的深厚责任。每一个飞行细节都关乎人民的生命安全。客舱盲人旅客服务，更是这份责任的明证。

总的来说，选择此案例，旨在弘扬总书记提倡的英雄精神，使更多人认识到，真正的伟大和英雄都源于平凡。期望每个人都能在自己的岗位上展现英雄的价值，共同为中华民族的伟大复兴贡献力量。

4. 案例内容与设计

（1）案例引入

春运，一年中最繁忙的时节，人们心怀各自的期望踏上归途。在南航的一架航班上，乘客之中，有一位特别的旅客。他的眼眸中看不到这五彩斑斓的世界，但他的心感受得更加深刻。当飞机稳稳地飞行在云端，他轻轻地说："虽然我的世界是黑色的，但我依然感受到民航服务给我带来了尊重、温暖和阳光。"这句话，不仅是对南航服务的肯定，更是对每一个致力于为旅客提供优质服务的民航工作者的赞誉。而这个瞬间，便是我们要深入探讨的案例的起点。

（2）案例详情

案例发生在 2023 年 2 月 8 日，南航一架 CZ3538 航班从上海飞往广州。航班上的一位特殊乘客——李先生，是一位盲人。他手中的导盲杖为他提供了有限的指引，但在飞机这样的特殊环境里，导盲杖的作用被大大削减。南航的乘务长王婷，就是为李先生提供温暖和光明的那个人。

飞机刚刚进入平稳飞行，王婷主动走向李先生。她轻轻地问："先生，需要帮助吗？让我为您导航。"这简单的一句话，给了李先生莫大的安慰。王婷轻轻地描述给李先生听飞机上的布局、设施位置和如何使用。她甚至还为他详细描述了窗外的景色，云彩的形态，让李先生仿佛也能"看到"外面的世界。每次用餐或者休息时，王婷都会主动为李先生提供帮助，不让他有任何的不便。更让人感动的是，在降落之前，王婷用广州的方言告诉李先生："先生，我们即将到达您的目的地，广州欢迎您。"

这并不仅是王婷的一次简单服务，而是她对职业的敬重，对人的关怀。

飞机上的每一个乘客，无论身体健全与否，都得到了南航无微不至的关怀和服务。

王婷，这位普通的乘务长，成为李先生心中的明星。她不仅带给他温暖，还给了他在天空中的安全感。王婷所展现出的，正是南航"旅客至上、真情服务"的核心理念。她没有华丽的技能展示，只是简单地做好了自己的工作，但正是这种平凡的付出，让无数乘客感受到家的温馨。南航的每一位员工，都是这样，他们用实际行动告诉世界：无论您是谁，南航都会为您导航，带您回家。

（3）案例讨论

航空服务业是一门深度的艺术，每个乘客都托付了对航空公司的期望与信任。这信任如何转化为具体服务，特别是对待特需乘客，显得尤为重要。南航CZ3538航班上的王婷遇到盲人李先生时，展现了真情关怀。她不仅为其细致描述航班内部与外部的风景，更用广州方言表示欢迎，这不仅是职业敬重，更是"爱人如己、人道关怀"的社会主义核心价值观的实践。王婷所展现的不只是职业素养，更是工匠精神——"以心服务、精益求精"。用广州方言问候，彰显了其对乘客故乡文化的尊重，恰是"和谐包容、共同繁荣"与"中华情怀"的体现。此外，南航的"旅客至上、真情服务"理念，不仅代表企业文化，更与社会主义核心价值观相映成辉。这次服务，既是南航职业素养的展现，也是对社会主义核心价值观的深度理解与践行。乘务长王婷为我们生动地演绎了这一鲜活的思政教育案例，为社会提供了宝贵的教育资源。

（4）案例升华

航空服务业是一个高度人性化的行业。对每位旅客，航空公司都承载他们的信任，尤其是对待有特殊需求的旅客，这更是一种艺术与责任。首先，王婷展现出深度的人文关怀。在南航的CZ3538航班上，她遇到盲人乘客李先生，没有忽视或简化服务，而是主动关心。这种关怀体现了"爱人如己、人道关怀"的社会主义核心价值观。其次，王婷的职业素养和敬重明显。她详细描述了飞机布局、设施甚至窗外景色，不仅反映了她的职业技能，还展示了她对工作的敬重。这呼应了"努力工作、无私奉献"的价值观。再次，王婷融入了国家文化与地方特色。降落前，她用广州方言欢迎李先生，不仅是问候，更是对文化的尊重，体现了"和谐包容、共同繁荣"及"中华文化、中华情怀"的精神。最后，此次服务完美展现了南航的"旅客至上、真情服务"理念，这与社会主义核心价值观相辅相成，体现了企业与国家精神的统一。综上，王婷不仅展示了南航的职业素养，更为我们提供了一个充满思政教育意义的案例，彰显了深度的人文关怀、职业素养、文化尊重和企业精神。

5. 案例特色与反思

（1）案例特色

第一，人性化服务。此案例强调了对盲人旅客的细致关心和周到服务，使得客舱服务不是停留在表面的程序性服务，而是真正实现对每一位旅客的人性化关照。第二，增强航空安全意识。服务盲人旅客不仅是出于人文关怀，也是为了确保航班的安全。通过此案例，学生可以更深入地理解安全的重要性和客舱服务在航空安全中的关键作用。第三，实际操作与理论结合。案例中详细描述了如何为盲人旅客提供服务的操作步骤和注意事项，帮助学生将理论知识转化为实际操作技能。第四，弘扬社会主义核心价值观。在服务盲人旅客的过程中，航空人员体现了对待弱势群体的关心与爱心，弘扬了社会主义核心价值观中的"友善"和"公正"。

（2）案例反思

随着科技进步和社会发展，客舱服务也在不断发展与创新。为盲人旅客提供服务的技巧和方法也在不断完善。课程内容需要及时更新，以适应时代的要求。第一，加强实践训练。虽然案例中详细描述了服务盲人旅客的操作步骤，但仅依靠理论学习是不够的。应该加强学生的实践训练，让他们在实际操作中体验和学习。第二，强化跨学科融合。客舱服务不仅是航空服务，还涉及到医学、心理学等多个学科。应该加强与其他学科的交叉融合，为学生提供更全面的知识体系。第三，提高学生的服务意识。在服务盲人旅客的过程中，不仅要有专业知识和操作技能，更重要的是要有服务意识。要培养学生的服务精神，使他们真正成为旅客的"贴心人"。

《民航客舱服务与管理》课程中的"客舱盲人旅客服务"案例为学生提供了一个很好的学习平台，但在教学过程中还需要进一步改进和完善，确保学生能够真正掌握知识并运用到实际工作中。

6. 案例效果与反馈

（1）课程的育人方向明确，实践意义强烈。通过"客舱盲人旅客服务"

的案例，学生不仅学习了服务盲人旅客的专业技能，更在服务中体验到了人与人之间的情感交流和社会责任，培养了他们的家国情怀和社会责任感。

（2）课程设计具有挑战性，满足学生求知欲。案例中的实际操作和模拟训练，让学生感受到了职场的挑战和压力，从而增强了他们的求知欲和实践动力。

（3）综合培养，实践与理论相结合。结合知识与能力、情感与态度、价值与立场三个维度，在客舱服务的操作中融入了思政教育的内容，使学生在实践中理解和体会到社会主义核心价值观的重要性。

（4）在线教育资源的辅助，提升教学效果。利用课程网站等资源，为学生提供了更为丰富的学习材料和实践视频，帮助他们更好地理解和掌握盲人旅客服务的各项技能和注意事项。

（5）考核方式注重实践和思政融合。在考核中，不仅要看学生的操作技能，还要看他们在服务中是否能够体现出社会主义核心价值观的理念，这样的考核方式更加注重学生的实际效果和内在素质。同时，教师可以根据考核结果，对教学方案进行调整和优化，使之更加适合学生的需要。

《民航客舱服务与管理》课程中"客舱盲人旅客服务"案例的实施，不仅提高了学生的专业技能，还在实践中培养了他们的社会责任感和家国情怀，达到了课程思政育人的目的。此外，结合在线教育资源和实际考核方式，进一步提高了教学效果和学生的满意度。

《民航客舱服务与管理》课程思政教学设计样例

课程负责人：马丽

课程名称	《民航客舱服务与管理》	学时/学分	64学时/4学分
课程性质	□专业基础课程 ☑专业核心课程 □专业拓展课程 □实践类课程	授课对象及专业	空中乘务专业学生
对应章节内容	项目六特殊旅客服务——盲人旅客		
教学内容	让我为您导航——客舱盲人旅客服务		
学情分析	1. 知识基础 学生已基本了解关于特殊旅客的分类，包括无人陪伴旅客、孕妇、婴儿等，并掌握了相应的服务要点及操作流程。他们对民航客舱服务领域内的基本概念和原则有初步认识，但对特需旅客服务的深入理解和实际操作技巧尚需加强。 2. 学习特点 学生表现出强烈的实践意愿，特别是在乘务组配合和情景模拟演练中，展现出积极参与的态度。他们对角色扮演和小组竞赛表现出浓厚兴趣，但在乘务组服务过程中的沟通技巧需要进一步提升，特别是在团队协作方面。喜爱通过情景模拟来强化语言沟通能力，对提升个人的实际服务技能持积极态度。 3. 学生特点 在互联网和信息技术的背景下，学习习惯于通过网络资源学习和获取信息，但对语言表达和实际交流能力的锻炼需求较大。其表现出对航班实际服务案例的高度兴趣，希望通过分析真实案例来理解和学习客舱服务中的专业知识和技能。 4. 课程思政元素的深入挖掘 在课程中应加强思政元素与专业知识的结合，如将社会主义核心价值观与民航服务工作的实际联系起来，强调服务工作中的"人道关怀"和"责任"。结合盲人旅客服务案例，深入探讨如何在实际服务中体现"尊重、平等、关爱"的价值观，同时强调在民航行业中实践"安全第一、旅客至上"的职业道德。		

续表

教学目标	【知识目标】 1. 了解特殊旅客中盲人旅客的定义和承运条件； 2. 描述特殊旅客中盲人旅客的心理特点； 3. 知晓盲人旅客的服务要点。 【能力目标】 1. 能够了解病残旅客中盲人旅客的服务流程及相关的内容； 2. 运用相关的理论知识及服务技巧，对病残旅客中盲人旅客进行有针对性的客舱服务； 3. 能够模拟盲人旅客服务流程进行乘组演练。 【素养目标】 1. 培养角色意识，独立思考及应对突发事件的处理能力； 2. 培养学生的安全意识、职业素养，展现工匠精神，民航精神； 3. 将爱岗、敬业、团结、友善等社会主义核心价值观的培养融入到职业教育中。 【思政育人目标】 1. 具有同理心和团结合作的精神； 2. 具有"以心服务、精益求精"；"旅客至上、真情服务"； 3. 具有"知行合一，严谨慎独"的工作作风； 4. 具有"爱人如己、人道关怀"；"以心服务、精益求精"； 5. 具备安全意识及风险评估管理能力； 6. 具有精益求精的工作作风和吃苦耐劳的劳动精神； 7. 具有"和谐包容、共同繁荣"与"中华情怀"的体现； 8. 具备创新意识和良好的服务理念。
教学重点、难点	教学重点：盲人旅客的服务要点。 教学难点：对病残旅客中盲人旅客进行有针对性的客舱服务。
课程思政设计	课程思政元素： 1. 英雄主义与平凡工作的伟大 从习近平总书记关于四川航空"中国民航英雄机组"的话中汲取灵感，强调在平凡岗位上追求卓越的精神。体现在盲人旅客服务的案例分析中，将普通职工的日常工作展现为不平凡的英雄行为。 2. 人性尊重与生命珍视 在服务盲人旅客的实际案例中，强调对人性的尊重和对生命的珍视，作为工作的出发点和落脚点。 贯穿于课程中的人道主义理念，鼓励学生将这种尊重转化为服务行为中的细节。 3. 全心全意为人民服务 强调习近平总书记提出的全心全意为人民服务的理念，将其作为服务工作的核心价值导向。在学生的角色扮演和模拟训练中体现这一点，强化学生的服务意识和责任感。 4. 职业责任与生命安全 深化对民航工作的认识，每个环节都关系到旅客的安全，尤其是特殊需求旅客的关照。在课程中穿插关于飞行安全的知识，以及在紧急情况下的正确响应措施。

续表

融入知识点：
1. 客舱盲人旅客服务流程
教授关于如何为盲人旅客提供服务的专业知识和流程。分析案例中的具体行动，从中提取服务中的同理心和人道关怀的元素。
2. 情景模拟与角色扮演
设计情景模拟和角色扮演活动，让学生实际体验盲人旅客服务的整个过程。通过实践活动培养学生的专业技能和人文关怀能力。
3. 安全意识的培养
强调在服务过程中对安全的持续关注，包括风险评估和应急处置能力的培养。教育学生在保障旅客安全的同时，也要确保旅客的心理和情感需求得到满足。
4. 社会主义核心价值观的实践
将"旅客至上、真情服务"融入课程设计，教授学生如何在日常工作中实践社会主义核心价值观。强调在任何职务上，都可以通过具体行动体现对人民群众高度负责的态度。
通过这样的课程设计，不仅能够传授给学生必要的职业知识和技能，还能深化他们的社会责任感，激发他们在平凡岗位上做出不平凡业绩的动力，为实现中华民族的伟大复兴贡献自己的力量。

教学过程

教学环节	学生活动	教师活动	教学方法与手段	职业能力	职业素养
探任务	明确任务 在线测试 角色体验 演示模式（一演示）P	发布任务 分析结果 明确问题	角色体验，情景演示法； 多媒体 在线学习平台	初始旅客登机服务	同理心 团结协作
引案例	分析个案 分享讨论结果 乘务组代表展示（二展示）D	教师引导 倾听、点评 讲解问题	任务驱动、情景教学法、角色扮演、案例教学法、练习法；在线学习平台、模拟服务舱、多媒体教学	初探旅客登机服务	空乘仪态礼仪 自身职业形象 沟通交流能力
初评价	接受多元评价；提出疑问C	教师点评，归纳小结操作要点	模拟服务舱、线上平台、多媒体教学、多维评价系统	熟悉旅客登机服务	严谨慎独 人文关怀 安全意识 风险评估和管理能力
析要点	识表现、评功能 学生掌握要点，知识提升A 学生观摩 明确操作要点（三改进）P	新知讲解 剖析要点 教师示范、指导提要求	讲授法、演示法、情景教学法、虚拟仿真、角色扮演法、模拟服务舱		
再练习	学生再次练习（四提升）D	巡回指导	情景模拟、角色扮演、模拟服务舱	掌握	精益求精

续表

阶段	活动内容	实施手段	目标
课前	学生需求调研	问卷调查、访谈	了解学生需求和背景
	课程内容预习	提供在线资料和案例视频	激发兴趣、初步认识内容
	实操技能预演	VR模拟体验	预习实操经验
课中	互动式讲授	案例教学、多媒体互动	加深理论和实操理解
	小组合作学习	分组模拟、角色扮演、情景挑战	提升团队协作和实践能力
	课堂反馈与讨论	实时反馈、小组分享、批判性思维激发	促进深度理解和思辨
课后	实践任务布置	观摩、实习、社会实践	应用所学、社会责任感培养
	个性化反馈和指导	学习反馈、职业指导、电子档案	个性发展支持
	深度反思和交流	写作反思、交流会	共享学习体验、共同成长

课前（准备阶段5分钟）

教学环节	活动内容	设计意图、数字化应用
探、引课前导学（5分钟）	教师活动： 1.教师通过视频或故事讲述方式，介绍一个社会主义核心价值观在民航服务中的典型体现案例，如对盲人旅客的特殊照顾事件，强调这些事件的社会影响和背后的道德含义。 2.在线平台上发布交互式的课前材料，如典型案例研究、相关视频链接以及讨论问题，邀请学生探讨服务中展现的职业道德和社会责任。 学生活动： 1.学生通过在线学习管理系统（如Moodle、Canvas）观看案例视频，阅读案例分析，并通过论坛发表对该案例的看法和理解。 2.完成问卷调查，对比典型思政案例与课堂教学案例，讨论如何将社会主义核心价值观融入到航空服务的具体操作中。	设计意图： 1.强化学生对典型案例中展示的道德和价值观的认识，激发学生的社会责任感和职业自豪感。 2.通过比较分析不同案例，让学生能够识别社会主义核心价值观在专业实践中的具体应用。 数字化应用： 1.利用教学平台上的互动工具（如讨论板、实时问答、在线投票），增强学生参与度，鼓励学生积极思考和讨论。 2.设置互动式的案例分析活动，如在线角色扮演、情境模拟等，让学生在虚拟环境中体验并评估不同的服务选择对旅客的影响。 3.提供反思和批判性思维训练，如通过在线日志或视频博客，让学生记录和分享他们如何在模拟服务中体现社会主义核心价值观。

续表

课中（实施阶段 35 分钟）		
教学环节	活动内容	设计意图、数字化应用
评、析登机时服务（7分钟）	教师活动： 1. 教师展示典型的课程思政案例视频，例如航空行业内对盲人服务的突出贡献，或对乘务人员在紧急情况下的英勇行为的报道。 2. 结合典型案例，讲解在登机时服务的要点，并强调其中体现的职业道德和社会责任。 学生活动： 1. 学生观看视频，并基于典型案例，讨论如何在日常服务中融入社会主义核心价值观。 2. 按照教师的讲解，进行情景模拟，尝试将典型案例中的服务精神和价值观应用到模拟活动中。	设计意图： 1. 使学生通过典型案例学习理解社会主义核心价值观在航空服务中的体现。 2. 强化学生对服务过程中应有的职业行为和道德标准的认识，以及如何在实际工作中应用这些标准。 数字化应用： 1. 使用在线平台进行情景模拟的评估和反馈，通过互动投票确定表现最佳的小组。 2. 创建在线讨论板，学生在模拟活动后可以在线上提交他们的观察和学习体会。
评、析平飞后服务（8分钟）	教师活动： 1. 播放课堂教学案例视频，展示平飞期间对盲人旅客的标准服务流程。 2. 引入与之相关的课程思政典型案例，如特定情境下的乘务员超越常规服务的实例，强调服务中的人文关怀和社会责任。 3. 明确区分教学案例和思政案例，强调在日常服务中融入社会主义核心价值观的重要性，并讲解如何在实际服务中实现这些价值观。 4. 对案例进行点评，强调在平飞服务中展现的关怀、细心和预见性，并且分析如何在服务中表现出社会主义核心价值观。 学生活动： 1. 观看并分析服务视频，提取标准服务流程中的关键点。 2. 在线模拟情景，配对进行角色扮演，应用视频中的要点并尝试融入典型案例中展示的价值观。 3. 使用数字化平台，如在线论坛或学习管理系统，记录和提交服务流程的关键点和体会。 4. 通过在线工具进行交流，分享各自的观点和学习到的课程思政要素。	设计意图： 1. 加强学生对于航空服务专业技能和社会责任相结合的理解。 2. 鼓励学生通过模拟演练体验并实践社会主义核心价值观，特别是在对待特殊旅客的服务中。 数字化应用： 1. 利用在线投票工具收集学生对服务细节的观点，增加课程互动性。 2. 创建在线模拟平台，允许学生进行虚拟服务实践，并提供即时反馈。 3. 开设数字化讨论区，使学生能够在课后继续讨论和深化课程学习，尤其是探讨如何将社会主义核心价值观应用于真实世界的服务场景。

续表

	教师活动：	设计意图：
评、析落地后服务（5分钟）	教师活动： 1. 展示落地后服务的标准流程演示视频，并提出相关问题，让学生思考服务中的人文关怀。 2. 结合课程思政典型案例，比如对残障旅客的特殊关照，强调服务的社会责任。 3. 指出课堂教学案例如何体现社会主义核心价值观，讨论如何在常规服务之上超额完成服务任务。 4. 进行点评，专注于如何在服务中融入社会主义核心价值观，并突出解决特殊情况的能力。 学生活动： 1. 观看视频并记录落地后服务的标准流程。 2. 进行角色扮演模拟，尝试在服务中展现出人文关怀和超出期望的服务质量。 3. 使用教学管理系统提交服务流程记录和个人反思，特别关注落地后服务中的责任和关怀。 4. 与同伴交流，通过线上论坛分享各自从典型案例和教学案例中学到的服务理念。	设计意图： 1. 提高学生对在服务过程中应展示的责任感和社会价值观的认识。 2. 鼓励学生在实际操作中不仅完成任务，还要考虑如何体现社会主义核心价值观。 数字化应用： 1. 引入在线模拟平台，让学生在虚拟环境中练习落地后的服务流程，并提供实时反馈。 2. 利用数字化工具如在线问卷或互动投票，收集学生对于服务中人文关怀展示的看法和建议。 3. 设立数字化的案例库，供学生学习并讨论不同的落地后服务案例，以及在这些情境中所展示的价值观。
练、评、拓实践操作（15分钟）	教师活动： 1. 引入典型的课程思政案例，如历史上航空服务中的英雄行为，让学生了解其背后的价值观和社会意义。 2. 讲解各个服务阶段中，乘务员如何体现社会主义核心价值观，特别是对待盲人旅客的服务中的仁爱与责任。 3. 引导学生理解服务中每个环节的社会和道德责任，如何在实际操作中展示这些价值。 4. 通过移动设备应用程序（如在线评价工具），进行巡视和点评，以提供即时反馈。 学生活动： 1. 在模拟演练前，学习典型案例和相关的社会主义核心价值观，思考如何在自己的角色扮演中实践这些价值。 2. 使用教师提供的在线平台进行模拟服务，以数字化方式记录服务过程和学习体会。 3. 在模拟演练后，通过教师设置的在线反馈系统，进行自评和互评，讨论如何改进服务。 4. 在线讨论，分享如何将课程思政理论与实践操作相结合，特别是在面对特殊旅客服务时。	设计意图： 1. 使学生在实践操作中学习和展现社会主义核心价值观，特别是在对待特殊旅客的服务中展现出来。 2. 通过角色扮演和互动学习，使学生在实践中加深理解服务的社会和道德意义。 3. 利用数字化工具进行实时反馈和评价，强化以学生为中心的互动和自我提升。 数字化应用： 1. 使用在线平台进行模拟演练，如虚拟现实（VR）或增强现实（AR）技术，让学生在仿真环境中练习服务。 2. 引入在线互动元素，如实时投票、问答和讨论板，以增强学生的参与度和课程互动。 在演练结束后，利用在线平台收集学生的反馈和建议，用于教学改进和个性化学习支持。

续表

课后（反馈和巩固阶段 5 分钟）	
教师活动： 1. 教师手机投屏发布超星在线课内评分成绩，宣布各乘务组比拼结果，总结学生课堂表现。 2. 发布课后任务二维码。  学生活动： 1. 获取得分结果，思考总结课堂表现与不足。 2. 利用手机扫描二维码获取课后任务视频。	1. 乘务组和个人成绩发布能够激励学生，认识不足。 2. 手机扫码更能引起学生兴趣，关注课后任务。

教学反思	
实施成效	1. 课程设计的亮点在于将课程思政作为核心，通过真实的服务流程教学视频，贯穿整个课程，强化了"学以致用"的教学理念。实施动态小组教学法，如"英雄组"和"木棉组"，有效提升教学效率，转变学生的学习态度，激发了学生的主动学习精神，使每个学生都感受到了参与和成就。 2. 结合行业真实案例进行教学，确保案例的分析深入且易于理解，教学结束时，学校教师、行业专家、学生共同参与总结，增强了课程的实践和应用价值。 3. 利用互动投票和讨论，增进了乘务组成员间的互动和沟通，通过互评和自评实现了教学目标的多元化评价。 4. 向上海地区同类院校和特殊群体提供了贴心服务，并为中小学生的职业体验活动提供了支持，扩大了教学影响力。
问题与改进	问题： 1. 需要强化企业专家的参与，以提高情景活动评价的真实性和专业性。可以通过邀请企业专家录制视频或进行在线直播点评，为学生提供第一手的行业反馈。 2. 在实操训练阶段，鼓励学生积极提问和批判性思考，通过组间互评和问答，增强学生的参与度和沟通技巧，提高学生自主解决问题的能力。 改进： 1. 为加深学生对课程思政实施的理解，将在教学设计中更加明确地突出以学生为中心的理念，确保每个教学活动都能够让学生积极参与和深入思考。 2. 增强数字化工具的应用，比如创建在线案例库、开设互动讨论区，和实现实时反馈系统，以促进学生在学习过程中的主动性和自发性。 3. 明确区分课程思政典型案例与教学案例，并确保每个案例在课程中有特定的教学目的和学生学习目标。

课程负责人：马丽

日期：2024 年 4 月 12 日

以文润人 "点"精铸魂
《水调类面点制作》课程思政典型教学案例

课程负责人：秦莉

一、课程基本情况

课程名称	《水调类面点制作》		
课程性质	□专业基础课程　☑专业核心课程 □专业拓展课程　□实践类课程		
学　时	108	学　分	3（分二学期）
授课对象	职一	授课专业	中餐烹饪
课程负责人	秦莉	团队成员	王葳娜、夏磊、顾桢霖

二、教学案例

1. 案例主题

以文化浸润教育人，借"课程思政点"推动学生对水调类面点制作课程学习，弘扬精益求精的匠人精神，为中华优秀传统文化铸魂育才。

2. 出自教学章节

《兰花饺的制作》是中餐烹饪中式面点专业水调类面点制作课程项目四对捏类面点制作中的任务四，共3课时。本课所学处于课程的中段部分，是对水调类面点对捏类手法的综合运用。本节课以《兰花饺的制作》为课题，旨在掌握兰花饺成形的基本技能。借助有效的信息技术手段，将思政融入这根主线，贯穿于课前、课中和课后，开展线上线下混合式教学活动。

3. 案例选择与育人内涵

习近平总书记在党的二十大报告中指出，"传承中华优秀传统文化"。依据教育部印发《关于进一步加强新时代中小学思政课建设的意见》《中等职业学校思想政治课程标准》等文件精神，深入领会习近平新时代中国特色社会主义思想和党的二十大精神，在深学笃行中落实落细《水调类面点制作》课程"立德树人"根本任务，基于《上海市中等职业学校中餐烹饪与营养膳食专业教学标准》，聚焦学科核心素养，围绕该课程的项目式教学内容，实现"技能与思政融合、思政融入教法"的课程思政教学路径，有效挖掘中华优秀传统文化与水调类面点制作的契合点，借助校本化点心文化故事，提高理论素养、坚定理想信念；借助中国书画和诗歌与现代虚拟游戏的有机结合，有效化解教学重难点，推动非遗传承，发挥团队合作精神，将现代信息技术与传统"二十四节气"食材选用相结合，不断创新水调面点的皮坯和馅心，寻求适合新产业、新业态、新模式下的中式面点专业课程要求，更好地将学生职业发展与服务人民美好生活的社会需要紧密结合起来，使得"育人有温度、润物细无声"，提升"上海服务"品牌的文化内涵，实现立德树人铸魂育才培养知识型、创新型高素质技术技能人才，该课程思政建设目标如下：

专业人才培养目标	课程建设目标	课程思政挖掘视角	课程思政元素（思政切入"点"）	课程思政目标
本专业以"立德树人"为根本任务，培养具有德技并修、德智体美劳全面发展，具有一定的文化水平、良好的职业道德和人文素养，能从事中式面点制作等相关工作，具有职业生涯发展基础的知识型、创新型高素质技术技能人才。	守好专业课程育人责任田，实现"政治坚定、德技并修""具有良好的职业素质和创新能力"的课程育人目标。	专业视角	文化历史	提升文化素养、塑造精神品格、培育民族精神
			工匠人物	培养精益求精、严谨认真的工匠精神
			团队精神	增强团队意识和合作能力
			行业认同	养成认真自觉遵守行业规范的态度和意志品质
			科学精神	树立为中华崛起而奋斗的科学精神
		社会视角	大德	家国情怀、政治认同、法治规范
			公德	传统文化、社会责任、行业规范
			私德	职业操守、仁爱之心、诚信友善

图1 《水调类面点制作》课程思政育人目标一览

4. 案例内容与设计

（1）案例引入

结合"岗课赛证"融通，提炼形成"文、信、匠、合、创"的五维课程思政育人目标开展教学，实现以中华优秀传统文化修养身心，坚定崇高的社会主义理想信念，通过对本课程七个项目三十一个主要任务的分析，其中项目一对水调类面点的整体文化认知和职业素养的规范要求，项目二至项目七分别从水调面不同成形方法入手，结合中华饮食文化、中华传统美德、中国书画和地方面点特色等方面，传达中式面点的"意""形""味""质""创"，从而将中华传统点心不断传承发展创新。

图2 《水调类面点制作》"五维"思政育人目标

（2）案例详情

思政融合育新人。课程思政与教学有机融合，热爱中华饮食文化，传承经典，发展创新，融盐于水，润物无声，加强对学生实际职业能力、职业素养的培养，我校作为上海职业教育陆亚明技能大师工作室基地，更需传承上海点心百年老店德兴馆、绿波廊酒楼、松月楼等有着悠久的本帮名点文化历史，将经典不断传承。

评价方案显多维。依据课标细化评分标准，做到每课次涉及的知识技能点全覆盖。不断细化，关注学生学习的全过程，成绩细分结构根据三维目标分解。基于混合式教学的"过程、增值、结果"的维度，运用教学平台线上发送课前预习作业要求、课间学习过程的数据信息记录、课后作业和任务拓展的完成痕迹都由数智融合的教学平台完成，实现"三全"育人。

教学流程强匠心。通过"一线三段五环"线上线下混合式教学模式，教师成为教学的"导演者"，学生成为学习的"主导者"，通过课前"寻"；课中"备—思—试""悟—精""强—固"；课后"创"，逐步开展"寻探制作""精练技能""能力提升"等教学活动，融"匠心"于兰花饺"点心"制作中。

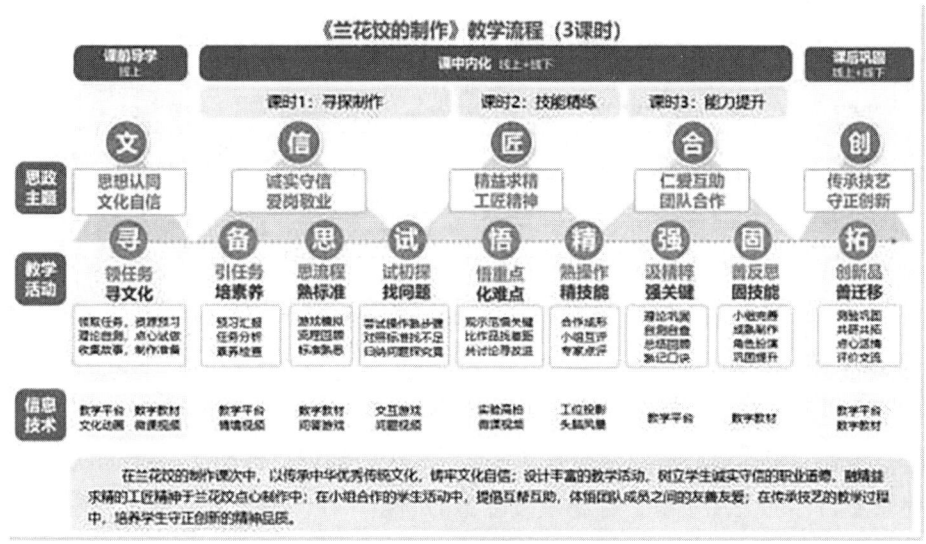

图 3 《兰花饺的制作》教学流程

资源开发促教学。根据教学内容中的重点与难点、学生的认知规律和兴趣特点，将抽象的知识内容转化为形象演示，让知识易懂，吸引学生的学习兴趣。

按照教学内容需要整理和补充微课、多媒体课件以及动画和视频等教学素材。以知识点为单位开发配套的测试练习题，为学生在课前、课中、课后学习测试和评价服务。

《水调类面点制作》课程思政设计一览表									
教学内容		思政元素	教学重点	教学难点	思政教学案例融入实例	思政目标（思政元素挖掘）	数字文化故事中的思政	教学方法	相关资料
一 水调类面点初探	1.1 水调类面点文化认知	家国情怀 文化自信	1.水调类面点的文化故事和地方特色 2.水调类面点面团的特质	1.能正确选用制作水调类面点的主料和辅料 2.比较中西面点原料的差异性	以数字点心文化故事视频导入	通过水调面点心事迹传承的认识，树立文化自信，增强社会责任感和使命感，弘扬爱国主义精神	非遗文化传承 中华优秀传统文化	任务驱动法 合作探究法 示范演示法	水调类面点 数字文化故事
	1.2 水调类面点制作准备	安全生产 认真负责 吃苦耐劳 团结协作	1.水调类面点的使用设备和工具分类 2.水调类面点制作要点和工艺流程 3.水调类面点操作的职业规范	1.按照水调面点操作职业规范做好相应准备 2.比较中西面点成形成熟的差异性		1.端正职业态度，在课程活动中养成认真负责、吃苦耐劳、团结协作的精神 2.体悟严谨的责任意识，在品种制作中严格质量标准并创新，增强主人翁的社会责任感	精益求精 创新精神		市级 烹饪开放实训中心 （四星级） 实训室及实训设备
二 挤捏类面点制作	2.1 木鱼水饺的制作	积善行德 吃苦耐劳 爱岗敬业 感恩分享	木鱼水饺成形的操作步骤与质量标准	使用挤捏类成形手法，制作木鱼水饺		从木鱼水饺点心文化中，感悟要多帮助别人，多做善事，多去为他人考虑，多去做些有利于社会和国家，还有民族有意义的事情	积行善 思利他		木鱼水饺 数字点心文化故事
	2.2 墨鱼水饺的制作	积极创新 文化自信	墨鱼水饺成形的操作步骤与质量标准	使用挤捏类成形手法，制作墨鱼水饺		通过中华“二十四节气”食材探寻传承“不时不食”的民族养生理念，拓展烹饪和搭配的食材，制作美观又营养的点心	食材与养生		墨鱼水饺 数字点心文化故事
	2.3 冷水面团——面条的制作	家国情怀 文化自信 节约意识 环保意识	面条成形的操作步骤与质量标准	使用擀制技法，擀制长方形面坯		1.体会汉族传统小吃在世界各地流传，培育家国情怀 2.严格遵守操作规范，养成良好的规范意识与行为习惯，践行工匠精神	中华优秀传统文化 工匠精神		面条 数字点心文化故事
三 捏褶类面点制作	3.1 鲜肉小笼的制作	艰苦奋斗 积极探索 求真务实	鲜肉小笼成形的操作步骤与质量标准	使用捏褶类成形手法，制作鲜肉小笼		通过清代人们从包子改良成的小笼的创新，认同中国人自古有艰苦奋斗、积极探索、求真务实的思创精神	创新精神		鲜肉小笼 数字点心文化故事
	3.2 黑松露素三鲜小笼的制作	勇于创新 小组合作 服务意识	黑松露素三鲜小笼成形的操作步骤与质量标准	使用捏褶类成形手法，制作黑松露三鲜小笼		通过同样是松露，国外40万元一斤，国内几百元一斤的例子讲辩证思维和社会主义的优越性	辩证思维		黑松露素三鲜小笼数字点心文化故事
	3.3 冷水面团——馄饨的制作	爱岗敬业 精益求精 节约意识 环保意识	馄饨成形的操作步骤与质量标准	使用擀、包技法，擀制方形面坯并包馅		1.树立安全、规则、责任等职业意识 2.践行爱岗敬业、精益求精的工匠精神 3.注重节约材料和能源，养成良好的节约意识、环保意识和行为习惯	博采众长		馄饨 数字点心文化故事

图 4 《水调类面点制作》课程思政设计一览（节选）

（3）案例讨论

①以文化育人：挖掘提炼文化亮点，传统文化融于教学过程

传统的中式点心专业课程教学目标过于关注知识目标和能力目标的达成，对素质目标的关注不够，存在重技轻德的问题。在课程思政视域下，本课程的教学目标在原有知识目标和技能目标基础上，以社会主义核心价值观为引领，结合本专业定位、餐饮行业发展以及民族的、历史的传承性目标，进一步完善课程体系、优化思政点设计，挖掘沪上“百年老店”“上海工匠”“非遗传承人”等资源，提炼“中华传统文化故事”和“中华面点传统工艺”亮点，从专业视角和社会视角出发，发挥文化历史故事感召、工匠精神引领、行业认同归属感等的育人功能，在教与学的实践中探索专业课程思政建设的新方法、新路径。

序号	名称	文化故事截图	序号	名称	文化故事截图
1	水调类面点历史文化传承故事总述		8	一品饺的典故	
2	木鱼水饺的典故		9	兰花饺的典故	
3	鲜肉小笼的典故		10	白菜饺的典故	
4	鸳鸯饺的典故		11	冠顶饺的典故	
5	月牙蒸饺的典故	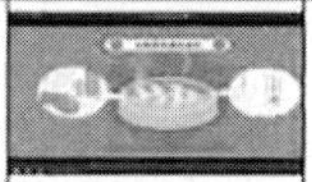	12	知了饺的典故	
6	状元饺的典故		13	芹黄烧麦的典故	
7	金鱼饺的典故	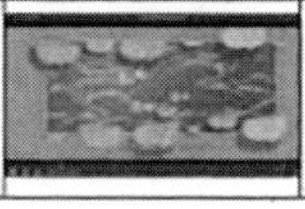			

图 5 《水调类面点制作》校本文化故事

②"点"精入教法：契合"思政切入点"促"点心"制作精益求精，创新传承同向同行

深入研究水调类面点课程标准，结合岗位能力要求、职业技能竞赛规则以及中式面点师职业技能鉴定内容，适应新业态、新模式下的行业发展趋势，教学过程中有机融入课程思政点，促进学生养成制作点心精益求精的工匠精神。在传承经典品种技艺的基础上，适应市场需求优化品种，增加拓展任务，增强学生与时俱进的创新意识。教学中发挥团队精神和科学精神，有效采用"头脑风暴""小组合作"等教法，培养学生遵循传统"不时不食"的养生理念，以"二十四节气"应季食材为依据，拓展创新面点的皮坯和馅心；借助"情景模拟法"充分发挥学生服务意识，实现立德树人、铸魂育才、培养社会主义接班人，做到课程思政改革"用心、研究、创新"，使得"育人有温度、润物细无声"。

（4）案例升华

在课程思政改革过程中，学生对专业技能学习的积极性、主动性和综合素养得到极大提高。通过学校团队合力，在普陀区教育系统教师培训中，对同行教师课堂教学能力培养发挥辐射引领作用，课程建设成果在"学习强国"平台主流媒体宣传报道，产生广泛影响。

图6 团队合力宣扬中华点心文化

图7 "学习强国"平台宣传点心文化及制作

于 2021 年 9 月—11 月，指导带教西藏自治区日喀则第二中等职业技术学校中式烹饪专业石确次仁、素朗曲扎教师教学"东西协作"。

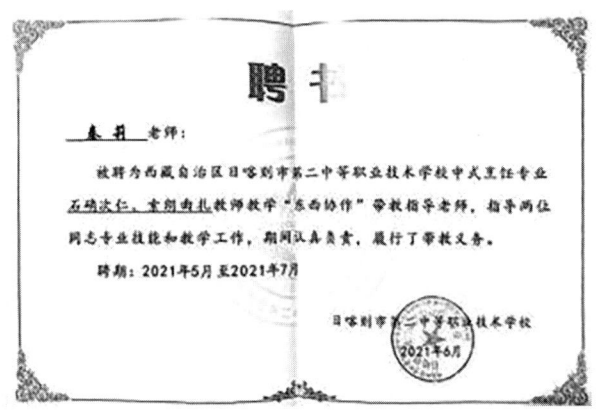

图 8　带教西藏教师共同发扬中华点心文化

5. 案例特色与反思

（1）数字互动技术呈现"三名"故事，趣味阅读中落实文化育人

为适应 00 后学生对数字时代背景下的学习习惯，建设开发多媒体技术呈现可视化教学微课 31 个，交互式游戏 12 个，以蕴含家国情怀为主旨的点心文化故事，通过趣味阅读了解中华点心"名企、名点、名家"的创新创业史，吸引学生的学习兴趣。

以《兰花饺的制作》为例，本节课以诗人屈原的《离骚》"颂"兰花表现中华民族精神品格；以清代郑板桥"画"兰花教学生初步建立兰花饺的形状认知；再以中国水墨风格的数字游戏训练兰花饺制作、成形步骤的记忆，在技艺实操中塑造爱国情怀，融育人功能与教学功能于一体。

图 9　课程中引入古诗词和中国画

（2）传承传统与经典技艺，同步培育创新实践的科学精神

遵循传统"不时不食"的养生理念，以"二十四节气"应季食材为依据，拓展创新面点的皮坯和馅心，迎合当下市民"好吃好看，还要营养健康"的期望，激发学生创新精神。

以《鲜虾金鱼饺的制作》为例，在会制作传统品种金鱼饺的基础上进行拓展，以上海工匠陆亚明大师的示范为引，鼓励激发学生合作开展点心皮馅的营养升级和创新制作，培育勇于创新和实践的科学精神，传承传统与创新发展同向同行。

图10 依据"二十四节气"食材拓展制品

学生以前在课上仅练习技巧、手法，缺少小结反思、工作方法和为人处世的经验。本课关注引导学生主动思考和创新思维的激发，强调从源头上"思理"和"明志"，在操作中不断自我导正纠偏，收获感悟；旨在从"教"走向"育"，将育人和育才相统一，深入推进教育教学的家国情怀、政治认同、文化自信、社会责任等思政元素，培养学生大国工匠精神，强化立德树人根本任务，发挥思政的隐性教育作用，筑牢爱国主义根基；真正实现"宽口径人才"培养特色，把培养德才兼备的复合型人才作为主要目标，不断将思政元素融入课堂教学中，以多样化教学组织形式和多元化评价方式，激发中职生学习热情和职业认同感。

在中式点心专业实训课中，如何结合市场新业态的需求，有效借助新方法、新模式"将盐溶在馅中"，何时"撒盐"，让学生从"馅"里品味出"盐"的味道，如和风细雨，润物无声般，为中职生调出更适合大众口感的营养馅，与时代需求发展"同频共振"。

6. 案例效果与反馈

（1）课程思政深度融入，引领教学质量全面提升，全市专业教学质量监测跃升到第二名

本课程相关班级学生于 2022 年 11 月第二次参加上海市中职校质量监测，在全市 16 所中职校同类专业排名全市第二，比去年的第七名进步明显，充分体现课堂教学全过程、全方位、全员育人，协同前行，相得益彰。

（2）课程思政重塑品格，促进学生综合素质养成，服务社会意识明显提升

通过将劳动精神、工匠精神等思政点有效融入教学实践中，学生利用所学为社区提供点心服务，通过家庭、社区、单位等第三方评价的促进作用，不仅为学生锻炼技术技能提供了舞台，更锻炼了扎实技能、团队意识、合作能力、仁爱之心的综合素养，有效塑造了学生优秀的精神品格。

图 11　九九重阳节为社区送点心　　　图 12　迎新年为公安干警送点心

（3）课程思政示范引领，学生获奖成才量多质优，企业适配度高

通过课程思政的有效融入，学生在校学习期间无论从职业理论、职业技能还是综合素质都有长足的进步，学生参加各级各类竞赛获奖。

竞赛名称	竞赛时间	项目名称	一等奖	二等奖	三等奖	优胜奖
上海市创新创业大赛	2021年 2022年	创新设计				4 6
第十三届上海市旅游职教集团竞赛	2022年 11-12月	中式烹饪			3	
普陀区"圣诺亚"杯职业技能邀请赛	2023年 3月	中式面点		2		

图13 学生获上海市创新创业及普陀区产教融合技能大赛荣誉

《水调类面点制作》课程思政教学改革，仍将不断挖掘中华优秀传统文化元素，以人才培养目标为起点，需借助教师团队，深度挖掘中式点心专业课程内容中的思政元素，真正把专业知识和思政教育联系起来，在教学过程中，潜移默化地提高学生的思想品质、道德水平、专业技能，为国家和社会培养出全面发展、德才兼备的高素质技术技能人才。

《水调类面点制作》课程思政教学设计样例

课程负责人：秦莉

课程名称	《水调类面点制作》	学时/学分	108学时/3学分
课程性质	□专业基础课程 ☑专业核心课程 □专业拓展课程 □实践类课程	授课对象及专业	一年级 中餐烹饪专业
对应章节内容	项目四 对捏类面点制作 / 任务四 兰花饺的制作		
教学内容	《兰花饺的制作》是上海市中职在线开放课程《水调类面点制作》项目四对捏类面点制作中的任务四，共3课时。本课所学处于课程的中段部分，是对水调类面点对捏类手法综合运用。本节课以《兰花饺的制作》为课题，旨在掌握兰花饺成形的基本技能。借助有效的信息技术手段，以思政融入这根主线，贯穿于课前、课中和课后，开展线上线下混合式教学活动。 "兰花饺的制作"是中式面点技能大赛中常见的考核内容，制作兰花饺易出现问题有： A. 制作前，由于学生对兰花饺的形态没有直观认识，较难入手； B. 成形时，制品外观不饱满、花瓣不均匀、花蕊不逼真； C. 成熟后，易出现花型坍塌现象等。		
学情分析	【知识与技能基础】 ·能描述象形类面点操作手法和关键； ·能说出兰花饺的质量标准。 【认知与实践能力】 ·能根据信息化手段查阅资料，有一定的自学能力； ·学会包捏等操作手法，但针对象形点心的特殊成形技巧有待训练。 【学习特点】 ·能够小组合作完成任务，但在组织分工上还不够积极主动； ·思维活跃，求知欲较强，但相关知识在实践操作中的运用不够熟练； ·涉及企业岗位生产的素养、知识、技能有待进一步加强。 基于上述情况，结合学生实际学习能力开展教学。		

续表

教学目标	【知识目标】 ·能简述兰花饺成形的评价标准； ·能归纳温水面团对捏成形手法的工艺特点； ·能复述兰花饺的质量标准。 【能力目标】 ·能熟练完成兰花饺的包馅； ·能根据成形标准，运用对捏手法完成兰花饺的制作。 【素养目标】 ·能具备良好的职业素养和安全卫生生产意识，提升劳动素养； ·能树立对于中国点心的文化自信和职业自信； ·能逐渐形成严谨细致、精益求精、乐于创新的工匠精神。 【思政育人目标】 ·提升文化素养、塑造精神品格、培育民族精神； ·培养精益求精、严谨认真的工匠精神； ·增强团队意识和合作能力； ·养成认真自觉遵守行业规范的态度和意志品质； ·树立为中华崛起而奋斗的科学精神。
教学重点、难点	教学重点 ·能根据象形类点心形态特征，正确选用成形手法； ·能使用对捏类成形手法，完成兰花饺的制作。 思政点分析：分析兰花饺的形态，并正确选择对捏类成形手法的技能是本课重点，需要学生在制作前对象形点心的外形特征有深刻的印象，并通过不断练习来优化自己的操作技能水平，因此需要借助兰花饺点心文化故事，引入战国末期爱国诗人屈原抒情诗《离骚》中描写兰花的气质，表达中华民族精神品格，借助中华传统文化认知，激发匠心的思政元素融入课程。 教学难点 ·使用对捏类成形手法，制作兰花饺的花边。 思政点分析：通过课前教学视频预习兰花饺的工艺流程，且学生通过游戏模拟完成试做，对制作工具、流程和质量标准有一定的认识，但在课中小组第一次制作过程中，对于兰花饺成形关键的花边处的表现，各组却略有差异，因此教师又借助中国清代郑板桥绘画的兰花，使学生对兰花花瓣的形态有直观的认识，在此过程中需要教师将吃苦耐劳、精益求精、团队合作、节约成本、创新意识的思政元素融入课程。
课程思政设计	课程思政元素： ·专业视角：文化历史、工匠人物、团队精神、行业认同、科学精神等； ·社会视角：明大德、守公德、严私德。 融入知识点： ·通过"梅、兰、竹、菊"四君子典故，进行人格精神引领，增进政治认同； ·通过中国画"兰花"的形态分析，领悟中华文化博大精深，铸牢文化自信； ·遵守食品卫生安全和原料节约的原则，自觉维护社会主义法治建设； ·探究小组合作并制作完成兰花饺，培养职业兴趣，增强职业认同感； ·践行工匠精神贯穿于整个实训教学过程中，为社区赠送点心，培养工匠精神和中华美德。

续表

教学过程		
课前（6分钟）		
教学环节	活动内容	设计意图
【文化引领】	教师在线上平台发布任务"寻"： 1. 请同学们分享收集"兰花的花语"。 2. 线上平台播放校本视频"兰花饺的典故"。 案例1:《兰花饺的典故》FLASH动画引入任务，以中国历史上伟大的爱国诗人屈原所著的抒情诗《离骚》展开兰花饺的制作探究学习。	1. 通过"寻"中华优秀传统文化，引导学生树立正确的精神引领。 2. 以古诗文中"纫秋兰以为佩"，表达作者对兰花寄予无限的厚望，以兰为友，将兰为佩，以示爱国主义的高尚情操。
课中（30分钟）		
教学环节	活动内容	设计意图
【课中导入】	布置任务： 为绿波廊酒店提供宴席点心——兰花饺。 案例2：欣赏清代书画家郑板桥书画"种花种兰蕙，结交结君子"，对兰花饺的花瓣形态有直观的认识和记忆。	1. 企业订单，激发学生学习兴趣及职业认同感。 2. 形象生动地引出兰花饺的来历，以"文"的现代化，以文铸魂，建立文化自信。

续表

【任务准备】	任务描述环节"备",介绍该成品的质量标准和简单的工艺流程;同学"思"流程,熟悉成品标准。 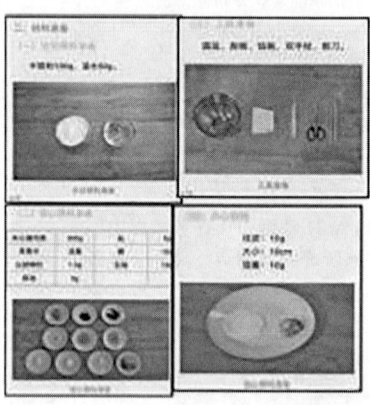	1.通过介绍该成品的主坯原料配比、馅心原料重量和制作方法、辅助原料有哪些、所需用到的工具和点心规格,让学生一目了然。 2.养成规范的工作前准备习惯,激发勤奋学习、诚实守"信"的学习风气。
【游戏模拟】	游戏模拟环节,学生"试"操作兰花饺制作流程。 	1.虚拟游戏既节约原料实施环保,又增添了学习的趣味性。 2.教师在游戏中加入了本堂课学生应该掌握的知识点和技能点,积极调动学生安全生产意识,增强法治观念。
【任务实施】	学生领"悟"兰花饺花瓣成形的制作关键和点心制品的重点解析部分。 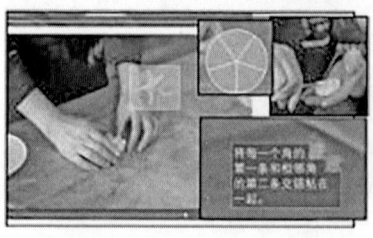	对于重点、容易出错的部分,微课中使用线描小动画和艺术文字加以提示,加深学生印象,激发精益求精的学习热情。

续表

【问题库集锦】	在任务学习后，问题库集锦"精准剖析重点难点，启发学生发现问题、分析问题并思考解决问题的方法，学生可以反复观看容易出错的教学视频。	搜索自己作品产生的问题、原因，并思考解决问题的方法，继而提炼总结操作要点。
【媒体交互】	在课中各教学活动环节后，"强"关键等活动形式，与学生互动交流，强调重点，检验学生学习效果。	针对各组问题，分别指导，鼓励学生不怕吃苦、精益求精、团结合作完成小组兰花饺的制作。
【任务评价】	课堂最后，巩"固"提升，以角色扮演的形式，为同学的作品进行小组间任务评价表；同时，绿波廊酒店总经理对同学们即将对酒店提供的点心进行真实评价。	1. 设计多样的过程考评方式，引入学生、企业等全员多方位评价，引导学生进行客观的自我认知。 2. 通过实践活动、小组讨论、分享展示等活动，评价学生思政目标的达成情况。
课后（4分钟）		

续表

【课后拓展】	依据课堂基础任务的学习布置课后拓展作业： 结合课内学习内容发挥想象，融入个人"创"意，制作双色兰花饺子，赠送给社区人员品尝，并收集点评。 	1. 能依据市场需求，结合"二十四节气"食材和中国"不时不食"饮食习惯，拓展水调类面点的皮坯和馅心，为家人或社区"创"制出一份有"心意"的点心。 2. 使学生轻松掌握水调类面点制作的相关知识和技能。
教学反思		
实施成效	1. 文化育人，激发爱国情怀和文化自信 树高千尺，营养还在根部，在《水调类面点制作》课程教学中，立足中国优秀的传统文化，引出教学知识点，强调学生要注意加强中国传统文化知识与技能的学习，借助大国工匠精神引领，在练好基本功的同时，培育创新能力，并可以触类旁通，增强学习者的爱国情怀和文化自信。本课程在"学习强国"平台主流媒体宣传报道，产生广泛影响。 2. "点"精润心，增强岗位意识和职业认同感 利用现代化的多媒体形式展示思政元素加入课堂中，起到润物细无声的作用。鼓励学生积极思考，多动脑筋，勇于探索。通过严格实训成果质量要求，增强学生的实操自信心，培养学生于细微处见谨慎、认真工作态度的效果，检验学生严谨细致、精益求精的工匠精神和勤学苦练、刻苦钻研的劳动品质，以优质的职业素养，用心制作更多更精美的点心，以过硬的专业技能符合行业中式点心岗位的需求。 3. 铸魂育才，遵循学生成长成才规律 采用"项目式"教学法为主，"探究式+合作式"教学法为辅，结合酒店实际案例开展教学，根据点心成形难点内容的化解设计头脑风暴问题，在讲述过程中以提问的方式，带领学生进入学习情境，参与课题讨论。教学过程围绕课程知识内蕴含的中心问题展开，学生通过自主发现和分析问题，运用所学知识，找到解决问题的途径和方法，从而达到教学目标的要求，在理实一体化课程教学中，坚持育人为本，德育为先，实现知识传授、能力培养、知行合一稳步推进，把专业教育与思想政治教育紧密融合，形成协同效应。	
问题与改进	《水调类面点制作》课程思政教学改革，还需不断挖掘中华优秀传统文化元素，以人才培养目标为起点，需借助教师团队，深度挖掘中式点心专业课程内容中的思政元素，真正把专业知识和思政教育联系起来，在教学过程中，潜移默化地提高学生的思想品质、道德水平、专业技能，为国家和社会培养出全面发展、德才兼备的优秀人才。	

课程负责人：秦莉

日　期：2024年3月31日

博学慎思 明辨笃行
《会展营销实务》课程思政典型教学案例

课程负责人：盛蔚

一、课程基本情况

课程名称	《会展营销实务》		
课程性质	☐专业基础课程　☑专业核心课程 ☐专业拓展课程　☐实践类课程		
学　时	144	学　分	8
授课对象	中职二、三年级	授课专业	会展服务与管理
课程负责人	盛蔚	团队成员	—

二、教学案例

1. 案例主题

"博学慎思　明辨笃行"，通过循环阶梯式思政要素渗透，激励学生自主学、勤思考、明辨理、思转换、巧创新，感职业认同，推地方发展，扬文化自信，树家国情怀。

2. 出自教学章节

案例出自《会展营销实务》课程项目二"会议营销"模块二"会议产品策划"任务三"设计制作培训会议宣传资料"，共4课时。

3. 案例选择与育人内涵

依据教育部印发《关于进一步加强新时代中小学思政课建设的意见》《中等职业学校思想政治课程标准》等文件精神，《会展营销实务》课程落实落细"立德树人"根本任务，基于《上海市中等职业学校会展营销实务专业教学标准》，聚焦学科核心素养，校本优化课程标准，借助"技能与思政融合、思政融入教法"的课程思政教学路径，围绕"观、思、断、换、创"《会展营销实务》课程五大核心能力，以教学项目为依托，有效化解教学重难点，渗透职业规范、提升专业认同感、融入团队合作、培养创新思维，树立文化自信，在潜移默化中实现博学、慎思、明辨、笃行的品格塑造。

"博学慎思 明辨笃行"出自《礼记·中庸》，原指"博学之，审问之，慎思之，明辨之，笃行之"。博学，学习要广泛涉猎；审问，有针对性地提问请教；慎思，学会周全地思考；明辨，形成清晰的判断力；笃行，用学习得来的知识和思想指导实践。这与《会展营销实务》课程五大核心能力完全匹配。

《会展营销实务》课程具有复杂性、实时性和动态性。课程中"设计制作培训会议宣传资料"属于"会议产品策划"重要教学内容，是在完成"会议筹备方案"基础上，提出设计制作宣传资料，而宣传资料是开展会议营销的重要工具，是进行模块三"会议营销策略应用"的前提。本部分教学内容分为三个层次：确定会议宣传资料内容、设计制作会议宣传资料，印制宣传资料样册。这三部分知识呈递进式，并通过教学项目"设计'2022中国甘肃红文化旅游发展研讨会宣传资料'"的完成而习得。

教学用丰富案例拓宽学生视野，广泛涉猎知识，实现"观"能力培育，加强学生学好专业技能的使命感，塑造博学品格；借助课前自主学习，养成其思考与推断、总结习惯，培育"思、断"能力，提升学生逻辑思维能力，塑造慎思与明辨品格；通过教学项目完成有效化解教学重难点，实现"换、创"能力培育，提升学生团队合作能力、创新能力，并最终塑造笃行品格，在笃行中推陈出新、坚定自主创新信念。整个学习过程与教学项目"2022中国甘肃红文化旅游发展研讨会"紧密联系，完成学习同时，弘扬文化自信，树立家国情怀。通过课堂内外、线上线下引导，教育、激励学生主动学习、积极进取、精进创新、诚信致远，在潜移默化中养成博学慎思、明辨笃行品质。（如图1）

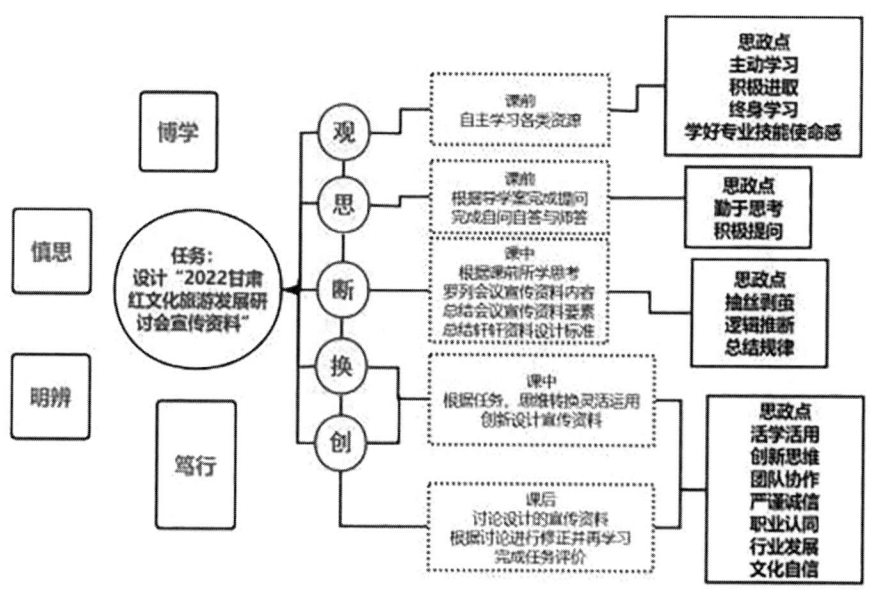

图1 教学内容"设计'2022甘肃红文化旅游发展研讨会宣传资料'"思政要素设计

4.案例内容与设计

（1）案例引入

●依据课程教学标准、结合"岗课赛证"融合要求，梳理思政要素。依据《会展营销实务》课程专业教学标准及落实"立德树人"根本任务，结合"岗课赛证"及企业对会展营销人员职责要求，教师深度钻研教学内容，挖掘课程的职业素养要素。将"观、思、断、换、创"五大核心能力与"博学慎思 明辨笃行"紧密联系起来，最终提升学生自主学习能力、思辨能力、创新能力、团队协作力；树立大局观、职业认同感、社会道德责任感；弘扬文化自信，树立家国情怀。（如图2）

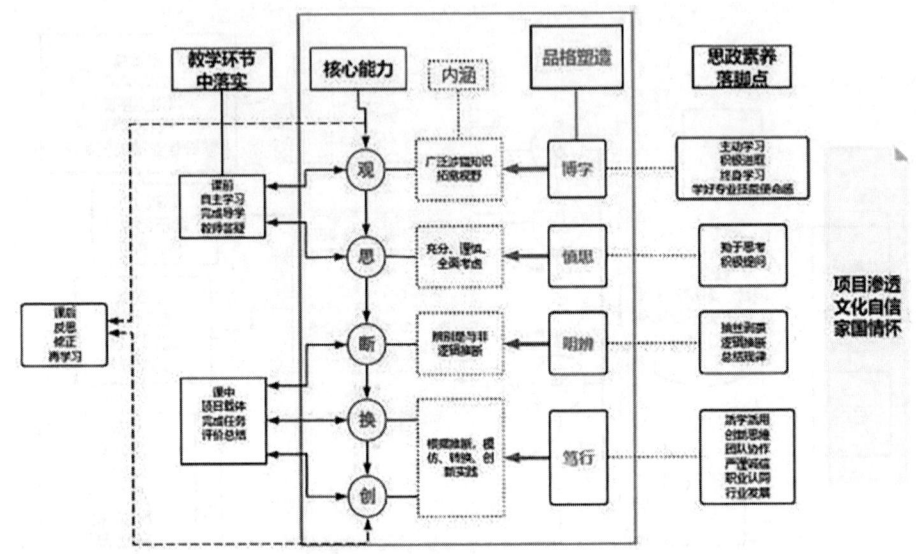

图 2 《会展营销实务》项目群体五步渗透思政设计

●信息技术助力、整合教学资源,拓宽学生学习视野。教学借助云班课APP,采用翻转课堂教学模式,首要任务是教学资源建设。

①编写工作项目形式的电子教材。为了使学生更好地掌握会展营销基本知识和基本职业能力,实现与企业的无缝对接,我们以工作项目形式,按会展营销工作流程设计、编写并出版了数字教材《会展营销实务》。通过教材学习,帮助学生熟悉企业工作岗位流程,建立项目意识,提前植入企业意识,建立会展营销人自豪感。

②制作类型多样的教学微课、资源包及题库。教师在充分分析教材、学情的基础上,整合教学内容,录制 34 个微课、若干教学视频、PPT 演示文稿及题库,以及包含当下热门会展案例的资源包(如图 3),以"观"为借力点,帮助学生学习会展营销知识的同时,激发学生学习热情,拓宽学生视野,建立多角度、全面学习意识,增强学好专业的使命感。

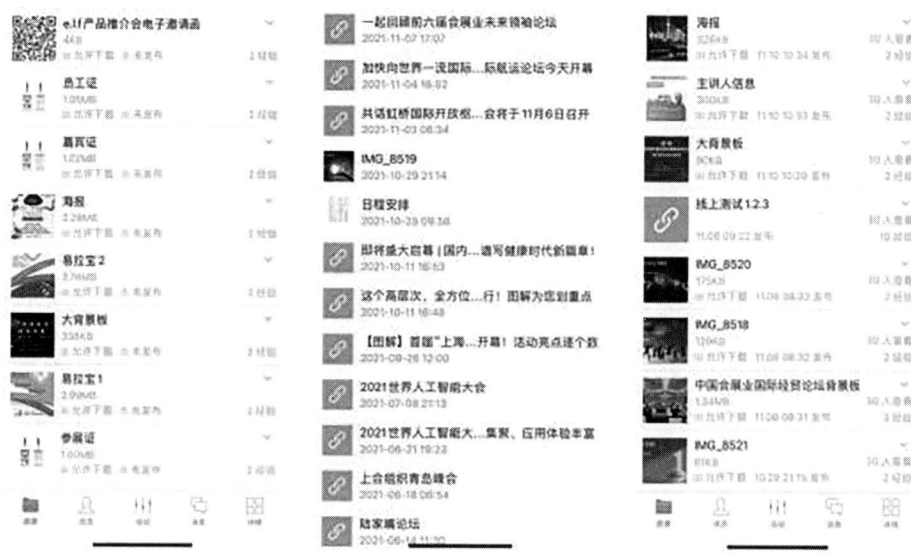

图 3　部分资源包

（2）案例详情

● 以学定教的翻转课堂教学方法设计，激发自主学习热情。

教学采用翻转课堂教学模式，教师将整个教学过程分为：目标导学—自主学习—练习反馈—疑难提出—互动研讨—项目实践—评价点拨—作业布置—总结反思。其中，前三步为线上异步进行，后五步为线下同步进行，第九步为线上线下总结反思，为保证自学效果，在答疑解惑前加自学检测环节，并通过"自学检测"，以学定教，做到教学的有的放矢，学习的自主有效。

● 教学项目引领，弘扬文化自信，树立家国情怀。

教师以培养会展专业学生的营销职业能力为目标，以专业能力为前提，根据会展营销课程的学习任务确定教学项目。如会议营销的教学项目为"《甘肃红文化旅游发展研讨会》营销"，教师根据学习模块将教学项目拆分为若干任务，本案例的任务为设计甘肃红文化旅游发展研讨会的宣传资料。以项目为载体，以"换""创"为借力点，同学们以小组形式边学边做，在理论学习基础上，推陈出新，创新完成宣传资料的设计，不仅促进团队协作，提升专业技能，养成以"与会人员需求为中心""以人为本"的会务人员职业素养，而且通过对甘肃红文化旅游发展研讨会营销，增强了学生与当地市场的紧密度,学习感受红色革命文化同时弘扬了文化自信,助推当地发展,树立爱国情怀。

● 多维教学评价,提升学习竞争力,促进三全育人。

结合翻转课堂教学模式特点,课程总评价设计主要由过程性评价和终结性评价组成,两者相互补充。教师借助线上平台,分维度、分环节、功能性地智慧记录学生学习过程,形成学生画像,实现学生学习行为的客观全面评价(如图4)。学生亦可实时查看画像,明晰自身及同学学习情况,提升学习竞争力。

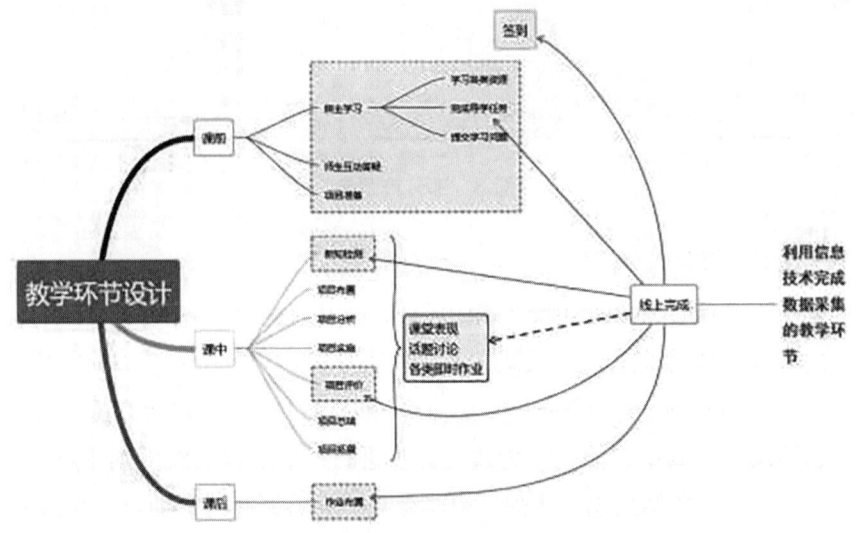

图4 翻转课堂教学模式教学环节线上评价环节设计

同时,教师从三个维度八个环节对学生进行过程评价(图5),尝试将职业素养纳入过程性评价,以获得、及时反馈及时评价的效果。通过考核精准分析学生学习效果,因材施教,达到三全育人的效果。

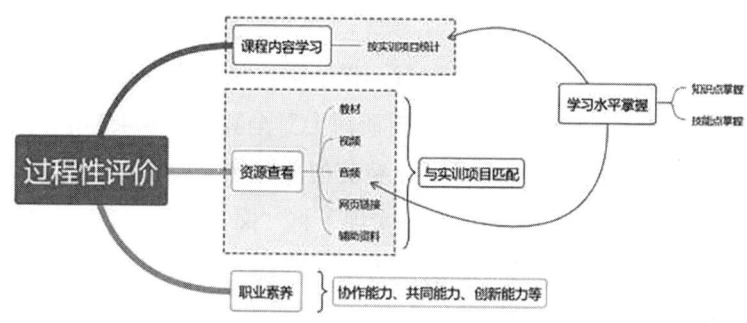

图5 过程性评价三个维度八个环节

（3）案例讨论

①借助导学案形成学习问题，提升思辨能力

采用翻转课堂教学，学生线上自主学习是难点。学生学习是否自觉？学生是否知道怎么学？学什么？学生是否掌握了知识点？……是衡量学生线上自主学习效果的关键问题。导学案的有效设计成为引导学生主动建构知识，突破难题的关键。学生依据学习导案完成线上学习任务，形成学习问题。从无问题→一个问题→三个问题→很多问题，问题从分散→集中→开放，同学们的自学能力发生了可喜的变化，学习呈现主观能动性及有效性，"思"与"断"能力得到了极大提升，为成为一名合格职业人打下坚实基础。

②以岗位性覆盖实现学生分组管理，提前进入职业角色

课堂教学项目采用小组合作学习方式进行。课前参考会展公司项目组结构，根据课程性质及设置学习任务要求，异质分组。教师明确要求小组成员的组成必须涵盖策划、设计、数学、软件应用等方面，实现岗位性覆盖。每个小组都会有一个大项目联系所有知识点，学生在不断完成学习任务的同时，学会沟通与合作，养成整体意识。同学们从单打独斗到群体合作，从摩擦到和谐，不仅合作完成了学习任务，提升了专业技能，而且学会了与人相处，逐步由"学生"向"职业人"转变。

（4）案例升华

借助学习成果，培育学习成就感。

教师围绕"观、思、断、换、创"核心能力，激发学生自主学习潜能，提升学习有效性，促进学生思维能力与专业技能快速提升，初步塑造"博学

慎思明辨笃行"品格。

教学的目的除了让学生学会学习，带给学生学习成就感亦非常重要。教学任务完成的同时，"甘肃红文化旅游研讨会"全套学习成果亦形成。以此为基础积累，同学们积极参加全国商业精英挑战赛"会展策划"项目，获得上海市一等奖、全国三等奖的好成绩，实现了将"岗""课""赛"融合。同时，通过思政要素的落实，学生"树会展人理想、明会展人职责、通会展营销业务、精会展项目实践、肯敬业团结奉献"，成效明显。

5. 案例特色与反思

（1）借助信息技术，助力"教与学"成效显著。

借助云班课，教师实现了教学方法改革。资源库功能帮助学生拓宽学习视野，了解会展市场动态，提升学习有效性。云班课线上测试板块帮助教师快速、直观地了解学生自主学习效果；同时轻直播板块可以收集即时学习作业，帮助教师直观地讲解，学生相互学习、讨论，实现有效的师生、生生互动。白板的运用可以辅助教师对相关知识点进行显现和整理。信息技术提高了教与学的效率，助力学生"观、思、断、换、创"核心能力的提升。

（2）借助教学项目，实现品德与专技的共同培育。

教学围绕教学项目的完成层层推进，学生通过"2022中国甘肃红文化旅游发展研讨会"方案策划、汇报及宣传资料内容的确定，提升专业技能的同时，熟悉了甘肃的红色文化，树立了爱国情怀，培养了文化自信。

（3）学习习惯与品德的养成，有待循序渐进。

整个课堂学生学习热情高，积极参与各学习环节，但个别同学课前自主学习效率不高，导致课堂教学项目完成跟不上班级整体节奏；同学们学习习惯的养成需要循序渐进地巩固与加强。教师将通过不同教学项目的开展，循环强调学习环节，激励学生主动学习、积极进取、精进创新、诚信致远，在潜移默化中养成博学慎思、明辨笃行品质，实现"润物细无声"的立德树人目的。

6. 案例效果与反馈

（1）创新是改革的永动力。

案例教学尝试将教育的建构论、周期论和管理学的全面质量管理理论结合，落实"立德树人、知行合一"根本任务，改革教学模式，搭建专业课程思政结构框架，从课程思政教学知识点关联性和教学环节的流程性方面，破解了长期存在的课堂授课断裂化和分割性的模式及过程，重构整体性和系统性的课程思政教学体系和实践路径，创新性地提出将"博学慎思 明辨笃行"品格塑造与专业"观、思、断、换、创"核心能力结合，落实思政要素，充实了课程思政的内核，为形式创新和目标重塑提供了方向。

（2）实践是成效的先锋力。

教学方式的变革，思政理念的渗透，对学生是一种挑战，也是一种全新的尝试。教师先后两次对学生的学习感受等进行了调研。线上教学环节调查显示：89.66%同学觉得线上学习时间自由，72.41%同学觉得思考时间多了，而且55.17%的同学认为可以毫不顾忌地提问。这极大地改善了传统课堂上学生由于各种原因不愿提问的现象。

对整个教学过程调查发现，66.67%学生喜欢线上线下混合教学方式；87.5%的学生认为混合教学方式可以增加学习兴趣，41.67%同学认为小组合作更为默契了。而且线上线下混合式教学避免了传统课堂课上教知识，课后实践，教师只能通过课堂观察与课后作业衡量学生的学习效果，这不仅增加了学生项目实践的机会与时间，教师也可以全方位地了解学生对于知识的掌握与应用。

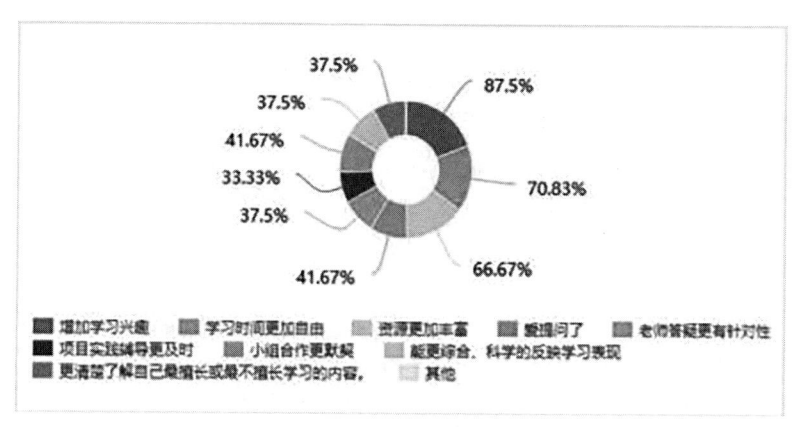

图6　学习效果调研

作为思政教学的一种全新尝试，教师需要熟悉整体流程，将课程知识点和思政点有机结合，实现知识和方法的有机统一，能力和价值的双维培育，在具体实施的过程中，需要灵活调整教学策略，以达到最佳教学效果。

《会展营销实务》课程思政教学设计样例

课程负责人：盛蔚

课程名称	《会展营销实务》	学时/学分	144学时/8学分
课程性质	☐专业基础课程 ☑专业核心课程 ☐专业拓展课程 ☐实践类课程	授课对象及专业	中职二年级 会展服务与管理
对应章节内容	项目二"会议营销"模块二"会议产品策划"任务三"设计制作培训会议宣传资料"		
教学内容	确定会议宣传资料内容 "设计制作培训会议宣传资料"教学内容分为三个层次：确定会议宣传资料内容、设计制作会议宣传资料、印制宣传资料样册。这三部分知识呈递进式。"确定会议宣传资料内容"为开端部分。		
学情分析	授课对象为会展服务与管理专业二年级学生。学生平均年龄16岁。 通过课前调研，发现89.66%会展专业学生认为自己的创新思维不够，三分之二学生认为自己缺乏社会热点关注度，文案写作能力差；专业知识储备薄弱；半数以上的学生认为所学专业技能运用不熟练；20%的同学认为教师课堂指导实践用时少。 自制力差 41.38% 专业知识储备不够 65.52% 不关心社会热点 68.97% 创新思维不够 89.66% 文案写作能力差 62.07% 所学专业技能运用不熟练 51.72% 教师指导课堂实践时间少 20.69% 同时根据不同授课对象进行横向分析发现，会展服务与管理专业二年级学生学习热情高、团队合作良好；具有一定信息技术应用技能，已初步接触会展设计、会展项目实践课程；不过对于专业知识及技能点存在碎片现象，知识丢失现象严重，不善于总结，逻辑思维能力差，创新能力未充分激发。		

续表

教学目标	【知识目标】 1. 熟记会议海报、主讲人海报、会议现场背景板要素； 2. 罗列会议海报、主讲人海报、会议现场背景板设计标准。 【能力目标】 1. 根据会议筹备方案确定会议海报、主讲人海报、会议现场背景板内容； 2. 根据会议筹备方案寻找会议海报、主讲人海报、会议现场背景板创新点； 3. 根据会议筹备方案设计会议海报、主讲人海报、会议现场背景板。 【素养目标】 1. 通过小组学习，养成学生团队合作习惯； 2. 通过对会议不同宣传资料内容的确定，养成严谨规范处理文案的习惯，提升专业认同感； 3. 通过对"2022中国甘肃红文化旅游发展研讨会"宣传资料设计创新点的挖掘，感悟红色文化的内涵，激发爱国热情，坚定道路自信和文化自信。 【思政育人目标】 1. 从对案例的学习、分析中，尝试自主总结知识点，培育"观、思、断"能力，养成学习与思考习惯，提升逻辑思维能力，塑造博学、慎思、明辨品格； 2. 从案例到教学项目，培育"换、创"能力，推陈出新，培养学生创新思维，塑造笃行品格； 3. 以小组形式完成教学项目"2022甘肃红文化旅游发展研讨会"，增强团队协作能力，树立文化自信。
教学重点、难点	教学重点： 确定会议海报、主讲人海报、会议现场背景板要素。 教学难点： 根据"2022中国甘肃红文化旅游发展研讨会"策划方案确定会议海报、主讲人海报、会议现场背景板的内容。
课程思政设计	课程思政元素： 专业视角：严谨规范、逻辑思维、自主创新、团队协作、文化自信等； 社会视角：博学、慎思、明辨、笃行。 融入知识点： 1. 通过课前云班课各类资源学习，广泛涉猎知识，拓宽视野，培育"观"能力，建立主动学习、积极进取意识，增强学生学好专业技能的使命感，塑造博学品格。 2. 依据导学案要求，对学习资源积极思考，产生问题并尝试自主解决疑问、培育"思"能力，建立勤于思考，积极提问意识，提升逻辑思维能力，塑造慎思品格。 3. 依据课前自学，推断会议三大宣传资料要素，并根据"2022中国甘肃红文化旅游发展研讨会"特色转换思路，灵活运用要素创新实践，培育"断、换、创"能力，在完成会议宣传资料内容确定过程中提升团队协作、沟通能力，建立严谨、诚信意识，坚定自主创新的信念，增强职业认同感，树立文化自信，塑造明辨、笃行品格。

续表

教学过程		
课前（开放一周，碎片学习）		
教学环节	活动内容	设计意图
云班课自主预习"会议宣传资料内容"	1. 教师云班课平台发布学习资源：微课、案例及电子教材。 2. 教师云班课平台发布导学任务。 3. 教师云平台开放轻直播。	预习"会议宣传资料"，为后续项目实训做准备。 思政融入： 通过课前云班课各类资源学习，广泛涉猎知识，拓宽视野，培育"观"能力，建立主动学习、积极进取意识，增强学生学好专业技能的使命感，塑造博学品格。
准备"2022中国甘肃红文化旅游发展研讨会"策划方案（已完成）汇报	请同学准备汇报"2022中国甘肃红文化旅游发展研讨会"策划方案。	让同学们进一步深入了解实训项目。 思政融入： 1. 通过方案的策划，从国家政策、甘肃经济、地理到甘肃红色景点，全面了解甘肃红色文化，建立文化自信，树立家国情怀； 2. 通过方案汇报准备，从资料整合到PPT制作到汇报排演，加强团队协作、沟通能力。
课中（40分钟）		
教学环节	活动内容	设计意图

续表

导入： 由一张会议宣传资料词云图引入课题	教师出示词云图 提问：请同学观察词云图，说出获得的信息。 	由词云图引出课题，激发学生的学习兴趣。 思政融入： 通过对词云图分析、思考与推断，培育"思、断"能力，提升学生逻辑思维能力，初步建立大局观。
课前自学检测： 会议宣传资料上可以呈现的要素有哪些？ 知识点：会标、会议名称、会议主题、议题、时间、地点、筹备机构、联系方式、会议优势、主讲人信息、主讲报告名称、嘉宾信息、会议日程	1. 教师云班课平台发布线上测试题。 2. 教师针对错误进行讲解。	检测学生课前自主学习效果，衡量学生对知识的把握度。
教师出示任务： 确定"2022中国甘肃红文化旅游发展研讨会"主要宣传资料内容	教师出示课堂任务  	通过下发的真实工作任务，激发学生的参与热情。
分析完成任务要点： 研讨会方案具体内容； 主要宣传资料种类； 研讨会主要宣传资料内容	1. 教师引导学生分析完成任务的要点： 任务关键词有哪些？ （关键词：研讨会、宣传资料、内容）每个关键词包含哪些内容？如何表述？ （研讨会方案具体内容有哪些？ 宣传资料主要类型有哪些？ 研讨会主要宣传资料内容是什么？） 2. 教师归纳完成任务要点。	明确任务，对完成任务要点有全面、清晰把握，为完成任务做准备。 思政融入： 通过提取关键词分析任务，引导"思"，培育分析问题能力，提升逻辑思维能力，塑造慎思品格。

续表

罗列实训项目"2022中国甘肃红文化旅游发展研讨会"宣传资料内容	1. 教师发布活动： 根据会议宣传资料要素在"2022中国甘肃红文化旅游发展研讨会方案"上画出内容。 2. 教师点评。	思政融入： 在全面了解实训项目基础上，罗列实训项目宣传资料内容，培养学生分析问题能力的同时了解甘肃红文化资源，增强文化自信。
确定实训项目"2022中国甘肃红文化旅游发展研讨会"会议海报、主讲人海报、会议现场背景板内容	1. 根据会议宣传资料词云图引出主要会议宣传资料类型：会议海报、主讲人海报、会议现场背景板。 2. 请同学们完成任务单：根据"研讨会"宣传资料内容尝试确定会议海报、主讲人海报、会议现场背景板内容。 3. 教师出示案例并引导，学生得出正确答案。	根据实训项目方案确定会议海报、主讲人海报、会议现场背景板内容，将所学知识通过教学项目进行实践，实现"边学边做"。 思政融入： 利用自主学习所得知识点对案例的分析，推断结论，培育"断"核心能力，加强知识的迁移，提升其总结及逻辑思维能力，塑造明辨品格。

续表

归纳总结会议海报、主讲人海报、会议现场背景板要素 会议海报要素：会议名称、会标、会议主题、会议时间、地点、会议筹备机构。 主讲人海报要素：会议名称、会标、主讲人相关信息、主讲报告、名称时间、地点。 会议现场背景板要素：会议名称、会标、会议主题、筹备机构	1. 根据任务单，引导学生归纳总结会议海报、主讲人海报、会议现场背景板要素。 2. "找茬"小游戏：教师出示会议海报、主讲人海报、会议现场背景板案例，学生寻找案例上缺失的要素。 	思政融入： 梳理巩固知识点，总结并记忆会议海报、主讲人海报、会议现场背景板元素，渗透明辨理念，养成严谨规范处理文案的习惯，提升专业技能。
合理布局"2022中国甘肃红文化旅游发展研讨会"会议海报、主讲人海报、会议现场背景板内容 空间布局方法：中心分布、左右/上下分布、对角线分布	1. 请同学们按组在空白宣传资料上布局实训项目宣传资料内容： 第1、2组：实训项目会议海报内容布局； 第3、4组：实训项目主讲人海报内容布局； 第5、6组：实训项目会议现场背景板内容布局。 2. 教师评价并总结布局方法。	设计意图： 通过小组合作完成宣传资料内容在空白宣传资料上的空间布局，巩固对"空间布局"知识点的理解，提升学生文案排版能力，建立团队合作习惯，提升团队沟通能力。
总结 1. 会议海报、主讲人海报、会议现场背景板要素； 2. 研讨会会议海报、主讲人海报、会议现场背景板内容； 3. 文案空间布局方法。	教师带领学生回顾本堂课教学内容	回顾总结课程内容，加深对不同宣传资料内容的记忆。
课后（开放3天，碎片学习总结反馈）		

续表

		思政融入： 通过学习探讨，挖掘体现项目宣传资料设计特色点，实现从模仿到创新的转变，培育"换、创"能力，提升巩固学生学习效果，激发其创新能力，塑造笃行品格。
寻找"2022中国甘肃红文化旅游发展研讨会"宣传资料与众不同之处	思考："2022中国甘肃红文化旅游发展研讨会"宣传资料创新点。	
课堂任务课后讨论与评价	发布要求：在云班课轻直播板块对同学们上传的任务单根据要求进行讨论、评价 设计制作培训会议宣传资料考核评价表	设计意图： 通过云班课从实训项目、团队合作、学习态度三方面进行小组的自评与互评，实现技能与素养的可评价，促进学生全面成长。
教学反思		
实施成效	1. 教学围绕实训项目的完成层层推进，学生通过对项目的了解，宣传资料内容的确定，总结得出三类会议宣传资料要素，习得本课重点，并通过实训项目三类宣传资料内容确定，灵活运用知识点，突破难点，基本实现教学目标。 2. 云班课线上测试板块帮助教师快速、直观地了解学生自主学习效果；同时轻直播板块可以收集即时学习作业，帮助教师直观地讲解，学生相互学习、讨论，实现有效的师生、生生互动。白板的运用可以辅助教师对相关知识点进行凸显和整理。信息技术提高了教学效率。 3. 通过各个教学环节的有效落实，学生基本树立主动学习、积极进取、精进创新、诚信致远意识，为塑造"博学慎思 明辨笃行"品格打下基础。 4. 通过"2022中国甘肃红文化旅游发展研讨会"方案策划、汇报及宣传资料内容的确定，学生对甘肃的红色文化有了相当程度的了解，树立了爱国情怀，培养了文化自信。	

问题与改进	问题： 整堂课学生学习热情高，积极参与各学习环节，但个别同学课前自主学习效率不高，导致课堂实训项目完成跟不上班级整体节奏，教师还需思考如何才能更有效地监督学生的课前自主学习环节。 改进： 1. 有针对性地加强自主学习线上监控，提升学生学习自觉性。 2. 根据线上学习情况，进行强弱配对，一对一结对，帮助学生完成自主学习。 3. 通过不同教学项目的开展，循环强调学习环节，激励学生主动学习、积极进取、精进创新、诚信致远，在潜移默化中养成博学、慎思、明辨、笃行的品格。

课程负责人：盛蔚

日期：2024 年 4 月 3 日

传承工匠精神·赓续百年征程——开国第一宴《烹饪英语》课程思政典型教学案例

课程负责人：张慧

一、课程基本情况

课程名称	烹饪英语		
课程性质	☑专业基础课程　□专业核心课程 □专业拓展课程　□实践类课程		
学　时	72	学　分	4
授课对象	大二年级	授课专业	烹饪工艺与营养专业 西式烹饪工艺专业 中西面点工艺专业
课程负责人	张慧	团队成员	王艳玲、孔臻、王雨、刘银凤

二、教学案例

1. 案例主题

传承工匠精神·赓续百年征程——开国第一宴

2. 出自教学章节

第一章：Unit 1 Introduction to the Kitchen Floor and Food safety

3. 案例选择与育人内涵

选择"开国第一宴"作为《烹饪英语》课程的教学案例的初衷，一方面是由于其历史文化价值的丰富性。新中国成立初期的这一标志性事件，在中国烹饪艺术史上具有重大地位，体现了深厚的历史和文化底蕴。在教学过程中，将专业英语教学与中国烹饪文化及历史的紧密关联，能够让学生对中华优秀传统文化产生更强烈的认同感和自豪感。

另一方面，开国第一宴作为教学案例，有助于进行价值观的教育。从筹备到制作的整个过程，体现了工匠精神的核心要素，包括精益求精、恒心以及对细节的严格要求。这些品质在烹饪职业中极其重要，是我们希望学生能够体验并习得的核心素质。通过这一案例的研究，学生可以更加理解和接纳工匠精神的价值，为未来的职业生涯奠定坚实的基础。

更为重要的是，通过对新中国历史事件的深入研究，学生可以更为深刻地理解中国共产党的历史使命和伟大事业，从而激发他们的家国情怀，强化他们的国家观念。因此，选择开国第一宴作为《烹饪英语》课程的教学案例，不仅可以通过实际情境提升学生的专业英语语言能力，也为提高学生的历史文化素养，塑造其职业素质和社会责任感提供了一个全面而有效的平台，能够充分实现育人目标与语言教学的有机结合。

4. 案例内容与设计

（1）案例引入

本案例教学环节的引入，取材于中国历史上的一次重大转折——1949年中华人民共和国的成立以及庄重热烈的开国大典。这一历史时刻被用作案例背景，是为了将学生的学习内容与国家的历史发展紧密相连，使学生感受到本课程所承载的历史厚重感，以及从事烹饪工作的重要性和荣誉感。

在此阶段，教师首先引导学生深入探讨1949年开国大典的历史背景和社会意义，以此作为理解开国第一宴重要性的基础。在讲解新中国的成立意义时，教师强调新中国的成立，对于国家的繁荣昌盛和人民生活的改善，具有里程碑式的历史意义。教师借助文字、图片、音视频等多媒体教学手段，生动形象地描述开国第一宴的盛况，帮助学生在心理上建立起对开国第一宴的整体认知框架，引导学生产生对本案例的学习兴趣，并在他们心中植入对中国烹饪行业的敬仰和热爱。这种兴趣和热爱，能够进一步促使学生对于本案例中涉及的专业知识进行深入学习和探讨，从而激发他们对烹饪事业的专业执着和工匠精神的追求。

（2）案例详情

进入教学的具体案例环节，本教学案例详细分析了开国第一宴中淮扬菜系的选用，并进一步剖析其独特性。教师详细解读了淮扬菜系被选为开国第一宴的主要菜系的原因，强调其淮扬菜系细腻入微的烹调技术、平和咸甜的口味特色，以及其深厚的历史文化底蕴。通过具体介绍像东坡肉方、鸡汁煮干丝、全家福等具有代表性的菜品，教师引导学生对淮扬菜系的特色有更深入的认识。

在菜品讲解过程中，教师融入专业英语教学重难点，引导学生学习使用英语介绍这些菜肴的特色以及背后的烹饪技术，并要求学生掌握这些菜肴名称的翻译方法。这种教学方法旨在提升学生的专业技能和英语语言运用能力，并促进学生在掌握专业知识的同时，提升其国际化视野和跨文化交流能力。

此外，教师讲授开国第一宴的准备过程中所遇到的种种挑战，以及负责筹备的大厨朱殿荣如何以高超的烹饪技艺、坚韧不屈的精神面貌，成功应对挑战，圆满完成国宴的准备工作。此部分的教学目标，是向学生展示工匠精神在实践中的具体表现，使他们能够深刻理解和感受到对于烹饪艺术的执着追求，从而树立正确的职业理念和职业道德。

（3）案例讨论

案例讨论环节教师引导学生深度剖析和反思朱殿荣大厨及其团队在筹备开国第一宴过程中所展示的工匠精神，包括他们的专业素养、道德承诺、创新精神以及问题解决能力等各个方面。同时，教师结合我国领导人近年来对工匠精神的重要论述，进一步强调和解析工匠精神的内涵及其在当前社会发展中的重要性。学生被引导并鼓励深入思考和探讨如何在自己的烹饪职业生涯中体现和实践工匠精神。

此环节的目的在于加深学生对工匠精神的理解和认同，培养他们的批判性思维和解决问题的能力。通过案例讨论，学生不仅可以学习和掌握专业知识，还能够提升他们的思维能力，以及应对和解决实际问题的能力。同时，通过对工匠精神的深度理解和实际应用，学生可以建立起对烹饪职业的崇高敬业情怀，为自己的职业生涯打下坚实的基础。

（4）案例升华

教师精炼总结开国第一宴的历史背景与重要意义，以此提升学生对烹饪职业的自豪感和责任感。教师在此阶段将学习内容与学生的职业生涯规划紧密联系，使学生能更深入地理解和接纳工匠精神的核心价值。

为了进一步增强学生对学习内容的吸收和理解，教师发布微课视频《开国第一宴》供学生复习回顾。要求学生运用所学的英语专业知识，综合介绍开国第一宴中的淮扬菜肴。同时，学生需要结合自身在烹饪专业的学习经历和实践体验，展开深入讨论，以此探索和理解工匠精神在他们个人职业生涯中的具体应用和体现。通过引导学生将抽象的概念应用于实际情境，既能促进学生对专业知识的掌握，也有助于培养他们的实践能力和创新思维，为他们未来的职业发展奠定坚实基础。

5. 案例特色与反思

本次教学案例紧扣二十大的主题精神，将烹饪英语教学与中国烹饪文化、工匠精神及党史新中国史相结合，通过多元化的教学手段和启发式教学法，培养学生的实践能力、跨文化交际能力、创新思维和独立学习能力。同时，强调教学反思与改进，使教学过程更加完善和高效。

（1）特色

深入挖掘历史背景：讲解开国第一宴的历史背景、筹备过程、菜品特点及大厨朱殿荣的故事，使学生深刻理解中国共产党的发展历程，增强党的观念，激发其对祖国的热爱之情。

强调职业道德和情操培养：讲述工匠精神在烹饪职业中的体现，培养学生的职业道德和情操，引导学生将工匠精神融入烹饪职业，提升学生职业素养。

纯英语授课：在锻炼学生英语表达能力的基础上，增强其跨文化交际意识，为学生在国际化背景下的发展奠定基础。

（2）创新

多种教学方法相结合：采用情景教学法、案例教学法和启发教学法相结合的方式，充分调动学生的兴趣与积极性，提高教学效果。

引入视频史料与情景再现：播放与开国第一宴相关的视频史料，使知识点的展现更为直观，为学生提供更加真实生动的学习体验。

注重跨学科融合：将烹饪文化与烹饪专业英语教学相结合，提高学生的专业素养和语言运用能力，为学生的职业生涯发展打下坚实基础。

（3）不足

尽管这个案例在许多方面都有优点，但也存在一些值得注意的不足之处。

对于非英语专业的学生来说，纯英语授课可能构成挑战：纯英语授课的方式可能会对那些英语水平相对较低的学生构成挑战，使他们在理解课程内容上遇到困难。虽然这种方式能够锻炼学生的英语能力，但也可能会限制他们对专业知识和理念的理解，影响学习效果。

历史背景知识的获取可能对学生来说有一定难度：本案例需要学生有一定的历史和文化背景知识，这对一些学生来说可能是个挑战。同时，如果这些背景知识没有得到充分的解释和补充，可能会影响学生对开国第一宴和工匠精神的全面理解。

教学资源的限制：视频史料和情景再现的方式为学生提供了直观的学习体验，但由于真实的历史影像受时代制约留存较少，需要进一步地进行搜索整理，才能保障课程的合理性与丰富性。

因此，改进教学方法，比如结合学生的实际英语水平进行差异化教学，细化思政元素选取，提供足够的背景知识，以及进一步优化教学资源的利用等，都将有助于进一步提升课程的教学效果。

6. 案例效果与反馈

这次教学案例的实施，对学生在认知、情感、价值观等方面产生了深远的影响，收到了积极的反馈和评价。

（1）在认知维度方面，学生们通过本次教学案例在烹饪英语领域的技能和知识上确实取得了显著进步。从主题内容上看，该案例围绕"开国第一宴"进行深度解读，包含了相关菜品的制作流程、食材种类以及专门的烹饪术语等一系列内容。通过这种方式，学生们不仅扩大了他们的英语词汇量，这提高了对烹饪专业术语的理解和使用，使得他们的语言描述更为精准、专业。同时，他们也在英语口语实践中，进一步提升了自己的英语表达能力，具体体现在烹饪过程的描述、技巧的解释以及对菜品特色的介绍等方面。

（2）在情感维度方面，本教学案例有效地激发了学生的学习兴趣，调动了他们的情感参与，强化了学生们对自己专业和职业的尊重与热爱。在学习开国第一宴的历史背景和具体内容时，学生们了解到了中国共产党和中国人民在新中国成立初期的伟大事业，从而唤起了他们对国家历史的自豪感，并在心中树立了深深的家国情怀。

同时，通过深度讨论工匠精神，强化了学生的职业道德感和责任感。整个案例的讨论和学习过程，不仅提升了学生的专业技能和英语语言能力，同时也培养了他们的情感表达能力和思考能力，使他们能够更好地理解和接纳工匠精神的价值，对烹饪艺术有了更深的热爱和尊重。

（3）在价值观维度方面，通过描绘开国第一宴的历史背景和重要意义，学生感受到烹饪工作的历史厚重感和荣誉感，从而树立了对烹饪行业的尊重和热爱。通过详解淮扬菜系在开国第一宴中的应用，强调烹饪行业的专业性，提升学生对细致入微的烹调技术和对味道精准把控的重视，从而塑造他们严谨务实的工作态度和对技术精进的追求。通过剖析朱殿荣大厨及其团队在筹备开国第一宴过程中的挑战和解决方式，教师向学生展示了工作中遇到困难时应有的坚韧不屈和创新精神，塑造了学生勇于面对困难、积极解决问题的价值观。通过引导学生使用英语介绍淮扬菜系，提升了其跨文化交流能力，同时也培养了他们尊重和理解不同文化的价值观。

通过本案例的教学，学生们对烹饪英语的学习有了更深的理解，不再只是将其看作一种语言技能，而是将其视为一种专业技能，是实现烹饪艺术传播的重要手段。同时，本教学案例在塑造学生的职业道德、工作态度、问题解决能力和跨文化理解力等方面取得了显著的成效，有力地推动了学生全面、深入的价值观的培养，为他们的个人成长和职业发展打下了坚实的基础。

《烹饪英语》课程思政教学设计样例

课程负责人：张慧

课程名称	《烹饪英语》	学时/学分	72学时/4学分
课程性质	☑ 专业基础课程 ☐ 专业核心课程 ☐ 专业拓展课程 ☐ 实践类课程	授课对象及专业	大二年级学生 烹饪工艺与营养专业 西式烹饪工艺专业 中西面点工艺专业
对应章节内容	第一章：Unit 1 Introduction to the Kitchen Floor and Food safety		
教学内容	传承工匠精神·赓续百年征程——开国第一宴		
学情分析	1. 理论认知和实操技能：学生已经在相关的前置课程中接触了中国烹饪文化的概论以及淮扬菜经典菜品的制作技术，这表明他们在理论和实操两方面均有一定的基础。 2. 政治理论素养：学生在政治理论课程中，接触了中国特色社会主义理论体系，有一定的政治理论素养。 3. 语言基础：学生的英语语言基础较为扎实，通过大学英语及烹饪英语的学习，他们的英语水平应能满足一般的学习和交流需求。 目前，存在以下问题需要在本课程设计中加以解决： 1. 语言运用能力：尽管学生具有一定的英语语言基础，但在语言点及功能表达的实际运用上显得不够熟练，这可能在实际英语交流中形成障碍。 2. 知识理解的广度与深度：学生对于烹饪文化知识的理解显得相对笼统，缺乏对具体事件和知识的深入理解。这可能暗示学生在知识的吸收上存在广度优于深度的问题，未能理解并融会贯通相关知识。 3. 跨学科整合能力：学生难以将专业课程知识与党史、新中国史、改革开放史、社会主义发展史等进行有效关联与反思，暗示他们的跨学科整合能力有待提高，这对于形成全面、深入的知识理解和批判性思考至关重要。 因此，本课程设计需要综合考虑以下几点： 1. 深化知识理解：教学设计需要有针对性地深化学生对烹饪文化知识的理解，例如，通过提供更多的具体例子，详细讲解，使知识理解更为深入和全面。		

续表

学情分析	2. 提升跨学科整合能力：课程应设立特定环节，将烹饪知识与中国历史、社会主义发展史等内容进行整合，促进学生从更广泛的视野理解烹饪文化。 3. 增强语言应用能力：采用英语进行教学，对学生在语言点和功能表达上的不足进行有针对性的指导和练习。 4. 提升学习兴趣与积极性：借助如开国第一宴背景知识，特色人物故事和史实视频等吸引学生的兴趣，调动他们的积极性，增强学习的有效性和深度。
教学目标	【知识目标】本节课的主要知识目标是使学生深入了解1949年的开国第一宴及其背景，包括其中的著名菜肴、淮扬菜的特点以及开国第一宴的准备过程和困难。识记宴会中菜肴的英文名称，增强专业英语词汇能力，掌握菜名的基本翻译原则。此外，学生需要了解关于工匠精神的重要讲话，认识工匠精神的价值和重要性。 【能力目标】提高学生的语言运用能力，尤其是英语口语能力和跨学科整合能力。学生需要在讲述淮扬菜肴和总结工匠精神内涵时，使用流畅、准确的英语。此外，能够结合自身在烹饪专业的学习与生活经历，理解并运用工匠精神，提升专业技能和问题解决能力。 【素养目标】培养学生对中国烹饪文化的深入理解和尊重，提高他们的专业道德素养。同时，课程鼓励学生在实践中发挥工匠精神，以此提高他们的职业素养和职业自豪感。 【思政育人目标】引导学生深入理解和发扬工匠精神，弘扬劳动精神，为建设中国梦作出贡献。通过学习领导人的重要讲话和开国第一宴的历史背景，学生将理解到自己的专业和职业不仅关乎个人发展，也与国家的建设和发展紧密相连。同时，课程还将增强学生的爱国情怀和社会责任感。
教学重点、难点	教学重点 1. 理解并掌握"开国第一宴"中淮扬菜肴的名称，并理解其背后的文化和历史含义。 2. 了解"开国第一宴"的准备过程中遇到的困难及解决办法。 3. 理解并运用工匠精神在烹饪职业生涯中的重要性。 教学难点 1. 掌握"开国第一宴"中的菜肴及常见淮扬菜英文菜名的翻译方法。 2. 通过深入解析开国第一宴的历史背景和意义，使学生了解新中国的历史发展，并树立正确的价值观和职业观。 3. 结合行业实际剖析工匠精神的内涵，激发学生的职业自豪感和责任感，使其明白所学技能的重要性和价值。
课程思政设计	课程思政元素：解读新中国史，厚植家国情怀，培育工匠精神，增强职业责任感与自豪感。
	融入知识点：英语介绍淮扬菜的特色，淮扬菜经典菜肴的菜名翻译。

续表

教学过程		
课前（30分钟）		
教学环节	活动内容	设计意图
课前预习	1. 观看开国大典相关视频，了解新中国成立的历史背景与当时的社会情况。 Watch relevant videos of the Founding Ceremony, understand the historical background of the founding of New China and the social situation at that time.	1. 通过观看开国大典相关的视频，学生们能深入理解新中国成立时的历史背景及社会环境。这将有助于他们在学习开国第一宴时，更好地理解那个特殊时期的菜肴选择和菜肴制作的重要性。此外，这项活动也旨在激发学生们对中国历史和文化的兴趣，从而更积极地投入课程的学习中。
	2. 收集常见的淮扬菜菜品名称，尝试用英语记录食材名称。 Collect names of common Huaiyang dishes and try to record the names of the ingredients in English.	2. 通过用英语记录食材名称，对于学术理解并掌握烹饪专业英语的关键词汇和表达方式具有重要的价值，同时也有助于他们更好地在课堂上参与和理解关于淮扬菜烹饪的英语讨论和学习。
课中（40分钟）		
教学环节	活动内容	设计意图
课程导入	介绍1949年开国大典及开国第一宴的基本背景导入新课。 Introduce the new lesson of The Founding of the First Feast by telling the background information of the founding ceremony of the People's Republic of China.	将开国大典这一重要历史事件作为课程导入，可以激发学生们的学习兴趣和积极性。帮助学生在学习英语的同时，更好地理解新中国的历史背景，感受中国文化，增强国家认同感。
学习新课	1. 介绍开国第一宴选用的菜系——淮扬菜，分析选用的原因并请同学主动思考典型的淮扬菜特色。 Introduce the cuisine selected by The Founding of the First Feast, Huaiyang cuisine, analyze the reasons and ask students to think about the characteristics of typical Huaiyang cuisine.	帮助学生提高对中国烹饪文化中的淮扬菜的了解，并以此为基础，通过英语思考和表述淮扬菜的特点，进一步提高他们的语言技能和对中华美食文化的理解。

续表

学习新课	2. 讲解开国第一宴中著名的菜肴，请学生记住这些菜肴的同时讲解菜名的翻译。 Explain the famous dishes in The Founding of the First Feast. Students are asked to remember these dishes and pay attention to the translation of the names of the dishes. Hot Dishes 热菜： Abalone Thick Soup with Four Delicacies 鲍鱼浓汁四宝 Dongpo Cubed Pork 东坡肉方 Meat Balls with Crab Sauce 蟹粉狮子头 Boiled Shredded Dry Bean Curd with Chicken Stock 鸡汁煮干丝 Sauteed Shrimps with Peas 清炒翡翠虾仁 Pot Stew 全家福 Dim Sums 点心： Fried Rice Cakes 炸年糕 Huangqiao Sesame Cakes 黄桥烧饼 Steamed Rice Cakes with Sweet Stuffing 艾窝窝 Huaiyang Soup Dumplings 淮扬汤包	通过详细介绍和解读开国第一宴中的代表性淮扬菜品以及它们的英文名称，培养和提高学生对专业烹饪术语的掌握与理解，强化他们在词汇语法以及专业技能方面的英语应用能力。同时，通过对淮扬菜品名的翻译，旨在让学生深入理解每道菜品的制作工艺、原料选择以及味道特点等烹饪知识，从而在全球化的烹饪行业中有更深入的了解和掌握。此外，这个环节也鼓励学生进行实践操作和口头表达，以实际的操作经验和语言实践进一步提升他们的专业英语表达能力和厨艺技能，为学生未来在国际烹饪领域的发展奠定坚实基础。
	3. 讲述开国第一宴准备阶段所遇到的困境以及解决办法。 Describe the difficulties encountered in the preparation phase of The Founding of the First Feast and the solutions.	通过阐述在开国第一宴的准备过程中如何克服困难，成功完成任务的实例，教育学生认识到解决问题、适应环境的变化是烹饪工作中不可或缺的一部分。这不仅是对他们烹饪技能的训练，也是对他们应对生活的态度和技巧的教育。同时，通过讲解和讨论这个实例，学生可以从中了解到中华烹饪文化的博大精深和中华人民的聪明才智，同时也能借此机会学习并掌握与烹饪相关的英语词汇和表达，提高他们的英语语言能力。
	4. 介绍朱殿荣大厨是如何克服困难并在开国第一宴的当晚圆满完成任务的。 Introduce how Chef Zhu Dianrong overcomes difficulties and successfully completed the task on the night of The Founding of the First Feast.	帮助学生深入理解烹饪专业所需要的核心素质——如创新思维，解决问题的能力以及承受压力的韧性。另外，通过详细讲述朱大厨是如何克服困难，最终成功完成任务的故事，激发学生的自我激励和自我效能感。同时，融入烹饪专业词汇的讲解，如在描述朱大厨应对各种挑战时所用到的烹饪技术和策略，加深学生对专业知识的理解。

续表

学习新课	5. 通过对开国第一宴各方情况的介绍以及小故事的讲述，请同学们总结我们从老一辈烹饪大师身上所能学到的品质。 Through the introduction of the various aspects of The Founding of the First Feast and the telling of a short story, students are invited to summarize the qualities we can learn from the older generation of culinary masters. They spent decades carefully honing their skills, striving for perfection, and treating every ingredient and every cooking with meticulous spirit, and finally demonstrated such a feast. "Work hard, love hard, study hard and strive for perfection," is the vivid description of the older generation of cooking masters.	探讨老一辈厨师如何执着于他们的烹饪艺术，如何将每一个细节做到极致，如何在困难面前坚韧不拔，揭示工匠精神的核心内涵，帮助学生深化对工匠精神的理解，鼓励他们在实践中致力于追求卓越。 通过展示老一辈厨师对于职业的热爱和责任感，以及他们在面对挑战时依然坚持自己的职业标准，让学生认识到，职业道德不仅仅是个人道德的延伸，更是个人价值观的体现，从而帮助学生树立起坚定的职业理念与情操。
	6. 引入并讲解近年来我国领导有关工匠精神的重要讲话，引导学生学习内涵精神。 Introduce important speeches about craftsmanship made by our leaders in recent years to guide students to learn the spirit of connotation. ➢ 弘扬工匠精神，打造技能强国，实现中国梦" ——李克强总理 2016 年政府工作报告 "Promote the spirit of craftsmanship, build a country with strong skills, and realize the Chinese dream" ——Premier Li Keqiang Report on the Work of the Government, 2016 "大力弘扬劳模精神、劳动精神、工匠精神"。 ——习近平总书记 2020 年全国劳动模范和先进工作者表彰大会 "We should vigorously promote the spirit of model workers, the spirit of labor and the spirit of craftsmanship". ——General Secretary Xi Jinping	通过深入解读领导的讲话，学生可以从更高层次理解工匠精神对于国家发展和社会进步的价值，实现从个体技术能力到社会责任的升华。 引导学生理解工匠精神不仅是个人技术的追求，更是对精益求精、勤奋工作等价值观的坚持。鼓励学生将这些理念应用到烹饪实践中，可以帮助学生提升专业技能，提高工作效率，而且能让他们在烹饪这个行业中有更长远的发展。

		续表
学习新课	7. 引导学生将工匠精神带入烹饪职业进行讨论，引起学生的共鸣，提高学生的职业道德情操。 Guide students to bring the spirit of craftsmanship into the culinary profession, arouse the resonance of students, and improve their professional ethics.	引导学生实际应用这个理念，思考在未来的职业生涯中如何应用工匠精神，以提高他们的职业技能和职业道德。鼓励学生们进行讨论，分享他们的想法和感受，从而加深其对这个概念的理解和应用。
复习总结	1. 复习开国第一宴中淮扬菜的特色及菜品的翻译及相关表达。 Review the characteristics of Huaiyang cuisine in the Founding of the First Feast, including translations and relevant expressions for the dishes. 2. 总结开国第一宴的历史意义，唤起学生的职业自豪感与责任感。 2. Summarize the historical significance of The Founding of the First Feast and call forth students' sense of professional pride and responsibility. ➢ The Founding of the First Feast is a satisfactory answer that Beijing Hotel handed over to the party and the people at the founding ceremony of New China. ➢ This is also the first "gift" offered by the Chinese catering industry to the People's Republic of China, which has become a glorious milestone in history.	通过回顾淮扬菜的特色以及菜品名称的翻译和相关表述，巩固和加深学生对烹饪术语、专业知识和语言技能的掌握。 回顾开国第一宴的历史意义，帮助学生更深入地理解中华人民共和国历史与中国餐饮行业发展的历史背景，唤起学生的职业自豪感和责任感，使他们意识到自己作为烹饪行业的一分子，不仅要追求技艺的精湛，还要胸怀社会责任，积极为社会贡献自己的力量。
课后（30分钟）		
课后作业	复习观看微课视频《开国第一宴》，请学生首先用英语介绍开国第一宴中的淮扬菜肴，接着结合自己在烹饪专业的学习与生活经历谈谈工匠精神有哪些内涵并如何将其充分发挥到自己的职业生涯中。将汇报录制成视频，上传班级学习群并进行小组互评打分。	通过要求学生用英语介绍淮扬菜肴，加强他们的语言应用能力，进一步巩固烹饪专业词汇的使用和理解。 让学生结合自己在烹饪专业的学习和生活经历谈谈工匠精神的内涵，能够使学生更深入地理解和体验工匠精神。

续表

课后作业	Ask students to introduce Huaiyang cuisine from the Founding of the First Feast in English. Students are required to talk about the connotations of the craftsmanship spirit in relation to their study and life experiences in the culinary field, and how they can fully apply it to their professional careers. Record the presentation as a video, upload it, and conduct group peer reviews and grading.	录制视频并进行小组互评，可以锻炼学生的表达和沟通能力，同时也提供了一个反思自己和他人观点的机会，有助于学生对所学内容的理解和认识进一步加强。
教学反思		
实施成效	这次教学案例的实施，对学生在认知、情感、价值观等方面产生了深远的影响，收效良好。 （一）在认知维度方面，学生们通过本次教学案例在烹饪英语领域的技能和知识上确实取得了显著进步。从主题内容上看，该案例围绕"开国第一宴"进行深度解读，包含了相关菜品的制作流程、食材种类以及专门的烹饪术语等一系列内容。通过这种方式，学生们不仅扩大了他们的英语词汇量，更熟练地掌握了烹饪专业术语的理解和使用，使得他们的语言描述更为精准、专业。同时，他们也在英语口语实践中进一步提升了自己的英语表达能力，具体体现在烹饪过程的描述、技巧的解释以及对菜品特色的介绍等方面。 （二）在情感维度方面，本教学案例有效地激发了学生的学习兴趣，调动了他们的情感参与，强化了学生们对自己专业和职业的尊重与热爱。在学习开国第一宴的历史背景和具体内容时，学生们了解到了中国共产党和中国人民在中华人民共和国成立初期的伟大事业，从而唤起了对国家历史的自豪感，并在心中树立了深深的家国情怀。同时，通过深度讨论工匠精神，强化了学生的职业道德感和责任感。整个案例的讨论和学习过程，不仅提升了学生的专业技能和英语语言能力，同时也培养了他们的情感表达能力和思考能力，使他们能够更好地理解和接纳工匠精神的价值，对烹饪艺术有了更深的热爱和尊重。 （三）在价值观维度方面，通过描绘开国第一宴的历史背景和重要意义，学生感受到烹饪工作的历史厚重感和荣誉感，从而树立了对烹饪行业的尊重和热爱。通过详解淮扬菜系在开国第一宴中的应用，强调烹饪行业的专业性，提升学生对细致入微的烹调技术和对味道精准把控的重视，从而塑造他们严谨务实的工作态度和对技术精进的追求。通过剖析朱殿荣大厨及其团队在筹备开国第一宴过程中经历的挑战和解决方式，教师向学生展示了工作中遇到困难时应有的坚韧不屈和创新精神，塑造了学生勇于面对困难、积极解决问题的价值观。通过引导学生使用英语介绍淮扬菜系，提升了其跨文化交流能力，同时也培养了他们尊重和理解不同文化的价值观。

问题与改进	纯英语授课的方式可能会对那些英语水平相对较低的学生构成挑战，使他们在理解课程内容上遇到困难。虽然这种方式能够锻炼学生的英语能力，但也会限制他们对专业知识和理念的理解，影响学习效果。 本案例需要学生有一定的历史和文化背景知识，这对一些学生来说可能是个挑战。同时，如果这些背景知识没有得到充分的解释和补充，可能会影响学生对开国第一宴和工匠精神的全面理解。 视频史料和情景再现的方式为学生提供了直观的学习体验，但由于真实的历史影像受时代制约留存较少，需要教师进一步地进行搜索整理，才能保障课程的合理性与丰富性。 因此，改进教学方法，比如结合学生的实际英语水平进行差异化教学、细化思政元素选取、提供足够的背景知识，以及进一步优化教学资源的利用等，都将有助于进一步提升课程的教学效果。

课程负责人：张慧

日期：2023 年 7 月 16 日

感百年历史沧桑，叹时代革新巨变
——上海都市红色旅游产品设计
《旅行社计调》课程思政典型教学案例

课程负责人：胡蓉蓉

一、课程基本情况

课程名称	《旅行社计调》		
课程性质	□专业基础课程　☑专业核心课程 □专业拓展课程　□实践类课程		
学时	51	学分	3
授课对象	大二学生	授课专业	旅游管理
课程负责人	胡蓉蓉	团队成员	江舟、王依娜、韩芳、费莉雅

二、教学案例

1. 案例主题

感百年历史沧桑，叹时代革新巨变——上海都市红色旅游产品设计

2. 出自教学章节

课程第三章：旅行社组团计调实务；第三节：旅行社组团计调线路设计

3. 案例选择与育人内涵

上海作为我国金融中心，不仅展现了我国改革开放以来取得的巨大经济成就，作为中国共产党的诞生地，工人运动的发祥地，新文化运动的起源地，上海也是一座英雄的城市，是红色文化的发源地。红色，已经成为了上海城市文化最具价值的核心基因。

案例以红色旅游线路计调业务为主线，鼓励学生深入了解上海丰富的红色旅游资源，通过上海万国建筑博览群、一大会址、龙华烈士陵园、东方明珠游览区等红色旅游资源的旅游线路设计，感受上海的百年沧桑巨变，学生通过外滩万国建筑博览群，了解近代以来中华民族所遭受的深重苦难，培养学生爱国情操，加深学生对"没有共产党就没有新中国"的理解，利用一大会址、龙华烈士陵园等红色资源使学生深刻认识到中国共产党人为"救亡图存"前仆后继的英雄事迹、近距离地感受革命先辈的崇高革命精神，通过东方明珠游览区，学生能够切身感受到改革开放之后在党的领导下中国人民从"站起来"到"富起来"的过程，体验30年来取得的巨大经济成就，培养学生民族自豪感。

同时，在学习并操作计调业务各个环节中，培养学生精益求精的工匠精神、实事求是、勇于创新的职业素养，使学生成为具有思想觉悟高、职业能力强、专业知识好的专业计调人员。

4. 案例内容与设计

（1）案例引入

通过学习通引入企业真实案例，向学生发布"上海都市红色旅游"产设计的任务，学生通过线上教学平台，利用线上教学资源，了解上海红色旅游资源的历史背景，使学生了解上海作为一座英雄的城市，拥有许多独一无二的红色旅游资源，学生通过这些旅游资源可以深入了解中国近代历史（外滩万国建筑博览群），特别是共产党的发展和中国革命的历程。

（2）案例详情

任务一：红色旅游资源认知

按照上海红色旅游资源特点，利用VR技术让学生了解上海红色旅游资源，将所知的上海都市红色旅游产品中的景点按照时间顺序划分成为三类，并设计合理的旅游线路。

1.百年沧桑：外滩万国建筑博览群、上海市博物馆、苏州河等，这些建筑作为上海市旅游资源的典型代表，反映了上海开埠以来，从19世纪末到20世纪初的中国历史，那时的上海乃至于整个中国正经历着剧变，接受着西方的影响，也承受着帝国主义的压迫。建筑本身不仅反映了帝国主义对我国进行的经济殖民统治，与建筑相关的故事也反映上海人民英勇反抗、自强不息的斗争精神，诉说着中国人民对国家富强与民族复兴的渴望。

2. 初心使命：一大会址、二大会址、龙华烈士陵园、宋庆龄故居等，这些旅游资源既是中国共产党和中国共产主义运动的起点，也是中国走向独立自主、走向社会主义道路的象征，代表了中国共产党人坚定不移的革命信念，无所畏惧的革命勇气，以及为了实现共产主义理想而付出的巨大牺牲。学生通过这些旅游资源可以学习和继承中国共产党人的革命精神和奋斗精神，激发他们的奋斗意志和进取心，理解中国共产党的创立历程和奋斗精神，深化对中国共产党和中国社会主义的认识。

3. 改革腾飞：东方明珠电视塔、金茂大厦、上海中心等，这些旅游资源是中国社会主义现代化、改革开放和全球化进程的重要标志。学生通过上述旅游资源的了解，能够深刻体会中国社会主义现代化建设的重要标志和成果，加深对改革开放以来中国在经济发展和社会进步方面取得巨大成就的理解。认知中国与世界的经济交流和合作，做一个立足中国，放眼世界的新时代青年。

任务二：红色旅游计调操作流程

通过红色旅游线路产品的开发、采购与报价、突发情况处理，国内组团计调操作流程，培养学生在中的团队合作精神，树立诚实经营、真诚以待的中华传统美德，培养良好的人际沟通能力，提升学生的思想道德与职业道德。

（3）案例讨论

结合当下火热的城市漫游（Citywalk），通过小组讨论进一步设计适合年轻人的上海都市红色旅游产品，深度探索上海的红色旅游资源，也体现出现代旅游者对目的地体验诉求的新转变，培养学生创新精神。

在小组讨论中，学生将通过红色旅游资源的各自特色，以及年轻人对城市漫游旅游产品的市场需求，进一步讨论旅游线路设计的合理性，挖掘红色旅游内涵，并以城市漫游的方式赋予旅游主题，这就是交给每个小组的任务。

（4）案例升华

通过学生红色旅游资源的了解，学生可以深刻体会到中国共产党带领中国人民从"站起来"到"富起来"的过程，领略英勇无畏的革命主义气概，通过真相项目线路设计，展示出自己对红色旅游产品的理解，并向客人讲好"中国故事"，通过对革命者事迹的学习，激励自己对学习生活的热爱、提升自己的职业素养。

5. 案例特色与反思

（1）案例特色

1. 课程思政引领课程教学，红色旅游"基因式"融入专业课程学生以"红色旅游"为思政引领，以计调业务知识和技能为切入点，利用 VR 技术进行情景模拟实践，通过学习计调基础知识和操作流程，掌握计调技能、独立操作计调业务，将思政元素"基因式"融入专业课程，提升学生专业素养的同时，也培养学生家国情怀和职业荣誉感，使学生能够更快速、高效地对接旅行社计调岗位。

2. 数字技术、思政课教师助力课程思政，理念信仰寓教于游

教学团队与思政课程老师紧密联系，共同制定课程思政内容，寻找上海的红色旅游材料。案例中的课程内容以思政为引领，以旅游管理专业知识和技能为切入点，利用 VR 技术，"寓教于游"引导学生"游中学、学中游"，旨在进一步增强学生学习专业技能的积极性与主动性，强化使命驱动，助力旅游管理"六有"人才培养，同时通过我校马克思主义学院组织的知识竞赛与社会活动，检验课程思政实施的有效性。

3. 真实案例引入课堂，理论实践深度融合

利用企业真实业务，邀请"企业教师"进课堂与 VR 情景模拟，打造旅游与旅行社真实场景，深度融合旅游行社计调岗位需求，对接 1+X 职业标准，大大提升了学生的职业技能和综合素养，并在社会实践中取得不错的成绩。

（2）反思

在探索基于旅行社计调业务与企业、思政课程深度融合的过程中，取得了一些成效，也遇到了一些问题。

问题 1：与红色旅游资源相关的课程思政内容深度仍需挖掘。虽然本案例将红色元素、职业素养等思政内容基因式融入课堂教学，但在思政内容上缺少深度挖掘，由于课堂时间有限，部分红色旅游资源的故事与思政意义只能让学生在课后完成，导致思政内容学习效果不彰。

建议：线上线下教学平台与数字技术相结合，丰富教学资源采集。利用 VR 技术等信息化手段，加大上海红色旅游景点的数字采集工作，丰富线上教学资源，将部分红色旅游资源的思政内容转移到线上，让学生观看并深刻体会。

问题 2. 思政内容学习效果检测手段单一，反馈不全面。本课程对于学生思政内容学习效果的检测方法主要是课下学生通过手机端学习平台递交作业，进行反映。由于作业中含有大量的专业知识内容，对于学生对红色旅游资源的理解通过线上平台不能全面反映教师意见，因此学生不能得到全面的作业反馈。

建议：与马克思主义学院合作，丰富思政课评估手段；利用数智化方法，构建课程思政学情智能分析模型，精细化推送学习建议，更好服务教学。

6. 案例效果与反馈

（1）计调岗位认知深刻，学生对计调岗位产生浓厚兴趣

通过充分调查发现，85.2%的学生认为与传统课堂教学相比，VR情景体验课程更能激起对旅游资源了解的兴趣；80.8%的学生认为红色线路旅游产品设计与其他理论课程相比更能学到知识。81.23%的同学认为通过红色旅游产品设计，自己对于计调岗位的操作技能得到了提升，83.4%的学生认为设计出的红色旅游产品后，具有成就感，70.1%的学生对从事旅游计调岗位感兴趣。

（2）爱国爱党意识加强，对红色旅游资源更加向往

本案例专业课程与思政内容融合。82.4%的学生认为可以通过本课程，能够提高自己爱国爱党的意识。90.1%的学生认为本课程，可以更好地了解党的发展历史。84.2%的同学认为自己将会再次前往这些红色旅游资源。

（3）积极参加思政活动比赛，取得较好成绩

经过此次教学后，学生们能够积极参加学校与团委组织的思政活动，学习强国App使用率达到100%。在《毛泽东思想和中国特色社会主义思想概论》《形势与政策》《思想道德与法治》等公共课程中，平时分比往届提高了13.1%。在12.9党的知识竞赛活动中，旅游管理学生在个人赛中获得第一名，在团体赛中获得第二名，与往届成绩相比有显著提高。

《旅行社计调》课程思政教学设计样例

课程负责人：胡蓉蓉

教案三、红色旅游产品开发（设计产品确定主题）

（一）单元整体设计							
课程名称	旅行社计调业务		教学课时	2课时	授课对象	旅游管理专业2019级	
授课形式	混合式教学		授课时间	2020/10/28 星期五 上午1-2节课	授课地点	旅游管理实训基地	
教学内容	1.红色旅游产品的策划设计理念 2.红色旅游产品的地接社选择 3.红色旅游产品的旅游线路编排						
学情分析	知识水平		1.掌握红色旅游产品的设计理念 2.了解地接社与组团社的区别 3.掌握红色旅游线路编排的主要构成				
	技能水平		1.能够依据客人的不同需求，确定红色旅游主题 2.能够合理编排并设计红色旅游线路				
	学习特点		1.在学习过程中，实践操作较为复杂，学生容易出现畏难情绪 2.在学习过程中，对于旅游线路的编排具有趋同性，特色不够				
教学目标	知识目标		1.掌握红色旅游产品的策划设计理念 2.掌握地接社选择标准 3.掌握红色旅游线路编排的主要结构				
	技能目标		1.能够根据不同红色旅游资源，确定红色旅游产品主题 2.能够有效选择红色旅游地接社 3.能够进行红色旅游线路的设计				

续表

教学目标	素质目标	1. 通过教师案例展示，培养学生细心、严谨的专业素养 2. 通过教师一系列操作流程，培养学生的创新应用能力，让学生掌握红色旅游线路设计 3. 通过小组合作完成任务，培养学生的团队合作能力
	思政目标	1. 通过对红色旅游线路的设计和了解红色旅游资源中中国共产党的发展历程，培养学生爱国精神，并能够通过自己设计的旅游线路向游客展示 2. 通过红色旅游资源的深入了解，培养学生吃苦耐劳、艰苦朴素的革命精神 3. 养成细致严谨的分析态度与精益求精的工匠精神
教学重点		红色旅游产品中对于线路的主题确定红色旅游产品地接社的选择 红色旅游产品开发中的旅游线路编排
教学难点		1. 红色旅游产品对于合适地接社的选择 2. 红色旅游线路编排中的行程特色的提炼 3. 红色旅游线路编排中合理的景点走向
参考教材与教学资源		参考教材 主教材： 《旅行社计调业务》，旅游教育出版社，王煜琴 参考资料： 《旅行社计调业务》，广西师范大学大学出版社，叶娅丽 《旅行社外联与计调》，沈阳出版社，王英霞，满姝 《旅游计调师操作标准教程》，旅游教育出版社，米学俭、尚永利、王国瑞 数据获取平台 1. 国家统计局 2. 上海市旅游局 3. 上海市统计局 教学资源 1. 教学平台：PPT、动画微课、真人微课、实训任务等 2. 课程网站： 超星平台：https://mooc1-1.chaoxing.com/course/204469064 3. 携程网：https://www.ctrip.com 4. 途牛网：https://www.tuniu.com 5. 马蜂窝：https://www.mafengwo.cn

续表

参考教材与教学资源	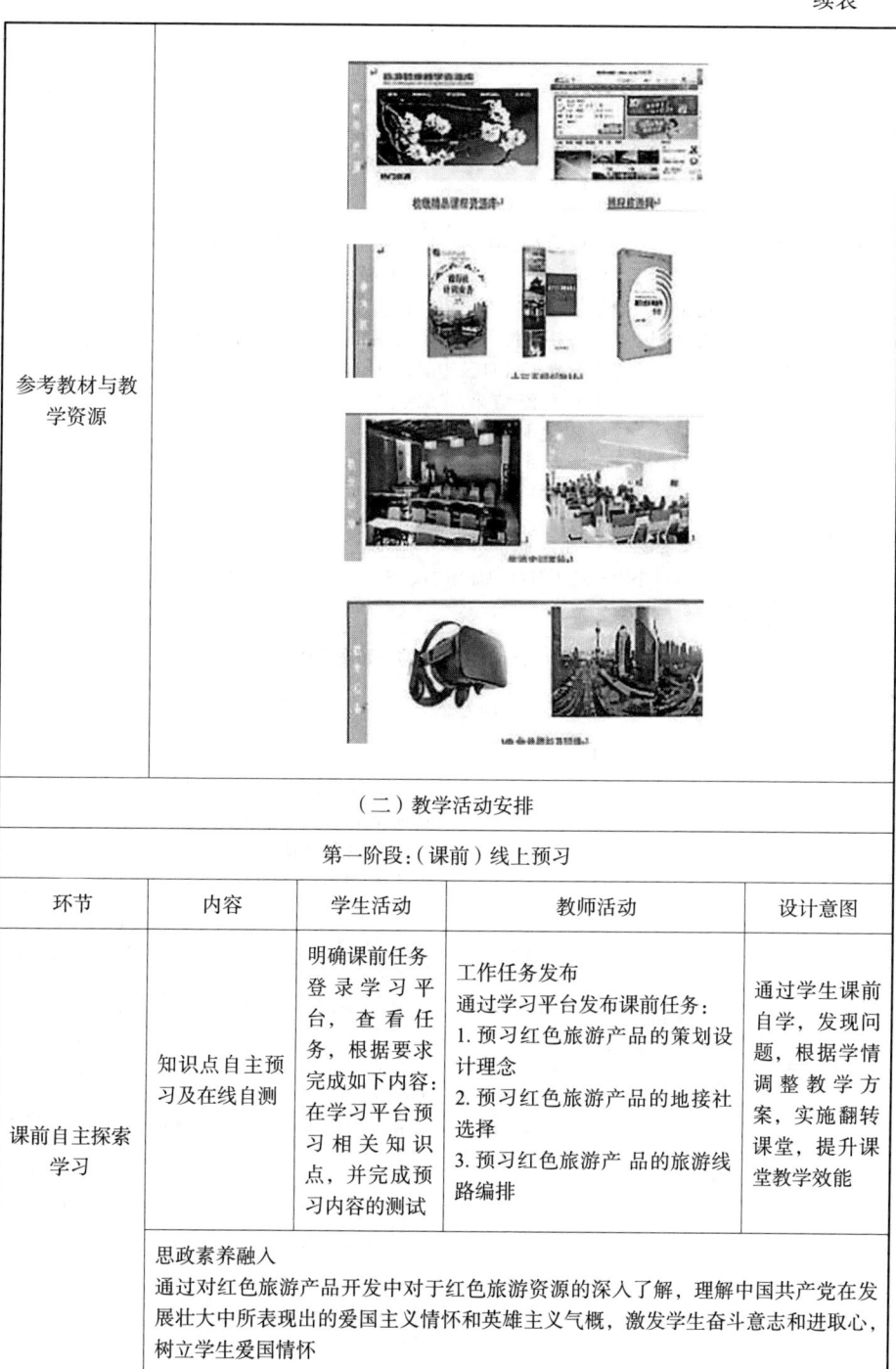			

(二)教学活动安排

第一阶段:(课前)线上预习

环节	内容	学生活动	教师活动	设计意图
课前自主探索学习	知识点自主预习及在线自测	明确课前任务登录学习平台,查看任务,根据要求完成如下内容:在学习平台预习相关知识点,并完成预习内容的测试	工作任务发布 通过学习平台发布课前任务: 1. 预习红色旅游产品的策划设计理念 2. 预习红色旅游产品的地接社选择 3. 预习红色旅游产品的旅游线路编排	通过学生课前自学,发现问题,根据学情调整教学方案,实施翻转课堂,提升课堂教学效能
	思政素养融入 通过对红色旅游产品开发中对于红色旅游资源的深入了解,理解中国共产党在发展壮大中所表现出的爱国主义情怀和英雄主义气概,激发学生奋斗意志和进取心,树立学生爱国情怀			

续表

第二阶段:(课中)任务引领					
环节	内容	学生活动	教师活动	设计意图
一　任务导入 5分钟	红色旅游快速发展的原因	汇报课前准备情况 分组交流红色旅游对于游客的意义。 任务获取 学生汇报自己的交流结果，其他同学聆听、思考，并作补充发言	1. 学习通平台，推送思考任务：红色旅游的意义在哪里 2. 登录学习通教学平台，根据课前评价点评前任务完成情况，总结问题。引出本节课的课堂内容	用于课前作品展示，有利于学生了解本次课程教学目标以及重难点
	思政素养融入 任务通过小组总结了解红色旅游的意义，理解中国共产党艰苦朴素、英勇无畏的优秀革命传统			

项目1　红色旅游产品的策划设计理念				
环节	内容	学生活动	教师活动	设计意图
概念剖析 5分钟	红色旅游产品对于游客的意义	学习记录要点 观看动画视频、聆听教师讲解，初识红色旅游对于游客的重要性	播放视频 通过动画视频的形式，形象生动地介绍红色旅游对于游客具有提高综合素养、培养爱国与艰苦朴素情怀的意义 知识点讲解 教师运用多媒体资源结合案例，为同学们详细讲述红色旅游产品对于游客的意义，解决同学们的疑问 发展红色旅游的重要意义 ●有利于加强和改进新时期爱国主义教育 ●有利于保护和利用革命历史文化遗产 ●有利于带动革命老区经济社会协调发展 ●有利于培育发展旅游业新的增长点	通过视频引发学生的学习兴趣，初步了解红色旅游的意义，教师概念的梳理，润物细无声地引导学生精心雕琢追求极致的专业素养，从而引出本堂课的主题：确定红色旅游产品

续表

概念剖析 5分钟	任务通过小组总结了解红色旅游的意义,理解中国共产党艰苦朴素、英勇无畏的优秀革命传统			
环节	内容	学生活动	教师活动	设计意图
概念剖析 5分钟	红色旅游产品的设计理念	学习记录要点聆听老师讲解,掌握红色旅游产品的设计理念	讲解与示范 1. 掌握红色旅游设计理念主要有两点:红色线路、市场定位 2. 对红色线路、市场定位分别进行阐述	了解红色旅游设计理念主要有两点:红色线路、市场定位
	思政素质融入 通过老师重点知识讲解,记录学习要点,通过红色旅游产品设计理念,树立艰苦朴素、英勇无畏的优秀革命传统			

项目2 红色旅游产品的地接社选择

环节	内容	学生活动	教师活动	设计意图
概念剖析 5分钟	组团社与地接社的区别	小组对问题进行探讨 以小组形式,分析案例,了解组团社与地接社的区别	案例探讨 案例研讨通过学习平台发布2个案例,让同学辨别哪个是地接社的行程单、哪个是组团社的行程单 知识点讲解案 教师运用多媒体资源结合案例,为同学们详细讲述组团社与地接社的区别,解决同学们的疑惑	通过小组研讨、培养学生自主探究能力。通过了解组团社与地接社的区别,为红色旅游产品的设计做铺垫
	思政素养融入 通过课程讨论,以案例对组团社与地接社的辨别,锻炼学生的思维能力及团队合作能力			
环节	内容	学生活动	教师活动	设计意图

续表

环节	内容	学生活动	教师活动	设计意图
案例分析 5分钟	地接社的选择标准	案例研讨 小组对问题进行探讨，根据案例，学生自主找出组团社被投诉的主要原因，使同学切身体验地接社选择正确与否对于旅游服务质量的影响。 聆听老师讲解，掌握红色旅游产品六大要素的作用与重要性	案例探讨 以组团社因地接社选择不慎导致被客人投诉的案例使同学了解到选择地接对于旅游产品质量的重要性 知识点讲解 教师运用多媒体资源结合案例，为同学们详细讲述地接社的选择标准：合法、管理规范、社会评价、报价合理	使同学切身体验地接社选择正确与否对于旅游服务质量的影响，从而确定设计红色旅游产品的主题，与课程目标紧密相扣
	思政素质融入： 对地接社的选择标准，使同学了解在旅游产品的设计当中，培养实事求是、实地考察的职业道德，以及良好的判断能力			
环节	内容	学生活动	教师活动	设计意图
难点突破 10分钟	如何正确选择地接社	模仿操练 模仿老师示范，通过网络等线上线下资源对地接社进行筛选，掌握选择地接社的方法	讲解与示范 教师运用多媒体资源讲解获取地接社信息的有效渠道，并以上海为红色旅游目的地进行演示。 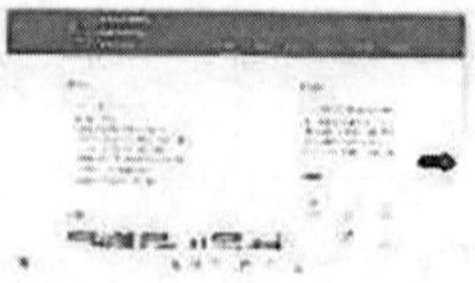 图3-1 通过上海市旅游局官方网站查询	使学生更直观的掌握获取地接社有效信息并进行筛选

续表

难点突破 10分钟			图 3-2 通过 OTA 网站查询	
	思政素养融入 通过对地接社的信息收集与筛选，养成独立思考的学习习惯，提升旅游行业分析辨别力			

项目 3　红色旅游产品的旅游线路编排

环节	内容	学生活动	教师活动	设计意图
难点突破 10分钟	确定线路名称	小组讨论 小组对问题进行探讨不同的旅游线路品命名有哪些共同点？ 学习通中提交线路命名方案 结合案例与教师讲解以小组为单位递交命名方案 记录要点 聆听教师讲解，并与老师互动。	案例探讨 教师通过学习通向学生发布多个旅游线路的名称。让学生总结线路名称的命名规律。 对问题知识点进行讲解 旅游线路名称类型讲解 问题发布 在学习通上发布问题：以上海为红色旅游目的地命名一个3天的红色旅游线路名称 讲解与示范 教师运用多媒体资源结合案例，为同学们详细讲述旅游线路的命名要素，答疑疑惑	通案例对难点进行讲解示范操作，解答学生疑惑
	思政素养融入 以小组讨论形式，对老师所提要求进行完成，从而培养学生团队精神，同时对旅游线路的命名，也培养了学生创新精神			
环节	内容	学生活动	教师活动	设计意图

续表

环节	内容	学生活动	教师活动	设计意图
难点突破 10分钟	提炼行程特色	学习记录要点 聆听老师讲解，掌握提炼行程特色的方法与技巧 小组讨论 通过小组讨论，以及VR技术了解上海红色旅游产品并对其线路特色进行提炼 模仿操练 以小组为单位，对上海红色旅游景点进行归类，并凝练红色旅游主题	知识点讲解 教师运用多媒体资源讲授行程特色对于旅游产品成功与否的重要性以及如何提炼行程特色 案例探讨（VR技术） 通过VR技术，了解上海红色旅游资源，以上海红色旅游产品为案例，让同学提炼红色旅游线路的特色，从而总结出红色旅游的主题 问题发布 以上海为目的地，凝练上海红色旅游的资源 图3-3 通过VR技术，了解上海红色旅游资源二大会址	利用VR技术深入了解红色旅游资源，从而展示"寓教于游"的理念
	思政素养融入 通过了解上海红色旅游资源，了解红军及中国共产党的革命精神，并培养学生发现问题、解决问题、求真务实、不断创新的能力			
环节	内容	学生活动	教师活动	设计意图
小组探究 10分钟	合理编排景点和走向	学习记录要点 聆听教师讲解，并与老师互动 模仿操练 以小组为单位，利用VR技术，编排三天两晚的上海红色旅游景点线路，并凝练其主题	知识点讲解 教师运用多媒体资源讲授合理编排景点与走向的方法 发布问题 利用VR技术，介绍上海红色旅游景点，让同学以小组为单位，以上海为案例编排三天的红色旅游线路	要求学生以小组为单位，进行线路编排，锻炼学生创意，为设计完整的红色旅游产品做准备

续表

环节	内容	学生活动	教师活动	设计意图
小组探究 10分钟			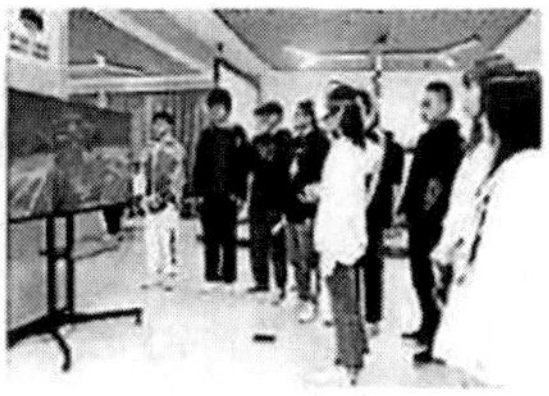 图3-4 通过VR技术，进行线路编排	
	思政素养融入 通过编排上海红色线路，了解上海作为中国共产党的诞生地对于中国革命的意义，培养同学爱国爱党的精神，并培养学生发现问题、解决问题、求真务实、不断创新的能力以及团队协作能力			
环节	内容	学生活动	教师活动	设计意图
小组探究 5分钟	交通与餐饮选择	学习记录要点 聆听老师讲解，掌握红色旅游产品中交通与餐饮选择的重要性。 小组讨论 通过小组讨论，以分析上海红色旅游产品中交通与餐饮选择的优劣来掌握合理安排红色旅游中的食宿技巧	知识点讲解与示范 教师运用多媒体资源讲授 案例探讨 以上海红色旅游与产品为案例，分析上海红色旅游产品中交通与餐饮选择的优劣	通过案例详细讲述交通与餐饮在红色旅游产品线路中的选择，加深学生印象，为下一环节的模拟作铺垫
	思政素养融入 通过对红色旅游产品交通与餐饮的合理选择，加强学生独立思考以及判断能力			
环节	内容	学生活动	教师活动	设计意图

续表

	模拟设计红色旅游产品线路	模仿操练 以小组为单位，设计以上海为旅游目的地的红色旅游产品路线。  图3-5 模拟设计红色旅游产品线路	问题发布 对之前的课堂活动进行总结与凝练，以上海为旅游目的地完整地设计一个三天两晚的旅游线路编排（线路命名、行程特色、景点编排、交通与餐饮选择），从而基本掌握红色旅游产品开发的能力 指导学生模仿操作 1. 巡视、观察，发现有错误的操作，及时与学生沟通 2. 根据学生的不同问题，个别辅导 3. 共性问题，集中讲解示范	通过模拟设计红色旅游产品线路，有利于提升学生实操技能，培养职业精神
四 展示评价 10分钟	总结点评	分组提交 分组提交所设计的上海红色旅游产品。 自评和互评 自我评价后进行团队之间的互评 优胜组展示 互相学习取经，共同进步	分组提交 指导学生分组在学习通上提交设计上海红色旅游产品 组织自评和互评 组织学生团队间自评和互评 优胜组展示 请优胜组展示作业及心得 总结点评 对较为集中问题进行总结点评。	对课堂内容的及时反馈总结，帮助学生回顾归纳总结课堂所学知识点，营造良好的学习习惯和氛围
	思政素养融入 1. 小组合作任务、生生互评，在培养团队精神同时营造赶、比、超的快乐学习氛围 2. 结合学生的自评、互评以及教师的总结点评，发现不足，通过不断地改进和优化，引导学生养成自主探究、精益求精的职业精神			
	第三阶段：（课后）项目拓展			
环节	内容	学生活动	教师活动	设计意图

续表

课后拓学	修改调整和拓展	调整与完善 小组根据自评、互评和教师总结点评，明确上海红色旅游产品存在的问题，并进行优化。 优化结果上传 把修改后的上海红色旅游产品线路编排至学习平台	组织调整与完善 在学习平台发表工作任务，让学生根据自评、互评 利用任课教师、企业教师对作业进行总结点评，明确红色旅游产品设计存在的问题，并进行优化	课后对课前任务的继续完善，培养了小组团队合作、自主探究、执行策划能力，以及精益求精工作作风

（三）教学反思与改进

反思	改进
1.在使用VR教学时，学生容易沉浸与VR本身情景再现，而忽视了课堂需要完成的目标	在使用VR情景再现的同时，让学生带着问题进入VR情景，并且回答老师问题，从而避免学生只对VR技术感兴趣
2.在线路编排时，景点走向，以及线路中景点数量编排不合理	在强化理论教学的同时，可以增加实地考察，增强学生对于景点的熟悉度与体验感，使得编排景点时，更加合理
3.红色旅游线路编排的同质性较高，特别是与一些已经成熟的红色旅游线路相似，创新度不够	在设计旅游线路的同时，强调将自己线路的创新标出，并且进行说明，为什么选择这样一个景点，自己设计的线路与成熟的案例相比，有什么创新性

课程负责人：胡蓉蓉

日期：2022年9月3日

图书在版编目（CIP）数据

讲好中国故事　传播中国声音　育卓越旅游职业人：旅游大类专业课程思政优秀教学案例汇编 / 刘晓敏，康年主编. -- 北京：旅游教育出版社，2024. 7. -- ISBN 978-7-5637-4736-8

Ⅰ．G641

中国国家版本馆CIP数据核字第2024H81139号

讲好中国故事　传播中国声音　育卓越旅游职业人
——旅游大类专业课程思政优秀教学案例汇编

刘晓敏　康年　主编

徐继耀　卫茹静　卓德保　常务副主编

责任编辑	施云峰
出版单位	旅游教育出版社
地　　址	北京市朝阳区定福庄南里1号
邮　　编	100024
发行电话	（010）65778403　65728372　65767462（传真）
本社网址	www.tepcb.com
E - mail	tepfx@163.com
排版单位	北京旅教文化传播有限公司
印刷单位	唐山玺诚印务有限公司
经销单位	新华书店
开　　本	710毫米×1000毫米　1/16
印　　张	25.25
字　　数	330千字
版　　次	2024年7月第1版
印　　次	2024年7月第1次印刷
定　　价	158.00元

（图书如有装订差错请与发行部联系）